夢中問答

Dream Conversations

이 책은 (재)한국연구재단의 지원으로 학고방출판사에서 출간, 유통합니다.

한국연구재단 학술명저번역총서
동양편 603

Dream Conversations

夢中問答

몽중문답

무소 소세키(夢窓疎石) 저
엄인경 역

學古房

■ 일러두기 ■

1. 번역의 저본(底本)으로 사토 다이슌(佐藤泰舜)이 교정(校訂)한 『夢窓国師 夢中問答』(ワイド版 岩波文庫203, 岩波書店, 2007)을 사용하였다. 원본(日本國會圖書館 소장)은 한자와 가타카나(片仮名) 혼효문이지만, 저본은 상용한자와 히라가나(平仮名) 혼효문으로 되어 있다.
2. 원본 상, 중, 하 각권에 '이 문답집은 본이 두 개 있는데, 이 본을 정본으로 한다(此集有兩本 此本爲正)'는 주가 있다. 저자의 생전인 1344년에 간행된 현존하는 유일한 완본 고잔 판(五山版)에 의한 것이다.
3. 원래 『몽중문답』 내의 각 문답에는 제목이 달려 있지 않다. 제목은 역자가 편의상 붙였다.
4. 원문에 충실하게 번역하는 것을 방침으로 하였지만, 독자의 이해를 위해 의역과 보충이 이루어진 부분도 있다.
5. 원문은 고어의 보통체를 사용하고 있으나, 문답이라는 책의 취지를 살려 존대체의 대화로 번역하였다.
6. 불교 관련 용어는 가급적 한국에서 사용되는 표현으로 바꾸었고, 한자는 일본 인명, 지명 외에는 정자체를 기본으로 하였다.
7. 모든 각주는 역자에 의한다.
8. 일본 인명과 지명 등의 고유명사 표기는 교육부 고시에 따른 외래어 표기법에 따랐다.
9. 서명은 『』, 서적 내의 소제목은 「」, 대화의 직접 인용은 " ", 강조나 서적의 구절 인용은 ' '의 기호를 사용했다.
10. 일본 고유의 정형시 와카(和歌)의 경우는 그 정형률 5·7·5·7·7에 맞게 해석하였으며 음수율을 위해 '/'를 표시해두었다.

역자 서문

　『몽중문답夢中問答』이라는 책과 일본의 일곱 천황이 국사國師로 떠받든 선승 무소 소세키夢窓疎石라는 인물을 처음 알게 된 것은 2003년 도쿄東京대학대학원에서 연구생으로 공부를 하던 시절이었다. 스치듯 접한 정보가 연緣의 시작이 되어, 2005년에는 준비 중이던 박사논문에 한 구절을 인용하게 되었고, 한동안 잊고 있다가 2010년에는 한국연구재단 명저번역 대상 리스트에서 다시 마주하게 되었다. 그리고 이 작품을 안지 만 십년 만에 스스로 완역을 보게 된 셈이니 감개무량하지 않을 수 없다.
　『몽중문답』은 14세기 일본의 사상서이자 불교 철학서이고, 한문만으로 기록된 것이 아닌 가나仮名로 된 법어法語, 선禪문답집 등 여러 수식어를 갖는 서적이다. 그래서 일본의 중세문학을 전공한 역자에게는 참으로 깊은 호기심과 인연의 대상이었다. 역자보다 칠백년 앞서 태어난 무소라는 인물에게도 단순히 위대한 승려에게 갖게 되는 정적인 동경심이나 숭앙보다는, 세계적으로 주목받는 일본의 정원설계사로서의 재능과 동분서주하는 다이내믹한 활약상에 품이 넓은 매력을 느꼈다.
　『몽중문답』의 번역 작업은 일본 중세의 최대 동란기를 이해하는 데에 큰 공부가 되는 과정이었다. 당연한 결과론의 고백 같지만 실은 기존의 공부와 완전히 방향을 달리하는 접근법이었다는 의미이다. 즉 중세 문학 작품의 표현을 통해 시대의 이면을 읽어내려고 했던 것이 역자의 박사논문 집필과정이었던 것에 비해 『몽중문답』의 번역은 동란의 표면을 통해 일본 중세인들의 사고를 들여다보는 방식이었기 때문이다. 역자 개인적으로는 싸움으로 점철되고 죽음을 다반사로 겪는 14세기 일본의 문화인들이 어떠한 번뇌를 가지고, 고뇌를 어떻게 표현하며, 어떠한 불교사상의 영향으로, 어떻게 수행했는지를 함축하여 죽음과 삶을 대하는 그들의 자세에 접근할 수 있어서 뜻 깊었다.

일본의 중세는 내내 싸움과 동요의 시기였지만, 특히 무소가 활약한 14세기는 더욱 그러했다. 최초의 무가 정권 가마쿠라鎌倉 막부가 멸망하고, 천황의 계통이 남조南朝와 북조北朝로 갈리었으며, 아시카가足利 형제가 앞장서 무로마치室町라는 두 번째 막부를 세우는 혼란의 와중이었다. 그 와중에 멸망한 가마쿠라의 마지막 권력자들, 남조와 북조의 천황들, 아시카가 형제 모두가 무소에게 귀의했으니 무소는 그야말로 정신적 지주였다.

노회老獪한 정치적 승려라는 평가도 받지만, 『몽중문답』에서 무소는 서로 죽이고 죽는 이러한 역사의 주인공들을 정신적 스승으로 대하는 면모를 보이고 있다. 예를 들어 몽골의 침략으로부터 일본을 지켜낸 가마쿠라 막부의 실권자 호조 도키무네北條時宗가 선종을 깊이 숭앙한 것을 칭송하며 선종의 호국불교적 면모를 강조했다. 또한 천황의 몸으로 유배를 겪고 친정親政을 시도하나 결국 실패한 남조의 고다이고後醍醐 천황의 부름에 응했으며, 고다이고 천황 사후에는 명사찰 덴류지天龍寺를 건립하여 그를 기렸다. 그리고 쟁란 끝에 천하를 거머쥐게 된 아시카가 형제에게는 목숨을 잃은 수많은 혼령들을 위한 사찰과 탑을 전국에 짓도록 강력히 유도하였다. 요컨대 무소는 당시의 죽은 넋과 산 사람들을 아울러 진혼鎭魂한 희대의 선승이었다. 그리고 무소는 『몽중문답』을 남긴 것이다.

이 문답에는 일본 선불교의 내용을 이해할 수 있는 것 외에도 몇 가지 중대한 재미가 있다.

첫째로, '내 마음'의 중요성을 드러낸 점, 다시 말해 자신의 마음을 진실하게 바라보고 안다는 의미를 종교적이면서도 어렵지 않게 강조한다. 진정한 마음의 적이 무엇인지, 욕심과 분노와 어리석음이 어디에서 생기는지, 마음의 본질을 관조하기를 요구한다. 700년의 세월을 넘어 현대인에게도 자신의 마음을 찬찬히 들여다보고 사유하는 명상은 매우 유효한 정신건강법이다.

둘째로, 아시카가 다다요시足利直義가 던지는 93개의 질문도 상당히 적절하다. 현문이 현답을 이끌어냈다고 해야 할까? 시대의 주역이 된 장년의 다다요시가 허심탄회 던지는 질문들은 불교적 일반론부터 구체 각론에까지 두루 걸쳐 있으며, 그에 따른 무소의 대답 또한 차분하기도 하고 격하게도 변모한다. 다다요시가 타락한 불제자를 어떻게 보아야 하는지 비아냥조로 질문하거나 무소가 공훈을 쌓고자 희생된 목숨들을 상기하라고 추궁하는 장면은, 마치 품위를 잃지 않으면서도 정곡을 찌르는 시사토론을 방불케 한다.

셋째로, 『몽중문답』에는 천축(인도)과 진단(중국), 일본의 불교와 관련된 주요 인물과 일화가 섭렵되어 있는 점이 흥미롭다. 이는 인도와 중국을 거쳐 일본으로 전래된 정통 선불교의 궤적을 짚으며 동시에 일본 선종의 정통성을 확보하는 작업이기도 하다. 그러면서 또 한편으로 일본의 '선禪'이 그것의 일본 발음 '젠(Zen)'으로 전세계에 알려지는 특유의 독자적 행보를 하게 된 초기 경위를 보이는 것이다.

표현에 있어서도 관념적 영역에 머무른 답변이 아니라 '뇌물, 술, 소송, 목수, 건강과 병, 의학, 마술, 차 마시는 습관'에 이르기까지 비유의 범위가 다양한 일상에 걸쳐 있다. 덕분에 마음에서 마음으로 전해지고以心傳心, 문자로는 성립되지도 않으며不立文字, 말로 가르치는 것과는 별도로 전달된다敎外別傳는 난해한 선문답들이 그나마 구체적이고 보편적이며 현대적으로 이해된다.

한편, 마음에 전달되는 바를 받아들이다가도 긴장감을 가지고 읽게 되는 부분도 마주할 것이다. 예를 들어 온화하고 조리 있는 설명에 궁한 모습을 보이지 않던 무소가 추상秋霜처럼 냉랭히 국사로서의 모습을 드러내거나, 유명한 고사나 인물에 대해 어디까지나 불교 우위의 사고에서 평가를 내리거나, 무라카미 하루키村上春樹의 최근작 『1Q84』의 이계異界를 상징하는 '두 개의 달'과 관련이 있을 듯한 '제이의 달'이 등장할 때 분명 그럴 것이라 생각한다.

사상적, 철학적으로 가지는 중요성에 비해 아직 한국에 알려진 바가 거의 없는 무소 소세키와 『몽중문답』은 일본의 현대에도 중요한 텍스트이다. 일례로 NHK라디오의 '종교의 시간宗敎の時間'이라는 코너를 통해 "무소 국사의 『몽중문답』을 읽다"라는 제목으로 2012년 4월부터 2013년 3월까지 1년간 방송되었다. '어떻게 선의 상식을 초월할 것인가'와 '왜 일상생활이 수행이 되는가'의 두 주제로 일본 노스님의 강연을 통해 소개된 『몽중문답』은 현대 일본인들의 마음을 위무하고 삶을 진지하게 생각하는 시간에 제시된 텍스트이다.

이제 일본의 중세와 선불교를 한국에 소개하고 나아가 일본과 일본인, 그리고 일본인의 사상적 저류를 이해하는 작은 열쇠가 되기를 바라는 마음에 본 역서를 감히 세상에 내놓는다. 본 역서에 오류나 부족함이 있다면 이는 오롯이 역자의 책임이며 제현들의 아낌없는 지적과 가르침을 청하는 바이다.

　본 번역은 2010년 한국연구재단 명저번역사업의 지원을 받아 이루어진 것이다. 번역 기간 동안 연구비를 지원해 준 한국연구재단, 심사를 위해 제출한 번역문에 적절하고 세심한 조언을 해주신 심사위원님들께 감사드린다. 일본어 고문古文을 읽고 해독하는 법을 오래도록 지도해 주신 김충영 선생님, 학문의 폭을 넓힐 수 있도록 이끌고 격려해 주신 정병호 선생님, 불교적 지식에 문외한인 역자의 우직함만 믿고 번역한 내용에 오류가 없는지 살뜰히 살펴주신 경완 스님, 바쁜 일정에도 꼼꼼히 역서 내의 중국 지명 읽기와 한자의 바른 입력을 잡아주신 김영민 선생님께 특별히 고마운 마음 전해드린다. 그리고 이 책의 번역에 매달린다는 핑계로 이것저것 소홀할 수밖에 없었음에도 늘 따뜻하게 뒷받침 해주고 조건 없이 응원해준 가족들에게 느끼는 감사함을 이 책의 출간으로 대신하고자 한다.

　끝으로 이 책의 편집과 장정을 맡아주시고 까다로운 수정과 교정작업도 열성으로 임해 주신 학고방 사장님 및 편집담당자님께 심심한 감사를 표한다.

2013년 4월
역자 씀

목 차

1. 복福을 추구하는 마음 ································· 15
2. 세복世福보다 무상도無上道 ························· 19
3. 유루有漏와 무루無漏의 선근善根 ················ 21
4. 욕심을 버리는 방법 ····································· 27
5. 도道를 위해서 복을 추구하지 말라 ············ 29
6. 기원과 영험 ··· 31
7. 신불의 가호 ··· 45
8. 명리名利를 위한 기원 ··································· 53
9. 비법秘法의 참뜻 ·· 56
10. 국왕 대신의 기원 ·· 64
11. 내세의 과보果報를 기원하는 것 ················ 68
12. 지증智增과 비증悲增 ····································· 71
13. 진정한 자비-하나 ·· 73
14. 진정한 자비-둘 ·· 76
15. 가지기도加持祈禱의 진의 ······························ 78
16. 비도非道의 승려라도 비방하지 말라 ········· 87
17. 불법과 정도政道 ··· 94
18. 마魔 ··· 103
19. 내마內魔 ··· 108
20. 집착심과 마 ··· 110
21. 좌선광란座禪狂亂 ··· 113
22. 마의 대치對治 ··· 115
23. 마경魔境에 들지 않는 방법 ························ 119

中

24. 본분本分의 대지大智 ··· 123
25. 각증覺證의 지智를 멀리하라 ································ 125
26. 배워서 이해하는 것도 불도를 방해한다 ············ 128
27. 지혜는 배船와 다리橋 ·· 131
28. 망상의 병 ·· 136
29. 망상 ··· 138
30. 언구言句에 경도傾倒되는 것은 망상 ················· 140
31. 임병任病 ·· 142
32. 공안公案 ·· 143
33. 안온해지는 경지 ·· 145
34. 학문적 깨달음보다는 실제 수행 ························ 148
35. 근본지根本智와 후득지後得知 ····························· 150
36. 의意와 구句 ··· 155
37. 공안은 의意를 위해 ··· 157
38. 지행의 합일 ·· 159
39. 학學과 행行 ·· 164
40. 보리심菩提心 ·· 166
41. 세정世情을 떠나기 위한 방법 ···························· 171
42. 세정과 본분의 전념 ·· 180
43. 몽환관夢幻觀도 궁극적 경지가 아니다 ············· 182
44. 몽환관의 진의 ·· 186
45. 제연諸緣의 포기와 불도 ····································· 188
46. 타인의 시비是非 ·· 189
47. 불법과 효험 ·· 194
48. 좌선 ··· 196
49. 진실한 수행 ·· 200
50. 무용심의 용심 ·· 203

51. 무용심의 수행 ····· 205
52. 선문수행의 제목題目 ····· 206
53. 공안의 의疑와 불의不疑 ····· 210
54. 공안의 용用와 불용不用 ····· 211
55. 고칙古則에 말을 덧붙이는 공안 ····· 212
56. 만사와 수행에 차별이 없다 ····· 216
57. 제연諸緣을 버리라고 권하는 이유 ····· 219
58. 선종의 방하放下 ····· 226
59. 깨달은 자의 신통묘용神通妙用 ····· 229
60. 임종의 상相 ····· 233

61. 본분의 전지田地 ····· 241
62. 본분의 전지와 교법 ····· 242
63. 본분의 전지의 정체 ····· 243
64. 본분의 전지에 이르는 방법 ····· 245
65. 마음의 상相 ····· 250
66. 일심一心과 신아神我 ····· 257
67. 진심과 망심 ····· 263
68. 여지慮知분별은 허망하다 ····· 264
69. 연생심緣生心과 법이심法爾心 ····· 267
70. 심심과 성성性 ····· 270
71. 제법諸法의 허망과 실상 ····· 273
72. 범凡과 성聖 ····· 275
73. 불안佛眼의 소견 ····· 280
74. 대소大小와 권실權實 ····· 283
75. 중생의 근성 ····· 284

76. 교외敎外의 심오한 뜻 ·············· 288
77. 선종의 오가五家 ·············· 295
78. 선가禪家의 칭찬과 폄하 ·············· 298
79. 여래의 설법은 수단에 지나지 않는다 ·············· 299
80. 교선의 구별도 원래 없다 ·············· 302
81. 이치理致와 기관機關 ·············· 306
82. 난행難行과 이행易行 ·············· 309
83. 요의了義와 불요의不了義 ·············· 317
84. 요의 대승의 염불 ·············· 320
85. 염불을 포폄하는 이유 ·············· 323
86. 선가에서의 억양抑揚 ·············· 325
87. 이근利根과 둔근鈍根 ·············· 327
88. 선승과 지계持戒 ·············· 328
89. 선종의 선 ·············· 334
90. 법문의 우열優劣과 정사正邪 ·············· 338
91. 교외별전의 전승傳承 ·············· 342
92. 이 문답의 기록에 관하여 ·············· 358
93. 선문답禪問答 ·············· 360

    발跋 ·············· 361
    재발再跋 ·············· 367

부 록

    해제 — 무소 소세키夢窓疎石와 『몽중문답夢中問答』 ·············· 373
    참고문헌 ·············· 401
    무소 소세키 연보 ·············· 405
    찾아보기 ·············· 409

1. 복福[1]을 추구하는 마음

문• 중생의 고통을 없애고 낙을 주는 것은 부처의 대자대비입니다. 그런데 부처의 가르침 중에 사람이 복을 추구하는 것을 금하는 것은 어떤 이유에서입니까?

답• 세복世福을 추구하는 사람들은 장사를 하거나 농사를 짓고 어떤 경우에는 이전利錢 매매의 계략을 세우거나 재주와 기예의 능력을 펴며, 어떤 경우에는 나랏일에 봉사하여 공을 세우기도 합니다. 이와 같이 하는 일들은 제각각 다르지만 세복을 추구한다는 점에서 그 뜻은 모두 같지요. 하지만 그 모습을 보건대 그저 평생 심신을 고생시킬 뿐이고 목적대로 복을 얻지도 못하는 듯합니다.

그러는 가운데 우연히 복을 구하게 되어 일시적으로 즐길 수 있다손 치더라도 혹 화재를 당하거나 홍수에 휩쓸리고, 도둑에게 빼앗기거나 관리에게 갈취당하기도 하지요. 설령 평생 동안 이런 재난을 당하지 않은 자라도 목숨이 다할 때 그 복을 가져갈 수 있는 것은 아닙니다.

복이 많으면 죄를 지을 일 또한 많아지기 때문에 내세에는 반드시 지옥에 떨어지게 됩니다. 소탐대실小貪大失이라는 말이 있는데 이보다 더 잘 들어맞는 경우는 없을 것입니다.

지금 현생에서 가난한 것은 전생에 욕심을 부린 응보입니다. 이러한

---

[1] '복福'은 행복, 행운 등을 의미할 수도 있지만, 일본 중세와 근세의 어휘에서 '복'은 주로 재복財福, 즉 물질적 풍요로움을 의미한다. 이하 복이 특히 세속적인 복을 의미할 경우에는 세복世福이라는 말을 사용하였다.

도리를 모르고 처세를 잘못했기 때문에 가난하다고 생각하는 경우가 간혹 있지요. 만약 전생에 현생의 복을 좌우하는 요인이 없다면, 설령 처세의 법도를 이것저것 배우고 또 배운 대로 실행하더라도 현생에서 복분福分2)이 더 많아지는 일은 없을 것입니다. 이를 똑똑히 알아두는 것이 좋습니다. 처세의 법도가 서툴기 때문에 가난한 것이 아닙니다. 그저 자신의 복분이 부족한 탓에 처세도 서툴어지는 것입니다.

이것을 모르고 간혹 자신이 가난한 것은 주인이 은혜를 제대로 베풀지 않는 탓이라며 주인을 원망하는 자도 있습니다. 또한 자기 영지를 다른 사람에게 빼앗겼기 때문에 가난하다고 화를 내는 자도 있지요. 이 또한 윗사람이 은혜를 제대로 베풀지 않고 영지를 빼앗겼기 때문에 가난한 것이 아닙니다. 가난할 수밖에 없는 전생의 응보 때문에 은혜를 제대로 받지 못한 것이며, 소유해야 할 영지도 영유하지 못하게 되는 것입니다.

때문에 복을 추구하려는 욕심만 버린다면 받아야 할 복분은 자연히 충족될 것입니다. 이런 이유로 부처의 가르침에서는 인간이 현생에서 복을 추구하려는 것을 금하는 것이지요. 복을 추구하지 말고 무조건 가난하게 지내라는 것이 아닙니다.

옛날 인도의 수닷타須達多3)라는 부호는 나이가 많이 든 후에 복보福報4)가 다하여 생계를 유지할 방편도 사라지고 오랫동안 가까이에서 보필해주던 식솔들도 떠나버렸습니다. 그저 두 부부만이 덩그러니 남게 되어 버렸지요. 재물은 완전히 다 소진되었는데, 원래 부자였던 만큼 텅 빈 채로 남겨진 곳간들은 많았습니다. 아내가 혹시 아직 뭔가 남은

---

2) 복을 누리는 분수. 운수가 좋은 천분.
3) 석가모니가 살아 있을 때 생존했던 인도 사위성舍衛城의 대부호로 자비심이 많아 가난한 사람에게 많은 혜택을 주었으며 석가에게 기원정사祇園精舍를 세워주었다. 정사를 지어 바친 후에도 자주 석가와 제자들을 집으로 청해 공양하였으며, 재산이 다한 후에는 죽으로라도 보시하려고 애쓴 인물이다.
4) 복으로 갚아주는 일.

것이 없을까 싶어 곳간 안을 찾아보니 전단향栴檀香5)으로 만든 되升가 하나 있는 것이었습니다. 그것을 쌀 넉 되6)와 바꾸고는 며칠 연명할 수 있다며 기뻐했지요.

그 때 수닷타는 다른 볼일이 있어 외출을 한 상황이었습니다.

그 사이에 석가의 제자인 사리불舍利弗7)이 수닷타의 집으로 와서 음식을 청한 것입니다. 수닷타의 아내는 아까 바꿔온 넉 되의 쌀 가운데 한 되를 나누어 공양했지요. 그 다음에 목련目連8), 가섭迦葉9) 두 사람이 와서 또 음식을 청하기에 다시 두 되를 바쳤습니다. 이제 남은 것은 한 되였지요. 그래도 이것만 있으면 오늘 하루 정도는 연명할 수 있을 것이라 생각하고 있었는데, 이번에는 석존釋尊이 오신 것입니다. 쌀을 바치지 않을 수 없었기에 바로 남은 쌀을 공양해 버렸답니다.

그리고 나서 외출한 남편이 지친 몸으로 돌아오면 어떻게 하나 생각하니, 아내는 가슴이 미어졌습니다. 부처와 제자들에게 공양하는 것도 때가 있는 법인데 자기 목숨도 부지하기 어려운 기로에서 넉 되를 몽땅 바치다니 말도 안 된다며 남편이 혼을 내리라 생각하고는 견딜 수

---

5) 단향목이라고도 한다. 인도에서 나는 향나무로, 목재는 불상을 만드는 재료로 쓰고 뿌리는 가루로 만들어 단향檀香으로 쓴다.
6) 되는 부피의 단위로 곡식, 가루, 액체 따위의 부피를 잴 때 쓴다. 한 되는 한 말의 10분의 1, 한 홉의 열 배로 약 1.8리터에 해당하므로 넉 되는 대략 7킬로그램 정도였을 것이다.
7) 사리푸트라(?~B.C.486년)라는 인도이름의 음역. 석가모니의 십대제자 가운데 한 사람이자 십육 나한의 하나로 석가모니의 아들 라훌라의 수계사授戒師로 유명하다. 지혜가 가장 많은 사람으로 마가다국 왕사성 북쪽 나라촌에서 태어났으며 브라만 출신으로 자기 수행에 정진함과 동시에 남을 교화하는 데에도 노력하여 제자 250명을 데리고 불제자가 되었다.
8) 마우드갈리아야나라는 인도이름의 음역. 석가모니의 십대제자 가운데 한 사람이다. 마가다의 브라만 출신으로, 부처의 교화를 펼치고 신통神通 제일의 성예聲譽를 얻었다.
9) '카시아파'라는 인도이름의 음역. 석가모니의 십대제자 가운데 한 사람으로 욕심이 적고 엄격한 계율로 두타頭陀를 행하였으며 교단의 우두머리로 존경을 받았다. 마하 카시아파, 즉 대가섭大迦葉이라고도 부른다.

가 없어서 엎드려 울고 말았습니다. 그러던 차에 수닷타가 밖에서 돌아와 아내가 울고 있는 것을 보고 이상하게 여기어 그 이유를 물었고, 아내는 있었던 일을 그대로 고했습니다.

수닷타가 그 대답을 듣고 말하기를, "삼보三寶[10]를 위해서는 일신의 목숨도 아까워해서는 안 되오. 지금 당장 굶어죽더라도 어찌 내 몸을 위해 공양을 아까워할 수 있겠소. 참으로 잘 판단하였소"라며 감탄했습니다. 그리고는 혹시 그런 나무 되와 같은 물건이 또 남아 있지는 않을까 싶어 곳간 안으로 들어가 찾아보려 했습니다. 그런데 모든 곳간의 문이 꽉 막혀 열리지를 않는 것이었습니다. 이상하게 여겨 문을 부수고 열어 보았더니 쌀과 돈, 비단과 금은金銀 같은 온갖 재화가 예전에 그랬던 것처럼 곳간마다 꽉 차있는 게 아니겠습니까. 곧 식솔들도 다시 모여들고 원래대로 부자가 되었지요.

이처럼 복이 다시 돌아온 것은 넉 되의 쌀 대신 부처가 재물을 내려서가 아닙니다. 그저 수닷타 부부의 욕심 없고 청정한 마음에서 비롯된 일이지요. 설령 말세末世[11]라도 인간이 이렇게 욕심이 없다면 무한한 복덕은 금세 충족될 것입니다. 설령 천성적으로 이러한 마음이 없더라도 눈앞의 소리小利를 추구하는 마음을 바꾸어 수닷타 부부의 욕심 없는 마음을 배운다면, 어찌 이 같은 대리大利를 얻지 못하겠습니까. 수닷타의 욕심 없는 마음을 배우지 않고 그저 그의 안락함만을 얻고 싶어 욕망이 향하는 대로 복을 추구한다면, 현생에서 얻을 수 있는 이익도 없을 뿐더러 내세에는 반드시 아귀도餓鬼道[12]에 떨어질 것입니다.

---

10) 세 가지 보배라는 뜻으로 부처인 불보佛寶, 불경인 법보法寶, 승려인 승보僧寶를 이르는 말이다.
11) 불법佛法이 쇠퇴하고 어지러운 말대末代, 또는 말법末法의 세상. 일본에서 말법사상은 11세기 경부터 현실화되었고 무사들의 대두와 더불어 사회에 대한 불안이 심화되면서 염세厭世사상으로 경도되기도 했다.
12) 삼악도의 하나로, 아귀들이 먹으려는 음식은 불로 변하여 항상 굶주리게 되고 매를 늘상 맞는다고 한다.

2. 세복世福보다 무상도無上道

문● 세속적인 삶을 영위하며 복을 추구하는 것은 죄업의 원인이 되니 실로 금해야 할 것입니다. 하지만 복을 기원하기 위해 신불神佛[13])을 숭앙하여 믿고, 불경과 다라니陀羅尼[14])를 계속 독송하는 것은 불도의 연을 맺는 것이기도 하니 허락될 수 있는 일 아닐까요?

 답● 만약 불도의 연을 맺는 측면을 논한다면, 세속적인 삶을 영

---

13) 신령과 부처를 아울러 이르는 말. 일본에는 신불습합神佛習合이라고 하여 일본의 토착 신앙과 불교를 절충하는 신앙체계가 있었다. 가마쿠라 시대에는 본지수적설本地垂迹説, 즉 부처나 보살이 중생을 교화하기 위한 방편으로 여러 신명의 모습으로 몸을 드러냈다는 논리가 일반화되었다. 『몽중문답』이 간행된 가마쿠라 말기부터 남북조 시대에 걸친 당시에는 승려에 의한 신도설에 대한 반동이 생기면서, 본래의 신이 부처라는 임시적인 모습으로 나타나게 되었다는 역논리도 존재했다. 근대화와 더불어 신도의 신과 불교의 부처가 분리되기 전까지 신불神佛이라는 말은 일본의 여러 문헌에서 흔하게 사용되었다.

14) 불교와 힌두교에서 일반인들이 자신을 보호하기 위한 부적이나 주문呪文으로 사용하거나, 요가 수행자들이 정신집중의 상태에 이르기 위해 암송하면 커다란 효험이 있다고 믿은 신성한 글귀를 말한다. 불교에서 다라니는 긴 경전에 실려 있는 근본적인 원리를 짧게 요약한 것으로서 원래의 경전을 기억하는 데 도움을 주기 위한 것이며, 주문과는 다른 것이었다. 그러나 후대에 이르러 형식상의 유사함 때문에 주문까지도 다라니로 통칭되었으며, 길이에 따라 짧은 것은 진언眞言 또는 주呪라 하고, 긴 것을 다라니 또는 대주大呪라 한다. 다라니를 제대로 암송하면 경전 전체를 읽는 것과 같은 공덕을 가져다준다고 하여, 다라니를 암송함으로써 공덕을 얻고자 하는 신앙형태가 발생하기도 했다. 다라니의 의미는 정확히 규정하기가 어려우며, 초심자가 들으면 마치 의미없는 말들을 늘어놓는 것으로 들릴 수도 있다. 그렇지만 스승이 제자에게 가르칠 때에는 다라니의 정확한 의미를 주의깊게 전달한다. 불경을 한역漢譯할 경우에 다라니는 의역하지 않고 음역音譯만 했는데, 그 비밀스러움을 보존하기 위해서였다. 총지總持, 능지能持, 능차能遮 등으로 의역되기도 한다.

위하며 복을 추구하는 것보다야 낫다고 할 수 있겠지요. 그러나 세속적인 복을 추구할 정도로 어리석은 자는 논외로 하더라도, 우연히 인간으로 태어나 만나기 힘든 불연佛緣을 얻고는, 무상無上의 불도를 추구하지 않고 헛되이 불경과 다라니만을 계속 외며 세복을 추구하는 자야말로 진정 어리석은 것이 아니겠습니까.

선현이 이르기를, "세법世法 위에서 정情을 잊으면 그것은 불법佛法이지만, 불법佛法 속에서 정이 생기면 그것은 세법世法이 되어버린다"고 했습니다. 설령 불법을 수행하고 스스로 깨달음을 추구하며 중생을 제도濟度하려는 대원大願15)을 일으킨 사람이더라도 불법 속에서 애착의 정이 생기면 어느 것 하나도 성취할 수 없을 것입니다. 하물며 자신의 출가를 위해서도 아니고, 또한 중생의 이익을 위해서도 아니고, 그저 세상의 명리를 위한 욕망으로 신불을 숭상하고 불경과 다라니를 독송한다면 어찌 신불의 의향에 부합하겠습니까.

만일 오래 살면서 불법을 수행하고 중생을 이끄는 방편을 위한 것이라면 세속적인 갖가지 사업을 한다 하여도 그것은 모두 선근善根16)이 될 것입니다. 또한 그러는 사이에 불법을 깨달으면 예전에 영위하던 세속적 사업들이 그저 중생의 이익과 이어지는 연緣이 되고 불법수행에 도움이 될 뿐 아니라, 곧 자유자재한 깨달음의 경지를 얻는 신묘한 작용을 할 것입니다. 『법화경法華經』17)에 '일상 생업도 모두 진정한 불법의 깨달음의 상相과 위배되지 않는다'고 설파되어 있는 것은 바로 이러한 의미입니다.

---

15) 부처가 중생을 구하고자 한 서원誓願.
16) 온갖 선을 낳는 근본, 좋은 과보를 낳게 하는 착한 일을 일컫는다.
17) 대승불교 초기 경전의 하나로, 『묘법연화경妙法蓮華經』의 약칭이다. 천태종天台宗을 비롯한 여러 불교 종파에서 불교의 정수를 담고 있는 경전으로 존중되었다. 『법화경』은 다른 여러 종파의 사람들에게도 매우 아름답고 위력을 가진 종교 고전으로 여겨졌으며, 동아시아 불교의 주도적 형태인 대승 불교 전통에서 가장 중요시되고 널리 읽힌 경전의 하나이다.

3. 유루有漏[18]와 무루無漏[19]의 선근善根

문● 복덕을 가져오는 행업行業[20]에 유루, 무루의 차별이 있는 것은 왜 그렇습니까?

답● 행업이란 원인이 되는 것입니다. 그 때문에 업이라는 것은 선악 양쪽과 통하지요. 선근을 쌓는 것은 좋은 보답을 얻을 수 있는 업인業因입니다.

누漏란 번뇌라는 의미입니다. 인천계人天界의 복을 추구하기 위해 선을 행하는 것은 탐욕의 마음을 일으켜 행하는 것이므로, 이를 유루의 선근이라고 명명합니다. 하나의 선을 행하더라도 세복을 바라지 않고 오로지 불도를 위해 신불 앞에 제물을 바치는 것을 무루의 선근이라고 하지요. 선근 그 자체에 유루와 무루의 차별이 있는 것이 아닙니다. 만약 선을 행하는 사람의 마음이 속되다면, 그렇게 행한 선근은 모두 유루의 복업이 되는 것입니다.

유루심, 무루심에도 여러 종류의 단계가 있습니다. 불교에서는 네 종류로 나누어 이를 판별합니다.

첫째는 오직 유루심만 있는 단계로 이는 범부나 외도外道[21]의 마음

---

[18] 진리의 터득을 방해하는 삼계三界의 세 가지 번뇌, 즉 삼루三漏의 하나로 번뇌에 얽매여 깨달음을 얻지 못한 범부凡夫의 경지를 이르는 말이다. 삼루는 욕루欲漏, 유루有漏, 무명루無明漏를 이른다.
[19] 번뇌에서 벗어나거나 번뇌가 없는 상태를 말한다.
[20] 협의로는 왕생의 인因이 되는 행行을 의미하며, 광의로는 고락의 과보를 받을 몸과 입과 뜻의 모든 행위를 뜻한다.

을 말합니다.

둘째는 오직 무루심만 있는 단계로 이른바 이승심二乘心[22])입니다.

셋째는 유루심이기도 하고 무루심이기도 한 단계로 이는 보살의 경지입니다.

넷째는 유루심도 아니고 무루심도 아닌 단계로 이른바 불심입니다.

이상은 범부, 소승小乘 등의 심경 차별을 분명히 하기 위해 임의로 네 종류로 나누어 설명한 것입니다.

대개 유루, 무루 둘로만 나누어 생각하더라도 범부와 외도뿐 아니라 이승, 보살에게도 유루심은 있습니다. 이승二乘은 세상의 인과응보를 추구하는 마음이 없으니 원래 무루라 할 수 있겠으나, 여전히 생사에 연연하여 깨달음을 추구하는 마음이 있기 때문에 진정한 무루심이라고는 말할 수 없습니다. 설령 십지十地[23]), 등각等覺[24])의 경지에 도달한 보살이라도 미망의 세계를 아직 단절해 버리지 못했기 때문에 진정한 무루심이라고는 할 수 없지요. 그에 비해 세복도 추구하지 않고 소승의 열반도 추구하지 않으며 오로지 무상의 깨달음을 얻기 위해 수행하는 것은 무루의 복업이라 할 수 있는 것입니다.

『비화경悲華經』[25])에 다음과 같은 이야기가 있습니다. 아주 옛날 전륜

---

21) 불교 이외의 종교를 받드는 일.
22) 원래 대승과 소승, 성문聲聞승과 연각緣覺승, 또는 성문승과 보살승을 통틀어 이르는 말인데, 여기에서는 성문과 연각의 경지를 말한다. 성문은 부처의 설법을 듣고 그 가르침에 따라 번뇌를 끊고 깨달음을 얻어 사체四體의 이치를 관觀하더라도 아라한과에 머무르는 불제자, 연각은 그 위에 있는 지위로 십이인연十二因緣을 관觀하여 깨달음에 드는 지위에 있는 자이다.
23) 보살이 수행하는 오십이위位 단계 중 제41위부터 제50위까지의 단계를 말한다. 각각 환희지歡喜地, 이구지離垢地, 명지明地, 염지焰地, 난승지難勝地, 현전지現前地, 원행지遠行地, 부동지不動地, 선혜지善慧地, 법운지法雲地라 하며, 부처의 지혜를 생성하고 온갖 중생을 교화하여 이롭게 하는 단계이다.
24) 보살이 수행하는 오십이위 중 제51위 단계를 지칭하는 말로, 수행이 꽉 차서 지혜와 공덕이 부처의 묘각과 같아지려는 지위이다.
25) 인도에서 3~4세기경에 성립된 것으로 추정되는 후기 대승불교 경전이다. 북

성왕轉輪聖王26)이 있었는데 그를 무쟁념왕無諍念王27)이라고도 했습니다. 온갖 재보財寶가 충분했고 천 명의 자식들에게 둘러싸여 살고 있었지요. 그 때 섭정攝政을 하던 신하를 보해寶海 바라문28)이라 합니다. 이 보해바라문의 자식이 출가하여 불도수행을 하고 깨달음을 얻었는데 사람들은 그를 보장여래寶藏如來라 불렀습니다.

무쟁념왕이 보장여래를 받들어 정원 안에 황금을 죽 깔고 그 위에 칠보七寶의 높은 누각을 세워 할 수 있는 모든 장식을 하고 온갖 공물을 갖추었지요. 그리고 그날 밤에 부처와 수많은 불제자 앞에 무수한 등불을 설치했습니다. 무쟁념왕은 머리 위, 좌우의 손, 좌우의 무릎 위에 각각 등불을 하나씩 올려두고 밤새도록 공양을 했지요.

이렇게 공양이 지속되기를 석 달, 왕자들과 팔만사천29)의 소왕小王들 역시 무쟁념왕과 마찬가지로 공양하기를 석 달, 보해바라문이 꿈속에

량北凉의 담무참曇無讖이 한문으로 번역했다. 이 경전에서는, 아미타불을 비롯한 다른 부처와 보살들이 정토淨土에 태어나 성불하기를 바라는 데 반하여, 오히려 석가가 탐욕과 성냄과 어리석음이 무성한 악세惡世에 태어나 성불함으로써 어리석고 가련한 중생들을 구원하기를 바라는 전생前生의 보살행을 묘사함으로써 석가의 큰 자비를 부각하여 강조한다. 독특한 주제와 함께 『반야경』, 『법화경』 등 여러 대승경전의 사상을 주체적으로 수용하고 있다.

26) 고대 인도에서 유래한 세계의 통치자를 지칭하는 개념이다. 산스크리트어에서 파생된 말로서 '자신의 전차바퀴를 어디로나 굴릴 수 있는 사람' 곧 '어디로 가든 아무런 방해를 받지 않는 통치자'를 뜻한다. 전 세계를 통치한다는 전륜성왕에 대한 최초의 언급은 BC 3세기 마우리아 왕조 시대에 아소카 왕의 업적을 칭송하는 경전 및 기념비에 나타난다. 당시 불교와 자이나교의 사상가들은 보편적 군주관에 정의와 도덕의 수호자라는 측면을 부각시켰다. 전륜성왕은 속세에서 석가모니와 같은 존엄을 지닌 존재로서 32상相 등 석가모니와 공통되는 다수의 특성들을 소유하고 있다. 전륜성왕의 개념은 왕권 강화 및 호국불교사상의 고취에 결정적인 기여를 했다.

27) 전륜성왕의 일명으로 왕이 아미타여래가 되기까지의 수행의 지위에 있을 동안의 이름이다.

28) 원문에는 범사梵士라 되어 있다. 범사, 즉 바라문婆羅門은 인도 카스트 제도에서 가장 높은 지위인 승려 계급이다.

29) 인도에서 매우 많음을 나타낼 때 사용하는 수.

서 이 무쟁념왕과 여러 왕자들을 보았는데, 어떤 이는 멧돼지의 얼굴, 어떤 이는 코끼리의 얼굴, 어떤 이는 사자, 여우, 늑대, 원숭이 등의 얼굴을 하고 몸은 모두 피로 더럽혀진 모습이었습니다. 또한 그 가운데 인간의 모습을 하고 작고 부서진 수레에 타고 있는 자들도 보았습니다.

바라문은 꿈에서 깨어나 부처가 있는 곳으로 가서 꿈 이야기를 했습니다. 부처가 말씀하시기를, "나를 공양하는 성왕과 왕자들 중에 대승大乘을 추구하려는 마음을 가진 사람이 하나도 없구나. 모두 그저 범천梵天30), 제석천帝釋天31), 마왕魔王32), 전륜성왕轉輪聖王33), 대부호가 되기만을 바랄 뿐이다. 그 중에 간혹 인천人天34) 세계의 과보를 추구하지 않고 세욕에서 떠나기를 바라는 자들도 있지만, 역시 대승을 추구하지 않고 그저 소승의 성문聲聞에 만족하고 있다. 꿈속에서 본 인간의 모습, 멧돼지의 얼굴, 원숭이 얼굴은 왕과 여러 왕자들이 인간계, 혹은 지옥의 아귀, 혹은 축생의 세계 속에서 오랫동안 생사의 고통을 받는 모습을 드러낸 것이다. 또한 부서진 수레에 타고 있는 자들은 소승을 추구하는 모습이다"라 하셨습니다.

바라문은 이 말씀을 듣고 곧바로 성왕이 있는 곳으로 가서 아뢰기

---

30) 범천왕梵天王, 범왕梵王이라고도 하며 색계色界 초선천初禪天의 우두머리를 말한다. 제석천帝釋天과 함께 부처를 좌우에서 모시는 불법 수호의 신이다.
31) 제석帝釋이라고도 하며 십이천의 하나로 수미산 꼭대기에 있는 도리천의 왕을 말하며 불법과 이에 귀의한 자를 수호하는 하늘의 임금이다. 제석천의 지위는 범천梵天과 같이 불교의 호법 주신主神으로서 동방東方을 수호한다. 도리천 선견성에 거주하며 사천왕과 십대천자十大天子가 양 옆을 모신다. 석가모니가 성불한 이후 제석천은 그의 수호신이 되었으며, 석가모니가 도리천에 올라가 어머니에게 설법할 때 보개寶蓋를 들고 옆에서 시중을 들었다. 그 모습은 보통 천인天人의 모습을 하고 있으며, 하얀 코끼리를 타고 오른손에는 삼고저三鈷杵를 들고 있으며, 왼손은 허벅다리 위에 올려놓고 있다.
32) 천마天魔의 왕으로 정법正法을 해치고 중생이 불도에 들어가는 것을 방해하는 귀신이다.
33) 세계의 통치자. 각주 25) 참조.
34) 인간계와 천상계를 합한 호칭.

를, "대왕이 이렇게 부처를 공양하신 것은 내세의 복인福因이 됩니다. 범계를 지키고 행동을 삼가신 것은 내세에 인간계와 천상계에 태어날 수 있는 인연이 되고, 또한 불법을 들으시는 일은 내세에 태어날 지혜의 요인이 됩니다. 그런데 왜 무상無上의 불도를 추구하는 마음은 일으키지 않는 것입니까?"라고 했지요.

성왕이 대답하시기를, "깨달음의 경계는 심히 깊어 얻기가 어렵소. 그 까닭에 우선 유위有爲35)의 과보를 추구하는 것이오"라고 했습니다.

바라문이 다시, "불도는 세속적 번뇌를 벗어나 있기에 티 없이 맑습니다. 불도는 장애가 없기에 광대합니다. 불도는 이처럼 맑고 광대하니 능히 안락의 경지에 다다를 수 있습니다"라고 말했지요.

이를 듣고 성왕은 왕궁으로 돌아가 조용한 곳에서 일심으로 깊이 생각하여 보리심菩提心36)을 일으키게 되었습니다. 또한 바라문은 여러 왕자들이 있는 곳으로 가서 성왕에게 권한 대로 했습니다. 그러자 왕자들 한 명 한 명이 모두 보리심을 일으켰습니다. 그 후 성왕은 왕자들과 함께 부처가 있는 곳으로 가서 부처에게 말씀 올리기를, "나는 먼저 석 달 동안 부처 및 사부대중四部大衆37)에게 공양을 했습니다. 그 선근이 지금 모두 무상無上의 깨달음이 되어 되돌아 왔습니다"라고 했지요.

보장여래가 찬탄하여 말씀하시기를, "잘 되었습니다. 대왕. 현생에서 오랜 시간이 걸려 안락세계의 진정한 깨달음을 얻었으니 아미타여래라 칭해야겠습니다"라고 했습니다. 또한 왕자들도 모두 발심의 정도에 따라 어떤 부처가 될지 일정한 징표를 얻었습니다. 그 첫째를 관음觀音38),

---

35) 인연에 의해 생기는 일체의 현상에 대한 총칭이다. 또한 유위법有爲法을 말하며 인연에 의하여 생멸하는 만유일체의 법을 일컫기도 한다.
36) 불도의 깨달음을 얻고 그 깨달음으로써 널리 중생을 교화하려는 마음.
37) 불교 교단을 구성하는 출가한 남녀 비구比丘와 비구니比丘尼, 재가의 남녀 우바새優婆塞와 우바이優婆夷를 통틀어 이르는 말. 사부중四部衆, 사중四衆 혹은 대중大衆이라고도 한다.
38) 관세음보살觀世音菩薩. 아미타불의 왼편에서 교화를 돕는 보살로 네보살 중 하

둘째를 세지(勢至39))라 했습니다.

　무쟁념왕과 왕자들은 보해바라문을 만나기 전에 광대한 선근을 쌓았는데, 그 선근들은 인간계와 천상계, 아귀와 축생 등의 응보 원인이 되거나 성문 소승 정도의 불과(佛果40))를 얻을 수 있는 것이었습니다. 하지만 보해바라문의 권유로 마음속 생각의 방향을 바꿨기 때문에 보리심을 스스로 깨닫고 모두 성불의 징표를 획득하였습니다.

　설령 지금이 말세라 하더라도 무쟁념왕처럼 유루심을 뒤집어 사유 관찰한다면 어찌 보리심을 깨닫고 터득하지 못하겠습니까. 최소한 그렇게까지는 아니더라도 부처의 가르침에 의해 삿됨과 바름을 판단하고 선근을 닦아 무상(無上)의 보리로 회향한다면 반드시 광대한 공덕을 얻을 수 있을 것입니다. 이러한 사람을 삼보(三寶)가 수호하고 제천(諸天41))들도 지켜주실 것입니다. 아직 보리를 이루지 못했다 하더라도 정토에 태어나거나 혹은 인천계(人天界)에 살게 될 것이고, 재난을 털어낼 마음을 일으키지 않더라도 재난이 저절로 사라지며, 복분을 바라는 마음이 없더라도 복분에 부족함이 없을 것입니다.

　　나이다. 세상의 소리를 들어 알 수 있는 보살이므로 중생이 고통 가운데 열심히 이 이름을 외면 도움을 받게 된다.
39) 대세지보살(大勢至菩薩). 아미타불의 오른편에 있는 보살로 지혜문(智慧門)을 대표하여 중생을 삼악도에서 건지는 무상(無上)한 힘을 지녔다. 정수리에 보병(寶甁)을 이고 천관(天冠)을 썼으며 왼손에는 연꽃을 든 형상.
40) 불도를 닦아 이르는 부처의 지위, 즉 불도수행의 결과로서 얻어지는 성불이라는 결과를 뜻한다.
41) 모든 하늘이라는 뜻으로 욕계의 육욕천(六欲天), 색계의 십팔천(十八天), 무색계의 사천(四天) 따위를 통틀어 이른다. 또한 천상계의 모든 천신(天神)을 뜻하기도 한다.

4. 욕심을 버리는 방법

문● 복을 추구하는 욕심을 버리면 복보福報가 자연히 충족된다는 것은 잘 알았습니다. 하지만 이 욕심을 버리기가 쉽지 않은데 어찌 하면 좋겠습니까?

답● 만약 인간에게 욕심을 버리려는 마음이 복을 바라는 마음만큼 간절하다면 결코 어렵지는 않습니다. 다만, 욕심을 버리면 큰 복을 얻을 수 있다고 계산하여 이를 버리려고 한다면, 이득을 보고자 계획을 세워 복을 추구하는 것과 전혀 다를 바 없겠지요.

이는 유위有爲의 복을 추구하는 것을 싫어해서만이 아닙니다. 성문聲聞, 연각緣覺의 이승二乘은 무위와 열반의 경지를 바라는 욕심이 있는 까닭에 여전히 화성化城[42]에 머물러 있지요. 삼현三賢[43] 십성十聖의 보살들도 불법을 추구하려는 욕심이 아직 사라지지 않았기 때문에 심오한 깨달음의 경지에 이르지 못한 것입니다.

만약 인간이 세상에 나서고자 하는 모든 욕심을 즉시 버린다면 본래의 범위 안에 있는 무진장無盡藏[44]이 곧바로 열리며 그로부터 한없이

---

42) 부처가 신통력으로 만든 성. 환영의 현상 세계를 일컫는 말이다.
43) 삼현三賢은 소승불교와 대승불교에서 각각 다른 의미를 갖는다. 소승불교의 수행론에서는 진리를 발견하기 위한 세 가지 기초 준비 단계의 수행으로 오정심관五停心觀, 별상염주別相念住, 총상염주總相念住를 말한다. 대승불교에서는 십주十住, 십행十行, 십회향十廻向의 수행 지위에 있는 보살을 통틀어 이르는 말이다. 여기에서는 대승의 삼현을 의미한다. 또한 보살의 수행 지위 중 성위聖位인 십지十地를 십성이라고 한다.
44) 덕이 넓어 끝이 없고, 닦고 닦아도 다함이 없는 법의法義를 이르는 말이다.

신묘한 작용, 측량할 수 없는 삼매三昧45) 등 다양한 가재家財46)를 끌어내서 자신도 사용하고 남에게도 무한히 도움을 줄 수 있습니다.

　기왕 욕심을 부린다면 왜 이러한 큰 욕심을 부리려 하지 않는 것일까요? 만약 이러한 큰 욕심을 부리는 사람이 있다면 소승의 극과極果47)도 바라지 않고 보살의 높은 지위도 부러워하지 않을 것입니다. 하물며 인중人中, 천상天上의 복을 부러워하겠습니까?

---

45) 삼매경三昧境. 잡념을 떠나서 오직 대상에만 정신을 집중하는 경지를 이르는 말로, 이 경지에서 바른 지혜를 얻고 대상을 올바르게 파악하게 된다.
46) 가재란 원래 집안의 재물이나 재산, 살림도구나 돈 따위를 이르는 말인데, 여기에서는 무진장이라는 곳간에서 끝없이 꺼낼 수 있는 소재의 뜻으로 쓰고 있다.
47) 지극한 증과證果, 즉 수행의 인연으로 얻는 깨달음의 결과를 말한다. 대승에서는 불과佛果, 소승에서는 무학과無學果 등을 의미하는데, 여기에서는 소승적 극과이므로 무학과를 일컫는다. 무학과란 수행을 끝내고 더 배울 것이 없는 최고의 단계에 이른 결과를 뜻한다.

5. 도道를 위해서 복을 추구하지 말라

문• 옛날 사람들이 목식초의木食草衣[48]하고 수하석상樹下石上[49]에 살던 것처럼 자연 속에서 생활할 수 없는 인간이 잠시 현생에 살면서 불도를 수행하기 위해 세복을 추구하는 것은 전혀 지장 없는 일 아닙니까?

답• 불도를 위해 복을 추구하는 것은 세속적 욕심과는 다르겠지만, 사람은 복을 추구할 수 있게 되면 기뻐하고 그렇지 못하면 한탄하게 마련입니다. 어쩌다 하나가 생기는가 싶으면 하나는 없어지지요. 당장은 만족하지만 또 그 다음을 원하게 됩니다. 이렇게 일상 잡사에 마음을 쓰고 지장을 겪으며 날을 보내고 달을 지내다 보면 불도에 방해가 될지언정 도움이 될 리 없지요. 이리 하여 마침내 임종이 가까워졌을 때 "불도를 위해 복을 추구했기 때문에 아직 수행이 덜 되었습니다. 잠시 더 생을 연장하여 수행이 완성되고 나서 죽고 싶습니다"라는 말이 통하겠습니까?

선현이 이르기를, "먹을 것은 그저 살아갈 만큼만 있으면 된다. 의복은 그저 추위를 막기만 하면 된다"고 했습니다. 아무리 가난한 사람이라도 연명하고 추위를 막을 정도의 옷과 밥은 있으며, 설령 의식衣食이 풍족하지 않다고 하더라도 옛날 사람들이 목식초의하던 상태와는 비할

---

48) 목식木食은 주식으로 나무뿌리나 과일 따위를 익히지 않고 날로 먹는 것을 가리키며, 초의草衣는 속세를 떠나 숨어 사는 사람의 의복을 말한다. 즉 은둔자에게 필요한 최소한의 의식衣食을 표현한 것이다.
49) 나무 아래와 돌 위라는 뜻으로 한데에서 밤을 지낼 수 있을 만한 곳을 이른다. 소박한 거처를 의미한다.

바가 아닙니다. 만약 목숨을 돌보지 않고 불도수행에 힘쓴다면 설령 전생의 복인이 없더라도 삼보三寶, 제천諸天의 가호에 의해 불도수행의 도움이 될 정도의 의식주는 만족스러울 것입니다.

덴쿄 대사伝敎大師50)가 입적하실 때 제자인 고조光定51)가 와서, "살아계실 동안에는 스승님의 고덕함으로 사부대중의 자양이 되는 의식衣食도 부족하지 않았고 불도수행에 지장도 없었습니다. 하지만 돌아가신 후에 혹시 이 산山52)에 도움이 될 인연이 끊어진다면 중승의 불도수행 역시 제자리로 돌아가게 되고 다른 데로 마음을 빼앗길 것입니다. 입적하신 후의 대책에 대해서도 말씀해 주십시오"라고 말했습니다. 그러자 덴쿄 대사는, "의식衣食 속에는 도를 추구하는 마음이 없지만 도심 속에는 의식이 있느니라"라고 말씀하셨습니다.

만약 이 대사의 명언을 이해한다면 불도를 위해 복을 추구하는 것도 역시 어리석은 것임을 알 것입니다.

---

50) 766?~822년. 일본의 천태종을 연 헤이안平安 시대의 승려 사이초最澄. 덴쿄 대사伝敎大師는 세이와 천황淸和天皇이 부여한 시호諡號로 이는 일본 최초의 시호이기도 하다.
51) 779~858년. 헤이안 초기 천태종의 승려. 히에이잔比叡山의 사이초, 즉 덴쿄 대사에게 사사師事했으며 밀교의 계를 받기도 했다. 사가천황嵯峨天皇의 두터운 신임을 얻었고 사이초의 뜻을 이었다.
52) 이 산은 히에이잔比叡山을 의미하며, 히에이잔 전체를 경내境內로 삼는 사찰 엔랴쿠지延曆寺를 일컫기도 한다.

6. 기원과 영험

문● 부처님은 모든 중생들의 기원을 들어주실 것이라는 서원誓願이 있습니다. 설령 중생이 기도하고 찾지 않더라도 고통이 있는 자에게는 기도가 없더라도 안락을 주어야 할 것입니다. 그런데 말세의 모습을 보니 마음을 다하여 기도해도 이루어지는 일이 드문데 왜 그렇습니까?

답● 내가 삼십년 전에 그런 의문을 품은 적이 있습니다. 조슈常州53) 우스바曰庭라는 곳에 혼자 살던 무렵 음력 오월 초에 암자 밖으로 나갔었지요. 그 때 오랫동안 비가 내리지 않아서 논밭이 전부 시든 들판 같았습니다. 이를 보고 연민의 마음이 깊이 일었습니다. 마음속으로 생각하기를 어찌 용왕龍王54)께는 이를 가엽게 여기는 마음이 없는가 했지요. 뒤집어 생각해보니 용왕에게는 비를 내리는 능력은 있지만 사람을 연민하는 마음은 없습니다. 나에게는 사람을 연민하는 마음은 있지만 비를 내리게 할 능력은 없습니다. 부처님은 비를 내리는 능력도 용왕보다 나으시고 사람을 연민하는 마음도 나보다 깊을 것입니다. 그런데도 이러한 액난에서 구해주시지 않는 것은 왜이겠습니까?

만약 중생의 업보가 보잘 것 없는 까닭에 부처의 공덕이 내리지 않는 것이라고 한다면 범부들이 고통을 겪는 것은 모두 업보 때문입니

---

53) 히타치常陸, 현재의 이바라키 현茨城県 북부로 바닷가에 접한 곳의 지명. 무소 소세키가 이곳에 체재했던 것은 1305년 31세 때의 일이다.
54) 용왕은 불교에서 용신龍神이라고도 하며, 바다에 살고 비와 물을 관할하며 불법을 수호하는 용 중의 왕.

다. 만약 업보를 구해서는 안 된다고 한다면 부처님이 범부의 기원을 만족시켜 주신다는 것은 거짓이 될 것입니다. 또한 만약 부처님의 가르침에 명백히 있는 내용이 어찌 거짓인가라고 한다면, 옛날은 몰라도 요즈음 세상에 상하귀천을 막론하고 누구든 소원이 만족스럽게 이루어진 것으로 보이는 사람이 없습니다.

약사여래藥師如來55)가 중생의 병을 없애주겠다고 서원을 하셨지만, 세상을 보면 아프지 않은 사람이 적습니다.

보현보살普賢菩薩56)이 일체 중생을 위해 행원行願57)할 것을 서약하셨지만, 세상을 보면 종자 한 사람 없는 비천한 사람도 많습니다. 어쩌다 권솔眷率이 많은 경우가 있어도 이 사람이 보현보살이다 싶게 주인 마음에 꼭 드는 사람도 없습니다.

상고시대에는 대사나 고승이 세상에 나타나시어 영험함을 베풀고 중생의 액난을 구하셨습니다. 세상이 상대였던 만큼 사람의 과보도 예사롭지 않았으므로 설령 대사나 고승이 영험함을 베풀지 않으셔도 괜

---

55) 동북아시아와 티베트에 이르는 지역에서 널리 숭배되는 부처로 온갖 병을 치료해준다고 한다. 어떤 병들은 단지 약사여래의 상을 만지거나 그 이름을 부르기만 해도 효과적으로 치료된다는 민간신앙이 있다. 일본에서 약사여래에 대한 신앙은 헤이안 시대부터 성행했으며, 현재도 천태종, 진언종, 선종 계통의 각 종파들은 약사여래를 각별히 숭배하고 있다. 또한 일본에서 약사여래는 약이 담긴 그릇을 한 손에 들고 피부가 푸른 부처로 묘사된다.
56) 이치와 명상과 실천을 관장하는 보살로 문수보살文殊菩薩과 더불어 석가여래를 양쪽에서 보필하는 협시脇侍보살로 알려져 있다. 흰 코끼리를 타고 부처의 오른쪽에서 보필하는 모습으로 표현되며 부처가 중생을 구제하는 일을 돕고 선양한다. 또한 중생의 목숨을 길게 하는 덕을 가졌으므로 연명延命보살이라고도 하며 부처의 본원력本願力에 근거해 중생 이익의 원願을 세워 수행한다. 보현보살이 항상 중생을 위해 세우는 십원十願은 부처를 예배하고 공경하며, 부처를 찬탄하고, 여러 가지로 공양하며, 업장業障을 참회하고, 남의 공덕을 함께 기뻐하며, 설법해주기를 청하고, 부처가 이 세상에 오래 머물기를 청하며, 부처를 본받아 배우고, 항상 중생의 뜻에 따라 응하며, 널리 모든 것을 회향하는 것을 말한다.
57) 보현보살이 중생 이익의 원을 세우고 수행하는 것을 보현의 행원行願이라 일컫는다.

찮았을 것입니다. 지금은 세상도 더욱 혼탁해졌고, 사람도 또한 박복합니다. 이러한 때야말로 영험을 보이시는 대사나 고승도 더욱 귀하게 마련인데, 어떤 분은 입멸入滅58)하시고 어떤 분은 입정入定59)하시어 이후 세상에 나타나지 않으시니 어떻게 된 일일까요? 이러한 의구심이 갖가지로 일어납니다. 그렇지만 특별한 일대사의 인연이 아니라면 다 버리고 마음에도 두지 않으며 한두 달 지난 다음에야 어렴풋이 떠오르거나 할 것입니다.

옛날에 사이교西行60)가 에구치江口61)라는 곳에서 숙소를 빌리려는데 주인 유녀遊女62)가 허락을 하지 않았습니다. 사이교가 와카和歌63) 한 수를 읊었습니다.

---

58) 깨달음을 얻은 성인이 서거한 것을 일컫는 말이다.
59) 입정에는 여러 뜻이 있어서 삼업三業을 그치게 하고 선정禪定에 들어가는 일, 혹은 수행하기 위하여 방 안에 들어앉는 일 등을 말하기도 하는데, 여기에서는 깨달음을 얻고 입적한다는 뜻으로 사용되었다.
60) 1118~1190. 승려이자 가인歌人. 하급 관인 가문의 출신으로 젊었을 때에는 무사로서 도바인鳥羽院을 모시기도 했다. 솔직한 정감, 한적한 미, 은일隱逸 취향을 담은 서정적인 와카和歌를 담은 가집家集 『산카슈山家集』 외에도 가론, 소식문 등이 있다. 달과 벚꽃의 가인으로 일컬어지고 후대에 큰 영향력을 미쳤으며, 방랑 가인으로서의 그의 생애는 일찍부터 전설로 만들어져 『센주쇼撰集抄』, 『사이교모노가타리西行物語』와 같은 설화와 노能의 『에구치江口』, 나가우타長唄 『시구레사이교時雨西行』 등의 예능으로도 널리 알려지게 되었다.
61) 오사카의 동쪽 요도淀 강 부근의 지명. 요도 강과 간자키神崎 강의 분기점으로 중세 시대 이후 바닷길로 연결되는 선착장으로 발달했으며 유녀들이 많은 곳으로 유명하였다.
62) 헤이안 시대부터 가마쿠라 시대에 걸쳐 에구치 지역에 있던 많은 유녀들 중 특별히 에구치노 기미江口の君라 일컬어진 유녀 다에妙를 말한다. 노能의 대본인 요쿄쿠謠曲 작품 『에구치江口』에서 사이교와 와카로 문답을 한 것으로 유명하며, 본문의 일화도 바로 그 다에와 사이교의 와카 문답을 소재로 한 것이다.
63) 중국의 한시漢詩에 대응한다는 의식에서 8세기 이전부터 일본에서 지어진 일본 고유의 시가를 말한다. 처음에는 5음과 7음으로 이루어진 여러 형식의 시가를 총칭하였으나 헤이안 시대 이후에는 주로 5·7·5·7·7의 31음을 기본으로 하는 단카短歌를 주로 지칭하게 되었다. 대화처럼 증답贈答의 형태로도 발달하였는데 남성이 먼저 와카를 보내면 여성이 그에 화답하는 것이 일반적이다.

"이 세상을 다 / 마다하기까지야 / 어렵겠지만 / 하룻밤 묵는 것도 / 거절하시는구려64)"

주인 유녀가 이 와카를 듣고,

"세상을 등진 / 분이라고 하시니 / 하루 숙소에 / 그렇게 마음 두지 / 마시길 바랍니다65)"

라고 답했습니다. 세간에서 흔히 정情이라 일컫는 것은 모두 망집妄執에 얽매이는 인연입니다. 그 때문에 인간적인 정 없이 세간의 뜻에 따르지 않는 것은 도리어 출리생사出離生死66)에 도움이 된다는 말입니다.

옛날 교토京都에 한문 학재에 매우 뛰어난 사람이 있었습니다. 그는 어린 자식을 옆에 두고 한문을 가르쳤지요. 자기가 관청에 나갈 때에는 어린 자식이 앉을 수 있을 만한 둘레를 마련해서 밧줄로 아이를 들보에 매달아 올리고 책을 갖다 대어 읽혔습니다. 그의 계모 되는 여인이 아이를 불쌍히 여겨 아버지가 나간 뒤에는 안아 내려서 잠시 놀게 하고 아버지가 귀가할 시간이 되면 다시 제자리에 매달아 올려 두었지요. 이 아이 마음에 아버지의 훈육은 원망스럽고 계모의 정이 오히려 기쁘기 그지없었습니다. 그리고 성장한 후에는 평소 공부를 한 덕에 드디어 가업을 잇고 태정관太政官67)의 서기로 임관하였지요. 그 때가 되자 어릴

---

64) 원래 와카는 「世の中を/いとふまでこそ/かたからめ/仮の宿りを/惜しむ君かな」. 사이교의 가집 『산카슈山家集』와 가마쿠라 시대 최고의 칙찬집勅撰集 『신코킨 와카슈新古今和歌集』에도 실려 있는 와카이다.
65) 원래의 와카는 「世をいとふ/人とし聞けば/仮の宿に/心とむなと/思ふばかりぞ」. 속세의 인정에 마음 두지 말아야 한다는 취지로 유녀 신분의 여성이 승려인 사이교를 불도의 논리로 보기 좋게 제압한 장면이다.
66) 생사윤회하는 괴로움의 세계에서 벗어나 열반의 세계로 들어가는 것을 말하며 해탈하는 것을 의미한다.
67) 율령제에서 중앙 최고의 행정기관으로 팔성八省을 통괄하여 정무를 행한 곳을 말한다.

적 마음과는 반대로 원망스럽던 아버지의 훈육이 고마워지고, 기쁘기만 했던 계모의 정은 오히려 원망되더라고 술회한 이야기를 전해들은 것이 떠올라서, 지금까지 보살의 공덕을 거꾸로 생각하여 말대末代의 세상에는 불보살의 공덕이 없다고 믿은 잘못된 생각을 버린 것입니다.

불보살이 세상을 구하고자 한 서원은 다양합니다만, 그 본의를 세세히 파고들면 요컨대 중생이 육도六道를 순환하는 미망의 경계에서 빠져나와 본성이 청정한 깨달음의 저편에 도달하도록 하기 위해서입니다. 그런데 범부가 바라는 바는 모두 다 미망의 윤회의 근본이 되는 것들 투성이입니다. 그러한 바람을 만족시키는 것을 불보살의 자비라고 해야겠지요. 하지만 어쩔 수 없이 중생의 기질에 따라 이리저리 유도하시고자 임시로 소원을 이루어주는 경우도 있습니다. 만약 세간의 소원이 만족된 것에 자만하여 점점 집착심을 갖고 원하는 대로 파렴치한 마음을 드러낼 것 같은 자가 있다면 그 소원을 들어주지는 않을 것입니다. 불보살의 공덕이란 이런 것입니다. 그 때문에 말세의 범부가 기원하는 것에 효험이 없는 것이야말로 불보살의 진정한 공덕의 효험입니다.

비유하여 말하자면 의사가 병자를 치료할 경우, 때에 따라서는 쓴 약을 먹게 하고 때에 따라서는 뜨거운 뜸을 뜨게 합니다. 병자가 어리석어 의사의 마음을 모르고 스스로 치료하려는 것은 몸의 고통을 없애기 위해서지요. 그러나 자기가 할 치료 때문에 점점 더 고통이 더해지게 되어 그 의사를 향해 정이 없는 사람이라고 말하는 것과 마찬가지입니다. 이는 의사가 정이 없어서가 아닙니다. 병자의 마음이 비뚤어진 것이지요.

모든 불경 마지막의 유통분流通分68)에서 제천선신諸天善神들이 서원을 발하여 말씀하시기를, '우리는 이 경문을 믿는 사람을 수호하며 반드시

---

68) 하나의 경전을 셋으로 나누어 해석할 때 마지막 부분을 일컫는 말로 불법의 전수나 유지, 유포와 같은 유통에 관해 기록한 끝부분을 말한다.

재난을 피하게 하고 재복을 주며 병고에서 구할 것이다'라고 했습니다. 그 뜻을 보건대 불법수행을 하는 사람이 만약 전생의 행업을 이유로 여러 고통을 당하고 불도수행에 지장이 초래된다면 그 고통을 없애고 수행자가 싫은 마음이 들지 않도록 하겠다는 것입니다. 사견邪見69)으로 자기 좋을 대로 행동하는 자, 불법을 수행하지 않고 그저 세간의 명리를 추구하며 재난을 당하지 않고자 바라는 자를 위해 부처가 구원의 서약을 하신 것이 아닙니다. 이 점을 잘 생각해 보면 말세의 사람들이 기원한 내용에 효험이 없는 것이 당연한 일이지요.

중고中古 시대70)에 한 노老비구니가 있었습니다. 기요미즈데라清水寺71)에 참배하여 정성껏 본존에 절을 하고는, "바라옵건대 대자대비하신 관음보살이시여, 부디 제가 싫다고 생각하는 것들을 빨리 없애주십시오"라고 거듭 말을 했지요.

옆에서 듣고 있던 사람이 이상하게 여겨, "무엇을 기도하고 계시는 건가요?"라고 물으니, "나는 젊을 때부터 비파 열매를 좋아했는데, 씨가 너무 많은 것이 싫어서 매년 오월 무렵에는 이곳에 참배하여 비파의 씨를 없애 주십사 빌고 있습니다만, 아직 효험이 없네요"라고 대답했습니다.

누구나 비파를 먹을 때는 씨가 귀찮다고 여길 때가 있습니다만, 관음보살에게 빌 것까지는 없다고 여겨 이 비구니의 이야기를 우습고 덧

---

69) 불교에서 말하는 칠견七見과 오견五見의 하나로 꼽히는 요소이며 인과因果의 도리를 무시하는 그릇된 견해를 이른다. 칠견이란 바르지 못한 일곱 가지 견해로 사견, 아견我見, 상견常見, 단견斷見, 계금취견戒禁取見, 과도견果盜見, 의견疑見을 이르고, 오견은 다섯 가지의 잘못된 생각으로 신견身見, 변견邊見, 사견, 견취견見取見, 계금취견을 이른다.
70) 원문에서는 '中比', 즉 가운데 무렵이라는 표현을 쓰고 있는데, 태고부터 이 글이 쓰인 당시까지의 시간에서 가운데 무렵은 대략 중고, 즉 헤이안 시대(794~1192년)라고 볼 수 있다.
71) 교토京都 히가시야마東山에 있는 사찰. 북법상종北法相宗의 대본산大本山으로, 778년에 창건되었다. 일본에서 손꼽히는 관음영장관音靈場으로 천수관음千手觀音을 본존으로 모시고 있다. 또한 교토의 유명한 관광지로 일 년 내내 많은 참배객들이 찾는 곳이며, 1994년 유네스코 세계유산에 등록되었다.

없는 일이라고 숙덕거립니다.

세간을 보면 신불에 참배하여 경전과 다라니를 읽고 신상의 일을 비는 사람도 있습니다만, 그것도 결코 불도를 위해서는 아닌 듯합니다. 그저 세간의 행복을 유지하고 재액을 면하기 위한 것으로 보입니다. 고작 그 정도라면 비파의 씨가 없어지기를 기도한 비구니가 쓸데없는 일을 한 것이라 말할 수 있을까요. 비유하여 말하자면 누군가가 부잣집으로 가서 사소하고 가벼운 옷감이라도 얻으려 하는 것이나 마찬가지입니다. 그 정도의 소망이라면 부자가 아닌 사람에게도 부탁할 수 있습니다. 하지만 세간의 부자들은 욕심이 많게 마련이므로 큰 보물을 달라고 해도 쉽사리 건네주지는 않으니 최소한의 바람으로 옷감 같은 것을 청하는 것이라고도 할 수 있겠지요. 불보살은 세간의 부자와는 달라 자비심이 광대하시므로 세간에서 외형을 갖추는 복을 비는 것은 싫어하고 불도를 바라도록 권하십니다. 그런데도 신불 앞에서 그저 세속적인 것만을 기도하는 사람은 부잣집에 가서 사소한 옷감을 청하는 사람보다 더욱 어리석다고 해도 좋을 것입니다.

수미산須彌山72)의 북구로주北俱盧洲73)에서 태어난 사람은 논밭을 경작하지 않아도 저절로 쌀이 생겨 먹을 것이 부족할 일이 없습니다. 능라와 솜을 직접 짜지 않아도 좋은 의복을 몸에 두르지요. 수명의 길이가 천 년이며 그 전에 일찍 죽는 일도 없습니다. 사람들의 왕 중에는 금,

---

72) 산스크리트어로 수메르 산이라고 하며 불교, 브라만교, 자이나교를 불문하고 고대 인도의 우주론에서 세계의 중심이라고 생각한 거대한 산을 말한다. 불교의 세계관에서 말하기를, 수미산은 높이가 팔만 유순由旬(1유순은 약 7킬로미터에 해당)에 이르고, 이 산을 중심으로 태양, 달, 별이 수평으로 돌고 있다고 한다. 수미산의 동서남북에는 4개의 주州가 있고 또 그 주위에는 일곱 개의 금산과 하나의 철위산, 그 사이에는 여덟 개의 바다가 있어서 구산팔해九山八海라 일컫는다.
73) 구로주俱盧洲는 다른 말로 울단월鬱單越이라고도 한다. 고대 인도의 세계관에서 수미산 북쪽에 있다고 일컬어진 대륙으로 울단월이 가장 즐거움이 많은 곳이고 이곳에 사는 주민들은 수명이 천 년에 이른다고 한다.

은, 동, 철 네 종류의 전륜성왕74)이 있습니다. 그 중에 가장 뛰어난 금륜성왕金輪聖王75)은 인간으로서 최고의 과보를 얻어 사대주를 통치하고 온갖 보물을 자유롭게 사용할 수 있지요. 금륜성왕의 수명에 대해 어떤 사람은 헤아릴 수 없이 길다고도 하고 어떤 사람은 팔만 세라고도 합니다.

욕계欲界76) 안에 육욕천六欲天77)이 있는데 그 첫 번째 하늘을 사왕천四王天78)이라 합니다. 비사문毘沙門79) 등의 사천왕四天王80)이 살고 있는 곳입니다. 복이 부족할 일이 없지요. 그 수명은 인간의 오십년을 하루 낮 하루 밤으로 쳐서 오백년에 해당하는 기간입니다.

육욕천의 두 번째 하늘을 도리천忉利天81)이라 합니다. 이는 수미산 정상에 있으며 제석帝釋82)이 그 천왕입니다. 비사문 등 사천왕과 일월

---

74) 각주 25) 참조.
75) 금륜왕이라고도 한다. 윤왕 네 종류를 아울러 사륜왕이라 일컫는데, 그 중 금륜성왕은 수미사주須彌四洲, 즉 전 세계를 통치하는 임금이며 보살 수행 단계에서는 가장 높은 십회향위十廻向位에 배당된다.
76) 중생들이 거주하는 삼계三界, 즉 욕계欲界, 색계色界, 무색계無色界 중 하나로, 감각의 세계 또는 감각의 차원을 말한다. 식욕, 재물욕, 색욕 등에 빠진 인간이 사는 세계를 의미한다.
77) 욕계에 속한 여섯 하늘, 즉 사천왕천四王天, 야마천夜摩天, 도리천忉利天, 도솔천兜率天, 낙변화천樂變化天, 타화자재천他化自在天을 말한다.
78) 육욕천의 첫 번째 하늘로 사천왕천이라고도 한다. 수미산 중턱에 있으면서 사천왕과 그 권속들이 사는 곳이다. 지국천, 증장천, 광목천, 다문천이 있어 위로는 제석천을 섬기고 아래로는 팔부중생을 지배하여 불법에 귀의한 중생을 보호한다.
79) 사천왕四天王의 하나로 다문천왕多聞天王이라고도 한다. 다문천을 다스려 북쪽을 수호하고 야차와 나찰을 통솔하며 분노의 상相으로 갑옷을 입고 왼손에 보탑寶塔, 오른손에 몽둥이를 들고 있다.
80) 사왕천의 주신主神으로 사방을 진호鎭護하며 국가를 수호하는 네 신을 말한다. 동쪽은 지국천왕, 남쪽은 증장천왕, 서쪽은 광목천왕, 북쪽은 비사문, 즉 다문천왕이 관할한다.
81) 육욕천의 둘째 하늘로 도리忉利라고도 한다. 세계의 중심에 있는 수미산의 꼭대기에 있으며 모양은 사각형을 이루고 있다. 그 네 모서리에 각각 봉우리가 있으며, 중앙에는 선견성善見城이라는 궁전이 있다. 선견성에는 제석천帝釋天이 머무르면서 사방 삼십이성의 신神들을 지배한다.

성수日月星宿83) 등도 모두 제석의 수하에 속합니다. 그 과보는 결코 낮다고 할 수 없지요. 수명은 인간의 백년을 하루 낮 하루 밤으로 쳐서 천년 분에 해당합니다. 그리고 위의 네 임금은 점점 과보가 훌륭해지고, 수명도 각각 두 배씩 길어져서 여섯 번째의 타화자재천他化自在天84)의 수명은 인간의 천 육백년을 하루 낮 하루 밤으로 쳐서 만 육천년 분이 됩니다. 여기에 있는 자는 천인이라고는 하지만 아직 욕계에서 태어나기 때문에 수복壽福이 다할 때에는 반드시 다섯 가지의 쇠한 모습85)을 드러내게 됩니다.

이 욕계 위에 색계色界86)와 무색계無色界87)가 있으며 욕계와 합하여 이를 삼계三界라고 합니다. 색계 안에는 사선천四禪天88)이 있습니다. 색계의 천인들은 모두 용모가 훌륭하고 몸에서 밝은 빛이 납니다. 초선천初禪天89)에는 범왕梵王90)이 계시는데 삼계를 하나로 통괄하는 왕으로

---

82) 제석천帝釋天을 일컫는 말이다. 제석천은 각주 30) 참조.
83) 일월성신日月星辰이라고도 하며 하늘의 해와 달, 별을 통틀어 이르는 말이다.
84) 육욕천의 여섯째 하늘로 화타천이라고도 한다. 욕계에서 가장 높은 하늘이고 마왕魔王이 살며, 여기에 태어난 이는 다른 이의 즐거움을 자유로이 자기 즐거움으로 만들어 즐길 수 있다고 한다.
85) 이를 오쇠五衰라고 한다. 오쇠란 천인天人이 죽을 때에 나타나는 다섯 가지 현상으로 몸에 빛이 나지 않고, 화만華鬘, 옛 인도 사람들이 몸을 꾸미던 장신구)이 마르며, 겨드랑이에서 땀이 나고, 몸에서 더러운 냄새가 나며, 제 자리가 즐겁지 않게 되는 모습을 말한다.
86) 삼계의 하나로 욕계와 무색계의 중간 세계를 말한다. 욕계의 제천諸天 위에 있는 세계로 불교 사상에서 형상의 세계 또는 차원을 의미한다. 감각적 욕망에서는 벗어났지만 여전히 물질에 얽매인 존재 영역이기도 하다.
87) 불교철학에서 윤회가 일어나는 삼계 중 가장 높은 차원으로 물질 혹은 정신적 속박에서 벗어난 사유의 세계를 이른다. 무색계에서 존재는 선정禪定에 의존한다.
88) 네 가지 선정을 닦는 사람이 태어나는 색계의 네 하늘, 즉 초선천, 이선천, 삼선천, 사선천을 말한다.
89) 색계의 사선천 중 첫 번째 하늘. 초선천은 다시 대범천왕이 다스리는 중생들이 사는 범중천梵衆天, 대범천왕을 돕는 중생들이 사는 범보천梵輔天, 대범천왕이 있는 대범천大梵天으로 나뉜다.
90) 범천왕梵天王이라고도 한다. 범천은 각주 29) 참조.

인정받습니다. 수명의 길이가 일겁一劫91)하고도 반이지요. 사선천四禪天92)에는 말세 끝에 파멸이 일어났을 때의 삼재三災93)도 없습니다. 사선천 중 광과천廣果天94)에서는 수명이 오백 겁입니다. 무색계 안에는 네 곳의 구별이 있고, 무색계에 태어난 자는 색계의 몸이 아닌 까닭에 먹을 것, 입을 것, 재보와 같은 것은 모두 필요 없습니다. 그 수명은 첫 번째 하늘이 이만 겁, 네 번째 비상천非想天95)이 팔만 겁입니다.

이렇게 무색계 사람은 과보가 훌륭하나 전부 속세 때 쌓았던 선근善根에 따라 번뇌 속에서 깨달음을 얻는 것이므로, 복과 수명에 모두 한정이 있고 결국에는 지옥을 윤회합니다.

그러므로 『법화경』에서는 이렇게 말합니다. '삼계는 안락한 일이 없다. 마치 불타고 있는 집 안에 있는 것이나 같다'96)고 말이지요.

지자智者는 이러한 과보를 바라지 않습니다. 오탁五濁97)이 일어나는

---

91) 겁劫이란 일정한 숫자로 나타낼 수 없는 무한한 시간을 말하며 장시長時, 또는 대시大時라고 의역하기도 한다. 인도에서는 범천梵天의 하루, 즉 인간계의 4억 3,200만 년을 일겁이라고 한다.
92) 색계의 네 번째 하늘. 사선천은 또 다시 무운천無雲天, 복생천福生天, 광과천廣果天, 무상천無想天, 무번천無煩天, 무열천無熱天, 선현천善現天, 선견천善見天, 색구경천色究竟天의 아홉 하늘로 나뉜다.
93) 말세에 사람에게 닥치는 세 가지 재해를 이르는 말로 도병刀兵과 기근, 질역疾疫이 있으며 십이지十二支에 따라 든다. 경우에 따라서는 화재, 수재, 풍재의 세 가지 재앙을 이르기도 한다.
94) 색계 사선천의 셋째 하늘이자 십팔천十八天의 한 하늘. 인간이 사는 하늘 가운데에서 가장 좋은 곳이라 한다.
95) 무색계의 사공처四空處 중 네 번째 하늘로 삼계의 여러 하늘 가운데 가장 높은 하늘이며, 비상비비상천非想非非想天, 비상비비상처非想非非想處라고도 한다. 여기에 태어나는 사람은 번뇌를 떠났으므로 비상非想이라 하나 아직 완전히 떠나지는 못했으므로 비비상非非想이라고도 이른다.
96) 『법화경』의 「비유품譬喩品」에 나오는 구절이다.
97) 명탁命濁, 번뇌탁煩惱濁, 견탁見濁, 중생탁衆生濁, 겁탁劫濁 같은 세상의 다섯 가지 더러움을 이른다. 명탁은 악한 세상에서 악업이 늘어가므로 팔만 세이던 사람의 목숨이 점점 짧아져 백 년을 채우기 어렵게 된 것을 의미하고 번뇌탁은 애욕을 탐하여 마음을 괴롭히고 여러 가지 죄를 범하는 것을 말한다. 또한 견탁은 말법 시대에 이르러 사악한 사상과 견해가 무성하게 일어나 더러움이

악한 세상에 태어난 자는 과보가 좋은 것처럼 보여도 북구로주 사람들에게 미치지 못합니다. 하물며 제천諸天에는 이를 바도 못 되지요. 수명이 길다는 사람도 백세까지 가는 일은 드뭅니다. 설령 백세가 되었다고 해도 그것은 도리천의 하루 낮 하루 밤에 해당할 뿐입니다. 더욱이 무색계의 최고 하늘인 유정천有頂天98)의 팔만 겁에 비한다면 찰나에도 미치지 못하지요. 이렇게 하릴없는 과보를 신불에게 기도하는 것이 비파의 씨를 없애달라고 기도한 비구니와 무슨 차이가 있겠습니까?

요컨대 불도를 기원하고 구하면, 곧바로 깨달음의 경지에 도달하지는 못한다 할지라도 스스로의 선근의 힘으로, 또는 신불이 부여하시는 힘으로, 재난도 자연히 사라지고 수복壽福에도 탈이 없을 정도의 이익이 현생뿐 아니라 후세까지도 오래도록 있을 것입니다. 설령 기도를 하여 효험이 있다고 해도 얼마 되지 않는 과보를 비는 것일 뿐이니, 평생을 헛되이 살다 내세에는 지옥에 떨어진다는 것이 참으로 딱하지 않습니까?

부처는 모든 것에 자유자재한 힘을 지니고 계시지만 그 중에 세 가지 하시지 못하는 것이 있습니다.

첫째, 인연이 없는 중생을 이끌 수는 없습니다.

둘째, 중생계 전체를 남김없이 이끌 수는 없습니다.

셋째, 정업定業99)을 바꿀 수는 없습니다.

넘쳐흐르는 것을 말하며 이러한 견탁과 번뇌탁의 결과로 인간의 과보가 점점 쇠퇴하고 힘은 약해지며 괴로움과 질병은 많고 복은 적어지는 현상을 중생탁이라고 한다. 겁탁은 기근, 질병, 전쟁 따위의 여러 가지 재앙이 일어나는 것을 말한다.
98) 구천九天 중에 가장 높은 하늘을 말하며 욕계와 색계의 세계에서 가장 높은 곳에 있다. 비유상비무상처非有想非無想處, 색구경천色究竟天이라고도 한다.
99) 과거에 지은 업에 따라 현생에서 받게 되는 과보, 혹은 반드시 과보를 불러오게 될 업을 말한다. 정업에 관해서는 다음 7단의 내용에서 상세히 다루어지고 있다.

정업이란 전생에서 행한 선악의 행위가 원인이 되어 받게 되는 선악의 응보입니다. 이렇게 결정된 업보는 불보살의 힘으로도 바꿀 수 없지요. 용모의 미려함과 추함, 복덕의 크고 작음, 수명의 길고 짧음, 출신 가문의 귀천, 이는 모두 전생의 업에 따라 결정되어 있는 정업입니다.

장자莊子100) 같은 사람은 전생의 업인에 의한 것임을 모르기 때문에 빈부귀천은 모두 저절로 그렇게 된 것이라고 생각했습니다. 하지만 불교에서는 그렇지 않습니다. 전생의 악인惡因에 의해 악과惡果를 얻게 된 사람이라도 인과응보의 도리를 알고 현생에서 나쁜 행업을 하지 않는다면, 내세에는 반드시 좋은 과보를 얻을 것입니다. 쉽사리 바꾸기 어려운 현생의 응보를 건성으로 생각하므로 내세를 위한 선인善因도 준비하지 않지요. 이런 것이 우매한 인간 아니겠습니까.

예를 들어 농부가 밭을 경작하는 것과 같습니다. 봄에 밭을 제대로 갈아두지 않고 풋거름도 주지 않으며 물도 뿌리지 않고 씨를 뿌리거나 모내기하는 일을 허술하게 한 탓에, 가을이 되어 보면 형태는 벼처럼 자라 있어도 볏짚을 취할 만큼의 이득도 없을 것입니다. 하물며 쌀을 수확하는 것은 생각도 못할 일이지요. 이럴 때 농부가 이를 한탄하고 뒤늦게 물을 뿌리고 풋거름을 준들 아무 소용도 없습니다. 그런데도 행여 잘되지 않을까 싶어 가을 벼를 이리저리 만지작거리는 것은 어리석은 일입니다. 이번 가을 수확 때 이득이 없는 것은 오로지 봄 농사철에 소홀했던 벌이라는 것을 깨닫고 이듬해에는 경작을 잘하면 이번 가을과 같은 손실은 절대 없을 것이 분명합니다.

---

100) B.C.369~B.C.286(?)년. 중국 전국시대의 사상가로 도교의 시조로 일컬어지는 인물이며 본명은 장주莊周라고 한다. 장자의 사상은 무위자연을 기본으로 하여 인위적인 것을 싫어하는 데에 특색이 있으며 속세를 떠나 무위의 세계에 머물고자 하는 태도가 강하다. 그의 저서로 일컬어지는 『장자莊子』는 『남화진경南華眞經』이라고도 불리며 중국 뿐 아니라 요시다 겐코吉田兼好나 마쓰오 바쇼松尾芭蕉와 같은 일본의 중·근세 유명 문학자들에게도 큰 영향을 끼쳤다.

불경 중에 불력, 법력을 분명히 드러내면 정업도 좋게 바뀔 수 있다고 설한 문장이 있습니다.101) 또한 불력도 업력業力102)은 당하지 못한다고 합니다. 만약 사람이 평소의 정에 끌리던 생활을 확 바꾸어 항상 진정한 불법을 지향하고, 혹은 불도수행을 수행하기 위해, 혹은 타인을 이롭게 하기 위해 현생의 응보를 기도로 바꾸고자 생각하여 불력과 법력에 의지해 지성의 마음가짐으로 수행한다면, 설령 정업이라고 할지라도 반드시 바뀔 것입니다. 이러한 까닭에 정업 또한 바뀔 수 있다고 하는 것이지요. 만약 사람이 그러한 인정에 얽매여 수명을 연장하고 복을 유지하고자 신불에게 기도한다면 그러한 욕심은 부처가 생각하시는 바와 들어맞지 않으니 부처와 중생의 감응도 있을 수 없습니다. 그래서 불력도 업력을 당하지 못한다고 하는 것입니다.

제불들은 대자비大慈悲를 불변의 요소로 삼고 있습니다. 따라서 일체 중생을 가련하게 여기는 것이 마치 외아들을 향한 어버이의 마음과 같다고 부처도 말씀하셨습니다. 만약 불력이 업력을 쉽게 차단한다면 지옥에 떨어지는 사람이 있을 리도 없고 더럽고 악한 세상에 태어나 갖가지 괴로움을 겪는 사람도 아마 없겠지요.

석가여래가 세상에 계실 때 유리태자瑠璃太子103)가 석가족釋迦族과 원한을 맺은 이유로 왕위에 오른 후에 석가족들을 죽였는데 그 수가 구천구백구십만 명에 이르렀습니다.

---

101) 『이취석경理趣釋經』 하권에 지성심으로 수행하면 불력, 법력에 의해 정업을 좋게 바꿀 수 있다는 말이 기록되어 있다고 한다. 진언종 경전인 『이취경理趣經』에 대해 중국의 승려 불공不空(705~774년)이 주석을 달아 놓은 책이 『이취석경』이다.
102) 선업에는 낙과樂果를 일으키는 힘이 있고, 악업에는 고과苦果를 일으키는 힘이 있는 것처럼 과보를 가져오는 업인의 큰 힘을 말한다.
103) 비유리왕毘瑠璃王, 비유리毘瑠璃, 유리왕瑠璃王 등으로도 일컬어진다. B.C.6세기~B.C.5세기 경 고대 인도의 코살라국의 왕으로 석가족釋迦族을 섬멸시킨 왕으로도 알려져 있다.

그래서 목련존자目連尊者104)가 부처에게, "가깝든 멀든 중생의 고통을 구하시는 것이야말로 부처의 대자비이니, 남이라도 이러한 재난을 당하고 있다면 도우셔야 할 것입니다. 그런데 지금 죽은 사람들은 모두 부처의 일족입니다. 이를 도우시지 않은 것은 어떤 연유에서입니까?"라고 여쭈었습니다.

부처께서 답하시기를 "그들이 죽은 것은 모두 전생의 업에 기초한 응보이니 도울 수 없느니라"라고 하셨습니다.

그 때 목련은 여래가 말씀하신 내용을 직접 들었음에도 불구하고 여전히 의심의 마음을 없애지 못했지요. 그래서 신통력을 써서 아직 살해되지 않고 살아남은 자 오백 명을 데리고 와서 사왕천四王天105) 부근으로 가 큰 바리때를 만들어 오백 명 위에 덮어 숨겼습니다. 이렇게 하면 유리태자의 공격이 심해도 피할 수 있으리라 생각한 것이지요.

목련이 부처가 계신 곳으로 가서 이러한 자초지종을 말씀드리니 부처께서 말씀하시기를, "업력이 이르는 것은 장소도 상관이 없으며 신통력에도 막히지 않는다. 너는 스스로 훌륭한 일을 했다고 여기겠지만 오백 명은 모두 바리때 안에서 죽어버렸다"라고 하셨습니다. 목련이 곧바로 그 장소로 날아가 보았더니 부처가 말씀하신 바와 같았습니다.

경론經論에서도 이러한 인연담은 몇 가지나 보입니다. 업력이 쉽사리 바뀔 수 없음을 명심해야 할 것입니다.

---

104) 석가의 제자 목련目連을 높여 부른 호칭. 목련은 각주 8) 참조.
105) 각주 77) 참조.

7. 신불의 가호

문● 불력과 법력이 쉽사리 정업定業을 바꿀 수 없다면 무엇을 불법의 공덕이라 하면 좋겠습니까?

 답● 업에는 여러 단계가 있습니다.

우선 현생에서 곧바로 갚을 수 있는 것을 순현업順現業106)이라 이름 붙입니다.

다음 생에 갚는 것은 순생업順生業107)이라 합니다.

그 다음 생에 갚는 것은 순후업順後業108)입니다.

만약 이 세 종류보다 가벼운 업이라면 언제든 적당한 기회에 갚게 되어 있지요. 이러한 것을 부정업不定業109)이라 명명합니다.

경중에 따라 느리거나 빠를 수는 있지만 만들어둔 업이 응보 없이 그 상태 그대로인 경우는 결코 없습니다. 불력, 법력이 아니라면 도저히 이를 소멸시킬 수 없습니다. 그러나 불력, 법력이 있다고 해도 만약 중생에게 동정을 구하고 죄를 후회하며 개선하려는 마음이 없다면 업보가 소멸하기란 불가능합니다.

비유컨대 고대의 기파편작耆婆扁鵲110)이 뛰어난 의사이기는 하지만,

---

106) 선악의 응보로 받는 삼시업三時業의 하나로, 현생에서 업을 지어 현생에서 받는 과보를 말한다.
107) 삼시업의 하나로, 현생에 지은 선악에 따라 내생에 받는 과보를 말한다.
108) 삼시업의 하나로, 삼생三生 이후에 과보를 받을 업을 말한다.
109) 정업에 반대되는 개념으로 과거의 선악의 업인에 의해 과보를 초래할 것인지 결정되지 않은 업을 말한다.

인간의 병을 억눌러서 낫게 할 수는 없습니다. 환자가 만약 지시에 따라 치료를 한다면 병고는 그 즉시 그치는 법입니다.

부처의 공덕 또한 마찬가지입니다. 중생의 업보를 억눌러서 바꿀 수는 없지요.

부처는 삼세요달三世了達111)의 지혜로써 중생의 다양한 업보 인과를 간파하여 말씀하셨습니다.

"가난한 것은 인색하고 욕심 많은 업인의 결과다.

수명이 짧은 것은 살생을 한 업보다.

용모가 초라하고 보기 싫은 것은 인욕忍辱112)하지 못했기 때문이다.

출신가문이 비천한 것은 타인을 경멸한 응보다."

만약 인간이 이 가르침에 따라 과거에 저지른 잘못을 후회하고 미래에 일체 이와 같은 업인을 만들지 않는다면, 정업인들 어찌 바꾸지 못하겠습니까.

요즘 사람들을 보면 밤낮으로 안으로는 나쁜 생각을 품고 밖으로는 악행만을 저지르면서, 역시 복분을 바라고 장수하고 싶어 부처에게 기도하고 신에게 절만 하고 있습니다. 만약 이러하다면 어찌 효험이 있을 수가 있겠습니까.

이세 신궁(伊勢神宮113)에서는 누사幣帛114)를 바치는 것도 금지되어 있

---

110) 원래 기파는 고대 인도의 명의로 석가모니의 제자이고, 편작은 중국 전국시대 전설적인 명의이다. 이 둘을 아울러 명의의 대명사로 사용하는 경우가 많다.
111) 모든 부처의 지혜가 삼세를 달관하여 환하게 되어 있음을 이르며, 삼세에 걸쳐 일체를 명백히 깨닫고 있는 부처의 지혜를 이른다. 삼세는 전세前世, 현세現世, 내세來世의 세 가지 세계를 말하며 삼계三界라고도 한다.
112) 욕된 것을 참는다는 의미도 있지만, 불교에서는 기본적인 불교수행법 가운데 하나로 욕됨을 용서한다는 뜻도 내포한다. 넓은 의미로 다른 사람의 고통을 기꺼이 받는다는 적극적인 뜻과 모든 일에 대하여 희로애락이 없고 동요도 없이 사물의 본성이 평등무이平等無二함을 깨닫는다는 해탈로까지 확대 해석되기도 한다.
113) 미에 현三重県 이세 시伊勢市에 있는 신사로 특별히 신궁神宮이라 칭한다. 신

고, 불경과 다라니를 독송하는 것도 허락되지 않습니다. 내가 지난 해 이세로 내려가 외궁外宮 근처에 머무른 적이 있습니다. 그 때 한 네기禰宜115)에게 그 까닭을 물으니 이렇게 답했습니다.

"이 신사에 참배할 때에는 내외의 청정이라는 것이 있습니다. 외면의 청정이라는 것은 정진결재精進潔齋116)하고 몸을 부정한 것에 접촉시키지 않는 것입니다. 내면의 청정이란 마음속으로 명리名利의 바람을 갖지 않는 것이지요. 통상 누사를 바쳐서 신의 마음을 위무하는 것은 모두 명리의 바람을 이루기 위해서이므로 내면이 청정하지 못한 것입니다. 그래서 이를 금하신 것입니다.

예를 들어 정치 일을 하는 관리가 소송하는 사람으로부터 뇌물을 받지 않는 것과 같은 것이지요. 빈궁하고 비천하며 명리도 갖지 못하는 이유는 오로지 현생의 명리를 위해 악업을 만들기 때문입니다. 그러니 그저 명리만 추구하기를 그만두고 내면이 청정해지면 명리도 자연히 충족될 것입니다. 만약 그렇지 않으면 매일 밤낮으로 참배하여 누사나 신마神馬117) 등의 뇌물을 바치고 불경과 다라니를 독송하며 신에게 열심히 추종한다고 해도 그 소원이 성취될 리는 없을 것입니다. 신이 생각하시는 바와 같습니다. 이는 탁선託宣118) 기록에 보이는 내용이라고

　　 궁이라는 호칭이 붙는 다른 신사보다도 격이 높아 예로부터 최고의 특별격 궁거宮居로 여겨졌다. 내궁內宮과 외궁外宮 두 곳의 정궁正宮이 있고 그에 부속하는 궁사宮社들로 구성되어 있다. 중세에는 교토의 이와시미즈하치만구石清水八幡宮와 더불어 이대 종묘宗廟로 일컬어졌다.
114) 신에게 빌 때 바치는 삼, 종이, 명주 등을 가늘게 오려 만든 예물을 말한다. 신전神前의 나뭇가지나 울타리에 묶어 드리우기도 했다.
115) 신사에 종사하는 신직神職의 하나로 신주神主보다는 낮고 하후리祝보다는 상위 직책의 사람을 칭하는 호칭인데, 원래 이세 신궁의 주임관奏任官인 신관을 말하는 것이었다. 현재는 신사에서 궁사宮司와 권궁사權宮司 다음 가는 신관의 직명으로 사용된다.
116) 육식, 음주, 성행위 등을 삼가고 심신을 깨끗하게 하는 것을 일컫는다.
117) 신사에 봉납하는 신령스러운 말.
118) 신이 사람에게 붙거나 또는 꿈에 나타나서 그 뜻을 알리는 일, 혹은 신에게

합니다."

이 이야기를 하던 차에 신사 부근에 승려가 들어가지 못하게 되어 있는 것은 어떠한 연유인지 물었더니, 다시 네기가 답했습니다.

"세간에서 여러 이유로 이를 설명하는 사람들이 있습니다만 모두 어림짐작입니다. 일본에 불법이 건너 온 것은 삼십대 천황인 긴메이欽明천황119) 치세 때였습니다. 태고에 신이 이 땅에 진좌鎭座120)하셨을 때에는 불법이 아직 세상에 성립되지도 않고 승려도 없었습니다. 그러니 승려가 신사에 가서는 안 된다는 규율도 있을 수 없었지요. 옛날에는 궁중과 같은 곳에도 승려 차림으로 들어갈 수 없었습니다. 그러다 불법이 퍼지게 된 시대에 천황이 믿게 되었기 때문에 지혜롭고 덕망 높은 승려를 궁중으로도 불러들이게 되었지요. 그 이후로 승려 출입도 허락된 것입니다.

이 신사는 옛 규율을 바꾸지 않고 또한 내면의 청정이라는 것을 사람들에게 보여주기 위해 법락法樂121)을 받을 수 없다는 탁선이 있었으므로 자연스럽게 승려는 출입하지 않는 법도가 생기게 되었지요. 모든 신들은 불보살이 일본이라는 나라에 모습을 바꾸어 나타나신 것입니다.122) 어째서 신이 정말로 승려를 싫어하겠습니까. 그래서 옛날 고승

    기도를 하여 받은 계시를 말한다.
119) 510~571년. 정확하게는 제29대 천황으로 게이타이繼体 천황의 적자. 진구(神功)황후를 천황으로 헤아려서 30대라 한 것이다. 긴메이 천황 때 백제로부터 불교가 일본에 전래되었고 일본이 주장하는 임나任那가 멸망했다고 한다. 재위기간은 539~571년.
120) 신령이 자리에 임하는 것을 일컫는 말이다.
121) 법락이란 부처의 가르침을 믿고 받드는 기쁨이라는 의미이지만, 여기에서는 법회 때 불경을 외거나 음악을 연주하여 부처에게 공양하는 일의 의미로 사용되었다.
122) 원래의 불보살을 본지本地라고 하고 신은 중생구제를 위해 신의 모습으로 나타난 수적垂迹 신체라고 하는 것이 본지수적설本地垂迹說인데 이 문장이 그 핵심내용을 대변하고 있다. 일본에서는 『법화경』과 『대일경大日經』에 기초하여 설파된 내용으로 헤이안 시대부터 각 신사의 본지 부처가 확정되어 일본

중에 신전 안에 들어가셨던 분도 계셨지요."

본전本殿 옆까지는 승려가 가도 지장이 없다고 하므로 다음 날 내궁으로 가 신사의 모습을 보니, 오래된 낭떠러지에 이끼가 무수히 끼었고 큰 나무가 가지를 서로 교차하고 있는 모습이 어느 정도의 세월을 거친 것일지 마치 머나먼 신대神代의 옛 광경을 보는 심정이 들었습니다.

높은 산맥이 끝없이 이어지고 청류가 넘실대며 이 나라가 아닌 멀리 다른 나라까지도 이어질 듯 보이는 유구한 모습이었습니다.

이세 신궁은 그 안에 있으며 일부러 편평하게 땅을 고른 것도 아닌데 그저 자연스럽게 경사진 산세가 그대로 드러났습니다.

본당은 억새로 이었고 서까래도 모두 곧았으며, 도리이鳥居[123] 지붕도 휘어진 곳 하나 없었습니다. 신에게 올리는 쌀은 그저 세 절구 찧을 정도 만큼이었지요.

간누시神主[124], 미코巫女[125]와 귀천을 막론한 참배자들도 잡담하지 않고 조용히 발걸음을 옮기는 경건한 태도였습니다.

이는 바꿔 말하면 신이 순수하고 올곧으며 정직한 모습을 모든 사람들에게 보이시며, 안팎이 모두 청정한 공덕을 만세에 베푸시는 점에서도 드러나는 것입니다. 이렇게 신의 고마운 은혜를 입으면서도 영화로움을 자랑하고, 명리를 얻으려 치달으며, 순박하고 정직한 모습을 배반하고, 내외의 청정이라는 공덕에서 벗어나려는 것은 얼마나 얕은 생각

고유의 신에 대한 신앙과 외래의 불교신앙이 융합하고 조화되는 신불습합神佛習合이 진행되었다. 이러한 습합은 메이지 시대의 신불분리神佛分離에 의해 타격을 받지만 신불습합의 사고방식은 근현대에 이르기까지 일본인의 정신구조에 영향을 미치고 있다.
123) 신의 영역을 상징하는 일종의 문으로 두 기둥 위에 가로대를 놓고 그 아래에 나무를 넣어 기둥을 연결한 것이다.
124) 신사의 신관神官으로 우두머리격에 해당한다.
125) 신전에 봉사하며 제사 음악인 가구라神樂를 봉납하는 소녀를 말하고 신녀神女라고 쓰기도 한다.

입니까?

하치만八幡 대보살126)이 옛날 부젠豊前 지방127) 우사宇佐 신사128)에 신으로 나타나신 이후 백 십년이 흘러, 야마시로山城 지방129) 오토코야마男山130)로 건너가셨을 때 교쿄行敎화상131)의 가사袈裟 자락에 삼존三尊132)의 영험한 모습이 나타나셨습니다. 지금 오토코야마의 불전에 모

---

126) 하치만 신八幡神이라고도 하며 하치만구八幡宮의 제신, 즉 오진應神 천황을 의미한다.
127) 현재의 오이타 현大分県 지역을 말한다.
128) 오이타 현大分県 우사 시宇佐市에 있는 신사로 제신인 하치만 신, 즉 오진 천황을 비롯하여 히메 대신比売大神, 신공황후神功皇后를 세 곳에서 모신다. 전국 4만 4천 곳이라 일컬어지는 일본 하치만八幡의 총본산이다. 이세 신궁을 잇는 제2의 종묘로서 나라奈良 시대부터 황실의 존경이 두터웠던 곳이다. 이와시미즈하치만구石清水八幡宮, 쓰루가오카하치만구鶴岡八幡宮와 더불어 일본 삼대三大 하치만구八幡宮으로 꼽힌다.
129) 현재의 교토京都 지역을 일컫는다.
130) 교토 남서부의 야와타 시八幡市에 있는 높이 143m의 산이다. 요도 강淀川 왼쪽 기슭에 위치해 있으며 오른쪽 기슭의 천왕산天王山과 마주하고 교토 분지의 서쪽 관문 역할을 한다. 산 정상에 이와시미즈하치만구石清水八幡宮가 있는데 이를 오토코야마하치만구男山八幡宮라 부르기도 한다. 여기에서는 이와시미즈하치만구 신사를 일컫는 말로 쓰였다. 이와시미즈하치만구는 세이와清和 천황이 즉위한 이듬해인 859년에 구카이空海의 제자였던 승려 교쿄行敎가 우사신궁宇佐神宮에 참배했을 때 '내가 교토 쪽과 가까운 오토코야마의 산봉에 이좌移座하여 나라를 진호鎭護하려 한다'는 신탁을 받았다고 한다. 그래서 860년 세이와 천황의 명에 의해 신사를 건립했으며 이후 교토의 북동쪽에 있는 히에이잔比叡山 엔랴쿠지延暦寺와 대치를 이루며 남서쪽에서 왕성을 수호하는 신, 왕권과 수군의 신으로서 황실, 조정으로부터 크게 신앙되어 천황, 상황, 법황 등의 행차가 250회를 넘는다. 또한 이 곳에서 모시는 하치만 신은 세이와 천황의 후손으로 일컬어지는 세이와 겐지清和源氏의 씨신氏神으로 숭경되며 무신, 무기의 신, 필승의 신으로 일컬어진다.
131) ?~?. 헤이안 시대 교토 다이안지大安寺의 학승이다. 출가 전의 활동에 관해서는 알 수 없고, 출가 후에는 다이안지에서 법상, 삼론, 밀교를 배우고 일본 천태종의 조사인 사이초의 스승인 교효行表나 진언종의 슈에이宗叡에게 사사했다. 858년 우사하치만으로 파견되었고 859년에는 천황 수호를 기도하였는데, 그 때 신탁을 받아 이와시미즈하치만구를 창건하게 되었다. 863년에는 덴토 대법사伝灯大法師의 지위에 임해졌다.
132) 본존과 그 좌우에 모시는 두 분의 협시보살을 통틀어 이르는 말이다. 가운데의 석가모니불과 그 왼쪽의 문수보살, 오른쪽의 보현보살을 이르는 석가

시고 있음을 표지標識하는 상자에 있는 것이 바로 이것입니다.

또한 고보弘法 대사133)가 하치만 신을 뵈었을 때 신은 승려의 모습으로 나타나셨습니다. 대사는 그 모습을 그렸고 또한 하치만 대보살도 직접 대사의 모습을 그리셨지요. 그 두 그림이 교토 다카오高雄134)의 신고지神護寺135)에 모셔져 있습니다. 이것이 곧 중생을 인도하여 불법에 귀의시키며 생사의 고난에서 벗어나게 하기 위한 상서로운 모습입니다.

오토코야마에서는 방생회放生会136)라고 하여 매년 8월 1일부터 15일까지 사방으로 사람을 파견하여 백만 마리의 물고기를 사와 산 아래 개울에 풀어주고 그 선근 공양을 위해 15일 이른 아침에 신령을 옮기는 신여御輿137)가 산 아래로 내려오는 의식이 있습니다. 그리고 제례를 하는 사람이 법회를 거행하고 악사들이 무악을 연주하지요. 신여가 산 위에서 내려오실 때는 신관들이 각자 정식으로 의복을 갖추어 모시는데 그 모습은 정말로 엄숙합니다.

    삼존, 중앙에 있는 아미타불과 그를 좌우에서 모시는 대세지보살과 관세음보살을 이르는 미타 삼존, 중생을 질병에서 구원하여 주는 약사여래와 그를 왼쪽에서 모시는 일광보살, 오른쪽에서 모시는 월광보살의 약사 삼존 등이 있다.

133) 774~835년. 헤이안 초기의 고승으로 진언종眞言宗의 개조開組 구카이空海의 시호이다. 804년 당나라로 건너갔다 2년 후 일본에 돌아와서 고야 산高野山에 곤고부지金剛峰寺를 건립하고 도지東寺를 진언도량으로 삼았다. 시문에 뛰어나고 명필로도 이름나 일본 삼필三筆의 한 사람으로 일컬어진다. 『산고시키三教指帰』, 『주주신론十住心論』, 『분쿄히후론文鏡秘府論』, 『쇼료슈性靈集』 등의 저술이 있다.

134) 교토京都 우쿄 구右京区의 지명으로 단풍의 명소이자 경승지이다.

135) 고야 산 진언종의 별격別格 본산이다. 건립 연대는 알 수 없으나 기존의 사찰들이 합병하여 824년에 진고 국조神護国祚 신곤지真言寺로 개칭되었다. 가마쿠라 초기에 분카쿠文覚가 부흥시켰다.

136) 공덕을 쌓기 위해 잡았던 물고기나 새와 같은 생물들을 물이나 들에 놓아주는 불교 행사.

137) 신사의 제례 때 신체神體나 신위神位를 싣는 가마를 말한다.

법회가 끝나고 신여가 돌아가실 때는 앞의 의식과는 반대로 신주들을 모시는 자는 모두 아름다운 옷을 벗고 깨끗한 흰옷을 입으며 흰 지팡이를 짚고 짚신을 신은 상태로 배웅을 합니다. 이른바 장례의 방식을 따르는 것이지요.

이는 곧 아침에는 홍안紅顔으로 세상에서 잘 살다가 저녁에는 백골白骨이 되어 들판에서 썩어버린다는 인생의 허무한 도리를 보이는 것이라고 전합니다.

대보살은 정직한 자의 머리에 깃든다는 약속이 있습니다. 다만 정직이라는 것에는 심천深淺이 있습니다. 허망한 생각을 떠나 제대로 된 불도를 깨닫는 것이 진정으로 정직한 인간입니다. 그렇게까지는 아니더라도 무상無常의 이치를 알고 명리를 따르지 않으며 이익도 탐하지 않고 인의의 도를 배우며 살생을 하지 않고 도리를 왜곡하지 않는다면 이 또한 정직한 사람입니다.

방생회 의식은 그 자체가 중생을 인도하여 이렇게 정직한 길로 들게 하고자 하는 방편이지요. 그 때문에 귀천과 승속僧俗 모두 하치만 대보살을 우러러 받들지 않는 자가 없는 것입니다. 하지만 만약 정직한 길로 들어서지 않으면 설령 귀인이나 고승의 머리라 할지라도 하치만 대보살이 깃들 일은 없습니다. 하물며 그 이하의 사람들에게는 말할 것도 없겠지요.

이세 신궁伊勢神宮이나 하치만구八幡宮만이 이러한 것은 아닙니다. 그 밖의 제신들도 역시 역이냐 순이냐의 방법은 다르더라도 가련한 마음을 품으신다는 뜻은 같을 것입니다. 일상의 행동이 모두 신의 생각에 어긋나면서 자기가 기도하는 것이 이루어지지 않는다고 신을 원망하는 것이 비뚤어진 마음 아닐까요?

8. 명리名利를 위한 기원

문● 만약 그렇다면 세간의 명리를 신불에게 비는 것은 무조건 금해야 하지 않겠습니까?

답● 세간의 명리를 기도하는 마음이 어리석다고 한다면, 비파의 씨를 기도하여 사라지게 만들기도 어려울 것입니다. 그리고 설령 기도가 이루어져 씨가 없는 비파를 얻었다고 해도 얼마나 오래 살면서 많이 먹을 수 있겠습니까?

명리를 기도하는 것도 또한 이러한 것입니다. 정업을 기도로 바꾸기란 어려울 것입니다. 또한 설령 기도가 이루어졌다고 해도 이를 어느 정도나 유지할 수 있겠습니까? 세간에 대한 애착이 점점 커져서 내세에는 반드시 지옥에 떨어지게 될 것입니다. 어차피 기도를 할 것이라면 최상의 도리인 불도를 기원하라고 권하기 위해서 기도하라는 것입니다.

하지만 비파의 씨가 사라지라고 기도할 만큼 어리석은 사람이면, 설령 이러한 교훈을 통해 똑같은 기도는 하지 않겠지만, 신불 앞으로 가서 극락왕생을 빌어야겠다는 마음은 없을 것이 틀림없습니다. 이렇게 일생一生[138]을 보내면 불보살 앞에 나아가서 불보살과 만남의 인연을 맺는 일 또한 없을 것입니다. 그래서 이러한 사람에게는 기요미즈데라淸水寺에 가서 비파의 씨가 없어지도록 기도라도 하라고 일부러 권하는

---

138) 원문에서는 '일기一期'라고 쓰고 있다. 일기란 임종을 말하기도 하지만 여기에서는 태어나서 죽을 때까지의 일평생이라는 의미로 쓰였다.

것이 좋습니다. 못하게 말리는 것은 좋지 않습니다.

밀교密教139) 쪽에서 악마항복惡魔降伏140), 식재息災141) 등 유상有相142)의 실지悉地143)를 마련하는 것은 이 때문입니다.

『대일경大日經』144)에서 아주 깊은 무상無相145)의 불법은 어리석은 사

---

139) 밀교에는 두 가지 의미가 있다. 하나는 부처의 깨우친 진리를 직접적으로 은밀하게 표출시킨 대승불교의 한 교파를 말하고, 다른 하나는 해석하거나 설명할 수 없는 경전, 주문, 진언 따위를 이른다. 대일여래大日如來를 본존으로 하는 심원하고 비밀스러운 가르침을 중심으로 하며 가지加持와 기도祈禱를 중시한다. 7, 8세기경에 인도에서 시작되었고 당나라 때 중국으로 전달되었다. 우리나라에는 8세기에 접어들어 신라에 순밀純密 계통이 전해지면서 본격적인 발전을 보게 되었고 고려나 조선시대까지 민중 신앙의 중추적 역할을 담당하였다. 그리고 우리나라의 밀교는 이론이나 교학적인 발전보다는 실천적 수행면에 치중되었으며, 독자적인 발전보다는 선禪이나 정토신앙 또는 천태종天台宗 등과의 밀접한 관계성 속에서 발전을 보였다. 일본에서는 헤이안平安 초기에 구카이空海, 사이초最澄에 의해 전해져 귀족들에게 널리 신앙되었다. 진언종眞言宗과 천태종天台宗은 밀교로 분류되는데, 여기에서는 진언종을 일컫는다.
140) 한국에서는 '惡魔降服'으로 쓰는 경우가 많다. 불법佛法의 힘으로 악마를 퇴치하거나 마음속의 번뇌를 물리쳐 없애는 것을 의미한다.
141) 불력, 즉 부처나 보살의 힘으로 온갖 고난과 재해를 소멸시키는 것.
142) 무상에 반대되는 개념으로 형상이나 모습이 있는 상태, 혹은 인연으로 인해 생멸하는 모든 일을 일컫는다.
143) 산스크리트어 Siddhi를 음사音寫한 말로, 밀교에서 진언眞言을 외우는 등 비법祕法을 수행하여 성취하는 묘과妙果 즉 깨달음을 말한다.
144) 진언삼부경眞言三部經의 하나로 총 7권의 경전이다. 진언밀교의 근본이 되는 경전으로 대일여래의 설법을 엮었으며 7세기 중엽에 인도의 학승 슈바카라심하(637~735)가 당나라에서 번역하였다. 1권부터 6권까지는 진언밀교의 교리와 실천 방법, 7권에서는 공양법을 설명하고 있다. 원래 『대일여래경大日如來經』인데 일본에서는 줄여서 『대일경』이라고 한다. 후기 탄트라 불교의 소의경전所依經傳으로 일본 불교의 주요 종파 가운데 하나인 진언종의 기본 경전이다. 725년경에 한역漢譯된 것이며, 이 경전의 가르침은 그로부터 약 1세기 후에 구카이, 즉 고보 대사에 의해 일본에 널리 소개되었다. 우주론적 일신론으로 일컬어지는 『대일경』의 가르침은 우주를 형상화한 부처인 대일여래, 즉 마하비로자나(Mahāvairocana, 두루 비추는 자라는 의미)를 중심으로 구성되어 있다. 심지어 힌두교 신들까지 등장하는 인도인들 고유의 섬세하고 신비적인 의식을 통해, 각자 자신들의 사상이나 언어, 그리고 행동이 모두 실제로 대일여래와 일치된다는 사실을 깨닫게 된다.
145) 무상이 일컫는 상태는 모든 사물은 공空이어서 일정한 형상이 없거나, 차별

람으로서는 깨닫기 힘든 것이므로 유상의 설까지 겸해 두어야 한다고 설명한 것도 이러한 이유 때문입니다.

과 대립을 초월하여 무한하고 절대적인 상태, 혹은 모든 집착을 떠난 경지를 말한다. 열반이라고 볼 수 있다.

9. 비법秘法의 참뜻

문● 진언밀교의 승려 중에 유상有相의 실지悉地야말로 밀교의 진정한 의미이며, 무상無相을 귀히 여기는 것은 현교顯敎[146])가 설하는 바라고 말하는 사람이 있습니다. 어떻게 생각하십니까?

답● 진실한 불법 도리에 관해 말하자면 유상, 무상의 이론異論이 있을 수 없습니다. 미망과 깨달음에 따른 마음의 움직임에 따라 임시로 둘로 나눈 것이지요.

불교 외의 외도外道[147]) 법도에서도 유무 두 가지 상을 논하고 있습니다. 소승小乘[148])이나 권교權敎[149])도 또한 이를 명시하고 있지요. 실대승實大乘[150])의 가르침에서도 이를 설파하고 있습니다. 그러나 일컫는 말

---

146) 밀교의 비밀스러운 가르침에 대해서 언어 문자로 분명히 설시說示된 가르침이라는 의미이며, 밀교 이외의 불교를 가리킨다. 본래 밀교 쪽에서 가치 비판적으로 일컬은 말로서, 밀교 즉 진언종에서는 부처 생전의 모든 가르침을 판별하여 현밀이교顯密二敎라 하였고, 현교는 밀교만 못하여 밀교는 깊고 미묘하며 뛰어난 가르침이라 하였다. 밀교에서 말하는 현교란 중생의 능력에 따라 대소승大小乘의 삼장三藏 12부경에 설파된 사제四諦와 육도六度의 법문이며 응신화신應身化身한 석존을 교주로 삼는다.
147) 불교 이외의 종교를 받드는 일.
148) 대소 이승二乘 중 수행을 통한 개인의 해탈을 가르치는 교법이다. 석가모니 사후 백년 후부터 시작되어 오래도록 지속된 교법으로 성문승聲聞乘과 연각승緣覺乘이 있다. 소극적이고 개인적인 열반만을 중시한 나머지, 자유스럽고 생명력이 넘치는 참된 인간성의 구현을 소홀히 하는 데에 반발하여 이후 대승이 일어나게 되었다.
149) 석가모니가 중생이 진실한 대승의 이치를 깨닫게 하려는 방편으로 설교한 교리를 말한다. 아함阿含, 방등方等, 반야경般若經 등을 이른다.
150) 대승 중에도 방편을 곁들이지 아니한 참된 가르침을 의미하며 천태天台, 화

은 같아도 의미는 각각 다릅니다.

『대일경』에 깊은 무상의 법이라고 설명하는 것은 현교가 말하는 바와도 다르지요. 하물며 외도의 가르침과 같을 수 있겠습니까?

『대일경소大日經疏』151)에서 이르기로는, '공空과 불공不空은 결국 무상無相이다. 그러면서 일체의 상을 갖추고 있는 것을 대공삼매大空三昧152)라 명명한다'고 합니다.

공이란 무상이며 불공이란 유상입니다. 유상과 무상 모두 무상이라고 하는 것은 어떤 경지일까요? 무상의 상태이면서 일체의 상을 갖추고 있다는 의미는 범부가 생각하는 유상이겠습니까? 그러므로 곧 밀종密宗에서 말하는 무상의 법이라는 것은 매우 미세한 법문法門153)이며 범부의 생각이 미칠 바가 아닙니다. 따라서 부족한 지혜가 도달하지 못하는 바라고 설명되어 있습니다. 그런데도 무상을 높이 여기는 것이 진언의 본의가 아니라고 할 수 있을까요?

가령 이 무상의 법을 현교에서 말하는 무상처럼 이해한다면 진정 멀리해도 될 것입니다.

혹여라도 이 깊은 무상의 묘과妙果154)를 성취한 사람이 어리석은 자

엄華嚴, 진언眞言, 선禪 등을 들 수 있다.
151) 『대일경』의 주석서로 20권에 이른다. 8세기 초에 당나라에서 인도의 학승 슈바카라심하(중국 이름 선무외善無畏)가 해석하고 일행一行이 편찬한 불교서이다.
152) 대공이란 전혀 아무것도 없는 상태, 즉 사람도 사물도 실체가 없이 시방十方의 세계가 공空인 것을 의미한다. 또한 삼매는 불교의 종교와 철학에서 인간이 육체에 얽매어 있는 동안 도달할 수 있는 최고의 정신집중 상태를 말하며 삼매의 상태에서 정신을 완전히 집중하면 최고의 실재와 하나가 될 수 있다고 한다. 따라서 대공삼매란 공의 상태에 몰두하여 깊은 명상에 잠긴 완벽한 상태를 말한다.
153) 불법의 길을 말하는데, 법이란 산스크리트어로 달마라고 하며, 모든 것에 통하는 말로 부처가 설하는 바는 세상의 법칙이 되므로 법이라고 한다. 그 법은 범성들이 길로 들어서는 통로인 까닭에 문이라고 한다. 또한 법은 마음에 있는 것, 그 법이 말로 표현되는 것이 교教이다.
154) 보리나 열반과 같은 아주 뛰어나고 훌륭한 결과.

를 이끄는 방편으로 조복調伏155) 등의 법을 수행하는 것을 유상의 법이라고 싫어해서는 안 될 것입니다. 왜냐하면 그 행위는 유상이지만 그 마음은 무상이기 때문입니다. 만약 그 사람의 마음이 유상에 집착하여 명리를 추구하려 하고, 자기 자신을 위해서나 또는 타인을 위해 대법大法156), 비법秘法157)을 행하는 것이라면 유상의 묘과조차도 성취하기 어려울 것입니다. 하물며 무상의 묘과를 성취하기란 도저히 불가능하겠지요.

　예를 들어 예리한 칼을 어린 아이에게 주게 되면 몸을 다치거나 목숨을 잃을 경우가 생길 수도 있을 것입니다. 설령 몸이 다치지는 않는다 하더라도 이 칼로 쓸데없는 것들을 괜스레 벨 것이니 칼날이 못쓰게 되어 값어치가 없어지는 것과 같습니다.

　진언종의 선덕先德158)들도 이러한 도리를 말씀하셨습니다. 진언종에서 조복의 법이라는 것은 악하고 삿된 견해를 가진 중생의 마음을 비법의 힘으로 항복시키고 올바른 불법의 길로 들게 하는 것이지요. 간혹 불법을 수행하는 데에 지장을 주는 사람이 있어서 그가 도저히 그 사악한 마음을 바꾸지 않을 경우에는 우선 그의 목숨을 앗아 정법을 세상에 분명히 보인 다음, 일정한 방편을 통해 그 악인까지 불법佛法에 이끌어 들일 수도 있습니다. 또 어떤 경우에는 사람이 원수 때문에 마음이 어지럽고 고뇌가 많아 불법으로 들지 못하는 것을 보고 그의 적을 항복시켜 불법에 들어가게 할 수도 있습니다.

---

155) 심신을 바르게 가지고 악업이나 번뇌 등을 없애는 것, 혹은 부처의 힘으로 악마를 다스리는 것을 의미하는데 여기에서는 전자의 뜻으로 쓰였으며 악마 항복과 같은 의미이다.
156) 부처의 가르침을 높여 이르는 말이기도 하지만, 여기에서는 대승大乘의 교법이라는 뜻이다.
157) 밀교에서 행하는 수행 방법을 뜻하는데, 구체적으로는 호마護摩나 염송念誦을 말하거나 여의보주를 본존으로 하여 기도하는 수행을 일컫기도 한다.
158) 덕이 높았던 옛 선현들.

보살이 이렇게 거꾸로 된 방식을 취하는 것은 모두 불법을 흥륭興隆시켜 중생에게 이익을 주기 위해서지요. 세속의 명리를 주기 위해서가 아닙니다.

『열반경涅槃經』159)에서는 말합니다. '석가여래가 아직 불도수행을 성취하시기 전 국왕으로 계실 때 수많은 악승惡僧160)들이 있었는데 불도를 수행하는 한 사람의 승려를 시기하여 갖가지 방법으로 괴롭혔다. 그 때 국왕이 몸소 이 악승들과 싸웠다. 결국 모두를 복속시켜 정법을 수행하던 승려를 도왔다. 그 본의는 오로지 정법을 유통시키기 위해서이므로 조금의 죄도 짓지 않은 것이나 마찬가지이다'라고 말입니다.

일본의 쇼토쿠 태자聖德太子161)가 모노노베노 모리야物部守屋162) 대신을 물리치신 것도 이와 같은 이유입니다. 만약 정법을 유포시키려는 뜻

---

159) 정식 명칭은 『대반열반경大般涅槃經』으로 석가의 열반을 설명하기 위해 편찬된 불교 경전이다. 소승불교의 경전과 대승불교의 경전이 있는데, 소승의 『열반경』은 주로 역사적 사실을 중심으로 석가의 입멸入滅을 전후한 일들을 서술하고 있다. 이에 비해 대승의 『열반경』은 보다 철학적, 종교적인 의미가 강조되어 석가의 교의 내용을 위주로 한다. 석가모니 최후의 설법을 통해 불신佛身의 상주常住, 열반의 의미, 모든 중생이 부처가 될 수 있다는 불성론佛性論 등을 밝히고 있다.
160) 불법에 정한 계율을 어기고 나쁜 짓을 하는 중을 말한다. 일본에서는 무예에 뛰어난 거칠고 사나운 중을 이야기할 경우도 있다.
161) 574~622년. 아스카飛鳥 시대의 황족으로 요메이用明 천황의 둘째 아들. 스이코推古 천황 때 섭정攝政으로서 소가노 우마코蘇我馬子와 협조하여 정치를 행했고, 견수사遣隋使를 파견하여 대륙의 선진 문화와 제도를 받아들여 천황을 중심으로 한 중앙집권국가 체제를 확립하려고 하였다. 또한 불교에 대한 신앙이 두터워 불교 흥륭에 노력했다. 쇼토쿠 태자의 불교수용은 현생이익을 추구하거나 진호국가를 구하는 주술적 요소는 보이지 않고, 불교를 인간 개인의 내면성, 정신성과 결부하여 이해하려는 것이었다. 쇼토쿠 태자의 불교적 정신은 「헌법십칠조憲法十七條」에 드러나며 불교경전에 대한 강의록도 저술한 것으로 보인다.
162) ?~587년. 요메이 천황 시대의 대신. 모노노베物部 씨는 유력한 씨족이었는데, 일본에 전래된 불교에 대한 강경한 배척파로 숭불파인 소가蘇我 씨와는 대립관계였다. 불법의 폐기를 주청하여 사원과 불상을 태우고 타다 남은 불상을 강에 버리는 등 숭불파의 원한을 샀다. 소가노 우마코를 위시한 큰 세력이 모리야의 본거지를 공격하였고 결국 모리야는 사살되었다.

이 없이 그저 적이 죽기를 기도하고 자신만 세상에서 영화를 보려 한 것이었다면, 순현업順現業163)에 의해 나라를 다스리신 정치도 오래 지속되었을 리 없습니다. 내세에도 또한 나쁜 업보를 받으셨을 것입니다.

『열반경』에 이르기를, '원한으로 원한을 갚는 것은 기름으로 불을 끄려는 것과 같다'고 하였습니다. 불보살이 일체 중생을 가엾게 여기시는 것은 마치 외아들에게 갖는 마음과 같은 것입니다. 제신들 역시 모두 불보살이 모습을 바꾸어 중생을 구하기 위해 이 세상에 나타나신 것이니, 그 연민에 어찌 친소親疎나 편파偏頗가 있겠습니까?

그런데 기도하는 승려가 정법을 이어받아 계속 흥륭하게 만들기 위해서가 아니라 오로지 자기 자신을 위해 그의 적을 망하게 하고 이쪽 편만을 번영하게 해달라고 신불에게 기원한다면, 신불이 기도하는 사람에게 설득당하여 '그렇다면 너의 소망에 따라 저쪽을 멸하고 이쪽을 돕겠노라' 하는 일을 생각할 수나 있겠습니까?

불법을 믿는 사람은 천상의 과보를 얻어서 세상에 재앙도 없고 도중에 목숨을 잃을 일도 없기 때문에 존귀하다고 생각하는 것이 아닙니다. 왜냐하면 어중간하고 오래 가지 않을 작은 과보에 속아 불법을 수행하는 것이 아니기 때문입니다. 그렇게 하면 결국에는 지옥에 떨어지게 되지요.

하물며 하계下界인 인간계는 설령 삼황오제三皇五帝164) 시대처럼 세상이 잘 다스려지던 때라고 할지라도 불법이 널리 유포된 때가 아니므로 불법을 믿는 사람들이 원하는 바가 아니었습니다. 설령 어지러운 세상,

---

163) 현생에서 지은 업으로 현생에서 그 과보를 받는 업. 순현업을 비롯한 삼시업三時業에 관해서는 7단 참조.
164) 전설에 기초하는 중국의 고대 신화에 등장하는 제왕을 이르는 말인데 사료에 따라 삼황오제의 이름은 조금씩 다르다. 일본에서도 삼황을 복희伏羲, 신농神農, 황제黃帝, 혹은 수인燧人, 복희, 신농으로 보는 등 여러 설이 있으며, 오제 역시 황제黃帝, 전욱顓頊, 제곡帝嚳, 당요唐堯, 우순虞舜 등이 일컬어지나 일정하지 않다.

9. 비법秘法의 참뜻 • 61

이라고 해도 만약 불법만 세상에 분명히 행해지고 있으면 한탄할 일이 아닙니다.
 그 때문에 선종禪宗,165) 교종敎宗166), 율종律宗167)으로 입장이 바뀌었

---

165) 대승불교의 일파이며 남인도의 달마가 중국으로 건너가 가르침을 전하여 성립한 것으로 본다. 범어의 디야나(dhya-na), 팔리어의 쟈나(jha-na)를 음사하여 선나禪那라고 하며, 음사와 의역을 합하여 선정禪定이라고도 한다. 인도의 전통적인 선은 요가이다. 요가는 심사深思와 묵상默想으로 마음의 통일을 구하는 방법이다. 정신과 육체의 수행이 차차 사상적으로 체계화되어 우주의 원리인 브라흐만과 개인 속에 있는 진리인 아트만의 일치를 꿰뚫어보는 수행으로 정착되어 갔다. 중국의 선은 달마가 전한 이후 당대에서 송대에 걸쳐 발전했고 명대에 들어서서 쇠퇴했다. 한반도에 선불교禪佛敎가 본격적으로 전래된 것은 800년대이지만 그 이전부터 이미 전래는 시작되었으며 달마선이 아직 남북으로 갈라지기 전인 4조 도신道信으로부터 선법을 전수받은 법랑法朗이 통일신라 초기에 최초로 선을 전하였다. 이어서 신행神行이 북종선北宗禪을 전하였으나, 신라에서 유행한 것은 남종선南宗禪 계통이었다. 9세기 이후 입당승入唐僧들이 귀국하면서 중국의 여러 선풍禪風을 전하였고, 국내에 많은 선찰禪刹이 창건되었고 신라 말기부터는 구산선문이 차례로 형성되었다. 이후 조선시대 1424년 세종 때 모든 불교 종파의 폐합에서 남게 된 두 종파 중 하나로, 조계종曹溪宗과 천태종天台宗, 총남종摠南宗의 세 종파가 선종이라는 이름으로 단일화되었다. 일본에 순수 선종이 전해진 것은 가마쿠라 시대이며 무로마치 시대에 막부의 비호로 크게 발전하게 되었고, 여기에는 무소 소세키의 역할이 지대했다고 볼 수 있다. 메이지 유신 이후 근대 일본의 선이 전세계에 '젠禪'이라는 일본 발음으로 알려졌다.
166) 부처의 교설 및 그것을 문자로 나타낸 경전을 바탕으로 하는 종지宗旨를 뜻하며 불어종佛語宗이라고도 한다. 부처의 일심一心을 전하는 불심종佛心宗으로서의 선종 입장에서 불교를 판별判別하여 교선이종敎禪二宗으로 나눈 데에서 비롯된다. 교종은 구체적으로 『법화경』에 의거한 천태종이나 『화엄경』을 소의所依로 하는 화엄종을 가리키는데, 이들이 중국에 있어서의 대표적 교종이었기 때문이며 따라서 선종 이외의 전 불교는 이 교종 속에 포함된다고 보아도 무방하다.
167) 불교 종파 가운데 하나로 계율을 연구하고 널리 펴는 것을 종지로 한 종파이다. 불교가 중국에 전래된 이후 동진東晉시대에 『십송률十誦律』, 『사분율四分律』 등의 율전律典이 한역되면서 계율에 대한 연구가 성행했다. 북위北魏시대에 법총法聰이 『사분율』을 연구하여 사분율종四分律宗을 개창했다. 이어서 지론종地論宗의 혜광慧光이 율종을 성하게 했으며, 그 계통을 이은 도선道宣은 남산율종南山律宗을 열었다. 또한 법려法礪는 『사분율』을 연구하여 상부종相部宗을 열었으며, 법려의 제자 회소懷素는 법려의 『사분율소四分律疏』를 비판하며 『사분율신소四分律新疏』를 지어 동탑종東塔宗을 열었다. 이렇게 남산종, 상

다고 해도 불제자가 된 자들은 모두 똑같이 천하가 태평하고 불법이 잘 계승되어 더욱 성하기를 기도하실 것입니다. 만약 그렇다면 천하의 누구에게라도 불법을 성행하게 만드시겠다던 전생의 약속과 위세까지 갖추고 계시는 분이 이 기도를 받아주실 것임에 틀림없을 것입니다.

어떤 사람이 말하기를, "무기 등으로 사람을 죽이는 것이야말로 죄업이지만, 비법 주문의 힘으로 기도하여 죽이는 것은 공덕이 된다"고 했습니다. 이는 엄청난 곡해입니다. 설령 무기로 죽인다 하더라도, 석가여래가 아직 수행중이셨을 때 정법을 유포하기 위해 악승을 멸하시고, 쇼토쿠 태사가 모리야를 토벌하신 그 마음과 같다면 그것은 공덕이 되겠지요. 하지만 설령 대법大法, 비법秘法을 수행하더라도 그 의도가 만약 세속의 명리를 위해서라면 죄업을 초래하게 될 것입니다.

『범망경梵網經』168)에 살생을 금하는 내용으로, '그리고 기도로 죽이는 것도 안 된다'169)고 설한 것도 이러한 의미입니다. 혹은 그 적을 빨리 죽게 하여 성불하라고 조복調伏시키는 것이므로 죄업이 되지 않는다

부종, 동탑종의 세 종파 가운데 남산종만이 명맥을 계속 이어 번영하여 송대宋代까지 전해졌다. 율종 종파들의 근본적인 차이점은 계체戒體에 있었다고 보는데, 계체란 계를 받을 때 그것을 받는 사람이 마음에 받아들이는 법체法體를 의미하는 것이다. 사분율종에서는 계체가 색色도 아니고 심心도 아닌 불상응행법不相應行法이라고 했으며, 상부종도 이를 따랐다. 반면에 동탑종에서는 계체를 무표색無表色으로 보아 색법色法이라 했다. 그리고 남산종에서는 유식학唯識學에 입각하여 계체를 아뢰야식阿賴耶識 가운데 생기는 마음의 종자種子라고 했다. 이처럼 도선은 다른 세 종파와는 달리 대승불교의 유식학에 입각하여 계체를 설명함으로써, 대승불교가 주류인 중국불교에서 우월한 지위를 얻을 수 있었다. 그래서 율종을 흔히 남산종이라고도 한다.
168) 대승계大乘戒에 관한 경전 제1경으로 제불諸佛이 중생을 구제함이 거미줄같이 빠짐없다는 의미에서 범망이라고 한다. 상권에는 보살의 마음가짐이 전개되어 가는 모양을 밝히고 있으며, 하권에는 십중重 사십팔경계境界, 즉 보살이 지켜야 할 열 가지 엄중한 계율과 인과 이치에 따라 받는 마흔 여덟 가지의 과보를 설하였다. 소승계와 달리 금지하는 것만이 아니라 적극적으로 하지 않는 것도 죄가 된다는 취지가 담겨 있다.
169) 원문에 '내지주살乃至呪殺'이라고 되어 있다.

는 말도 합니다. 이렇게 조복시켜서 다음에 전생轉生할 때 곧바로 성불을 할 수 있다면 그야말로 좋은 일이겠지요. 만약 그렇다면 미운 적을 기도로 죽여 성불시키기보다는 가장 먼저 자기가 아끼는 사람을 기도로 죽이고 빨리 성불시켜야 하지 않겠습니까? 참으로 답답한 이야기입니다.

10. 국왕 대신의 기원

문● 부처가 말씀하시기를, 불법은 국왕 대신이나 세력있는 단나檀那170)에게 부속附屬171)합니다. 그러면 단나도 무사하고 불법도 유지되어 흥륭하게 될 것입니다. 승려가 단나를 위해 기도하는 것이 어찌 도리에 위배되겠습니까?

답● 부처가 부속附屬하신 생각은 국왕 대신 등이 경우에 따라서는 외호자外護者가 되고, 경우에 따라서는 시주施主가 되어 불법을 유통시키고 자신들 또한 불법에 들어 세속의 번뇌에서 벗어나라는 이유 때문입니다. 이 불법을 가지고 세속의 명리를 기도하라고 불법을 부속하신 것이 아니지요.

그러므로 세상도 다스려지고 단나 가문도 무사하며 불법을 흥륭시키고 중생에게 이익을 주기 위해 기도하라고 말씀하시고, 승려도 이 뜻에 따라 힘쓰고 기도하면 부처의 부속에 위배되지 않을 것입니다.

말세라고는 하지만 여전히 불법의 운이 남아 있으므로 선종, 교종, 율종의 승려들을 군세에도 몰아세우지 않고 세간의 공무公務에도 불러서 쓰지 않으며 그저 기도하라고 말씀하신 것은 다 좋은 일입니다. 만약 공적인 일에 나설 일이 있어도 승려가 억지로 사퇴해야 하는 것은 아닙니다.

---

170) 자비심으로 조건없이 절이나 승려에게 물건을 베풀어 주는 것, 또는 불법을 베푸는 행위를 말하며 그런 일을 하는 사람을 일컫기도 한다. 다른 말로 시주施主나 보시布施라고 한다.
171) 부법付法이라고도 하며 스승이 제자에게 가르침을 주고 후세에 또 다시 전하도록 맡기는 것을 말한다.

하지만 최근에는 세상의 혼란으로 인해 관동関東172) 쪽, 교토 쪽 모두 기도 행사가 대단히 많습니다. 그러나 그 기도 행사들을 보자니 도저히 이런 식으로 어떻게 기도가 성립될까 싶습니다. 인연이 화합하고 감응感應이 서로 교류하여 일체의 것을 성취한다는 것은 부처의 가르침에서 분명한 법칙입니다.

옛 대사大師나 고승들이 나라를 위해 기도하고 재액을 떨쳐내신 것은 이를 하나의 방편으로 삼아 중생을 이끄는 큰 보리임을 분명히 보여주고자 함이었습니다. 자기 자신의 명리를 위해 기도하시는 일은 결단코 없었지요. 이러한 큰 자비의 덕을 내적으로 품고 계셨기 때문에 국왕대신의 귀의와 숭상도 남달랐고, 그보다 아래 부류에 이르기까지 모두 마찬가지로 믿고 우러르는 것입니다. 그러므로 곧 만인이 믿는 힘과 고승의 자비의 힘, 불력과 법력이 서로 감응하고 교류하여 인연이 화합했기 때문에 효험과 보람이 있었고 기원도 모두 성취된 것이지요.

지금은 승려의 내적인 덕도 옛날에 미치지 못하고 단나 가문의 신심이라는 것도 매우 소홀합니다. 그런 까닭에 승려가 불법 관계의 공무에 임한다는 명목으로 기도행사의 역할을 수행하게 되는 일은 세속적인 공무 처리와 아무런 다를 바가 없습니다.

대법, 비법을 수행하지만 그 공양물을 할당하는 것도 법도에 합당하지 않습니다. 특별한 기도라고 하여 우연히 시주품도 하사될 것이라는 소문이 나도 대개는 유명무실하지요. 기도만이 아닙니다. 부처님께 공양하는 일로 집행되는 경우도 또한 이런 식입니다. 이는 오로지 불법의 신심이 부족하기 때문입니다. 이런 상태로 어찌 기도가 이루어지고 선근이 쌓일 수 있겠습니까?

---

172) 현재는 도쿄東京를 위시한 지역을 일컫는데, 이 당시에는 가마쿠라 막부鎌倉幕府를 중심으로 한 일대를 이르는 표현으로 무사 세력의 본거지를 의미한다. 이에 비해 교토 쪽은 황족과 귀족들의 본거지라는 의미로 대비적으로 사용된다.

최근 가마쿠라鎌倉173)에 있는 지광智光174)이라는 중국 사람이 의술로 명성을 떨치고 있습니다. 어느 날 소향원蘇香圓175)이라는 약을 조제하고 있었는데 옆에 있던 사람이 이 약을 맛보려고 아주 조금 손으로 집어 입에 넣는 것을 보고 지광이, "왜 약을 그렇게 조금만 맛보시는 겁니까? 더 드시지요"라고 했습니다.

이 사람은 이해가 되지 않아서 그렇게 말한 이유를 물으니, "약은 모두 한 번 먹는 분량이 정해져 있습니다. 그 분량에 모자라게 먹으면 약은 소용도 없고 그 효과도 없지요. 일단 드실 거라면 약이 되게 먹으라고 권하는 것입니다"라고 대답했습니다.

지광이 말한 것처럼 모처럼 기도행사나 불사佛事라고 하여 행하는 것들을 기왕 할 거라면 그 효험이 있게끔 행하는 것이 좋겠다고 생각하여 하는 말입니다. 기도가 이루어지느냐 아니냐, 선근이 크냐 작으냐도 오로지 신심의 심천深淺에 따르지요. 보시물이 많고 적음에 따라 달라지는 것이 아닙니다. 그러므로 모든 사람들의 탄식도 없고 또한 삼보三寶도 감응하시도록 기도와 불사를 수행하신다면 반가운 일일 것입니다.

불법은 국왕이나 대신, 유력한 단나에 부속한다고 설하셨는데, 신분이 미천한 사람이라면 각자의 숙습宿習176)에 의해 어떤 방법으로든 한 종파만 믿으면 세속의 번뇌를 떠날 수 있는 중요한 방도로 부족함이 없을 것입니다. 하지만 외호자가 되고 시주가 되어 널리 불법을 유통

---

173) 현재 가나가와 현神奈川県 남동부의 시市이다. 남쪽은 사가미 만相模湾에 접해 있고 다른 방면은 산지와 계곡이 많다. 가마쿠라 막부가 설치된 땅으로 막부의 자취나 쓰루가오카하치만구鶴岡八幡宮, 그 외의 유명 사찰 등 사적과 문화재가 많은 곳이다.
174) ?~?. 상세한 바는 알 수 없는 인물이나, 당시에는 많은 중국 사람들이 일본에 건너와 있었다.
175) 소합향원蘇合香圓이라고도 한다. 어떤 식물에서 얻어지는 수지樹脂로 만든 약을 말하는데 그 식물이 무엇인가는 역사적으로 변천이 있어 특정하기 어렵다.
176) 전생으로부터 익혀온 습관을 말한다.

하지는 못하지요. 이런 이유로 국왕, 대신이나 유력한 단나에 부속한다고 말씀하신 것입니다.

그렇기 때문에 이렇게 부속된 사람은 오로지 한 종파만을 믿고 다른 종파를 버려서는 안 됩니다. 설령 여러 종파를 빠짐없이 믿는다 해도 만약 여러 종파의 불법으로 그저 세속 명리의 기도에 사용한다면 그 또한 바람직하지 않은 일이지요. 말세이기는 하지만 고맙게도 여래의 부속을 받는 것은 기쁜 일이 아니겠습니까?

우선 여래의 부속에 어긋나지 않으려는 큰 서원誓願을 세우고, 밖으로는 크고 작은 가람伽藍을 열심히 조영하며177), 안으로는 망설이지 말고 진실한 도심을 가지고 제종을 유통시켜 널리 선연을 맺고, 만인을 이끌어 모두 함께 깨달음의 과보를 증험하겠노라 깊이 약속하십시오. 그것이 가능하다면 그야말로 진실한 기도, 광대한 선근이라고 할 수 있을 것입니다.

십선十善178), 오계五戒179)와 같은 전생의 좋은 과보에 의해 국왕, 대신, 유력한 단나가 되는 것 역시 삼보의 은혜로운 힘입니다. 만약 부처의 부속에 어긋난다면 부처의 부속을 받지 않은 미천한 자와 아무런 다를 바가 없을 것입니다.

---

177) 실제로 무소 소세키는 생전에 일본 전국에 걸쳐 수많은 사찰 건립과 그 정원 조영에 관여한 바 크다.
178) 십악十惡을 범하지 않는 것을 말한다. 즉 불살생不殺生, 불투도不偸盜, 불사음 不邪淫, 불망어不妄語, 불양설不兩舌, 불악구不惡口, 불기어不綺語, 불탐욕不貪欲, 부진애不瞋恚, 불사견不邪見을 뜻한다.
179) 불교 계율 중 가장 근본이 되는 다섯가지 계목戒目으로 처음 출가하여 승려가 된 사미沙彌와 재가在家의 신도들이 지켜야 할 것이라 하여 사미오계沙彌五戒, 신도오계信徒五戒라고도 하는데, 불교의 모든 계율에는 반드시 포함되어 있다. 불살생, 불투도, 불사음, 불음주不飮酒, 불망어로 십선十善과 겹치기도 하며 불교도이면 누구나 지켜야 하는 가장 기본적인 실천윤리이다.

11. 내세의 과보果報를 기원하는 것

문● 현생의 명리를 기도하는 것이야말로 어리석은 일이지만, 내세의 과보를 기도한다면 현명하다 해야 한다고 보십니까?

답● 보통 모두가 현생이라고 생각하는 것은 전생에서 후세라 여겨지던 삶입니다. 또한 지금 내세라고 생각하는 세상은 후세의 현생이 되는 셈이지요. 만약 그러하다면 전생에서 후생을 위한 기도라고 생각하여 행했던 것은 현생의 명리가 됩니다. 또한 지금 내세의 기도라고 생각해서 하는 행위도 후세의 명리가 될 것입니다.

현생의 명리를 기도하지 못하게 하는 것은 금생의 몽환夢幻180)과 같은 명리를 빌기보다는 내세에 최고 가치의 불도를 성취할 것을 빌라고 권하기 때문입니다. 현생의 명리를 버리고 내세의 명리를 비는 사람은 전생의 업인에 부응하는 정업定業이 바뀌기 어려움에도 불구하고 혹시나 하는 마음에 기도하는 사람보다 영리해 보이기는 하지만, 몽환의 심신에 집착하고 내세의 과보를 기원하는 뜻이 어리석기는 마찬가지입니다. 설령 무상無上의 불도를 기원한다고 하여도, 만약 자기 일신의 출리出離181)만을 위한 것이라면 이 또한 어리석은 것입니다.

『대지도론大智度論』182)에, '보살은 일신一身 한 중생을 위해 선근을 쌓

---

180) 이 세상의 일체의 사물이 꿈과 환영처럼 덧없음을 비유한다.
181) 세속과의 관계를 끊는 것을 일컫는 말이다.
182) 인도 중관학파의 창시자인 나가르주나(150?~250?년)가 산스크리트 원전의 『대품반야경大品般若經』에 대하여 주석을 달아놓은 책으로 대승 불교의 백과사전적 저작이다. 『마하반야바라밀경 석론摩訶般若波羅蜜經釋論』이라고도 하고 줄여서 『대론大論』, 혹은 『지도론』이라고도 한다.

지 않는다'고 되어 있습니다. 그래서 일체 중생을 위해 온갖 선근을 수행하고 무상의 불도를 추구하는 것을 보살이라 하는 것입니다.

보현보살普賢菩薩183)은 십대원十大願184)을 발하셨습니다.

십대원의 첫째로 예경제불禮敬諸佛의 소원이 있습니다. 그 원문願文에는 바라건대 자기 몸을 한없이 많은 수로 나누어 그 수많은 여래 하나하나의 앞에 모습을 드러내고 예배를 바치는 것을 미래의 영겁의 시간 동안 게을리 하지 않고 간단間斷없이 하고 싶다고 합니다.

또한 광수공양廣修供養의 소원이 있습니다. 그 원문에는 바라건대 한없이 많은 좋은 공양물을 만들어내서 한없이 많은 부처 앞에 모습을 드러내고 한없이 많은 부처를 공양하기를 언제까지고 끝없이 지속하고 싶다고 합니다.

나머지 다른 소원들도 모두 이와 비슷한 취지입니다.

십대원의 아홉 번째는 항순중생恒順衆生의 소원이지요. 그 원문에는 바라건대 내 몸을 무한히 나누어 일체중생의 인연에 따르면서 필요에 쓰이도록 하는 것이 부처를 경배하는 것과 다르지 않으며, 언제까지고 끝없이 지속하고 싶다고 합니다.

열 번째는 보개회향普皆廻向의 소원입니다. 그 원문에는 앞에서 한 경례공양 등의 모든 공덕을 널리 일체중생에게 모조리 이르게 하고, 보리를 이루게 하고 싶다고 합니다.

이러한 마음을 일으키는 것을 무상의 불도를 기원하는 사람이라 하는 것이지요.

어리석은 사람은 어쩌다 부처를 예배할 경우가 있어도 그 부처를 존

---

183) 각주 55) 참조.
184) 십대원은 『법화경』「보현행원품普賢行願品」에 보이는 내용으로 경례제불敬禮諸佛, 칭찬여래稱讚如來, 광수공양廣修供養, 참회업장懺悔業障, 수희공덕隨喜功德, 청전법륜請轉法輪, 제불주세諸佛住世, 상수불학常隨佛學, 항순중생恒順衆生, 보개회향普皆廻向을 이른다. 본문 이하에서 경례제불, 광수공양, 항순중생, 보개회향의 의미를 설명하고 있다.

경하는 마음은 그저 자기가 믿는 한 부처에만 머물러 있습니다. 공양을 하는 것도 또한 이와 같은 마음가짐입니다. 마침 부모의 추선追善185)공양, 시주의 기도라고 하여 행하는 것도 그 목적은 오로지 그저 자신에게 은혜를 준 사람을 위한 것이지요. 법계法界186)나 일체중생에 이르지는 못합니다.

그러므로 얻어지는 공덕 역시 광대하지 않지요. 때가 맞아 인연을 따른 한 부처만을 예배하며 한 사람을 위해 선근을 쌓아도 손 모아 바라는 뜻이 광대하다면 받게 되는 공덕 역시 광대할 것입니다.

세속적 책들에서는 삼세三世라는 것을 문제삼지 않으므로 현재의 부모나 주군으로부터 받은 은혜에 보답하는 것만 논합니다.

그러나 불경에서는, '중생이 여섯 세계를 윤회하는 모습이 수레바퀴와 같아서 어떤 때에는 아버지도 되고 어머니도 되고, 또는 남자가 되기도 하고 여자가 되기도 하며 다시 태어나고 또 전생하면서 은혜를 받는다'고 합니다.

이러한 까닭에 불도를 추구하는 큰 뜻을 발하는 사람은 칠세七世의 부모187)라고만 한정할 수도 없습니다. 어찌 이 한 세상의 부모일 뿐이라 생각할 수 있겠습니까?

---

185) 죽은 혼령의 괴로움을 덜고 명복을 축원하고자 선근과 복덕福德을 닦아 그 공덕을 회향하는 것을 말한다. 보통 사십구일까지는 칠일마다, 그 다음에는 백일과 기일에 불사佛事를 행한다. 이를 추선 공양이라고도 한다.
186) 법의 종류, 법의 영역, 법의 본성 등 다양한 의미를 지닌 불교 용어인데, 주로 우주 전체와 진리 그 자체인 진여眞如를 의미한다. 이 둘을 종합하면 인과의 이치에 지배되고 있는 범위를 뜻한다. 원래는 18계의 하나로서 의식의 대상인 법경法境이나 대승불교의 진여, 법신法身과 같은 말이다. 대개의 경전과 논서들은 일체법을 총괄해 법계로 본다. 여기서의 법은 경험적 사실로서의 존재를 의미하고, 계는 원래 요소, 종류의 의미였던 것을 불교에서 영역, 성질의 뜻으로도 사용한 것이다. 특히 대승에서는 계를 본성 또는 요인의 뜻으로 이해하므로 법계는 종교적인 본원을 의미한다. 따라서 법계와 진여를 동의어로 간주하는 경향이 현저하게 되었다.
187) 일곱 세상에 일곱 번 환생할 동안 지속적으로 부모의 연을 맺는다는 의미이다.

12. 지증智增과 비증悲增

문● 만약 자신이 번뇌에서 벗어나지 못하면 타인을 깨달음으로 이끌 수도 없습니다. 그런데도 자신을 제쳐두고 가장 첫 번째로 중생을 위해 선근을 수행한다는 것은 이치에 맞지 않는 일 아닙니까?

답● 중생이 생사의 미망에 잠겨 있는 것은 자기 자신에게 얽매여 자기를 위해 명리를 추구하고 여러 가지 죄업을 만들기 때문입니다. 그러므로 그저 자신을 잊고 중생에게 이익을 주려는 마음을 일으키면 대자비가 마음속에서 싹트고 불심과 암암리에 만나기 때문에, 자신을 위해서 선근을 수행하지 않아도 한없는 선근이 자연스럽게 쌓이고, 자신을 위해서 불도를 구하지 않아도 불도가 빨리 성취될 것입니다.

반대로 자신을 위해서만 속세를 떠나려고 하는 자는 좁은 소승의 마음가짐이니 설령 무량의 선근을 수행했다손 치더라도 자기 성불조차 이루지 못할 것입니다. 하물며 어찌 타인을 제도할 수 있겠습니까?

또한 보살심을 발하는 사람에게는 지증智增[188], 비증悲增[189]의 차별이 있습니다.

우선 일체 중생을 다 이끈 다음 스스로의 불도를 성취하고자 서약하

---

[188] 지혜를 닦고 번뇌를 끊으며 스스로 깨닫고자 하는 식으로 자기를 이롭게 하는 선근은 많으나, 다른 사람을 이롭게 하는 선근은 적은 것을 말하며, 그러한 보살을 지증보살이라고 한다.
[189] 중생에게 공덕과 이익을 베풀어 구제함을 본원으로 하고, 자비의 마음으로 색계色界에 오래 머물면서 중생들을 이롭고 즐겁게 하기 위하여 빨리 성불하기를 원하지 않는 것을 말하며, 그러한 보살을 비증보살이라고 한다.

는 것이 비증의 보살입니다.

그리고 자신이 먼저 불도를 성취한 후에 중생을 이끌려고 하는 것이 지증의 보살입니다. 지증인 사람은 이승二乘[190]의 생각과 비슷하지만, 일체중생을 이끌기 위해 우선 자기 성불을 추구하기 때문에 보살심을 성취할 수 있습니다.

지증, 비증은 차이가 있지만 중생을 구도하려는 마음은 다를 바 없지요. 이 때문에 한 가지 선근을 쌓고 한 가지 수행을 한다 해도 모두 일체중생을 위해 부처 앞에 바치는 것임은 마찬가지라 할 수 있습니다.

---

190) 이승은 성문聲聞과 연각緣覺. 성문과 연각은 각주 21) 참조.

13. 진정한 자비 - 하나

문● 선종 종사宗師의 말씀을 보니 우선 자기 마음을 깨달은 후에 점차 과거의 일과 그 밖의 습속을 완전히 정리하고, 그 다음 여력이 있으면 타인에게 이르게 하는 것이 좋다고 권하셨습니다. 만약 그렇다고 하면 교종教宗에서 자기가 아직 득도得度하지 못했는데 먼저 타인을 제도하려는 것은 보살의 서원誓願과는 다른 내용이 아닙니까?

답● 자비에 세 가지 종류가 있습니다. 하나는 중생연衆生緣 자비, 둘째는 법연法緣 자비, 셋째로는 무연無緣 자비입니다.

중생연衆生緣 자비라는 것은 생사의 고통에서 헤매고 있는 중생이 눈앞에 있는 것을 보고 이를 제도하여 세속의 번뇌로부터 벗어나게 하려는 것입니다. 이는 소승 보살 정도의 자비입니다. 자기만 벗어나기를 추구하는 이승二乘의 마음보다는 훌륭하지만 아직 실유實有[191]의 견해에 빠져 있고 타인에게 공덕을 미치려는 상相을 남기고 있기 때문에 진실한 자비가 아니지요. 『유마경維摩經』[192]에서 애견愛見[193]의 대비大悲

---

191) 삼라만상은 공空인데도 중생이 사리에 어두워 갈피를 잡지 못하고 헤매며 이를 실재라고 믿는 미망을 뜻한다.
192) 『반야경般若經』 뒤에 나타난 1세기경의 초기 대승불교경전 중의 하나로, 반야경에서 말하는 공空 사상에 기초한 윤회와 열반, 번뇌와 보리, 예토穢土와 정토淨土 따위의 구별을 떠나, 일상생활 속에서 해탈의 경지를 체득하여야 한다는 것을 주인공 유마힐을 내세워 설화처럼 설한 경전이다. 『유마힐소설경維摩詰所說經』 또는 『유마힐경維摩詰經』이라고도 하며, 『불가사의해탈경不可思議解脫經』이라고도 한다. 주인공 유마힐은 석가의 재가제자로 인도의 대자산가인데 세속에 살지만 대승불교의 교리에 정통하고 수행이 깊어 비록 출가한 승려들이라도 그에 미치지 못했다. 유마힐이 병을 얻었다 하여 누워

라고 비난하고 있는 것이 바로 이것입니다.

법연法緣 자비라는 것은 인연에 의해 생긴 온갖 것들은 유정有情, 비정非情194) 모두 환영으로 드러난 것과 같다고 간파하고, 환영과 같은 일체의 무실無實195)을 구제하려는 대비를 일으켜 여환如幻196)의 가르침을 설하고 여환의 중생을 제도하지요. 이것이 바로 대승의 입장에 있는 보살의 자비입니다. 그러나 이러한 자비는 실유實有의 정情에서는 벗어나 애견의 대비와는 다르지만, 여전히 여환如幻의 상을 남기고 있으므로 이 또한 진실한 자비라고는 말할 수 없습니다.

무연無緣 자비라는 것은 불과佛果에 이른 후에 원래 가지고 있는 성덕性德의 자비가 드러나 교화하려는 마음을 일으키지 않아도 자연히 중생을 제도하게 되는 것, 즉 마치 달이 어느 물에든 모습을 비추는 것과 같습니다. 이 때문에 불법을 설하는 데에 입 밖으로 내는가 그렇지 않은가의 차이도 없고, 사람을 제도하는 데에 소용이 있는가 없는가의

  석가모니의 제자와 보살들이 문병하러 온 것을 기회로 문수보살 등과 불법에 대하여 대화하는 매우 극적인 형식으로 이루어져 있다. 이 경은 먼저 출가 수행자인 사리불舍利佛 등 석가모니의 십대제자들이 선정禪定이나 지계持戒, 걸식乞食, 또는 불신佛身 등에 대해 가진 사상이나 실천수행에 대하여 재가 거사居士인 유마힐이 그 잘못을 지적하고 그들을 참된 진리의 길로 인도하는 데서 보이듯이 재가불교운동의 이상을 표현하고 있어 재가불교운동의 대표적 경전으로 간주된다. 『유마경』이 인도에서 이미 널리 유행했다는 사실은 『대지도론大智度論』에도 인용되고 있고, 여러 종류의 한역본도 있었는데 현재 세 종류가 전한다.

193) 사물에 대한 집착 때문에 생기는 정의적 번뇌인 애愛와 잘못된 이론에 대한 집착으로 인한 이지적 번뇌인 견見을 아울러 이르는 말이다.
194) 유정은 마음을 가진 살아있는 중생을 말하며, 무정이란 나무나 돌처럼 감각이 없는 것을 말한다.
195) 사실이나 실상, 실체가 없는 상태를 이른다.
196) 모든 존재가 실체를 갖지 못하고 공空이라는 것을 비유한 말이며 무상의 비유로서도 사용된다. 『금강반야경金剛般若經』의 '세상의 모든 현상과 법칙은 다 인연으로 생기고 없어지므로 몽환포영과 같다一切有爲法如夢幻泡影'에 기초한 표현이다. 요컨대 모든 것의 실체가 없음이 곡두, 즉 허깨비나 환영과 같다는 뜻이다.

구별도 없지요. 이를 바로 진실한 자비라고 명명하는 것입니다.

중생연, 법연의 자비에 구애받는 사람은 그 자비에 지장을 받아 무연의 자비를 일으킬 수 없습니다. 작은 자비는 큰 자비의 장애가 된다고 말하는 것이 바로 이러한 의미지요.

백장산百丈山197)의 대지大智선사198)가 작은 공덕, 작은 이익에 얽매이지 말라고 경계하신 것도 이러한 의미입니다. 선종의 종사께서 말씀하신 취지는 이러한 내용입니다.

---

197) 중국 장시성江西省 홍저우洪州에 있는 산 이름이다.
198) 749~814. 법명은 회해懷海이며 백장선사로도 불리었다. 중국 남종선 중 홍주종洪州宗의 당나라 시대 선승이다. 출가 후 마조도일馬祖道一을 스승으로 섬겼다. 선승들은 주로 계율을 중시하는 사찰에 머물렀기 때문에 계율을 존중해야 했으며 반드시 모든 악은 짓지 않고, 모든 선은 받들어 행해야 했다. 그러나 전래된 참선법과 기존 계율을 중시하는 사찰의 정신 사이에는 큰 차이가 있었고, 회해는 그 문제의 심각성을 깨달아 선거禪居를 처음 제창하여 좌선의 법도를 새로이 구체화했다. 스승의 사후 율원律院에서 독립하여 선원禪院을 열었고 선문의 규범인 『백장청규百丈淸規』를 정하였으며 자급자족의 체제를 확립하였다. 회해 사후에 당나라 목종穆宗이 대지선사를 시호로 내렸다.

14. 진정한 자비 - 둘

문● 실로 생사의 고통을 받고 있는 중생이 있다고 보기 때문에 이를 가엾게 여겨 자비도 일으킬 수 있는 것인데, 그것을 애견愛見의 대비大悲라고 싫어하는 것은 무엇입니까? 만약 일체중생 모두 여환如幻이라고 보는 사람이라면 어떻게 자비심도 일어날 수 있겠습니까?

 답● 세간의 걸식乞食199)에는 두 종류가 있습니다.

하나는 원래 비인非人200) 집안에 태어나 어릴 적부터 천한 신분인 사람입니다.

또 하나는 원래 신분이 높은 집에 태어났다가 뜻하지 않게 영락해 버린 사람이지요.

이 두 가지 걸식 중에서 원래 신분이 높았지만 녹을 받는 생활에서 벗어나 걸식이 된 사람을 볼 때 일어나는 동정이 원래 비인 출신인 사람을 보고 일어나는 동정심보다 훨씬 깊을 것입니다.

보살의 자비도 이와 같아서 일체중생은 원래 제불들과 한 몸이라 생사의 상이 없으며 무명無明201) 속에서 갑자기 일념이 일어나서, 생사가

---

199) 구걸하거나 물건을 받는 것, 혹은 음식을 남에게 청하여 그것으로 살아가는 사람.
200) 불교 용어로 비인은 인간의 모습을 하고 있으나 인간이 아닌 야차夜叉나 악귀 등을 일컫지만, 여기에서는 구걸로 연명하는 극빈자나 거지를 일컫는 말로 사용되었다.
201) 십이연기十二緣起의 하나로, 잘못된 의견이나 집착 때문에 진리를 깨닫지 못하는 마음의 상태로 모든 번뇌의 근원이 된다. 십이연기란 인간 범부의 괴로운 생존이 열두 가지 요소의 순차적인 상관관계에 의한 것임을 설명한 것

없는 속에서 생사의 상을 낳기란 꿈과 같고 환영과 같습니다.

그러므로 이렇듯 대승의 보살이 중생을 보는 마음은 귀인의 집에서 태어난 사람이 뜻하지 않게 영락한 모습을 보는 마음과 같습니다. 소승의 보살이 생사의 고통에 잠긴 중생이 있는 것을 보고 애견의 대비를 일으키는 것과는 같지 않습니다.

으로 진리에 대해 무지한 무명을 근본 원인으로 하여, 행行, 식識, 명색名色, 육처六處, 촉觸, 수受, 애愛, 취取, 유有, 생生, 노사老死가 순차적으로 일어난다고 한다.

15. 가지기도加持祈祷의 진의

문● 진언종에는 중생의 고통을 멎게 할 가지加持202)의 방법이 있습니다. 선종에는 그러한 이익이 없다고 비난하는 사람이 있습니다. 연유가 있는 것입니까?

답● 밀교에는 십계十界203)의 범凡과 성聖이 있어 정해진 품계를 고칠 수는 없습니다. 모두 대일여래大日如來204)가 인도하시기 위해 모습을 드러내신 것이라 합니다. 그 때문에 현명하거나 어리석거나 귀하거나 천하거나 하는 우열도 없고, 화복禍福과 고락苦樂의 차별도 있을 수 없지요. 무엇을 기도하고 무엇을 추구하겠습니까?

---

202) 원래는 부처의 대자대비大慈大悲한 힘의 가호加護를 받아, 중생이 불범일체佛凡一體의 경지로 들어가는 일을 말한다. 구체적으로 진언종, 천태종의 밀교密教 행자行者가 손으로 인계印契를 맺고, 입으로 진언을 외며 마음이 삼매에 들면 이 경지에 도달한다고 한다. 여기에서는 그 행위 자체를 일컫고 있는데, 가지기도라고 표현하기도 한다.
203) 일반적으로는 미계迷界와 오계悟界의 열 세계를 말하며 십법계十法界라고도 한다. 즉 미계의 천상계天上界, 인간계人間界, 수라계修羅界, 축생계丑生界, 아귀계餓鬼界, 지옥계地獄界의 여섯 세계와 오계의 불계佛界, 보살계菩薩界, 연각계緣覺界, 성문계聲聞界의 네 세계를 가리키는 말이다. 그러나 밀교에서 말하는 십계는 천태와 같은 현교와 달리 오범과 오성을 일컫는다. 오법이란 지옥, 아귀, 축생, 사람, 아수천阿修天을 말하고, 오성은 성문, 연각, 보살, 권불權佛, 실불實佛을 일컫는다.
204) 진언 밀교의 본존本尊이다. 우주의 실상을 체현하는 근본 부처로 그 광명이 온 우주를 밝히며, 덕성이 해와 같다 하여 이르는 말이다. 지智를 나타내는 금강계 대일여래와 이理를 나타내는 태장계 대일여래가 있다. 전자는 흰색의 몸으로 보관寶冠을 쓰고 연화대 위에 앉았고, 후자는 황금색의 몸으로 발계髮髻의 관을 쓰고 붉은 연꽃 위에 앉았다.

하지만 아직 이러한 심오한 이치에 도달하지 못한 사람을 인도하기 위해 유상有相의 실지悉地를 분명하게 드러내는 것입니다. 이러한 방편便法은 교종의 방식에 맡기고 있으므로, 선종에서는 직접 본분本分을 보여줄 뿐입니다.

만약 본분에 도달해 버리면 원래 생사의 상 같은 것은 없음을 알 수 있습니다. 이것이 진정한 연명延命의 방법입니다.

재앙의 상을 보지 않는 것, 이것이 곧 진정한 무사평온이지요.

빈부의 상을 벗어나는 것, 이것이 실로 진정 증익增益205)하는 것입니다.

원수라고 여겨 싫어할 자가 없는 것, 이것이 실로 진정한 조복調伏입니다.

애증愛憎의 구별도 없는 것, 이것이 바로 진정한 경애敬愛라는 것입니다.

만약 이 도리를 믿는 사람이라면 선종에는 고통을 멎게 하는 효험이 없다고 비난하지 말아야 합니다.

진언의 가지라고 하는 것도 평소 행하는 무사평온이나 증익 등을 기도하는 가지는 어리석은 인간을 인도하는 방편에 불과합니다. 중생 전체가 육대六大206)와 사종만다라四種曼茶羅207)의 모든 현상을 갖추고, 대

---

205) 주로 밀교에서 세간의 즐거움이나 벼슬, 장수, 건강 따위의 복덕이 더하기를 바라여 남방 보부寶部의 여러 부처에게 기원하는 수법修法을 말한다.
206) 지地, 수水, 화火, 풍風, 공空, 식識을 말한다. 밀교에서는 모든 것을 분별함에 있어 육대六大, 사만四曼, 삼밀三密이라고 한다. 육대는 육계라고도 하며 오대로 꼽히는 땅, 물, 불, 바람, 공空에 식識을 더해 일컫는다. 현교와 밀교에서는 육대의 해석을 달리하는 부분이 있는데, 밀교의 육대는 그 본성이 원래부터 갖추어진 불변의 것으로 금金과 태胎, 혹은 이理와 지智 두 부분의 만다라 법신으로 나뉜다고 한다. 오대는 이성에 속하는 법이고 식은 지성에 속하는 법이다.
207) 모든 현상의 분류를 나타낸다. 사종이란 제존의 인체를 일컫는 대大, 나머지 셋은 작용의 구별에 의해 나눈 별덕別德인데 제존이 소지한 기장器杖을 말하는 삼매야三昧耶, 그 설하는 바인 법法, 그 행위하는 바를 갈마羯磨로 생각한 것이다. 다시 말해 대만다라는 제존을 다 모은 단장壇場 및 기타 모든 것을 그린 것으로 만다라의 총체이다. 삼매야만다라는 제존의 손에 든 기장器杖과 인계印契를 그린 것으로 삼매야는 제존의 본서本誓를 뜻한다. 셋째 법만다라는 제존의 종자種子를 그린 진언 및 일체경의 문의文義이며, 넷째 갈마만다라

일각황大日覺皇208)과 다르지 않고 구별이 없다고 해도 어리석은 사람은 이를 모르기 때문에 여래가 방편을 쓰시어 삼밀三密209)의 가지로써 드러내시는 것을 진정한 가지라고 하는 것입니다.

지금 세상에 진언을 믿으시는 분들이 끊임없이 계시지만 그 중요한 오의奧儀를 깊이 연구하고 진정한 가지 방법에 의해 즉신성불卽身成佛210)의 이치를 증명하려고 생각하시는 일은 드물어 오로지 세속의 이익만 기도하고 계시므로, 밀교를 이어받아 흥륭시키는 고승들도 자기 종파의 본의라고는 생각하지 않지만 대법大法, 비법秘法을 행하고 이에 힘쓰시게 되었습니다. 그 중 밀종의 오의도 잘 모르는 사상事相진언사眞言師211)는, 이를 본의라고 여겨 자기 명리를 위해서 단가檀家를 위한 기도를 하고 봉공奉公하는 경우도 있는 것 같습니다.

이러한 까닭에 밀종이 점점 쇠퇴하여 음양사陰陽師212)의 방식과 다를

의 갈마란 카르마, 즉 행업을 의미한다.
208) 각황覺皇은 각제覺帝, 각왕覺王이라고도 하며 깨달음의 가장 높은 위치에 있다는 뜻으로, 부처를 달리 이르는 말이다. 따라서 대일각황은 대일여래를 뜻한다.
209) 밀교에서 중생의 행行이 본질적으로는 부처의 신비하고 미묘한 작용과 같다고 하는 이념에 바탕을 두고 행하는 몸과 입과 뜻의 삼업三業을 말한다. 즉 중생의 온갖 신체행위인 신밀身密, 우주간의 온갖 언어활동인 어밀語密, 마음으로 하는 의지의 활동인 의밀意密을 이른다.
210) 육신 그대로 성불하는 것을 의미한다. 밀교에서는 즉신성불에 세 가지 종류가 있다고 하는데, 그 중 여래 삼밀三密 가지력에 감응하여 성불하는 것을 가지의 즉신성불이라고 한다.
211) 사상이란 원래는 본체本體 진여眞如에 대비하여 현상계의 하나하나의 차별된 모양을 일컫는 말이다. 그런데 밀교에서는 조단造端, 관정灌頂, 인계印契 등의 위의威儀 행법行法을 말하므로, 여기에서는 이러한 가지加持 행법을 역무로서 하는 진언종 승려를 말한다.
212) 고대 일본의 율령제도 하에서 음양료陰陽寮에 속하여 천문과 점술, 역曆을 맡아 보던 관직을 말한다. 음양오행 사상을 기초로 한 음양도로 점술과 풍수지리 등을 보던 기술직으로서 배치되었으며, 후에는 점술, 주술, 제사 전반을 관장하게 된 직업이다. 중세 이후에도 보통 각 지역에서 민간에서 개인적으로 점술, 주술, 제사 등을 관리하는 자를 가리키게 되었다.

바 없게 되었습니다. 그 때문에 지금도 불심이 있는 진언사들은 이를 유감스럽게 생각하십니다. 하지만 밀종에서는 이러한 방편을 마련해 둔 것이므로 지금의 모습처럼 되었어도 일부 이익은 남아 있기도 하지요.

선종을 믿으시는 분이 이렇다 할 천하의 대사도 아닌 일에 선원禪院으로 기도를 올리라고 명하는 것은 선법을 파멸시키는 인연이 됩니다. 만약 그렇다면 죄업을 받을지언정 기도가 될 리는 없지요. 그런 까닭에 선승에게는 좌선수행에 전념하도록 하고 종파의 근본을 전수하여 흥륭시키라고 격려하시며, 자신도 또한 불도 수행하는 마음가짐을 선승에게 물으시고 진정으로 조사祖師가 설하는 취지를 깨닫고자 하는데 힘쓴다면, 삼보三寶도 필경 가엾게 여기시고 제불들도 또한 받아들여 주실 것입니다. 만약 그렇다면 설령 불도를 깨닫고 득법得法하기까지는 이르지 못하더라도 세간을 위한 기도가 될 정도의 효험은 반드시 있지 않겠습니까?

가마쿠라鎌倉 사이묘지最明寺 선문禪門213)께서는 겐초지建長寺214)를 건

---

213) 호조 도키요리(北条時頼, 1227~1263년)를 말한다. 도키요리는 가마쿠라 막부 제5대 싯켄執権으로 법명은 도스道崇라 하였다. 막부의 실권을 장악하고자 호조 씨 일족과 무사들이 세력을 경합하던 시기에 뛰어난 지략으로 패권을 차지하고 호조 씨의 지위 독점을 확립한 인물이다. 1256년 병으로 가문을 여섯 살 아들 도키무네時宗에게 넘기고 사이묘지最明寺에서 출가했다. 그러나 가마쿠라의 북쪽 야마노우치山ノ内의 별장에서 은거한 도키요리는 여전히 막부 정치의 실권을 장악하고 있었으며 1263년 죽게 된다. 선에 귀의하고 송나라 승려 란계蘭溪를 개산으로 하여 겐초지建長寺를 건립했다. 어진 정치에 관한 미담과 여러 전설을 가지고 있는 뛰어난 정치가로 평가된다. 사이묘지에는 현재 탑두塔頭인 메이게쓰인明月院만 남아 있다.
214) 가나가와현神奈川県 가마쿠라시鎌倉市 야마노우치에 있는 선종 사원으로 임제종 겐초지파建長寺派의 대본산이다. 1253년 창건되었으며 본존은 지장보살이고 개기開基는 가마쿠라 막부 제5대 싯켄執権 호조 도키요리北条時頼, 개산開山은 남송의 선승 란계 도륭蘭溪道隆이며 제2세는 남송에서 온 올암 보녕兀庵普寧이다. 가마쿠라 고잔鎌倉五山의 제1위의 지위를 갖는 사찰이다. 당시 일본은 조큐承久의 난(1221년)을 거쳐 호조 씨의 권력 기반이 안정되었고 교토 중앙정부의 지배력은 상대적으로 약화되어 가마쿠라가 사실상 일본 정치의 중심적 역할을 한 시대였다. 호조 도키요리는 독실한 불교신자였으며 선종

립하고 선의 가르침을 귀히 여기셨습니다. 그 무렵에는 선승이라 해도 중생들과 교류하는 자들은 물론, 그들과 함께 좌선에 전념하면서 경론 어록을 배우는 것조차도 구도심 없는 승려라고 개산開山 다이카쿠大覺 선사215)는 경계하셨습니다. 하물며 세간의 명리에 관한 것이라면 어떻겠습니까?

단순히 승려에게만 해당하는 이야기가 아닙니다. 단나檀那와 그 단가 檀家 사람들도 선종을 믿는 사람은 오로지 본분을 깨닫는 것만을 중요

에 깊이 귀의했다. 가마쿠라 막부의 공식기록과 같은 사서 『아즈마카가미吾妻鏡』에 따르면 1251년 조영되기 시작하였고 1253년에 낙경공양落慶供養이 이루어졌다. 겐초지가 소재된 야마노우치는 막부가 있는 가마쿠라 중심부에서 산을 하나 둔 곳에 위치하며 가마쿠라 북쪽의 경호지역에 해당하는 요충지로 호조씨의 본거지이기도 했다. 겐초지 경내는 원래 처형장이었던 곳이므로 지장보살을 본존으로 하는 신페이지心平寺라는 절이 있었다. 겐초지는 1293년에 발생한 가마쿠라 대지진에 의해 건조물들이 대부분 무너지고 불에 탔으며 원나라에서 온 일녕一山一寧이 제10세 주지가 되면서 재건하게 된다. 하지만 1315년, 1415년 등의 화재로 창건 당시의 건물들은 소실되었다. 가마쿠라 말기에는 수복 비용을 얻기 위해 막부의 공인으로 원나라에 무역선이 파견되었고 이 배들이 '겐초지선建長寺船'이라 불리기도 했다.

215) 1213~1278년. 중국 저장성浙江省에서 태어난 승려로 이름은 도륭道隆, 란계蘭溪라는 호를 썼다. 13살 때 중국의 대자사大慈寺에서 출가하였고 수학을 위해 여러 가지를 유학遊學했다. 후에 양산陽山에서 임제종 송원파松源派의 무명혜성無明惠性 선사에게 사사하였다. 그 무렵 중국으로 수행을 위해 와 있던 지쿄智鏡를 만나게 되어 일본의 사정을 듣고는 일본으로 갈 뜻을 갖게 되었다. 대각선사는 1246년 하카타博多에 도착하여 그곳 엔가쿠지円覚寺에 머물렀고 지쿄를 만나 가마쿠라로 갈 것을 권유받는다. 이렇게 하여 일본에 온지 3년, 36세의 나이로 대각선사는 가마쿠라로 가게 되었고 당시의 집권인 호조 도키요리는 이를 알고 선사의 거주처를 조라쿠지常楽寺로 마련하여 정무에 짬이 생길 때 선사를 찾아가 불도를 묻곤 하였다. 이곳에 많은 승려들이 모여 대각선사를 찾게 되어 '조라쿠지 유일 백래승'으로 일컬어지기도 한다. 1253년 도키요리는 선사에게 청하여 개산설법을 하도록 부탁하였고 그 설법은 일대 학도들이 모여서 청강했다고 한다. 선사는 이후 선림으로서의 엄격한 규율을 마련하고 작법을 엄중히 하여 제자들에게 지키도록 했다. 가마쿠라에 13년 동안 있다가 1262년에는 교토의 겐닌지建仁寺로 옮겼고 후에 다시 가마쿠라로 되돌아갔지만 교토 쪽 승도들의 반항으로 두 번에 걸쳐 유배되기도 했다. 1278년 다시 겐초지에 머물며 대중에게 게偈를 보이다 입적하였으며, 다이카쿠 선사의 호는 일본 최초의 선사호가 되었다.

하게 여겼습니다.

그 후에 올암 보녕兀庵普寧216), 부쓰겐仏源 선사217), 붓코仏光 선시218) 등 여러 대선사들이 뒤를 이어 송나라로부터 건너오셨습니다. 이 대선사들은 모두 승려들을 훈계하시고 본분을 참선으로 추구하는 것 외에 다른 일을 하지 않으셨지요.

속가 사람들의 신앙 또한 마찬가지였습니다. 호코지法光寺 선문禪門219) 시절인 고안弘安220) 무렵, 몽골이 침공한다는 소문에 천하가 소란

---

216) 1197~1276년. 일본에 온 송의 선승으로 임제종 양기파楊岐派의 승려였다. 쓰촨성四川省 출신으로 어릴 때 출가하여 유식唯識을 배우고 여러 선원을 찾아다니며 참선하였다. 1260년 도후쿠지東福寺의 엔이円爾의 부름에 응하여 일본으로 건너갔고 하카타博多의 세이후쿠지聖福寺에 들어갔다. 이후 교토를 거쳐 가마쿠라로 갔으며 호조 도키요리의 귀의를 받아 겐초지 2대조가 되었다. 도키요리는 올암에게 열심히 참선하고 인가를 받아 겐초지에서는 대륙 선원의 규범을 지켰으며 많은 일본의 승려들에게 영향을 주었다. 1265년 일본에 6년간 있다가 다시 송나라로 귀국했다. 소카쿠宗覚 선사라는 익호를 받았으며 『올암화상어록兀庵和尚語録』이라는 저서가 있다.
217) 1215~1290년. 가마쿠라 시대에 일본으로 온 임제종 소원파의 선승으로 일본 선종 불원파佛源派의 시조이다. 절강성 사람으로 조동종曹洞宗을 공부하였는데, 1269년 일본으로 건너가 싯켄 호조 도키무네北条時宗의 귀의를 받고 조치지浄智寺의 개산이 되었다. 또한 젠코지禅興寺, 주후쿠지寿福寺, 겐초지建長寺, 엔가쿠지円覚寺 등에 거주하며 가마쿠라 선림의 확립에 진력한 인물이다. 부쓰겐 선사는 익호이며 대휴 정념大休正念으로도 잘 알려져 있다. 어록에 『염대휴선사어록念大休禪師語錄』이 존재한다.
218) 1226~1286년. 가마쿠라 엔가쿠지円覚寺를 연 무학 조원無学祖元. 임제종의 도래승으로 원래 중국 저장성 사람인데 1279년 일본으로 건너왔다. 가마쿠라 막부와 그 집권 세력인 호조北条 씨를 교화하여 일본 임제종의 기초를 확립했다. 특히 호조 도키무네北条時宗에게 큰 영향을 끼쳤다. 제자로 고호 겐니치高峰顕日, 기안 소엔規庵祖円 등이 있었으며 그 중 고호가 바로 무소 소세키夢窓疎石를 제자로 배출하였다. 말하자면 붓코는 무소의 사조師祖에 해당한다.
219) 호조 도키무네北条時宗(1251~1284년)를 말한다. 도키요리의 아들로 법명을 도코道杲라 했다. 1268년 싯켄執權자리에 올랐는데 이 해에 일본의 복속을 요구하며 몽골의 사자가 일본에 찾아온다. 이를 물리친 막부는 몽골의 침입이 있을 것을 예측하고 국방 강화에 힘쓰게 된다. 1274년 이른바 '분에이文永의 역役'이라고 하는 몽골군의 침공이 있게 되고 규슈九州에서 무사들이 이를 물리치지만 다음 침공에 대비하게 되었고 1281년 고안弘安의 역이라고 부르는 2차 침공 역시 격퇴에 성공하고 방비에 전념하게 된다. 1284년 도키무네

스러웠는데, 단나檀那 선문이신 도키무네時宗221)공公은 조금도 동요하지 않으셨습니다. 매일 겐초지의 장로와 붓코 선사 및 많은 선종 고승들을 부르시어 선문답을 하셨습니다. 그 모습은 실로 드물고 훌륭했다고 붓코 선사의 보설普說222)에도 적혀 있지요. 그 후에 엔가쿠지円覚寺223)를 건립하고 자신의 종지인 선종을 흥하게 하시는 일에도 소홀하지 않으셨습니다. 이러한 이유 때문인지 몽골도 일본을 멸하지 못했지요. 도키요리時頼, 도키무네時宗 부자가 집권을 하시는 이대二代 동안 정치를 행하신 것도 무사했으며, 돌아가실 때의 모습도 특별히 더 훌륭하셨다고 전해집니다.

이 이대 후에도 위정자들이 잇따라 불법을 숭경하시는 뜻은 있었지만, 세간 쪽을 중시하고 불법을 가벼이 믿으셨기 때문에 특별한 천하대사가 아닌 일에까지 기도를 하라고 끊임없이 선원에 명하셨으므로, 선사에서도 여느 때보다 기도의 위패位牌224)를 내걸고 중승이 경을 읽거나 다라니를 채우는 것을 일삼다보니 중요한 좌선에 전념하는 방식은 후퇴하게 되었습니다. 또 절마다 많은 시주들이 있어서 각각 기도를 요구합니다. 승려들 중에도 또한 자기 명리를 생각하는 자들은 이

는 병을 얻어 출가하고 곧 임종한다. 도키무네는 선에 깊이 귀의하여 겐초지의 다이카쿠 선사가 입적한 후에 무학을 불러 사사하고 1282년 무학을 개산으로 하는 엔가쿠지円覚寺를 창건했다.
220) 고안은 1278년부터 1288년까지의 연호로 고우다後宇多 천황과 후시미伏見 천황의 재위시대와 겹친다. 여기에서는 몽골의 침공이 있었던 1281년을 일컫는다.
221) 호조 도키무네北条時宗를 일컫는다. 각주 218) 참조.
222) 선사에서 대중을 모아 놓고 하는 설법을 말한다. 이 내용은 『붓코국사어록仏光国師語録』에 수록되어 있다.
223) 가나가와 현 가마쿠라 시 야마노우치에 있는 임제종 엔가쿠지 파円覚寺派의 대본산이다. 1282년 개창되었으며 개산은 무학無学, 개기開基는 호조 도키무네이다. 가마쿠라 고잔五山의 제2위에 해당하는 사찰로 경내의 사리전舎利殿과 범종梵鐘은 국보이다.
224) 절에 모시는 신주神主의 이름을 적은 나무패를 말한다.

를 위해 기도하다가 진정한 일대사를 망각해 버립니다. 이야말로 선의 가르침이 파멸하는 인연이 아니겠습니까?

중국의 선사에서는 매일 아침 죽을 먹은 후에 대비주大悲呪[225]를 한 편 암송할 뿐입니다. 이는 곧 좌선을 근본으로 하기 때문이지요. 능엄회楞嚴會[226]라고 하여 능엄주楞嚴呪[227]를 염송하는 것도 요즘 세상에 시작된 것입니다. 그것도 하안거夏安居 동안에만 합니다.

매일 저녁마다 방참放參[228]이라고 명명하여 능엄주를 염송하는 것은

---

225) 천수千手다라니를 말한다. 천수다라니란 천수관음의 공덕을 찬탄하고 천수관음의 삼매三昧를 나타내는 다라니로 한 편遍이 모두 82구로 이루어져 있다. 이 다라니를 외면 시방十方의 부처나 보살이 와서 증명하여 온갖 죄업이 없어진다고 한다. 천수천안대비심다라니라고도 하고 천수주라고도 한다.
226) 선가禪家에서 능엄주楞嚴呪를 외우면서 행하는 법회의식을 말한다. 한국에서는 고려 중기 이후부터 행해진 것으로 추정된다. 유나維那가 선소宣疏한 뒤 능엄두楞嚴頭가 능엄주를 선창하게 되고, 중승衆僧들이 그 뒤를 따라서 염송하는 방식이다. 능엄두는 음성이 좋은 사람으로 선정되며 능엄주가 모든 악귀와 마법의 장애를 제거하여 깨달음을 돕게 한다고 알려져 널리 행했다. 신도들이 마를 물리치기 위해서 이 법회를 여는 경우가 있었고, 왕실에서 『능엄경』 설법의 도량을 열기도 하였다. 일본에서 안거安居란 출가한 승려들이 한곳에 모여 외출을 금하고 수행하는 제도를 말한다. 남방 불교에서는 보통 여름에만 한 번 안거를 행하지만, 한국이나 일본 등의 북방 불교에서는 음력 4월 16일부터 7월 15일까지 석 달 동안 한 곳에 들어박혀 수행하는 하안거夏安居와 겨울 석 달 동안 행하는 동안거冬安居가 있어서 1년에 두 번 안거를 행한다. 인도에서 비구들이 여름에 행각하다가 폭풍우를 만나고 초목과 벌레들을 살상하게 되어 비난을 받았으므로 여름에는 외출을 금지하고 수행을 하게 한 것이 불교 안거의 기원이다. 따라서 안거는 우기雨期를 뜻하기도 한다.
227) 불교의 대표적인 다라니 중 하나로「대불정다라니大佛頂陀羅尼」라고도 한다. 『능엄경楞嚴經』 제7권에 수록되어 있고 총 427구로 이루어져 있다. 이 주문은 큰 영험이 있다고 여겨졌는데, 모든 부처님이 이 주문의 근본을 깨달아서 깨달음을 얻고 마魔의 항복을 받았다고 하며, 이 주문을 근거로 중생을 제도한다고 하였다. 그리고 이 주문을 외우는 중생은 모든 재앙을 물리칠 수 있고 영원히 좋은 곳에 태어나며, 모든 참회가 이루어질 뿐 아니라 마침내는 무생법인無生法忍을 얻어서 부처를 이룰 수 있게 된다. 또한 이 다라니를 8천 번 염송하면 무상정無想定에 들고, 모든 죄업이 소멸되며, 무량한 공덕을 성취하게 된다.
228) 선종에서 밤의 참선, 즉 만참晩參에서 수행승을 해방하는 것을 말한다. 위패

일본에서 시작한 것입니다. 중국에서 방참은 다른 방식을 말합니다. 겐초지가 창건되고 초반에는 낮 동안에 하는 근행은 없었습니다. 그러다 몽골의 침공 때 천하 대사를 위한 기도 때문에 낮 동안 『관음경』을 염송했지요. 그것이 그대로 관습이 되어 지금은 아침, 낮, 저녁 삼시三時의 근행이 되었습니다.

　이러한 수행도 선종의 본의는 아니지만, 해가 쌓이다 보니 후세의 장로들도 말리시지는 않았습니다. 또한 말세의 모습을 보니 선승이면서도 좌선을 기도 같은 수행보다도 싫어하는 사람도 있는 듯합니다. 이러한 사람들을 위해서는 근행을 생략하는 것도 무익할 것입니다. 게다가 또한 세간의 명리를 중시하시는 단가檀家들의 뜻에도 어긋나게 되겠지요. 그 근행의 취지는 오로지 천하태평, 단가 측의 안온함을 위해서입니다.

　매월 초하루와 보름에는 천황의 축도祝禱 설교법요를 위해 법당에 오를 때가 있습니다. 이 또한 천황을 위해서만이 아닙니다. 사해청평四海淸平과 만민화락萬民和樂을 위해서입니다. 선승을 기도도 하지 않는 자라고 비난해서는 안 됩니다. 대비주, 능엄주의 효험을 경문 안에 설파하신 것은 어느 대법, 비법에도 뒤떨어지지 않습니다.

　『관음경』,『금강경』의 효험도 그저 그렇다고 할 수 있겠습니까? 이러한 경과 다라니로 매일 삼시三時 기도를 했는데 이루어지지 않았다고 한다면, 그 밖의 경과 다라니의 수를 더한다고 해도 그것은 좌선에 전념하는 수행에 방해가 될지언정 진정한 기도가 될 리 없습니다.

　　를 걸거나 종을 세 번 울려서 이를 알렸다. 나중에 만참을 포함한 모든 행사를 쉬는 것을 말하게 되었다. 또 한 가지로는 밤에 간경看經을 한다는 의미로 선사에서 밤에 경문을 묵독하는 것을 말하기도 한다. 여기에서는 후자의 뜻으로 사용된 것이며, 아래 중국에서 다른 의미라고 하는 것은 전자와 같이 만참의 종료를 알리는 뜻을 일컫는 것으로 보인다.

16. 비도非道의 승려라도 비방하지 말라

문● 말세에는 선종, 교종, 율종의 승려 모두 명리로 치닫고 불도수행은 쇠퇴합니다. 이런 승려를 공양할 수는 없습니다. 이런 승려가 있는 곳을 가람伽藍229)이라고 하여 많은 영지를 지니고 수리하거나 증축한다며 사람들을 고생시키는 것은 무익한 일이라고 하는 사람들이 있습니다. 정말 그렇습니까?

답● 말세에 생을 받은 사람은 모두 전생의 선과가 좋지 않았기 때문에 신세에 맞는 과보와 재학을 갖춘 사람이 있다손 치더라도 그 선조에 미치는 분이 별로 없습니다. 만약 선조에 미치지 못하는 사람을 모두 제외한다면 조정 대신과 무관으로 일하실 분들도 별로 없으리라 생각합니다.

---

229) 산스크리트어의 음을 따라 승가람마僧伽藍摩, 승가람僧伽藍이라고도 하고, 승원僧院, 승원僧園이라고도 한다. 본래 의미는 중원衆園으로 여러 승려들이 모여 불도를 닦는 숲 등의 장소를 가리켰는데 나중에는 사원 건축물을 일컫게 되었다. 절은 대개 일곱종의 건물을 갖추어야 하나의 가람으로 완성되는데 이것을 칠당가람七堂伽藍이라 한다. 그러나 반드시 일곱종으로만 제한되지는 않으며 약간의 가감이 있을 수 있다. 선종 사찰에서 칠당은 불전佛殿, 법당法堂, 승당僧堂, 고방庫房, 산문山門, 서정西淨, 욕실浴室로 구성된다. 일본의 가람을 구성하는 주된 건물은 속세간과의 경계를 보여주는 산문, 본존을 모시는 본당, 불탑, 학습의 장인 강당, 승려가 주거하는 고리庫裏, 식당, 종루鐘樓, 동사東司 등이 있다. 가마쿠라 시대에는 금당, 탑, 강당, 종루, 경장經藏, 승방, 식당을 칠당가람이라고 불렀다. 이후 선종에서는 산문, 불전, 법당, 승당, 고원庫院, 동사東司(혹은 서정西淨), 욕실을 칠당가람이라고 하게 되었는데, 선종 이외도 포함하여 종파와 시대에 따라 조금씩 다르다. 또한 일본의 경우 실제로는 단순히 많은 건축물을 가지고 있는 대사원을 칠당가람이라 부르는 경우도 적지 않다.

비록 선조에는 미치지 않는다 해도 여전히 그 자손으로서 가문 풍격이 지금껏 남아 있으므로 왕법王法도 아직은 끊어지지 않고 무가武家의 위광 또한 전해지는 것입니다. 승가僧家 역시도 그렇습니다. 옛 대사와 선배들에게는 이르지 못한다 해도 여전히 그 문파의 흐름이 이어졌으므로 교종과 선종의 종풍宗風도 아직 사라지지 않았습니다.

부처가 살아계실 때는 생신生身230)의 여래를 불보佛寶라 하고, 그 부처의 입으로 직접 들은 귀한 설법을 법보法寶라고 칭하며, 그 부처의 교화를 도우신 성현을 승보僧寶라고 했습니다.

부처가 돌아가신 후 말법의 시세에는 부처의 목상과 그림 등을 불보로 받들고, 글로 전해진 경론을 법보라 믿으며, 머리를 자르고 가사袈裟를 걸친 자를 승보로 숭앙해야 합니다. 이야말로 말세에 유지되는 삼보라고 성교聖敎231)에 확실히 정해져 있습니다.

진실한 삼보는 무수한 법계法界232)에 널리 가득 차 있습니다만, 말세에 태어난 인간들은 모두 전생의 선과善果가 별로 없어 이러한 불승을 받들지 않습니다. 부처의 법문을 직접 청문할 수도 없지요. 하지만 그림으로 그리고 나무에 새긴 불상을 예배하고, 글로 써서 전하는 경론을 유지하며, 머리를 자르고 가사를 걸친 승려를 공양하신다는 것은 고마운 선연善緣이 아니겠습니까?

석가의 법은 멸망하고 미륵彌勒233)은 아직 나타나지 않으셨습니다.

---

230) 중생의 육신을 일컫기도 하지만 여기에서는 부처나 보살이 중생을 제도하기 위하여 부모에 의탁하여 태어난 육신의 의미이다.
231) 올바른 이치에 합하는 교나 석가모니의 교법, 또는 성인이 부처의 가르침을 설한 전적典籍을 이른다. 또한 넓게는 불교의 가르침 전체를 말하기도 한다.
232) 진여眞如. 각주 185) 참조.
233) 내세에 성불하여 사바세계에 나타나서 중생을 제도하리라 예언된 보살로 사보살四菩薩의 하나이다. 인도 파라나국의 브라만 집안에서 태어나 석가모니의 교화를 받고, 미래에 부처가 될 수기受記를 받은 후 도솔천에 올랐다고 한다.

이 두 부처의 중간에 태어난 자는 삼보라는 명칭조차 들을 수 없습니다. 하물며 지금과 같아질 만한 선연을 어찌 맺을 수 있겠습니까? 만약 말세의 인간들이 유지하는 삼보를 공양하는 깊은 신심이 부처 생전에 삼보를 공양한 사람들과 다름이 없다면, 효험을 얻는 일 또한 다를 바 없겠지요.

그러므로 승보가 퇴색한 것을 비난하시기보다는 자기 신심이 옛 사람들에게 미치지 못하기 때문에 불법을 경시하고 홀대하고 승려를 비난한 것이며, 그것이 죄업을 초래하는 인연은 될지언정 공덕을 얻는 복전福田234)이 아님을 한탄하셔야 합니다.

만약 현재의 승려가 나한과 보살 같지도 않고 대사大師와 선덕들에도 미치지 못한다고 버리신다면, 그것이 어떻게 승법만 버리는 일이겠습니까?

아무리 마음을 가다듬어 만들거나 그려낸 불상이라도, 이를 생신의 여래와 비교한다면 백천 무량분分의 일一에도 미칠 턱이 없겠지요. 진정한 법문은 문자와 말을 떠난 곳에 있는 것이므로 써서 전하는 경전도 진정한 글귀라 할 수 없습니다.

그런데도 진정한 부처나 진정한 글귀가 아닌 불상과 경전을 여전히 신심을 가지고 믿는 사람이, 승보에 대해서만 진정한 승려가 아니라고 그저 싫어하고 외면하는 것은 과연 이치에 맞는 일이겠습니까?

만약 그러하다면 말세에 유지할 삼보는 이보二寶 뿐이고 일보一寶는 사라지게 될 것입니다. 또한 만약 말세에 유지할 삼보가 모두 헛된 것이라고 한다면 이야말로 곧 천마天魔와 외도外道입니다. 논의할 여지도 없습니다.

---

234) 복을 거두는 밭이라는 뜻으로 삼보三寶, 부모, 가난한 사람을 비유적으로 이르는 말이다. 삼보를 공양하고 부모의 은혜에 보답하며 가난한 사람에게 베풀면 복이 생긴다고 한다.

『대집월장경大集月藏經』235)에서 말합니다.

'미래의 말세 때 나의 불법 안에서 머리를 자르고 가사를 걸쳤다고는 하지만 금계禁戒를 깨고 멋대로 방탕한 자가 있을 것이다.

설령 이 같은 승려라고 하더라도 이는 모두 불자佛子이다.

이를 비방한다면 부처를 비방하는 것이다.

이를 해한다면 부처를 해하는 것이다.

만약 이를 공양하고 호지護持하는 사람이 있다면 이 사람은 무량의 복을 얻을 것이다.

예를 들어 세인들이 순금을 무엇과도 바꿀 수 없는 가치의 보물이라 여기는 것과 같다. 만약 순금이 없으면 은을 그렇게 여긴다. 은이 없으면 구리를 보물로 볼 것이다. 구리가 없으면 철을 보물로 여길 것이다. 철이 없다면 백랍白蠟236)을 보물로 여길 것이다.

불법 또한 이와 같다. 부처를 무상無上의 보물로 여긴다. 부처가 없으면 보살을 최고로 여긴다. 보살이 없으면 나한을 최고로 삼는다. 나한이 없으면 깨달음을 얻은 범부를 최고로 본다. 깨달음을 얻은 사람이 없으면 계율을 유지하는 사람을 최고로 삼는다. 계율을 유지하는 사람도 없으면 계율을 어긴 사람을 최상으로 본다. 계율을 어긴 자가 없으면 머리를 자르고 가사를 걸친 사람을 무상의 보물로 삼는다. 다른 외도의 무리들에 비한다면 가장 귀한 첫 번째이다.

너희들 제천諸天237), 제룡諸龍238), 제야차諸夜叉239)들이여, 내 제자들을

---

235) 정식으로는 『대방등대집월장경大方等大集月藏經』이라고 한다. 불경의 하나로 서방세계에서 온 월장 보살을 위하여 마왕의 내핍耐乏, 아수라의 귀불歸佛, 부처의 본사本事, 마왕의 참회, 일체 귀신鬼神의 귀경歸敬, 제천의 호지護持 등을 설한 내용이다. 『대방등대집경大方等大集經』 중 월장분月藏分을 말하며 10권이다.

236) 땜납이라고 하며 납과 주석의 합금으로 불에 잘 녹고 쇠붙이에 잘 붙으므로 땜질에 쓴다.

237) 여기에서 천天은 불법을 지키는 여덟 신장神將, 즉 팔부중八部衆의 첫 번째로

지키고 부처의 종자를 단절시키는 일이 없어야 한다'

여래의 연민이란 이와 같은 것이지요. 승려의 행실이 나쁘다고 해서 여래가 남기신 부탁에 등을 돌려서는 안 됩니다. 술에 취한 사람을 보면 눈도 흐려 있고 다리도 비척거리며 혀도 꼬여 있고 마음도 어지럽습니다. 이러한 실수를 하리라 미리 알면서도 술을 좋아하는 사람은 모두 그런 모습을 멀리하려 하지 않습니다. 그 중에 그 추태를 보고 술을 싫어하는 사람은 그저 원래 술을 잘 못 마시고 좋아하지 않기 때문이지요. 승려의 과실을 보고 불법을 멀리 하려 하는 사람은 불법을 받아들일 줄 모르기 때문 아니겠습니까?

중생의 공덕을 낳는 것을 복전福田이라고 합니다.

복전에는 두 종류가 있습니다. 비전悲田[240]과 경전敬田[241]입니다.

뛰어난 성현을 존경하여 무언가를 보시하는 것은 경전敬田입니다.

비천한 사람이나 축생 등을 가련히 여겨 사물을 베푸는 것을 비전悲田이라고 합니다.

비록 지혜도 없고 멋대로 행동하는 승려라도 그 승려를 공양한다면 비전의 공덕을 받는 정도는 되실 것입니다.

나무 조각을 그대로 내버려 두면 선도 되지 않고 악도 되지 않습니다. 만약 이 나무 조각을 부처님의 형태로 깎고 진정한 부처라 생각하여 신앙하면 공덕을 얻는 것은 진정한 부처에게 하는 것이나 마찬가지입니다. 만약 이 나무로 된 부처상을 경시하고 업신여기면 죄업을 얻

일체의 귀신들을 일컫는다.
238) 용은 팔부중八部衆의 하나로, 뱀과 같은 것들을 말하며 신력을 가지고 있어 비바람을 자유롭게 몰고 다니는 존재로 본다.
239) 야차도 역시 팔부중의 하나로 빠르고 사나우며 사람을 괴롭히고 해치며 심지어 잡아먹기도 하는 귀신을 말한다.
240) 복을 받기 위해 구제해 주어야 할 가난하고 곤궁한 사람을 일컫는 말이다.
241) 공경하고 공양하여야 할 부처와 불법과 승려의 삼보를 밭에 비유하여 이르는 말이다.

을 것임은 의심할 여지가 없지요. 마음이 없는 나무 조각이라도 이와 같습니다.

하물며 인간은 모두 부처의 본성을 가지고 있습니다. 설령 무지하고 수치를 모르는 승려라도 이를 믿고 존경하면 복전이 되고, 비방하면 죄업을 초래하는 것임은 의심할 여지가 없습니다.

『범망경』에는 '오백 나한을 특별히 불러 공양하기보다는 존비尊卑와 친소親疎를 막론하고 누구라도 좋으니 한 명의 범부승을 차례차례로 불러 공양하는 공덕이 더 낫다'고 설하고 있습니다. 그저 선지식善知識242)에게 부탁하여 번뇌의 고통에서 벗어나는 중요한 방도를 듣고자 하기 위함이라면 도덕심 있는 사람을 특별히 불러도 지장이 없다는 것입니다.

승려가 계율을 파하고 죄를 저지르며 수치를 모르는 것을 보고 이를 비방하고, 자기는 속세 사람이니 그런 짓을 해도 상관없다고 생각하는 것은 잘못입니다. 평생의 수명이 다하여 지옥 염마대왕閻魔大王243) 앞에 갔을 때 나는 속인이니 평소의 죄업은 전혀 상관없다고 말한들 지옥에 떨어지는 것을 면할 수 있겠습니까?

부처의 가르침에서 불제자의 과실을 비난하는 것을 금하는 이유는 꼭 불제자를 편들어서만은 아닙니다. 승려를 비난하고 불법을 파멸하며 대죄를 얻는 것을 막고자 하기 위함입니다. 이러한 법문은 속세 사

---

242) 사람들을 불도로 이끄는 사람으로 덕이 높은 승려를 말할 경우가 많다. 혹은 사람을 불도로 이끄는 기연機緣 자체를 뜻하기도 한다. 선종에서는 특히 수행자가 스승을 일컫는 말로 쓰기도 한다.

243) 인도 신화에서 정법正法과 광명光明의 신이었는데, 후에 죽음의 신으로 여겨지게 되었고 불교에서는 명계冥界의 왕, 지옥의 왕으로 저승에서 지옥에 떨어지는 사람이 지은 생전의 선악을 심판하는 왕을 말한다. 염라閻羅대왕, 야마夜摩, 염가노자, 염라, 염라노자, 염라왕, 염마閻魔, 염마나자, 염마왕, 염왕閻王, 평등왕 등 호칭이 많다. 지옥에 살며 십팔 장관十八將官과 팔만 옥졸을 거느리고 저승을 다스리는데, 모습은 불상佛像과 비슷하고 왼손에 사람의 머리를 붙인 깃발을 들고 물소를 탄 모습이었으나, 나중에는 중국식 복장을 입고 노기를 띤 모습으로 바뀌었다.

람을 위해 말씀드리는 것입니다. 그렇다고 승려가 계율을 파하고 죄를 범하며 부끄러워하지 않아도 상관없다는 뜻이 아닙니다.

속세 사람들은 승려의 행위가 올바른 이치에 맞지 않는 것만 보고, 비방의 죄업이 있다는 것을 잊습니다.

승려 또한 속세 사람들이 비방하면 자신들이 올바른 이치에서 벗어난 책임이라고 반성하지 않고, 승려를 비방하고 불법을 경멸하는 것만 잘못이라고 탓합니다.

안타깝습니다. 서로 바꾸어 승려의 마음을 속세 사람들에게 붙이고, 속세 사람들의 마음을 승려가 갖게 할 수 있다면 이 탁세濁世244)도 곧 진정한 불법이 행해지는 세상이 될 것입니다.

---

244) 오탁악세五濁惡世를 말한다. 세상의 다섯 가지 더러움인 오탁으로 가득한 죄악의 세상, 그리고 쇠퇴하여 끝이 다 된 세상을 의미한다. 오탁五濁은 각주 96) 참조.

17. 불법과 정도政道

문● 지나치게 선근에 마음을 쓰다 정치를 행하는 데에 방해가 되어 세상을 잘 다스리지 못했다고 말하는 사람이 있습니다. 그것을 어떻게 생각하십니까?

답● 부처의 가르침 중에 어리석고 하찮은 복은 삼생三生의 원한이 된다는 내용이 있습니다.

 그 이유는 어리석어서 유루有漏245)의 선행만 하고 평생을 보내기 때문에 마음의 근본을 밝히지 못해서입니다. 이것이 일생一生의 원한이라고 하는 것입니다.

 이 유루의 선근에 의해 다음 생에는 속계 인천人天에서 태어나 부귀의 과보를 얻기 위해 세간의 애착도 점점 깊어지고 죄업이 미치는 힘 또한 무거워집니다. 설령 죄업을 많이 만들지 않은 사람이라도 정사政事에 마음을 어지럽히고 세속적 유희를 즐기느라 여유가 없으니 진정한 불법을 수행하지 못합니다. 이것이 이생二生의 원한이지요.

 전생에서 행한 유루의 선근은 이번 생에 받고 끝나 버립니다. 그러나 지극히 오랜 세월 무명無明246)이 뻗어내는 힘이 점점 중첩되기 때문에 다음 생에도 또 지옥에 떨어집니다. 이러한 이유로 어리석고 하찮은 복은 삼생三生의 원한이 되는 것입니다.

 『제위경提謂經』247) 등에서 오계五戒, 십선十善 등 세간의 선근을 수행

---

245) 각주 17) 참조. 특히 유루의 선근에 관해서는 3단에 그 내용이 상세하다.
246) 번뇌의 근원. 각주 200) 참조.

해야 한다는 것을 설하고 계십니다. 이를 인천교人天敎248)라고 하지요. 전생의 습관이 좋지 않기 때문에 부처가 정법正法을 수행하라고 권하서도 못하는 사람은, 우선 그가 바라는 속계의 과보를 얻게 하고 점차 인도하여 정법으로 들게 하기 위하여 한동안 유루의 선근을 행해야 한다고 가르치셨습니다. 그러므로 지금과 같은 말세에 현생의 기도와 내세의 복을 위해서 선근을 수행하시는 것도 바람직한 일이므로 억지로 금할 것은 아니지만, 기왕이면 삼생의 원한이 되지 않도록 근행을 한다면 그것이 곧 부처의 본의本意입니다.

아직 마음의 근본을 깨닫지 못한 사람은 설령 갖가지 선근을 행해도 모두 유루의 선행이 되어 버리는 것입니다. 교종과 선종 종사들이 똑같이 우선 마음 깊은 곳을 분명히 밝힌 후에 온갖 선근을 수행하라고 권하시는 것은 이러한 취지입니다.

천태天台대사249)가 육즉六卽250)의 지위를 세우고 수행의 증거가 되는

---

247) 『제위파리경提謂波利經』이라고도 한다. 현존하지 않지만 예로부터 많은 서적들에 인용되어 왔다. 내용에 대하여도 설이 분분하며 일반적으로 위경僞經으로 일컬어진다. 5세기 정도에 인심의 안정과 윤리의 확립을 위해 제작된 것으로 추정된다. 부처가 제위提謂와 파리波利 두 사람의 상인에게 인천교人天敎를 설하고 머리카락과 손톱을 주어 탑을 조립시켰다고 한다.
248) 부처가 불도를 이룬 뒤 처음으로 오계와 중품의 십선을 행하면 인간계에 나고, 상품의 십선을 행하면 천상계에 난다고 가르친 교법을 말한다.
249) 538~597년. 지의智顗. 중국 수나라 때의 승려로 천태종의 개조라 일컬어진다. 실천적 불교를 구축하고 독자적인 교풍으로 알려진 남악南岳의 혜사慧思에게 사사하였다. 지의의 불교사상이 실천적 성격을 짙게 띠는 것은 혜사에게 8년간 배움을 얻었기 때문이다. 행行뿐 아니라 교敎도 동등하게 중시하고 이를 종합한 불교사상이 구상되었다. 575년부터 천태산에서 은거를 시작하여 11년간 깊은 내성을 통해 그의 불교사상은 한층 정리되고 체계화되었다. 교敎와 관觀의 이문二門을 종합한 위에 성립된 장대한 스케일을 가진 교학사상이 설파되었다. 지의의 가르침은 『법화문구法華文句』, 『마하지관摩訶止觀』, 『유마경소維摩經疏』 등의 저서에 담겨 있다.
250) 천태종에서 진리와 일체가 되어 가는 수도의 여섯 단계를 이르는 말이다. 구체적으로 보면, 불성佛性을 갖추고서도 이를 알지 못하여 아무런 수행도 하지 않으며 생사에 윤회하는 단계인 이즉理卽, 일체가 곧 불성임을 배웠으

계급을 판별하신 중에, 묘해도妙解道251)한 다음 제삼위인 관행즉觀行卽의 오품五品252) 중 첫 번째 수희품隨喜品에 이르기까지도 타인을 위해 불법을 설하고 자기 수행을 위해 불경과 다라니를 독송하는 것도 불도에 지장이 된다고 하여 이를 금했습니다. 관행즉의 두 번째 독송품讀誦品에 이르러 비로소 불경을 읽고 다라니 외는 것을 허락하며, 세 번째 설법품說法品에 이르러 약간의 설법으로 타인을 이롭게 하는 것을 허락하였습니다. 네 번째 겸행육도품兼行六度品에 이르러 비로소 육도六度253) 수행을 겸하고, 다섯 번째 정행육도품正行六度品에 이르러 올바로 육도를 수행하여 중생이 깨달음에 들어서는 것을 도와야 한다는 말이 보입니다.

원오圓悟선사254)가 저술한 『심요心要』255)에 '오성권선悟性勸善'이라는

나 자신이 곧 부처라는 사실을 이름만으로 아는 단계인 명자즉名字卽, 수행으로써 원묘한 이치와 상응하는 단계인 관행즉觀行卽, 수행의 공을 쌓아서 진지眞智와 비슷한 지혜를 나타내는 단계인 상사즉相似卽, 조금씩 무명無明을 깨뜨리고 불성을 깨달아 얻는 단계인 분진즉分眞卽, 사람이 본디 가지고 있는 부처 마음이 온전히 나타나 더 깨달을 지혜도 없고 끊을 번뇌도 없는 가장 높고 원만한 단계인 구경즉究竟卽을 육즉이라고 한다.

251) 육즉의 제이위인 명자즉名字卽에서 경전을 읽고 깨달음의 묘도가 열린 것을 말한다.
252) 천태종에서 둔 원교圓敎 수행자의 십신十信 이전의 다섯 계급을 말한다. 삼체三諦의 묘한 이치를 듣고 깨달아 지혜를 얻어 기뻐하거나 자비로 다른 사람을 기쁘게 하는 단계인 수희품隨喜品을 비롯하여 독송품讀誦品, 설법품說法品, 겸행육도품兼行六度品, 정행육도품正行六度品을 오품이라 한다. 또한 이렇게 오품의 관행을 수행하는 것을 오품제자위弟子位라고 하며 『법화경』에도 이야기되었다.
253) 보살이 열반에 이르기 위해 실천해야 할 여섯 가지 덕목의 수행을 뜻하며 구체적으로는 보시, 인욕, 지계, 정진, 선정, 지혜를 이르는 말이다. 육바라밀六波羅蜜이라고도 한다.
254) 1063~1135년. 중국 송나라 때의 선승으로 임제종 양기파楊岐派에 속했다. 시호는 불과佛果선사, 진각眞覺선사라고 한다. 어릴 적 출가하여 각지에서 수행한 뒤 법연法演의 제자가 되어 그 불법을 이었다. 문인門人들을 위해 설두중현雪竇重顯의 송고頌古를 제창했고 평석도 했다. 이를 편집하여 열권의 『벽암록碧巖錄』과 2권의 『격절록擊節錄』 등을 남겼다.
255) 『원오심요圓悟心要』라고도 한다. 원오에게 당시 법을 묻는 선승과 사대부들,

글이 실려 있는데, 우선 심성을 깨닫고 그러한 후에 선근을 행하라는 의미입니다. 마음 깊은 곳을 깨닫지 못한 자는 행위의 선근이 그저 유위有爲256) 과보의 원인이 될 뿐이므로, 번뇌의 고통을 떠나는 중요한 불도가 되지는 못합니다. 우연히 불법을 설하고 사람을 제도하기는 하지만 애견愛見257)의 대비大悲에 빠져 있기 때문에 진정한 교화라고 할 수는 없습니다. 이러한 이유로 유루의 선근을 금하고 정법正法을 행하라고 권하는 것입니다.

선근에 너무 마음을 기울이시는 것에 대해 충고한 사람이 만일 이러한 의미에서였다면 실로 각별한 충언을 한 셈입니다. 그러나 만약 단순히 세속을 중시하고 불법을 경시하기 때문에 이렇게 말한 것이라면 이는 오로지 악심惡心일 뿐입니다.

인간계에 생을 받은 사람은 신분의 귀천이 다르더라도 모두 전생에 오계, 십선의 좋은 행업을 쌓은 응보입니다. 그 중에서 복분도 남보다 뛰어나고 위세도 각별한 분은 전생에 오계, 십선의 계율을 잘 지키고 그 위에 여러 선근을 쌓으셨기 때문입니다.

그리고 제자들에게 답서를 써 보낸 편지글을 모아 펴낸 서간집이다. 원오선사의 저술 중에 이 『심요』는 평생 썼던 그의 편지글을 제자들이 모아서 펴낸 책이다. 1129년 단하丹霞 불지유佛智裕 선사에게 보낸 편지까지 실려 있는 것으로 보아 그의 말년, 혹은 사후에 편집된 것으로 보인다. 여기 실린 글들은 제목에서 보이듯, 하나 같이 직지단전直指丹傳의 종지를 드러내는 데 역점을 두고 있다. 선문에서 가장 금기시하는 교리적인 설명이나 고정된 형식에 얽매이지 말 것을 매 편에서 강조한다. 옛 선지식들의 기연機緣이나 말씀들을 종지를 이해하는 착안점으로 제시하면서, 참선하는 자의 본분자세나 선지식으로서 가져야 할 안목과 삶의 태도 등을 편지 받을 사람이 좌선에 전념하는 정도와 그들이 처한 상황을 고려해가며 자세하게 지시해주고 있다. 『심요』는 임제종 선승들 사이에 종안宗眼을 판가름하는 지침서로 읽혀 왔으며, 대혜종고의 편지글 모음집인 『서장書狀』도 형식상 닮은 점으로 보아 이 책을 답습한 것으로 짐작된다. 상권 70편, 하권 73편으로 모두 143편의 글이 실려 있으며 이중 사대부들과 나눈 편지는 32편 정도이다.

256) 유위법. 각주 34) 참조.
257) 사물이나 이론에 대한 집착에 의해 생기는 정리情理의 번뇌.

지금 귀하(=아시카가 다다요시足利直義)께서 일본의 무장으로서 만인에게 우러름을 받으시는 것은 오로지 전생의 선근이 가져온 과보입니다. 하지만 세상에는 여전히 귀하를 적대시하는 사람들도 있지요. 고케닌御家人258)이라고 자칭하며 모시는 사람들 중에도 귀하의 말씀에 따라 자기 자신을 돌보지 않는 사람은 드뭅니다. 이러한 모습을 보고 있노라면 귀하가 전생에 쌓은 선인善因이 아직 부족하다고 여겨지거늘, 어찌 현생의 선근 수행이 지나치다는 말씀을 드릴 수 있겠습니까?

겐코元弘259) 연간 이후의 죄업과 그 동안의 선근을 비교해 보면 과연 어느 쪽이 많을까요? 그 사이에 적군이 되어 죽음을 당한 사람은 어느 정도입니까? 그들의 죽음 뒤에 남아 방랑 신세가 된 처자식과 수하 권솔眷率들의 마음은 어디로 가야할까요? 적뿐만이 아닙니다. 아군이 되어 함께 싸우다 죽은 자들도 모두 귀하의 죄업이 될 것입니다. 아들이 죽어 아버지만 살아남거나 아버지가 죽고 아들이 살아남은 경우도 있겠지요. 그러한 슬픔이 있는 자들 또한 헤아릴 수 없습니다.

최소한 그 충성심에 따라 올바로 은상恩賞을 내리셨다면 아직 위로의 여지가 있겠지만, 신분이 이름난 무사도 아니고 강한 연줄도 갖지 못한 사람들의 이야기는 귀담아 들어줄 사람도 없고 억울한 호소도 전달되지 못합니다. 그러한 사람들 개개인의 원한도 풀기 어렵습니다.

지금도 연거푸 전승을 거두어 경하드릴 일이 있다고 들리는데, 적이

---

258) 원래 정이대장군征夷大將軍의 가인家人인 무사의 신분을 가리키는 말이었으나 중세 이후 시대에 따라 의미가 다르게 사용되었다. 가마쿠라 시대에는 장군 직속의 무사를 지칭하여 장군에게 충성과 의무를 다하며, 그 대가로 땅과 급여 등을 받은 사람들을 의미한다.
259) 가마쿠라 말기 고다이고後醍醐 천황 때의 연호로 1331년부터 1334년까지를 말한다. 그리고 겐코 원년인 1331년 고다이고 천황이 기도한 가마쿠라 막부 토벌 계획이 막부 측에 의해 발각되어 천황이 도주하였으나 1332년 잡혀서 오키隱岐에 유배를 가게 된다. 결국 막부가 멸망하게 되는 직접적인 동인이 되었는데, 이 사건을 '겐코元弘의 변變'이라고 한다. 여기에서 말하는 죄업도 이 사건을 말한다.

많이 죽어서 귀하의 죄업이 자꾸 쌓인다는 의미입니다.

도회와 시골의 신사나 사찰, 역참이나 인가 등이 파손되고 혹은 소실되는 경우는 또 얼마나 많겠습니까? 신사나 사찰이 소유한 영지나 자기 본가가 소유한 영지 등이 군량으로 징발되거나 혹은 점유되어서, 사당 제례도 거의 사라지고 사찰의 근행도 많이 이루어지지 않게 되었습니다. 무사가 아닌 자는 영지가 있어도 지배할 수 없지요. 살 곳조차 압수되고 의지할 곳 없는 자도 많습니다. 인의仁義의 덕정德政은 아직 이루어지지 않고 상하귀천의 한탄은 계속 늘어갈 뿐입니다.

세상이 평온하게 다스려지지 않는다는 것은 오로지 이 때문입니다. 어찌 귀하의 마음을 선근에 기울이신 탓이겠습니까? 아, 귀하가 생각하시는 것처럼 모든 사람들도 똑같이 마음을 선근에 기울인다면 이 세계는 곧 정토가 될 것입니다. 하물며 잘 다스려지지 않을 수가 있겠습니까?

예로부터 국왕, 대신으로서 천하를 통치하신 분들 중에 불법을 믿고 숭경하신 예는 외국과 일본 모두 적지 않았습니다. 그 중에 속세의 정치를 잘 해나가기 위해 불법을 우러르신 분도 있습니다. 혹은 불법을 흥륭시키고자 속세의 정치를 행하신 분도 있지요. 속세의 정치를 위해 불법을 믿으신 분들은 악왕이나 악신이 되어 전혀 불법을 믿지 않는 사람보다는 낫지만, 자기 일신만을 위하며 헛된 꿈속의 영화에 자만하고 만민을 어루만져 잠시 동안의 굶주림과 추위만을 면하게 했을 뿐, 상하귀천 모두 결국 윤회를 면치 못합니다. 그렇다면 삼황오제三皇五帝260) 시절도 아직 불법이 유포된 때가 아니었으니 부러워할 것 없습니다.

그러므로 곧 불법을 위해 속세 정치를 열심히 행하고 만민을 이끌어 불법으로 들게 하신다면 바로 재가在家의 보살이라 할 수 있는 것이지요.

---

260) 각주 163) 참조.

일본의 쇼토쿠聖德 태자261)는 모든 정치를 행하시면서도 그 사이에 불당과 불탑을 건립하고 불상을 안치하며 경론을 강설講說하고 주석서註釋書를 제작하시었습니다. 이야말로 불법을 위해 세속 정치를 행하신 모범입니다. 「십칠조헌법十七條憲法」262) 시작에 '상하의 화목을 논하고 삼보三寶를 깊이 존경하라'263)고 말씀하신 것도 정치를 행하는 것이 불법을 위해서였기 때문입니다. 그래서인지 태자가 살아계실 때에만 일본 전체가 그 정치를 따랐던 것이 아닙니다. 칠백년 후인 오늘날에 이르기까지 누구인들 태자의 유업遺業을 우러르지 않는 사람이 있겠습니까?

이 태자에게 등을 돌린 자는 오로지 모노노베노 모리야物部守屋264) 한 사람 뿐이었습니다. 태자는 결국 이를 멸하셨습니다. 모리야는 집정執政을 하던 대신입니다. 정치가로서는 남다른 사람이었지요. 하지만 태자가 선근을 수행하시는 것을 억지로 방해했으므로 이를 주벌誅罰하

---

261) 각주 160) 참조.
262) 쇼토쿠 태자가 제정했다고 전해지는 일본 최초의 성문법이다. 『일본서기日本書紀』에 그 전문이 등장하는데 태자가 스스로 헌법 17조를 만들었다고 적혀 있다. 헌법이라고 하지만 근대국가의 헌법과는 당연히 차이가 있으며 준수해야 할 도덕적 규범을 적은 것으로 불교사상과 유가, 법가, 도가, 음양도의 사상까지 담겨 있다. 군君, 신臣, 민民의 상하질서를 다양한 관점에서 설파한 내용이다.
263) 십칠조헌법의 제1조는 '화和를 귀하게 여겨 다툼을 일으키지 않는 것을 근본으로 하라. 사람은 무리를 만들고 싶어 하고 완전한 깨달음을 얻은 자는 적다. 그래서 군주나 아버지의 말에 따르지 않거나 가까운 사람들과도 반목한다. 그러나 윗사람과 아랫사람도 협조하고 친목하는 마음으로 의논한다면 자연히 모든 것이 도리에 맞고 어떤 일이라도 성취하는 법이다.(一曰。以和爲貴。無忤爲宗。人皆有黨。亦少達者。是以或不順君父。乍違于隣里。然上和下睦。諧於論事。則事理自通。何事不成。)' 제2조는 '깊이 삼보三寶를 신봉하라. 삼보란 불, 법, 승이다. 그것은 생명 있는 자가 마지막으로 기댈 곳이며 모든 나라의 궁극적 규범이다. 어떤 세상이든 어떤 사람이든 이 법리를 존중하지 않을 수 있겠는가. 심히 나쁜 자는 적다. 잘 가르치면 정도를 따르게 되어 있다. 다만 그러기에는 부처의 가르침에 의거하지 않으면 무엇에 의해 비뚤어진 마음을 바로잡을 수 있겠는가.(二曰。篤敬三寶。三寶者仏法僧也。則四生之終歸。萬国之極宗。何世何人非貴是法。人鮮尤悪。能教従之。其不帰三寶。何以直枉。)'라는 내용이다.
264) 각주 161) 참조.

신 것입니다. 그 뜻은 태자가 스스로 쓰신「덴노지天王寺265)의 기記」266)에 적혀 있습니다.

외국 조정을 보면 양梁267) 무제武帝268)가 후경侯景269) 때문에 정권을 빼앗긴 것은 선근에 마음을 너무 기울여 정치의 도리를 잊었기 때문이라고 비난하는 사람들이 있습니다.

석가여래는 정반왕淨飯王270)의 태자로서 왕위를 계승하실 몸이었으

---

265) 오사키 시에 있는 화종和宗의 총본산으로 시텐노지四天王寺라고도 한다. 원래는 천태종으로 쇼토쿠 태자가 창건했다고 전한다. 독특한 가람 배치를 가진 사찰이었는데 836년 이후 여러 번 소실되어 현재의 가람은 제2차 세계대전 후에 복원한 것이다. 쇼토쿠 태자는 일본불교의 시조로서 종파와 시대를 막론하고 널리 신앙되었다. 태자가 창건한 시텐노지는 헤이안 시대 이후 쇼토쿠 태자 신앙의 성지가 되었다.
266) 『시텐노지엔기四天王寺緣起』를 말하며 현재까지 전하는 국보로 전승에 따르면 쇼토쿠 태자의 자필이라고 한다. 1007년에 발견되었다고 하는데 실제로는 후세 가탁설도 있고 언제 서사되었는가에 대한 설도 확실하지 않다. 고아나 연령자 등의 구제, 아픈 사람에게 의료를 베푸는 행위, 학문이나 정신적 구제, 사람들의 일상생활에 밀착된 구제를 사찰 건물과 관련지어 설명하고 있다.
267) 중국 육조六朝 시대의 나라 중 하나. 육조란 중국에서 후한이 멸망한 뒤 수나라가 통일할 때까지 양쯔 강 남쪽에 있었던 여섯 왕조, 즉 오吳, 동진東晉, 송宋, 제齊, 양梁, 진陳을 이른다.
268) 464~549년. 중국 남북조 시대 양梁나라의 초대 황제로 성은 소蕭, 이름은 연衍이다. 제나라를 멸망시키고 즉위하여 귀족 문화를 창달하고, 불교의 황금시대를 이루었다. 독실한 신자였던 무제는 성심으로 불교를 신봉했으며 중국 최초로 모든 불경 필사본들을 모은 『중경요초衆經要鈔』를 편찬했으며 527년과 529년에 속세를 버리고 불문에 들어가기도 했다. 그러나 549년 후경侯景의 반란을 겪게 되며 수도가 점령당하자 사원에서 굶어 죽었다. 재위 기간은 502~549년.
269) 503~552년. 중국 양나라의 장군으로 자는 만경萬景이다. 처음에 북위에서 벼슬을 하였으나 양나라의 무제에게 투항하였으며, 후에 무제에 반역하여 스스로 한제漢帝라고 칭하다가 왕승변王僧辯에게 패하였다.
270) 석가모니의 아버지로 인도 가비라迦毘羅의 왕. 석가모니의 생모인 마야摩耶 부인을 왕비로 맞았는데 마야 부인이 석가모니를 낳은 지 이레 만에 죽어 처제를 부인으로 다시 맞이했다. 그는 석가모니에게 귀의하여 석가모니와 그 제자들을 보호했으며, 석가모니는 정반왕이 임종할 때 곁으로 돌아와 자식의 도리를 다했다. 백정왕白淨王, 진정왕眞淨王이라고도 하고, 수도타나首圖

나 은둔하여 설산雪山271)으로 들어가 굶주림과 추위에 고통을 받으셨는데, 이를 불사에 마음을 기울여 왕위의 영화로움을 잃은 것이라 비방할 수 있습니까?

양 무제도 왕위에 있지 않겠노라고 종종 둔세하셨는데 신하들이 쫓아가 되돌린 것입니다. 결국에는 어떻게든 속세를 떠나려고 몸을 파시어 절의 노비가 되셨지요. 신하들은 그래도 놓아드리지 않고 몸값을 절에 되돌려주고 원래처럼 왕위에 다시 오르게 했습니다. 양 무제의 마음을 살피건대 후경에게 정권을 빼앗기신 것을 어찌 한심하게 여기셨겠습니까?

지금 귀하의 모습을 보니 석가여래나 양 무제처럼 완전히 속세간을 버리시지는 못하실 것입니다. 그저 쇼토쿠 태자처럼 불법을 위해 정치의 도를 행하신다면 갸륵한 일일 것입니다.

이번에 의병을 일으키신 것은 오로지 불법을 일으키기 위해서라고 알고 있으므로, 설령 천하 사람들이 모두 방해를 한다 하여도 선한 마음이 패배하시는 일은 절대 없으리라 생각합니다만, 그렇게 비난하는 사람들의 마음까지도 뒤집으실 수 있다면 조금이라도 더 이익이 될까 하여 여러 기탄없는 이야기까지 하게 되었습니다.

駄那, 수두단나輸頭檀那, 열두단悅頭檀이라는 음역으로 부르기도 한다.
271) 항시 눈이 덮인 산이라는 의미로 히말라야 산맥을 의미한다.

18. 마魔

문• 불법을 수행하는 사람이 자칫 마도魔道에 들어 버리는 것은 어떤 연유입니까?

답• 불도의 장애가 되는 것은 모두 마업魔業이라 부릅니다. 마업을 저지르면 반드시 마도에 듭니다.

『대반야경大般若經』272)의 「마사품魔事品」,『수능엄경首楞嚴經』273) 및 천태天台의 『마하지관摩訶止觀』274) 안에 상세히 설명되어 있습니다만, 그

---

272) 정식으로는 『대반야바라밀다경大般若波羅蜜多經』이라 하며, 반야를 설파한 여러 경전을 집대성한 책이다. 만유萬有는 우리가 보는 것과 같은 실유實有가 아니고, 모든 법은 다 공空하여 모양이 없다는 대승 불교의 근본 사상을 설명하고 있으며 당나라 현장玄奘이 번역하였고 모두 600권이다.
273) 흔히 『능엄경』이라고 하고 일본에서는 『수능엄삼매경首楞嚴三昧經』이라고도 하며 『대지도론』에도 종종 인용되는 대승불교 초기의 경전이다. 산스크리트어 원전은 약간의 단편밖에 전하지 않고 한역된 것으로 현존하는 것은 구마라집鳩摩羅什의 두 권 뿐이다. 상권에서는 공덕을 포함하는 수능엄삼매를 여러 비유로 설명하고, 하권에서는 마계의 악마를 교화하여 대승의 자비가 이르는 것을 밝히고 있다. 한편 한국에서는 선종의 주요 경전으로 인연과 만유를 설명하며 수선修禪과 눈, 귀, 코, 혀, 몸의 오근五根 원통圓通 등에 관해 선법의 요체를 설한 경전으로 알려져 있다. 이 경은 중국에서 찬술한 위경僞經이라는 설이 지배적인데, 소화엄경小華嚴經이라 불리면서 널리 독송되어 한국 불교사상 형성에 큰 영향을 끼쳤다.
274) 천태종에서 『법화경』을 주석한 책으로 삼대 주석서의 하나로 꼽힌다. 594년 중국 수나라 때 형주荊州 옥천사玉泉寺에서 천태대사 지의智顗가 강설한 것을 제자 관정灌頂이 필기한 책으로 20권이다. 천태지관을 구성하는 삼종의 지관, 즉 원돈지관圓頓止觀, 점차지관漸次止觀, 부정지관不定止觀과 사종의 삼매 즉 상행삼매常行三昧, 상좌삼매常坐三昧, 반행반좌삼매半行半坐三昧, 비행비좌삼매非行非坐三昧에 관한 해설서로 열장으로 되어 있다. 다시 말해 대의大意, 석명釋名, 체상体相, 섭법攝法, 편원偏圓, 방편方便, 정수正修, 과보果報, 기교起教,

문장들이 길어서 자세히 인용할 수는 없습니다. 여기에 그 요지만을 취해 설명하자면 마魔에는 두 종류가 있습니다. 바로 내마內魔와 외마外魔입니다.

마왕과 마민魔民275)처럼 외부에서 찾아와 수행자를 고뇌하게 만드는 것을 외마라고 합니다. 그 마왕은 욕계欲界의 제육천第六天276)에 있으며 이를 천마天魔277)라고 합니다. 세상에서 흔히 말하는 덴구天狗278) 따위는 마민魔民에 해당합니다.

이 마왕은 삼계의 중생을 자기의 수하라 생각합니다. 그 때문에 불도에 드는 사람이 있으면 그를 방해하는 것입니다. 그런데 세속의 일에만 집착하고 불법수행을 게을리 하는 사람은 생사의 고통에서 벗어날 수 없으므로 천마도 일부러 이를 방해하지 않습니다.

마는 모두 자유자재로 날아다닐 수 있고, 몸에서 빛을 발하며, 과거 미래의 일도 알고, 불보살의 모습으로 변신하여 나타나며, 법문法門을 설하는 언변도 정말 유창합니다.

『열반경涅槃經』279)에서 이야기하기를, '아난阿難280)이 어느 날 밖에 나

지귀旨帰의 10장인데 이 중 후반부는 강의기간의 종료와 더불어 내용이 설명되지 못했다.
275) 마계에 사는 일반 민중. 혹은 마왕의 신하들.
276) 다른 말로 타화자재천他化自在天이라고 한다. 욕계에서 가장 높은 여섯 번째 하늘로 마왕魔王이 사는 곳을 말한다. 타화자재천은 각주 83) 참조.
277) 사마四魔 중 하나로, 선인善人이나 수행자들의 정법正法 수행을 방해하는 마왕을 이른다. 석가모니가 보리수 아래에서 성도成道할 때에도 천마의 방해를 받았다고 한다.
278) 원래는 일본 민간신앙에서 전승되는 신, 혹은 요괴로 일컬어지는 전설상의 존재를 말한다. 야마부시山伏 복장에 붉은 얼굴, 높은 코에 날개가 있어 공중을 난다고 여겨졌고 사람을 마도로 이끄는 마물로 여겨졌다. 일본에서는 불교를 처음에 산악불교로서 받아들여 재래의 신앙과 결부된 수험도修験道를 발달시켰는데, 일본의 덴구에는 수험도의 수행자인 야마부시의 모습이 짙게 투영되어 있다.
279) 각주 158) 참조.
280) 아난다阿難陀. 인도에서 활동한 석가모니의 사촌이자 제자의 한 사람. 석가

갔다 왔다. 도중에 구백만의 천마가 모두 부처의 모습으로 나타났는데 석존과 다를 바가 없었으며, 제각기 법문을 설하며 서로를 비방하는 것이었다. 아난은 망연하여 진정한 스승인 석존이 누구인지 구분할 수 없었다. 그 때 석존이 이를 보시고 문수文殊281)에게 명하여 신묘한 다라니 주문을 독송시켰다. 천마는 모조리 흩어져 달아났다'고 합니다.

아난과 같은 존자라도 이렇게 미혹되었던 것이지요. 하물며 어리석은 사람은 어떻겠습니까?

천마는 부처의 모습으로 변신하고 불법을 말할 수도 있으니, 하물며 그 밖의 다른 모습으로 나타나거나 다른 속사俗事를 설하는 데에 무슨 지장이 있겠습니까? 세간에 꽃을 내리게 하거나 빛을 발하는 일을 존엄하다고 하는 자들이 있습니다. 마도에 든 것임을 의심할 여지가 없는 일입니다.

모니의 애제자이자 헌신적인 동반자로 유명하다. 아난다는 석가모니가 설법을 시작한 2년째 승가에 들어왔고, 25년째부터는 석가모니의 곁을 계속 지켰다. 율장律藏 계통의 경전들에 따르면, 여성의 출가를 허락하지 않으려던 석가모니를 설득하여 여성 출가의 길을 연 것도 아난이었다고 한다. 아난은 초기 불교 경전의 여러 장면에서 석가모니와 대담자로 등장하며, 몇몇 장면에서는 다른 사람의 질문을 받고 직접 대답해주는 일종의 주인공으로 등장하기도 한다. 백이십 세살까지 살았다는 전승이 있다.

281) 문수보살文殊菩薩, 문수사리文殊師利라고도 하며 초기 대승불교 경전에서 견고한 정신통일의 체현자이자, 부처에게 설법을 청원하여 대화 상대역을 맡는 보살의 대표자이다. 특히 반야경전과의 관계가 깊으며 부처 입멸 후에 실재한 보살, 또한 무한한 과거에 이미 깨달음을 얻은 부처의 현신, 보살의 부모라 일컬어지며 초기 반야경전 형성에 직접 관여한 실제 인물을 배경으로 하여 이상화된 보살이라고 추정된다. 다수의 대승경전이 성립함에 따라 깨달음의 실천적 측면을 상징하는 보현普賢보살과 나란히, 그 지성적 측면을 상징하며 지혜의 보살로 간주되게 되었다. 다시 말해 문수보살은 지혜의 완성을 상징하는 화신化身이며, 지혜가 완성되었다는 것은 곧 마음에 아무런 분별심이나 차별의식, 우열의 관념 등이 없는 한없는 고요 속의 밝음이다. 불상에서 석가불 왼쪽 협시脇侍보살로서 사자를 탄 모습으로 표현되며, 또한 밀교의 태장계만다라胎藏界曼茶羅에서는 중태팔엽원中台八葉院, 금강계만다라金剛界曼茶羅에서는 현겁십육존賢劫十六尊에 각각 위치된다. 중국에서는 오태산이 문수보살의 정토로 간주되어 문수보살 신앙이 깊다.

이렇게 외마가 와서 번뇌하게 만드는 일은 없더라도, 만약 불도수행자의 마음속에 번뇌가 생겨 악견惡見282)에 사로잡히거나 자만심을 일으키고, 선정禪定에 골몰하거나 지혜를 자랑하며, 혹 성문聲聞과 연각緣覺에 빠져 혼자 스스로의 힘으로 번뇌의 고통을 떠나고자 하거나, 혹 애견愛見의 대비大悲에 머무르며 중생에게 이익을 줄 욕심을 낸다면 이는 모두 무상의 보리에 장애가 되는 것이므로 내마라고 합니다.

경우에 따라서는 병환으로 불도 수행을 게을리 하고, 경우에 따라서는 업연業緣을 만나 목숨을 잃기도 하기 때문에 불도수행을 성취하지 못하지요. 이것은 모두 마장魔障283)의 경계인 것입니다.

또한 어쩌다 불도심이 일어나 잠시의 틈을 아까워하며 깨달음이 늦어지는 것을 한탄하여 밤낮으로 눈물에 잠겨 있는 것도 마장입니다.

또한 나날이 나태한 마음이 커지고 가끔 수행을 하려고 해도 그것은 마치 음식을 못 먹는 병에 걸린 사람이 음식을 향해 앉아 있는 것과 같게 마련인데, 이 역시 마장입니다.

선지식善知識을 믿는 마음이 극단적인 나머지 선지식의 대변을 먹고 선지식의 소변을 마시는 것도 마다하지 않는 경우 또한 마장입니다.

반대로 선지식의 행동에 잘못이 있는 것을 보고 불법을 버리고 이를 멀리 떠나는 것도 마장입니다.

탐욕과 분노 등의 번뇌가 강성하게 일어나는 것도 마장이라면, 번뇌

---

282) 불교에서 가르치는 번뇌의 하나로, 부정견不正見 또는 아견我見이라고도 한다. 잘못된 일을 마음속으로 굳게 정하고 진정한 도리를 모르는 마음이다. 또한 불교에 반하는 잘못된 사고나 학설을 의미하기도 하는데, 자기의 실제를 생각하는 아견我見과 주위의 것을 자기에게 소속된 것이라 생각하는 아소견我所見을 합한 신견身見, 자기 사후의 영속을 믿는 상견常見과 사후의 단절을 믿는 단견斷見을 아우른 변견邊見, 인과의 도리를 부정하는 사견邪見, 잘못된 견해를 믿는 견취견見取見, 잘못된 종교적 행위를 믿는 계취견戒取見의 오견五見을 말하기도 한다.
283) 어떠한 일에 마가 생기는 것을 일컬으며, 귀신의 장난이라는 뜻으로도 쓰이고 일의 진행에 나타나는 뜻밖의 방해나 훼방을 이른다.

가 생기는 것을 두려워하여 탄식하고 슬퍼하는 것도 마장입니다.

　이러한 마장이 일어나는 것은 어쩌면 수행하는 자의 마음가짐이 올바르지 않기 때문에 생기는 것일 수도 있습니다. 혹은 마음가짐이 진정이기 때문에 모든 마장이 이를 멸하고자 발동하는 경우도 있습니다.

　예를 들어 등불이 꺼지려 할 때 일시적으로 빛이 강해지는 것과 같습니다. 어떤 때라도 놀라거나 동요하는 마음이 없다면 잘못되는 일은 없을 것입니다.

19. 내마內魔

문● 악견惡見 등을 일으킴으로써 마도에 드는 것은 당연한 일입니다. 그러나 지덕智德이 영험한 사람이 마도에 들게 되는 것은 어떠한 연유입니까?

답● 예를 들어 세간에는 전투에서 충성을 다하고 봉공奉公의 공훈을 쌓음으로써 다른 이들보다 훨씬 은상恩賞을 많이 받는 사람이 있습니다. 이 사람이 만약 은상을 자랑하고 분에 지나친 행동을 하면 반드시 주벌誅罰을 당하게 되는 것과 마찬가지입니다. 이는 은상이 잘못된 것이 아닙니다. 오로지 은상을 받음으로써 자랑하려는 마음을 일으켰기 때문입니다.

불법도 또한 이와 마찬가지입니다. 불도를 배우는 사람도 수련의 공이 쌓여감에 따라 그 수행의 공덕도 평소와는 달라지고 그 영험함도 다른 이들보다는 뛰어나게 될 것입니다. 만약 이 사람이 그 작은 지혜, 작은 영험함을 과시하고 오만한 마음을 일으킬 때 마도에 들게 될 것은 의심할 여지가 없습니다.

이 때문에 예로부터 교종과 선종 수행자들 중에도 마도에 드는 사람들이 있었지요. 정토종의 수행자에게도 마왕생魔往生[284]이라는 것이 있습니다. 이는 모두 불법의 잘못이 아닙니다. 오로지 수행의 공덕과 영

---

[284] 13세기 전반에 성립한 일본의 설화집 『우지슈이모노가타리宇治拾遺物語』 중 30권 9번째 설화에 덴구에게 속아 결국 정신착란을 일으키다 죽게 되는 승려의 이야기가 나오는데 그 제목이 「염불승 마왕생한 일念仏の僧、魔往生の事」이다. 마왕생은 마도에 빠져 죽음을 뜻하는 것으로 보인다.

험을 자랑하고 오만한 마음을 일으켰기 때문입니다. 그 중에도 만약 사견邪見을 일으켜 인과의 도리를 부정하고 자만심을 높이며 중생과 불법을 비난하는 자면 마도에 들 것까지도 없습니다. 곧바로 지옥에 떨어질 것입니다.

『정업장경淨業障經』285)에서 육바라밀六波羅密286)을 수행하는 것이 도리어 불도의 지장이 되는 이유를 설하여 말하기를, '단가의 보시를 수행하는 사람은 타인이 욕심을 부리는 것을 보고 이를 미워하며, 계율을 지키는 사람은 파계하는 사람을 보고 이를 비난한다. 혹은 선정禪定을 수행하는 사람은 부질없이 산만한 사람들을 싫어하고, 지혜있는 사람은 어리석은 자를 경멸한다. 만약 사람이 이러한 마음을 낳게 될 때에는 육바라밀의 공덕功德은 도리어 불도를 방해하는 인연이 된다'고 했습니다.

이 또한 육바라밀을 수행하는 것이 마업이기 때문이 아닙니다. 집착하는 마음에 사로잡혀 스스로 자신을 옳다고 하고 또한 타인을 그르다고 보기 때문에 불도에 지장을 주는 것입니다.

보리심을 발하여 육바라밀을 수행함에도 불구하고 만약 집착심에 사로잡힌다면 마업을 만들게 됩니다. 하물며 세간의 명리를 위해 지혜와 말재주를 추구하고 신통력을 바라는 자는 말할 나위도 없겠지요.

이러한 마음을 일으키는 것은 모두 내마內魔입니다. 이러한 내마가 있으므로 외마가 그것을 빌미로 삼아 그 사람을 빙자하여 임시로 지혜와 말재주를 주고 또한 신묘한 작용을 하게 만들 것입니다.

수행하는 당사자는 미망에 넘어가 마의 소행인 줄도 모르고 자기 공덕이라 생각해 점점 오만한 마음을 일으켜 결국 마도에 들게 됩니다.

---

285) 한 권으로 된 경서로 업장業障을 깨끗이 하는 내용을 담고 있다.
286) 육도六度의 행행이라고도 한다. 육도는 각주 252) 참조. 보살이 깨달음을 얻어 열반에 이르기 위한 여섯 가지 수행으로 보시, 지계, 인욕忍辱, 정진, 선정, 지혜를 말한다. 이하에서 보시, 지계, 선정, 지혜의 항목에 관해 이야기하고 있다.

20. 집착심[287]과 마

문 ● 승僧과 속俗이 다르다고는 하지만 범부가 지상에 살아 있는 동안에는 아무도 집착심에서 벗어날 수 없습니다. 만약 이 집착심을 가지고 수행하는 것이 모두 마업이 된다면 범부의 수행으로 불도를 이룰 수 있겠습니까?

답 ● 세간의 여러 가지 일에는 모두 손해도 있고 이익도 있습니다.
이는 바로 그 일을 하는 사람이 잘 하는가 잘못 하는가의 차이에 따르는 것입니다. 잘못 하면 손해를 입고, 잘 하는 사람이 이익이 있는 일을 포기해서는 안 됩니다.

충공忠功을 세운 사람이 은상을 자랑하다 주벌을 당하는 것을 보고 충공을 세우는 일이 쓸데없다고 말해서는 안 됩니다. 주벌을 당하는 것은 충공을 세웠기 때문이 아닙니다. 은상을 자랑하여 분에 넘치는 마음을 일으켰기 때문입니다.

그렇다면 다른 사람보다 좋은 은상을 받은 것에 의해 설령 자랑하고 싶은 마음이 일어난다고 해도 이러한 마음이 신세를 망치고 가문을 잃게 되는 인연임을 명심하고, 지나친 행동을 하지 말고 더욱 충공을 세우는데 노력한다면 곧 입신立身하고 가문을 일으킬 뿐 아니라 주군을 위해 그리고 세상을 위해 더할 나위 없는 큰 이익을 낳게 될 것입니다.

---

287) 원문에서는 '유소득심有所得心'이라는 말을 사용하고 있는데 유소득은 이해하거나 지각하는 것이라는 의미 외에 집착하고 얽매이는 마음을 지니는 것을 말하므로 여기에서는 집착심으로 옮겼다.

불법 역시 이와 마찬가지입니다. 불도수행의 공이 쌓여서 그 공덕을 발휘하게 된 사람이 집착심에 사로잡히면 마도에 든다는 말을 듣고 번뇌에서 벗어나는 수행을 하지 않게 된다면 대체 어떤 방도로 생사의 고통을 벗어날 수 있다는 말입니까?

불법 안에 여러 종파가 다르다고 하지만 만약 집착심에 사로잡혀 수행의 공덕을 자랑하는 사람이 있다면 마도에 들어서는 것을 피할 수 없을 것입니다. 또 만약 불법을 완전히 버리고 수행을 하지 않는다면 마도에 들 것까지도 없이 곧바로 삼악도三惡道288)로 떨어지겠지요.

마도에 드는 것은 불법을 수행한 탓이 아닙니다. 불도 수행의 공덕을 자랑하고 오만한 마음을 일으켰기 때문입니다.

아직 성위聖位289)에 오르지 못한 사람이라면 누구인들 집착심이 없겠습니까? 설령 집착심이 일어도 이러한 마음은 모두 마업임을 알고 여기에 굳건히 흔들리지 말아야 합니다.

혹 보통과 다른 작은 지혜나 작은 덕을 가지고 있어도 이로써 충분하다고 여기지 말고, 혹 아직 전혀 알거나 이해하지 못했다고 하더라도 물러서려는 마음을 만들지 말며, 더욱 수행의 공을 쌓으면 본분本分의 영묘한 빛이 곧 눈앞에 드러나고 끝없는 공덕의 작용이 스스로 성취될 것입니다. 그저 자기 혼자의 미망을 뒤집어 버리는 것만이 아니라 일체중생을 인도하는 광대한 이익을 초래할 것입니다.

만약 이렇게 잘 된다면 모든 천마와 외도 역시 좋은 반려伴侶가 되어 불사佛事의 방해도 없을 것입니다. 유마거사維摩居士290)가 "일체의 많은

---

288) 살아서 지은 죄과로 인하여 죽은 뒤에 가게 된다는 지옥도地獄道, 축생도畜生道, 아귀도餓鬼道의 세 가지 악도惡道를 말한다.
289) 삼승三乘 성과聖果를 말한다. 삼승이란 중생을 열반에 이르게 하는 세 가지 교법, 즉 성문승聲聞乘, 연각승緣覺乘, 보살승菩薩乘을 일컬으며 성과란 성자가 수행을 쌓아 얻은 진정한 과보果報, 곧 열반을 이른다.
290) 유마힐維摩詰이라고도 하며 고대 인도의 부자 상인으로 석가의 재가제자가 된 인물이다. 대승불교의 오의奧義에 도달했다고 전해지며 석가의 교화를 도

마魔들과 온갖 외도들도 모두 나의 시종이다"라고 말씀하신 것은 바로 이러한 의미입니다.

왔다. 무생인無生忍의 경지를 얻은 법신法身의 대거사로 일컬어진다. 그의 이름은 『유마경』을 중심으로 『대반열반경大般涅槃經』거론되며 대승 경전에 주로 보인다. 그가 병에 걸렸을 때 석가가 누군가에게 문안을 가도록 했는데 아무도 병문안을 가려하지 않았다. 그 때 석가의 제자인 문수보살이 대표하여 그의 거처를 찾았는데 그 때의 문답이 특히 유명하다. 『유마경』을 비롯한 대승경전에 그의 독특한 논법이 곳곳에 보이며 후에 선가禪家에서도 많이 인용되었다. 『유마경』은 각주 191) 참조.

21. 좌선광란座禪狂亂

문● 좌선을 하는 사람 중에 광란하는 경우가 있는 것을 보고 좌선을 두려워하는 자가 있습니다. 이렇게 광란하게 되는 것은 진정 좌선 때문입니까?

답● 좌선을 하는 사람 중에 광란하는 자가 있다고 해서 좌선을 꺼리는 것은 전생의 과보가 형편없기 때문입니다.

세간에서 속사俗事에만 집착하고 좌선을 하지 않는 사람 중에 광란하는 자가 있습니다. 그렇다면 이런 사람을 보고 왜 속사를 멀리하지 않는 것일까요?

좌선을 할 때 광란하는 사람이 있는 것은, 어쩌면 불법을 보고 이해할 약간의 힘이 생겨서 오만한 마음을 낳았기 때문에 마의 정령이 그 마음에 올라 타 광란하게 되는 것입니다. 혹은 전생의 악업에 의해 귀신이나 마귀에 시달려 광란하는 자도 있습니다. 혹은 집착심에 사로잡혀 조급하게 깨달음을 열기를 원하여 심신을 혹사하기 때문에 혈맥이 어지러워져 광란하는 자도 있습니다.

이러한 여러 가지 인연이 있어서 광란하는 것이지, 좌선의 탓이 아닙니다.

광란은 일시적인 것입니다. 결국에는 틀림없이 멎을 시기가 옵니다. 멎으면 곧바로 불도를 수행하려는 마음으로 돌아가야 합니다. 광란을 두려워하여 좌선을 하지 못하는 자는 영원히 지옥에 떨어져 헤어날 기회를 좀처럼 만나지 못할 것입니다. 그것이 진정한 미치광이라 하겠지요.

그러므로 좌선을 하다가 미치광이가 되는 것을 두려워해서는 안 됩니다. 미치광이를 보고 좌선을 꺼리는 마음이 생기는 것을 오히려 두려워해야 합니다.

22. 마의 대치對治

문● 만약 마장魔障이 일어나려고 할 경우에는 어떻게 대처하면 좋겠습니까?

답● 교종에는 여러 가지 대처 방법이 있는데 지금 상세히 인용하기는 어렵습니다.

선종을 배우는 자가 만약 교외敎外²⁹¹⁾의 지극한 뜻 하나하나가 원만히 성취되고, 그것이 모두 지혜의 우열도 없고 고금의 변화도 없는 것임을 믿는다면, 설령 평소와 다르고 남보다 나은 도덕이나 지혜의 작용이 있다고 해도 모두 이는 분별없는 환영임을 알고 이에 집착해서는 안 됩니다.

옛 사람이 말하기를, "설령 일법一法²⁹²⁾인 열반을 능가하는 것이 있다고 하더라도 잘라내 갈기갈기 찢어버려야 한다"고 했습니다.

자성천진自性天眞²⁹³⁾의 여래를 믿는 사람은 그 삼신三身²⁹⁴⁾, 사지四

---

291) 선종에서 부처의 가르침을 말이나 글에 의하지 않고 바로 마음에서 마음으로 전하여 진리를 깨닫게 하는 법을 말하며, 교외별전敎外別傳이라고도 한다.
292) 불교용어로 하나의 것, 하나의 존재를 말하며, 구체적으로는 유일하고 절대적인 진실로서의 열반을 말한다.
293) 자성이란 모든 법이 갖추고 있는 변하지 않는 본성을 말하고, 천진이란 불생불멸의 참된 마음을 일컫는다.
294) 성질에 따라 나눈 부처의 세 가지 몸을 말하는 것으로 삼불신三佛身이라고도 한다. 불법의 이치와 일치하는 부처의 몸인 법신法身, 선행 공덕을 쌓은 결과로 부처의 공덕이 갖추어진 보신報身, 과거에 행한 수행의 과보로 얻는 몸인 응신應身을 말한다. 또는 본디부터 불성佛性을 가지고 있는 자성신自性身, 스스로 얻은 법락法樂을 수용하고 또 다른 보살들에게도 수용하게 하는 수

智295)의 신묘한 작용도 귀히 여기지 않습니다. 또한 꿈틀대는 무지한 생명도 미천하다고 보지 않지요.

설령 일신에 좋은 얼굴 상相을 갖추고 머리 뒤에 둥근 휘광을 발한다고 하더라도 특별한 일이라고 생각해서는 안 됩니다. 이렇게 제대로만 한다면 내외의 여러 악마들이 어떻게 빌미를 얻을 수 있겠습니까?

옛날 당나라 도수道樹선사296)가 삼봉산三峯山에 계셨습니다. 의복을 입은 모습이 범상하지 않은 이인異人297)이 찾아와서는 끊임없이 암자 근처를 걸어 돌아다녔습니다. 불보살의 모습을 드러낼 때도 있고, 천인이나 선인의 모습으로 화化할 때도 있었습니다. 어떨 때는 기이한 빛을 발산하고, 어떨 때는 괴이한 말을 하기도 했습니다. 이렇게 하기를 십년, 그 후에는 보이지 않게 되었습니다.

선사가 제자들에게 말했습니다.

"그동안 천마가 와서 나를 번뇌하게 하려고 여러 가지로 모습을 드러냈지만 나는 그저 장님에 귀머거리로 이를 대했다. 천마의 변화는 끝이 날 때가 왔지만 나는 장님과 귀머거리 노릇을 끝내지 않았다. 이러한 연유로 저쪽이 결국 도망쳐 버렸다."

용신受用身, 부처가 중생을 제도하고자 여러 가지로 변화한 변화신變化身을 일컫기도 한다.
295) 불과佛果에 이르러 모든 부처가 갖추는 네 가지 지혜라는 의미이다. 큰 거울에 삼라만상이 그대로 비치는 것과 같이 원만하고 분명한 지혜를 말하는 대원경지大圓鏡智, 모든 법이 평등하며 자타가 평등함을 깨닫는 평등성지平等性智, 모든 사물의 모양을 관찰하여 옳고 그름을 분별하고 남을 교화하여 의혹을 끊게 하는 묘관찰지妙觀察智, 모든 것을 완성으로 인도하는 성소작지成所作智를 말한다.
296) 10세기 후반 편찬된『송고승전宋高僧傳』에 나오는 고승으로 야인이자 기행으로 알려진 인물이다.『송고승전』은 편찬이 송나라 때 이루어졌다는 의미로 당나라와 오대五代 시대 고승의 전기를 집대성한 책이다.
297) 사전적으로는 보통 사람과 달리 뛰어난 사람, 또는 불가사의한 술법을 사용하는 사람을 뜻한다. 일본의 전통사상 속에서의 이인이란 이계異界, 즉 현실과 평행하는 다른 세계에서 온 존재를 말한다.

이것이 바로 악마를 항복시키는 비결입니다. 단순히 마경뿐 아니라 일체의 역경逆境과 순경順境을 마주할 때에도 도수선사와 같다면 불도 수행은 자연히 성취될 것입니다.

달마達磨대사298)가, "밖으로 여러 인연을 구하지 않고 내심으로 괴로워하는 일 없이 마음이 벽처럼 조용히 가라앉은 상태라면 깨달음에 들 수 있으리라"고 말씀하신 것도 이러한 의미지요. 단지 살아 생전에 이어질 인연이나 경계에 대처할 뿐 아니라 임종이 도래할 때에도 또한 이러하다면 악업의 연으로 바뀔 일은 없을 것입니다.

황벽黃檗선사299)의 『전심법요傳心法要』300)에서는 이렇게 말합니다.

'범부는 임종 때 그냥 관觀하는 것이 좋다. 오온五蘊301) 모두 실체가 없는 공空이며 사대四大302)에는 아我란 없다. 진심은 실체가 없는 것이

---

298) ?~?. 보리달마菩提達磨, 혹은 그냥 달마라고도 한다. 6세기 경에 활동한 인도 출신의 승려로 중국 선종의 개조라 일컬어진다. 남인도 출신인 달마는 520년 중국에 도착하여 양 무제를 만났다. 달마는 선행을 쌓아서는 구원에 이를 수 없다고 하여 무제를 당황하게 했고 이후 소림사에서 면벽하고 좌선수행을 9년 동안 했다. 달마는 부처의 심적 가르침에 들어가는 방법으로 선을 가르쳤기 때문에 그의 일파를 선종이라고 하게 되었고 중국 선종의 초조初祖로 일컬어진다. 달마의 가르침은 명백하게 남아 있는데 그의 생애는 거의 설화화되었다. 일본에서는 달마라고 하면 달마대사가 좌선하는 모습을 본딴 인형을 말하기도 한다. 팔다리가 없고 붉은 옷을 걸친 승려의 모습으로 오뚜기처럼 만들었으며 한 쪽 눈만 그려두었다가 소원이 이루어졌을 때 인형의 다른 한 쪽 눈을 그려 넣는 풍습이 있다.
299) ?~850년. 황벽희운黃檗希運이라고도 하며 시호는 단제斷際 선사라고 한다. 중국 당나라 선승으로 황벽산黃檗山 황벽사黃檗寺를 개창했으며 임제종의 개조인 임제의현臨濟義玄의 스승으로 알려져 있다. 사후에 배휴裴休가 편찬한 어록 『황벽희운선사전심법요黃檗希運禪師傳心法要』가 857년에 성립되었다.
300) 황벽희운이 장안長安으로 향한 후 백장百丈 회해선사懷海禪師에게 사사했는데, 그 설법을 제자인 배휴裴休가 기록한 어록이다. 『전심법요』는 일본에도 전해져 가마쿠라의 무장 호조 아키토키北条顕時가 애독하고 수양의 서적으로 삼았다고 한다.
301) 불교의 근본 사상의 하나로, 세계를 창조하고 구성하는 요소를 다섯 가지로 분류한 것이다. 색色, 수受, 상想, 행行, 식識 다섯 요소의 결합을 말하며 색은 육체, 수는 감각, 상은 상상, 행은 마음의 작용, 식은 의식을 뜻한다.
302) 불교에서 말하는 세상 만물을 구성하는 토土, 수水, 화火, 풍風의 네 가지 요

므로 가는 일도 없고 오는 일도 없으며, 날 때의 모습도 변동이 없고 죽을 때의 모습도 또한 변동이 없다. 조용히 동요하지 않으면 심경心境은 하나가 된다. 만약 이렇게 잘된다면 이는 바로 번뇌의 고통을 벗어난 사람이다. 만약 제불들이 나와 맞이하여 여러 가지 좋은 상相이 있다고 하더라도 그에 이끌려 가버리는 마음을 일으켜서는 안 된다. 만약 온갖 나쁜 상이 드러나는 일이 있더라도 두려워하거나 무서워 말고 마음을 잊고 법계法界303)와 일치시키는 것이 좋다. 그것이야말로 임종에 있어서 가장 중요한 요소이다.'

소를 말한다. 또한 토, 수, 화, 풍의 네 가지 원소로 이루어졌다고 하여 사람의 몸을 이르기도 한다.
303) 진여眞如의 뜻. 법계는 각주 185) 참조.

23. 마경魔境에 들지 않는 방법

문● 사람이 술에 취했을 때에는 취했다는 것을 자각하지 못하는 것처럼, 이미 마경에 들어 버린 사람은 마경임을 분간하지 못할 것입니다. 만약 그렇다면 설령 그에 대처하는 비결을 미리 배워 두어도 쓸데가 없을 것입니다. 미숙한 초심의 수학자修學者가 어떻게든 마경에 들지 않을 방법이 있겠습니까?

답● 마경을 두려워하여 그리로 들지 않을 방법을 찾는다면 그 자체가 마경입니다.

용수보살龍樹菩薩304)이 말씀하시기를, "생각하는 바가 있으면 천마가 쳐놓은 그물에 걸려버리고, 생각하는 바가 없으면 그물에서 벗어날 수 있다"고 했습니다.

옛날 고승들의 말에 따르면, "마음 밖에 마장이 없고, 무심無心하면

---

304) 범어로 나가르주나(Nāgārjuna, 150?~250?)라고 하는데 '나가'는 뱀이나 용을 뜻한다. '제2의 석가', '8종의 시조(始祖)' 등으로 불리는 불교의 중흥조(中興祖)이자 중관학파(中觀學派)의 시조로 여겨지며, 대승불교의 사상적 기반을 확립하여 이후의 불교에 최대의 영향을 끼친 학승이다. 인도 남부에서 브라만으로 태어났고 어릴 적부터 총명했으며 대승불교의 교리를 배우고 나서 정신세계에 큰 변화를 겪었다고 한다. 그러나 용수가 근본 불교를 배우고 나서도 완전한 만족을 얻지 못하자 마하나가 보살大龍菩薩 그에게 대승불교의 가장 심오한 게송偈頌을 들려주었고 용수는 순식간에 그것을 터득하여 인도에 그 진리를 전파했다. 힌두교와 초기 불교의 철학적, 심리학적 사상에 대한 용수의 주석서는 그의 제자들이 전수해왔으므로 후대에 큰 영향력을 미치게 된다. 진언종眞言宗에서 용수보살의 본지本地라고 일컫는 부처의 이름은 묘운여래妙雲如來, 묘운상불妙雲相佛이다.

곧 악마를 항복시킨다"고 했습니다. 도수道樹선사가 장님과 귀머거리 노릇으로 악마를 항복시키신 것도 이러한 의미입니다.

부처 세계의 상相에 마음을 빼앗기면 그것이 곧 마계魔界입니다.

마계의 상을 잊어버리면 그것이 곧 부처의 세계입니다.

진실로 불도수행을 하는 사람은 부처의 세계에도 애착하지 않고 마계도 두려워하지 않습니다. 만약 이러한 마음가짐으로 분명히 이해하려는 생각도 일으키지 않고 물러서려는 마음도 일으키지 않으면 온갖 장애는 저절로 소멸할 것입니다.

또한 항상 부처 앞에서 큰 소원을 발해야 합니다.

『원각경圓覺經』305)에서 이르기를, '말세의 중생은 청정의 큰 소원을 발해야 한다. 바라건대 나는 부처의 원만한 깨달음의 세계에 머무르고 선지식을 찾으며 외도나 이승二乘을 만나는 일 없이 마침내 여러 마장魔障을 끊고 해탈하여 청정한 보전寶殿에 오르고자 한다'고 했습니다.

만약 이렇게 할 수 있다면 미숙한 초보 수학자라도 이러한 큰 소원을 비는 힘에 오르고, 여러 생과 몇 세世에 걸쳐 사악한 마魔나 외도와 가까워질 일은 없을 것입니다. 이러한 사람은 제불들도 소중히 지켜주시고 제천들도 도와주시므로 일체의 장애와 재난을 벗어나 불퇴전不退轉306)의 지위에 도달할 것임은 의심할 여지가 없습니다.

---

305) 『대방광원각수다라요의경大方廣圓覺修多羅了義經』의 약칭으로 석가모니가 십이보살十二菩薩과의 문답을 통하여 대원각大圓覺, 즉 크고 원만한 깨달음을 얻은 묘리妙理와 관행觀行을 밝힌 경전이다.
306) 한번 도달한 수행의 지위에서 물러서지 않거나 신심이 두터워 동요가 없는 것을 의미하며, 불퇴不退라고도 한다.

몽중문답
中

24. 본분本分의 대지大智

문● 복의 추구를 금하는 것은 불도의 장애가 되는 원인이므로 당연한 일입니다. 그러나 지혜는 불도에 도움이 될 것입니다. 그런데도 선문禪門에서는 배워서 이해하거나 순간의 기지機智를 멀리하는 것은 어떤 이유에서입니까?

답● 부처를 양족존兩足尊307)이라고 하는 것은 복福과 지智를 모두 완전히 갖추고 계시기 때문입니다. 그런 까닭에 복과 지 자체를 멀리하는 것은 아니지요.

하지만 불도에 들어선 사람이 복과 지를 추구하는 것을 금하는 이유는 세간 유위有爲의 복업이나 유루有漏에 사로잡힌 쓸데없는 지를 버리고 미망의 세계를 벗어난 무루無漏의 불법이라는 보물, 본래 갖추어진 진정한 대지大智를 얻게 하기 위해서입니다.

경문의 가르침에 따라 이해하고 선지식의 말씀에 따라 배우며 자기 멋대로 생각한 상태에서 추측할 수 있는 지혜는, 모두 다 세간의 여러 계략을 굴려서 얻게 된 복과 다를 바 없습니다. 일단은 세간의 어리석은 자들보다 뛰어난 것처럼 보이지만 그 지에 방해를 받아 깨달음을 얻지 못하게 되지요.

옛 사람은 말하기를, "어리석은 자는 어리석음 때문에 방해를 받지

---

307) 두 발을 가진 존재 중에서 가장 높은 이라는 뜻으로, 부처를 높여 이르는 말이다. 양목양족兩目兩足, 양족선兩足仙, 이족존二足尊이라고도 한다. 양족兩足은 복덕과 지혜, 계戒와 정定, 대원大願과 수행을 원만하게 갖추었다는 뜻으로도 풀이되는데 여기에서는 복덕과 지혜를 말한다.

만, 지자智者는 지 때문에 방해를 받는다"고 했습니다.

그러므로 곧 본분本分의 대지는 사람들이 누구나 가지고 있는 것이지만 어리석음과 지혜에 의해 지장을 받아 분명히 드러나지 않는다는 것을 믿고, 심식心識308)에 떠오르는 법法이든 비법非法이든 모두 버리면 반드시 본분의 대지에 상응할 수 있을 것입니다.

예를 들면 술에 취한 사람이 취기가 깨어 즉시 본심으로 돌아가는 것과 같습니다.

---

308) 불교, 특히 유식종唯識宗에서 인식하거나 식별하는 마음의 작용을 일컫는 말이다.

25. 각증覺證의 지智를 멀리하라

문• 외도와 이승 등은 그 지가 바른 격格이 아니므로 불도에 방해가 될 것입니다. 그렇다면 삼현三賢 십성十聖309) 보살들의 지혜도 방해로 보고 멀리해야 합니까?

 답• 경문의 가르침 중에, '지가 도리어 미혹이 된다'는 문구가

---

309) 삼현은 각주 42) 참조. 불교 보살의 열가지 수행단계를 십성, 혹은 십지十地라고 한다. 『화엄경』에서 천명한 52위 중 제41위에서 제50위까지의 십지와 천태종天台宗의 통교通敎 십지가 있다. 『화엄경』의 십지설은 한국 화엄종을 비롯한 교종에 크게 영향을 미쳐, 불교학을 공부하는 승려는 반드시 숙지하여야 하는 기본이 되었다. 또한 보살은 이 십지위十地位에 오르게 될 때 비로소 무루無漏의 지를 내어 불성佛性을 보고, 성자聖者가 되어 불지佛智를 보존함과 아울러 널리 중생을 지키고 육성하기 때문에 이 수행계위를 지위地位의 십성十聖이라 한다. 그런데 천태종에서 널리 채택되었던 통교의 십지는 화엄종의 십지와는 다소 차이가 있다. 화엄종의 십지는 보살의 완숙한 경지를 설명한 것이고, 천태종의 십지는 초발심初發心의 단계에서 부처의 지위까지를 열 가지로 분류한 것이다. 첫째 건혜지乾慧地는 진리를 관찰하려고 하는 지혜에 대한 생각은 많으나 아직 선정禪定의 물이 윤택하지 못한 경지로서, 성문聲聞의 삼현위三賢位와 보살의 초발심부터 순인順忍을 얻기 전까지가 여기에 해당한다. 종성지種性地는 제법실상諸法實相을 애착하지만 삿된 견해를 일으키지 않고 지혜와 선정이 수반되는 경지로서, 성문의 사선근위四善根位와 보살의 순인의 지위가 여기에 해당한다. 팔인지八忍地는 성문이 여덟 가지 인욕忍辱과 일곱 가지 지혜를 이룩하는 지위이고, 보살이 무생법인無生法忍을 얻는 지위이다. 견지見地는 수행의 기틀이 잡힌 불퇴전不退轉의 지위이다. 박지薄地는 번뇌가 엷어져서 크게 맑아진 경지이다. 이욕지離欲地는 욕계의 번뇌가 없어지고 오신통五神通을 얻는 경지이다. 이작지已作地는 무생지無生智를 얻은 경지이다. 이렇게 십지는 서로 도와서 불과佛果에 이르게 하는 것이며, 보살의 육바라밀六波羅蜜, 성문의 십팔불공법十八不共法 등을 행함으로써 제십지인 불지佛地에 이르게 된다.

있습니다.

예를 들어 병의 고통을 낫게 할 때에는 뜸을 뜨는 것이 중요하지만, 병고가 나은 후에 뜸을 뜨면 몸을 고통스럽게 하는 것과 마찬가지입니다.

또 이러한 말도 있는데, '예전의 결점을 아는 것이 나중의 지위로 나아가게 된다'는 것이지요.

초지初地310)의 지혜가 잘못된 것임을 아는 것을 제이지第二地311) 보살이라 하고, 그 제이지의 지혜도 또한 잘못이라며 고치는 것을 제삼지第三地312) 보살이라 합니다.

이렇게 하여 십지十地313) 등각지等覺智314)를 가지고 법성法性315)의 이치를 온전히 비추어도 여전히 이것은 깨닫지 못한 제한된 세계인 것입니다.

따라서 등각지等覺智도 또한 잊고 본래 갖추고 있는 대지와 부지불식간에 만나게 되는 때를 원품무명元品無明316)을 끊는 때라고 합니다.

이렇게 체득했을 때에는 등각지단等覺智斷317)이냐 묘각지단妙覺智斷318)

---

310) 십지十地의 첫 단계를 말하며 환희지歡喜地라고 한다. 보살이 일대一大 아승지겁阿僧之劫의 수행을 하여 미혹을 끊고 이치의 한 부분을 증득證得한 경지로, 이 경지에 이른 사람은 이대二大 아승지겁을 지난 뒤에 성불한다. 이 단계에 이르면 자리이타自利利他의 행行을 이루어서 마음에 기뻐함이 많다 하여 이르는 말이다. 다른 말로 감인지堪忍地, 초환희지라고도 한다. 십지는 각주 22) 참조.
311) 십지의 두 번째 단계인 이구지離垢地를 말하며 몸을 깨끗하게 하는 단계이다.
312) 십지의 세 번째 단계인 명지明地를 말하며 숭고한 진리에 의하여 점차 지혜의 빛을 발하게 되는 것을 이른다.
313) 십지의 마지막 단계인 법운지法雲地로 수혹修惑을 끊고 끝없는 공덕을 갖추어 불법으로 모든 사람에게 이익이 되는 일을 행하는 단계이다.
314) 부처의 묘각과 같아지려는 지위. 각주 23) 참조.
315) 사물의 본질, 사물이 가진 불변의 본성을 의미하는 것으로 다른 말로 진여실상眞如實相이라 할 수 있다.
316) 원품이란 일체 중생의 미망이 되는 가장 근본이라는 의미이며 근본무명, 무시무명이라고도 한다. 이를 끊어서 성불의 지위가 된다.
317) 여래가 평등한 지혜로 일체 만법을 모두 비추는 지덕과 온갖 번뇌를 다 끊어 남김이 없는 부처의 덕을 말하는 단덕斷德을 함께 이르는 말이다.

이냐의 논의도 모두 소용이 없습니다. 그런 까닭에 선문에서는 등각과 묘각의 지혜도 귀히 여기지 않습니다. 하물며 그 밖의 보살의 지를 말하여 무엇하겠습니까?

황벽黃檗선사가 말씀하시기로 "묘각도 또한 환영의 성城이다"라고 합니다.

이러한 이야기를 들으면, 선을 수행하는 자는 자만심을 일으키고 교법을 배우는 자는 분노를 품을 것입니다. 그것은 모두 선종의 종지를 모르고 말로만 해석하려 하기 때문입니다.

만약 본분의 대지를 성취하는 사람이라면 자만심도 일으키지 않아야 하고 분노도 일으키지 않아야 하며, 지혜도 귀히 여기지 말아야 하고 어리석음도 멀리하지 말아야 합니다.

---

318) 보살이 수행하는 단계로서 오십이위 가운데 가장 높은 지위로 온갖 번뇌를 끊어 버린 부처의 경지에 해당한다.

26. 배워서 이해하는 것도 불도를 방해한다

문● 본분의 대지大智를 사람들이 갖추고 있다고는 하지만, 시원始原을 알 수 없던 때부터 지금까지 아직 분명히 드러난 적이 없는 것은 어리석음에 지장을 받고 있기 때문입니다. 그런데 지금 또 지혜를 버리고 어리석음으로 돌아간다면 대지가 분명하게 드러나지 않는 것 역시 원래대로 돌아가지 않겠습니까?

답● 세간의 길흉을 스스로 분간하지 못하는 사람은, 음양사陰陽師 등에게 질문하고 그 답을 믿고 있다가 당장은 그 조짐이 보이지 않더라도 때가 도래하면 결국 길흉의 증거를 알게 되는 것과 같습니다.

아주 깊은 법문을 듣고 금방 스스로 깨달을 수 없는 사람이 잠시 부처의 말을 그대로 믿고 있는 것을 앙신仰信319)이라고 하고 성교량聖敎量320)이라고도 합니다.

배워서 이해하는 것을 불도의 방해라 하는 것은 선문에서 처음 말한 것이 아니라 많은 경문 안에 명백히 기록되어 있습니다.

『법화경』에 이르기를, '나(=석존)와 아난은 공왕불空王佛321) 앞에서 동시에 보리심을 발했다. 아난은 항상 다문多聞322)을 바랐으므로 아직

---

319) 경전이나 부처 또는 선지식의 가르침을 지혜로 분별하지 아니하고 신앙하여 그대로 믿는 것을 말한다.
320) 석가모니 등 성자의 가르침에 기준을 두고 여러 가지 뜻을 헤아려 아는 일을 말한다.
321) 공왕은 부처의 다른 말이다.
322) 법문을 외워 지닌 것이 많다는 의미이다.

보리를 이루지 못했다. 나는 늘 근행했으므로 이미 보리를 이루었다'고 했습니다.

『수능엄경』에도 말하기를, '아난은 오로지 다문했지만 아직 불도의 묘력을 이루지 못했다'고 했습니다.

『원각경』에도 말하기를, '말세의 중생들은 불도의 성취를 바라지만, 중요한 깨달음을 추구하지 못하고 그저 다문만을 좋아하며 아견我見323)을 키우고 있다'고 했습니다.

어떤 사람이 말하기를, "다문을 꺼리는 이유는 그저 문자와 어구만을 쓰고 외우느라 도의를 모르는 사람이기 때문이다"라고 했습니다. 그러나 이렇게 말하는 사람은 아직 도의와 어구의 구별을 모르는 것이지요.

『능가경楞伽經』324)에서는, '보리를 이루려고 생각하면 다문한 사람과 친하고 가까워야 한다. 다문이라는 것은 어구에 통달한 것을 말함이

---

323) 칠견의 하나로 항상 하나이며 모든 것을 주재하는 나를 고집하는 그릇된 견해를 말한다. 특히 법상종에서는 진정한 나란 없음에도 불구하고 있다고 믿는 그릇된 견해를 말한다. 그릇된 견해인 악견에 관해서는 각주 281) 참조.

324) 석가모니가 능가성楞伽城에서 설하였다고 전하는 경전으로 여래장如來藏 사상 형성에 중요한 위치를 차지하고 있는 불경이다. 이 경은 불교 여러 학파의 교설을 풍부하게 채택하여 혼합시켰으므로, 여러 교설들이 어떻게 종교적인 경험 속에서 결부되고 있는가를 보여준다는 점에서 매우 중요시되는 경전이다. 또한 선을 우부소행선愚夫所行禪, 관찰의선觀察義禪, 반연여선攀緣如禪, 여래선如來禪의 네 가지로 구분하여 선의 역사에서 주목해야 할 자료를 제공하였다. 이 경에서 특히 강조되고 있는 중심사상은 무분별에 의한 깨달음이다. 중생은 미혹迷惑으로 대상에 집착하기 때문에 과거로부터 쌓아온 습기習氣로 말미암아 모든 현상이 스스로의 마음에 의해서 나타난 것임을 알지 못한다. 그러므로 의식의 본성에 의지하여 모든 현상이 스스로의 마음이 나타낸 바임을 철저하게 깨닫는다면 집착하는 자와 집착하게 되는 대상의 대립을 떠나서 무분별의 세계에 이를 수 있다. 이러한 의미에서 여래장설도 무아설無我說도 무분별의 경지에 이를 수 있는 방편이 된다고 한다. 또한 성스러운 지혜의 작용에 관해서 크게 강조하고 있으며, 무분별을 스스로 체험하는 철저한 깨달음에 의해서만 진리의 전개를 획득할 수 있다는 일관된 입장을 보여주고 있다. 이 밖에도 오법五法, 삼성三性, 팔식八識, 이무아二無我 등에 대해서는 상세하게 밝히고 있다. 이 경은 일찍이 선종에서 많이 채택되었는데, 중국 선종의 초조初祖인 달마達磨가 중요하게 여겼던 것에서 비롯된다.

아니라 도의에 통달한 것을 말하는 것이다. 도의란 마음에 얽힌 상에서 벗어나 언설言說의 상을 떠나는 것이다'라고 합니다.

　보통 사람들은 도의라고 생각하는 것 역시 사실은 언설입니다.

27. 지혜는 배船와 다리橋325)

문● 보살의 수행은 육바라밀을 근본으로 합니다. 그 중에서 반야바라밀 般若波羅蜜326)을 훌륭하다고 하는 이유는 나머지 오바라밀도 만약 지혜(=반야)가 없으면 성취되지 않기 때문입니다. 그런데도 한결같이 지혜를 멀리하는 이유는 무엇입니까?

답● 반야는 범어梵語327)입니다. 한어漢語로 번역하여 지혜라고 하지요.

지혜라는 말은 같지만 진지眞智328), 망지妄智329), 권지權智330), 실지實智331) 등 여러 가지 차이가 있습니다.

보통 세간에서 사람들이 지혜라고 생각하는 것은 제종諸宗의 법문을 이해하고 평소의 어리석음을 깨닫는 것을 말합니다.

---

325) 배와 다리는 강을 건너기 위한 수단이므로 방편이라는 의미로 사용된다.
326) 보살이 수행을 통하여 제법諸法이 공空이라는 것을 아는 참다운 지혜를 얻어 열반에 이르는 일을 말한다.
327) 산스크리트 어라고 한다. 북방의 불교 문헌에서 사용된 언어로서 북인도의 방언을 바탕으로 하며 산스크리트와의 혼합으로 이루어진 중기 인도아리안 계통의 문어文語이다. 기원전부터 대승불교도들이 그들의 저술에 산스크리트를 사용함에 따라 발달하게 되었다. 후기로 갈수록 산스크리트의 영향이 커졌으며, 나중에는 특수한 전문어를 제외하고는 그 자체가 거의 완전한 고전 산스크리트로 변했다.
328) 진리를 깨달은 지혜, 또는 삼지三智의 하나로 차별 없는 평등의 진리를 관조 觀照하는 지혜를 이른다.
329) 자타를 나누어 분별하여 보는 지혜를 말한다.
330) 불보살이 방편으로써 사람들을 가르치고 이끄는 지혜를 말한다.
331) 진실한 지혜로 절대불변의 진리를 달관한 근본지를 말한다.

『원각경』에는 이르기를, '지혜와 어리석음 모두 반야다'라고 합니다. 이 경문의 의미는 어리석음을 깨닫는 것이 진실한 지혜라는 뜻이 아닙니다. 미망에 사로잡힌 번뇌가 생기기 때문에 완전한 깨달음 안에 지혜와 어리석음 두 가지 상을 보는 것이지요. 이것이 곧 망상妄想입니다.

이 망상에 집착하여 어리석음을 깨달아 지혜를 이루려고 추구하는 것은 이중二重의 망상입니다.

반야를 각覺이라고도 번역하고 도道라고도 번역합니다.

옛 사람이 이르기를, "불도는 지知에도 속하지 않고 부지不知에도 속하지 않는다. 지라는 것은 허망한 착각, 부지는 곧 무기無記332)이다"라고 했습니다.

선종을 공부하는 사람 중에 본분의 도리를 이해하는 것이 곧 불도를 깨닫는 것이라 생각하는 자가 있습니다. 만약 그렇다면 어찌 불도가 지에도 속하지 않는다고 말할 수 있겠습니까?

혹은 지식을 버리고 번뇌나 집착이 없이 무아무심한 상태를 불도를 깨달은 것이라 생각하기도 합니다. 만약 그렇다면 어찌 불도는 부지에도 속하지 않는다고 하는 것이겠습니까?

그저 이러한 일체의 이회理會333)를 버리고, 버린 그 자리에서 밤낮으로 맹렬히 참선하여 불법의 진리를 구한다면 본분의 도의 큰 경지를 얻게 될 것입니다. 그 때 비로소 불도의 본체는 어리석음도 아니고 지혜도 아님을 알게 될 것입니다.

이 단계에 도달하면 평소의 지혜와 어리석음이 모두 외부의 것이 아니라 다 자기 내부의 일이 될 것입니다.

무릇 무상의 이치를 알고 인과의 이유를 이해하며 세간의 명리를 버린다는 것은 일반 어리석은 사람들보다도 현명한 지혜라고는 할 수 있

---

332) 선악의 구별을 기록할 수 없다는 의미이다.
333) 사리와 이치를 납득하고 이해한다는 뜻이다.

지만, 아직 이 정도 단계로는 성불할 수 없습니다.

또한 삼현, 십성 보살의 지위에서 혹 여환지如幻智를 분명히 하거나 무생지無生智334)를 체득했다 해도 아직 불과를 이루지 못합니다.

등각지等覺智에 이르기 전에 삼현, 십성들의 모든 지를 다 버리는 것을 금강유정金剛喩定335)이라고 합니다. 이 경지가 되어서야 비로소 신묘한 큰 지혜가 나타납니다.

그 대지는 원래 누구라도 갖추고 있으며, 각자가 원만하게 성취할 수 있는 것입니다. 그러므로 곧 가장 이로운 기연機緣336)은 삼현, 십성 등의 단계를 거치지 않고 곧바로 본성의 지혜를 얻는 것입니다.

옛 사람이 말하기를, "한걸음에 곧장 여래의 땅으로 들어선다"고 한 것이 바로 이러한 의미입니다.

『화엄경』에 말하기를, '처음 발심發心했을 때 그 자리에서 정각正覺을 이루었다'337)고 했습니다. 권교權敎의 법문을 믿는 사람은 제십지第十地에 이른 보살이라도 신묘한 깨달음의 대지를 아직 얻지 못하는 것이지만, 박지薄地338)의 경지에 있는 범부가 금세 대지를 얻는 일은 있을 수 없다고 생각하는데, 원래 갖추고 있는 대지를 믿지 않고 단순히 어리석음을 고치는 것을 지혜라고 알기 때문입니다.

육도의 행과 온갖 수행을 설하고 수행의 오십이위五十二位339)를 세우

---

334) 생멸의 번뇌를 끊는 지혜라는 의미로, 삼계의 번뇌를 끊어서 삼계에서 생을 받는 일이 없음을 증지證智하는 아라한과阿羅漢果의 지를 말한다.
335) 모든 번뇌를 끊어 없애는 좌선으로 성문聲聞 보살들이 수행을 마치고 맨 마지막으로 번뇌를 끊을 때 드는 것이다.
336) 부처의 교화를 받을 만한 인연을 말한다.
337) 경전 원문으로는 '초발심시변정각初發心時便正覺'이며, 정각이란 올바른 깨달음, 일체의 참된 모습을 깨달은 더할 나위 없는 지혜, 즉 불지佛智를 말하며, 정등각正等覺이라고도 한다.
338) 불교 수행의 한 단계로서 번뇌가 점점 엷어진 경지를 이르는 말이다. 범부의 위계 중 가장 아래 단계인 지혜가 얕고 우둔한 중생을 이르기도 한다.
339) 보살이 수행하는 단계를 쉰 두 단계로 나눈 것으로 십신十信, 십주十住, 십행十行, 십회향十廻向, 십지十地, 등각等覺, 묘각妙覺을 말한다.

는 것은 모두 중근(中根340)과 하근下根 출신 사람들을 위해서입니다. 육도 중에서 지智의 수행을 귀히 여기는 것은 곧 본래 갖추어진 대지에 이를 수 없는 사람을 위해 잠시 동안 환망幻妄의 지智를 배와 다리로 삼아 점차 본분인 피안(彼岸341)에 도달시키기 위한 수단입니다.

교종에서 한동안 배워서 이해하는 것을 허용함은 이런 이유입니다. 교종의 본의는 아닙니다.

배와 다리가 중요한 것은 큰 강을 건너 건너편 기슭에 도달시키기 위해서입니다. 그런데 어리석은 사람이 그 배와 다리에 집착하여 그것을 버리지 못하는데, 왜 배와 다리가 필요한지를 모르기 때문이지요. 부처가 세속의 번뇌를 벗어나 제종의 법문을 설하신 것은 미혹과 고뇌의 큰 강을 건너 피안의 본분의 깨달음에 도달시키기 위한 배와 다리입니다. 설령 이 배와 다리에 올라도 이를 애착하여 버리지 않게 되면 본분의 기슭에 도달하기란 불가능하지요.

만약 자유롭게 날아갈 수 있는 사람이라면 배와 다리의 힘을 빌지 않고 곧바로 건너편 기슭에 갈 수 있을 것처럼, 천성이 가장 뛰어난 사람은 삼현, 십성 보살의 지혜를 빌 것도 없이 곧바로 본분의 피안으로 이를 수 있습니다.

만약 이러한 사람에게 배우고 해석하기를 권한다면 비행이 자유로운 사람에게 배와 다리를 주는 것과 같은 일이지요. 이 배와 다리는 도리어 방해가 될 것입니다.

이러한 이유로 선종에서는 제종의 배워서 이해하는 과정을 꺼리는 것입니다.

그런데 선종을 배우는 사람 중에는 존경하는 스승의 말씀을 배와 다

---

340) 중간 정도의 근기根機, 즉 교법敎法을 받을 수 있는 능력이 되는 중생을 일컫는다.
341) 사바세계 저쪽에 있는 깨달음의 세계를 말한다. 또한 이승의 번뇌를 해탈하여 열반의 세계에 이르는 것, 또는 그런 경지를 일컫는다.

리로 삼고는 교종의 배와 다리보다도 뛰어나다고 생각하여 자만심을 일으키는 자가 있습니다.

　설령 크고 훌륭한 배와 다리에 올라타도 그 안에서 놀고 즐기며 이를 지극히 즐겁고 안온하게 생각한다면, 평생 허무히 속세라는 이쪽 기슭에 집착하여 배와 다리를 쳐다보지도 않는 자보다야 낫겠지만, 그저 헛되이 강물에 표류하며 피안에 도달하지 못하는 것이나 마찬가지입니다.

　삼현, 십성의 보살은 각별히 훌륭한 배와 다리에 올라타기는 했지만 여전히 그 안에 머물러 있기 때문에 아직 생사 미망의 강물에서 벗어나지 못한 것이지요. 하물며 권교라는 작은 배와 다리 안에 집착하며 만족해서야 되겠습니까?

28. 망상의 병

문 ● 이렇게 법문을 믿고 지혜를 추구하지 않으며 경문의 가르침도 배우려고 하지 않는 사람도 있을 수 있겠습니다만, 그로 인해서도 깨닫게 되지 못하는 것은 어떤 이유입니까?

답 ● 배워서 이해하는 과정이 쌓여 지혜를 얻은 것을 득법得法이라 생각하는 것이 잘못이라는 말을 듣고, 배워서 이해하기를 포기하고 불도수행에 임하려는 자가 있습니다. 이 또한 망상이라는 장애물로 인하여 불도를 얻지 못합니다.

『화엄경』에 이르기를, '신기하구나. 일체 중생 모두가 부처의 지혜와 덕德있는 상相을 갖추고 있다. 다만 망상과 집착이 있기 때문에 증명할 수가 없다'고 했습니다.

예를 들어 세상에 체력이 강건하고 재주와 기예가 뛰어난 사람이 있다고 합시다. 그런데 갑자기 큰 병에 걸려 몸도 약해지고 재능도 잊게 되어 세 살짜리 아이와 같아져 버렸습니다. 그 옆에는 튼튼한 사람이 있었는데 그가 재능을 닦고 역량도 충분히 발휘하는 것을 보고, 이 환자는 자신에게 원래 재능과 역량이 갖추어져 있던 사실을 잊고 그의 행동을 부러워하였습니다. 그래서 병중임에도 불구하고 예능을 배우고 힘쓰는 일을 선호하다 심신을 고생시켜 결국 병세가 쌓이고 자기 원하는 바를 달성하지도 못한 채 죽음의 고통이 이미 다가오게 된 것과 같습니다. 이 환자가 만약 재능과 역량이 원래 자신에게 갖추어져 있고, 그저 병 때문에 지장을 받아 발현되지 않는 것임을 믿고 먼저 그 병을 치료했다면 재주나 역량도 모두 원래대로 드러났을 것입니다.

　불도를 배우는 것도 이와 같습니다. 여래의 지혜와 덕상德相은 누구나 원래부터 갖추고 있지만, 망상과 오해라는 병에 방해를 받아서 지금 당장 받은 대로 쓸 수가 없는 것이지요.

　이러한 이치를 잘 터득하지 못하고 망상의 병상에 누운 채로 수많은 성현들이 지력을 충분히 발휘하고 덕의 작용을 드러내시는 것을 보고 듣다가 부러워하는 마음을 일으켜서, 혹 내외內外의 전적典籍들을 학습하거나 혹 조사祖師의 말씀을 쓰고 외우거나 혹 신통 영묘한 작용을 추구하거나 혹 특이한 재능이나 뛰어난 언변 등을 바랍니다. 이러한 것은 모두 망상의 병을 키우는 원인입니다.

　본래 갖추고 있는 지혜와 덕상이 어느 세월에 드러날 수 있겠습니까?

29. 망상

문● 무엇을 망상이라고 합니까?

답● 정토淨土와 속세가 다른 세계이고, 번뇌와 깨달음, 범부와 성인이 다르다고 생각하는 것은 망상입니다.

또한 성인과 범부에는 차이가 없고, 정토와 속세에도 차별이 없다고 생각하는 것 역시 망상입니다.

불법에 대승과 소승, 권교와 실교, 현교와 밀교, 선종과 교종의 차이가 있다고 생각하는 것도 망상입니다.

반대로 불교의 가르침에 구별이 없고 모두 평등하며 모든 것에 우월하거나 열등한 것이 없다고 생각하는 것도 망상입니다.

일상의 어떤 기거와 행동, 견문과 지식이 모두 다 불교의 가르침과 관련되어 있다고 생각하는 것도 망상입니다.

일체의 행위나 행동과 전혀 관련 없는 곳에 따로 불교의 가리침이 있다고 생각하는 것도 망상입니다.

모든 가르침萬法이 모두 실존한다實有고 보는 것은 범부의 망상이고, 모든 가르침이 무상이라고 보는 것 또한 소승小乘의 망상입니다.

모든 존재를 상견常見342)이나 단견斷見343)으로 보는 것은 불교의 가

---

342) 칠견의 하나로 세계나 모든 존재는 영겁 불변의 실재實在이며, 사람은 죽으나 자아는 없어지지 않으며, 오온五蘊은 과거나 미래에 상주常住 불변하여 영구히 존재한다는 망신妄信을 말한다.
343) 칠견의 하나로 세상 만사의 단멸斷滅을 주장하여 인과응보를 인정하지 않는 견해를 말한다. 사람이 한 번 죽으면 영원히 없어진다고 보거나, 우주의 진

르침을 얻지 못한 자의 망상입니다.

그렇다고 해서 만물은 환영과 같고 실체가 없는 것으로 생각하거나, 또는 만물의 실상은 중도中道344)임을 깨닫는 것은 보살의 망상입니다.

교외별전敎外別傳345)이라는 선종의 종지가 있다는 사실을 모르고 가르침에만 집착하는 것은 교종을 믿는 사람의 망상이지요.

또한 교외별전이라 외치며 그것이 교종보다 뛰어난 법문이라고 자부하는 것은 선종을 배우는 사람의 망상입니다.

이러한 불교의 가르침을 믿고, 그렇다면 일체가 모두 망상이라고 생각하는 것 또한 망상입니다.

옛날에 무업無業국사346)가 평생 동안 선문을 배우는 자들의 질문에 대답하기를 그저 "망상하지 말라"는 한 마디만 했다고 합니다. 만약 누구든 이 한 마디를 명쾌하게 깨달을 수 있다면 본래 갖추고 있는 지혜와 덕상이 곧 눈앞에 나타날 것입니다.

리를 볼 수 없다 하여 그것이 아주 없다고 생각하는 것을 말한다.
344) 서로 대립하는 관계를 초월한 것을 말하는데, 만물의 실상은 유有가 아니고 공空도 아니며 비유非有와 비공非空이라는 의미이며 절대絶待라고도 한다.
345) 선종에서 부처의 가르침을 말이나 글에 의하지 않고 바로 마음에서 마음으로 전하여 진리를 깨닫게 하는 법을 말한다. 교외별전은 조사祖師에서 조사로 이어지는 법통의 전수를 강조한 말로 교종과 대비되는 선불교의 특징이다.
346) 760~821년. 중국의 선승으로 마조도일馬祖道一의 제자이다.

30. 언구言句에 경도傾倒되는 것은 망상

문● 앞에서 멀리한다고 한 법문은 경론經論이 설하는 바이거나, 옛날 고승이 이야기를 한 내용입니다. 그런데 그것을 모두 망상이라고 하는 것은 어떻게 된 연유입니까?

답● 이미 본분의 전지田地에 도달한 사람이 그것을 배우는 사람을 위해 방편을 보여서 여러 가지 법문을 설하는 것은 모두 아무런 지장이 없습니다. 타오르는 불에도 입속은 화상을 입지 않는 것과 같습니다.

아직 본분의 전지에는 이르지 못한 사람이 자기의 정식情識347)으로 그 언구에 따라 도리를 납득하는 것은 굉장한 망상입니다.

현재 교문의 구전상승口傳相承348)의 방식을 남김없이 배웠다고 생각하는 사람이라도 그 종파의 대사나 선덕들에게 미치지 못하는 것은 왜일까요?

분명히 알아두어야 합니다. 그 구전상승이라는 것도 모두 선덕들의 본의가 아니라는 것을 말입니다.

천태대사天台大師가 말씀하시기를, "남악南岳선사349)에게 수계하여 증

---

347) 세속적인 감정이나 지식 등의 얽매인 생각.
348) 구전으로 스승에게서 제자에게로 차례로 계속해서 교법을 받아 전하는 일을 말한다.
349) 515~577년. 혜사慧思. 중국 육조시대 말기의 승려로 천태 지의智顗의 스승이며 천태종의 제2조로 본다. 스스로 통달하였으며 깨달음은 다른 것에 의해 얻는 것이 아니라 보았으므로 스승이 전하는 계승에 단순히 머무르지 않았다. 자성의 청정심을 확신하는 돈오頓悟 중심의 선관과 호법을 위한 대담한 보리계 등 혁신적인 사상의 소유자였다.

험은 달리 의존하지 않았다"고 했습니다.

『대일경소』에서 말하기를, '자기 마음은 스스로 마음을 증명하고, 자기 마음은 스스로 마음을 깨닫는다. 이것을 보리를 성취한다고 하는 것이다. 다른 것에 의지하여 증명하고 다른 것에 의지하여 깨닫는 것이 아니다'라고 했습니다.

현교와 밀교 종사들 중에 누가 문자나 도리를 배워 이해한 내용을 가지고 불법의 종지라고 말씀하셨습니까? 선문의 종사라 칭하고 옛 사람의 말을 비판하며 불법 배우는 자들을 시험하여 잘 알고 있다고 판단한 사람도 생사와 화복禍福의 기로에 임할 때에 옛 사람들처럼 자유자재로 하지 못하는 것은 무슨 연유일까요?

분명히 알아두어야 합니다. 평소 이해하던 바가 모두 다 옛 사람들의 경지가 아니라는 사실을 말입니다.

운문雲門대사350)는 이렇게 말했습니다. "이것이 만약 언구 상의 문제라면 『대장경』의 가르침 중에 언구가 없어서겠는가? 그렇다면 달마조사가 서쪽에서 와서 선법을 전할 필요도 없었을 것이거늘".

---

350) 864~949년. 중국 당나라 말부터 오대시대에 걸친 선승. 운문종雲門宗의 개조이다. 법명은 문언文偃이며 17세에 출가하고 지등율사志澄律師의 밑에서 사분율四分律을 배웠다. 남한南漢의 엄한 강권정치의 치세 하에서 현실과 불법의 사이에 끼어서 제자를 교육하고 극히 간결한 일상으로 선지를 직접 술했다.

31. 임병任病

문● 불도수행에 마음을 쓰는 것은 모두 망상이고 교종과 선종의 법문도 다 쓸데없다고 해서, 그저 미망에 따라 마음대로 행동하는 사람을 진정 불도를 추구하는 사람이라 할 수 있습니까?

답● 만약 그러한 견해를 보이는 사람이 있다면 망상 중에서도 제일가는 망상입니다.
『원각경』에서 사병四病351)을 설명하는 중에 임병任病352)이라고 한 것이 바로 그것입니다.

---

351) 원각을 추구하는 데에 관련된 네 가지 결점으로 작병作病, 임병任病, 지병止病, 멸병滅病을 일컫는다. 작作은 다양한 수행, 즉 조작造作에 의해 깨달음을 얻으려 하는 것, 임任에 대해서는 본문에서 설명하고 있으며, 지止는 지각과 인식, 기억의 인식활동을 멈추어, 즉 무관심함으로써 깨달음을 얻으려는 것, 멸滅은 모든 번뇌를 없앰, 즉 절멸絶滅함으로써 깨달음을 얻으려는 것을 말한다. 깨달음은 그렇나 행위에 의해 얻을 수 있는 것이 아니므로 병病이라 칭한다. 사병은 『원각경』이 독창적으로 주장하는 바인데, 일본에서는 묘에明惠상인의 유훈遺訓 채록되어 있어 유명하다.
352) 일체의 인연에 맡기어, 즉 방임放任하여 원각을 구하려고 욕심을 부리는 결점을 말한다.

32. 공안公案353)

문● 복福이나 지智를 추구하는 것을 몹시도 꺼리는데, 선종을 배우는 자가 한 대목의 공안을 꺼내어 이끎으로써 깨달음을 구하는 것은 지장이 없는 일입니까?

답● 옛 사람이 말하기를, "마음을 가지고 깨달음을 추구하는 일이 없어야 한다"고 했습니다.

만약 선종을 배우는 자에게 깨달음을 추구하는 마음이 있다면 공안을 제시提撕354)하는 사람이라고는 할 수 없습니다.

원오圓悟선사355)는 "만약 천성적으로 영리하고 명민한 사람이라면 꼭 옛 사람의 언구나 공안을 볼 필요는 없다"고 했습니다.

이 말을 통해 이해해야 합니다. 공안을 주는 것도 선종 종사의 본의가 아니라는 것을 말입니다.

설령 자비를 베풀어 한 대목의 공안을 제시한다고 해도, 부처의 명호를 외워서 왕생을 추구하거나 다라니를 암송하고 경문을 읽어 공덕을 추구하는 것과는 같지 않습니다.

---

353) 선문답, 화두를 말한다. 원래는 법제의 용어로 공부公俯의 안독案牘, 즉 공공관청의 조서나 안건을 말하는 것이었으나 스승이 제자를 시험하거나 또는 평가하는 의미의 선어가 되었다. 송나라 때에는 일반 사대부들 사이에 그러한 관심이 높아져 여러 공안집이 편찬되기도 했다. 원오선사의 『벽암록』 등이 대표적이다.
354) 원래는 들어 올리는 것, 후진을 가르치는 것, 떨쳐 일으키는 것을 뜻하는 말인데, 선종에서는 스승이 수행자에게 공안을 주어 지도하는 것을 의미한다.
355) 각주 253) 참조.

그 이유는 선승이 수행자에게 공안을 준다는 것이 정토에 왕생하기 위해서도 아니고 성불하고 득도하기 위해서도 아니기 때문입니다. 세간의 특별한 일도 아니고 법문의 도리도 아니며, 모두 세간의 정식情識으로는 헤아릴 수 없는 것입니다. 그 때문에 공안이라 이름붙인 것입니다.

이를 철鐵만두에 비유합니다. 정식情識이라는 혀가 닿을 수 없지만 그래도 한 입 물고 오고 또 물고 가다보면 반드시 베어 물 수 있을 때가 올 것입니다. 그 때서야 비로소 이 철만두는 세간의 오미五味356)나 육미六味357)도 아니고 세간을 초탈한 법미法味358)나 의미義味359)도 아님을 알게 될 것입니다.

---

356) 다섯 종류의 맛을 의미하며 불교에서는 유미乳味, 낙미酪味, 생소미生酥味, 숙소미熟酥味, 제호미醍醐味라고 하여 우유를 정제하는 과정에서 거치는 다섯 단계의 맛에 비유하고 제호미를『열반경』으로 친다.
357) 쓴 맛, 단 맛, 신 맛, 매운 맛, 짠 맛, 싱거운 맛의 여섯 종류로 온갖 맛을 일컫는다.
358) 불교의 묘미, 불법을 진정으로 이해해 마음에 쾌락을 생기게 하는 것.
359) 먹음으로써 맛을 알게 되는 것처럼 경문에 의해 의의를 이해한다는 의미.

33. 안온해지는 경지

문● 교종과 선종 법문을 잘못 이해해서 편협한 생각에 사로잡힌 사람을 멀리해야 합니다. 하지만 만약 교종 법문을 잘 이해하면서도 교의에 구애되지 않고, 또한 선종 종사의 뜻을 잘 이해하면서도 선의 결점에 빠지지 않는 사람이 있다면 멀리하지 말아야 합니다. 그런데도 교종과 선종 법문 모두 진실한 바가 아니라고 한다면, 본분에 이른 사람은 우인愚人이나 마찬가지인 것입니까?

답● 본분의 경지에는 지자의 상도 없고 우인의 상도 없습니다. 그런데도 허망되게 지자와 우인의 상을 보는 사람을 바로 우인이라고 하는 것이지요. 그러므로 다시 말해 지자와 우인의 상을 보지 않는 사람을 진실한 지자라고 하는 것입니다.

세간의 우인들과는 달리 재지才智와 변설辨說이 좋은 사람을 지자라고 하는 것은 세속의 논리입니다. 이 때문에 본분의 대지를 얻은 사람은 "나는 지자다"라며 오만한 마음을 일으키지 않지요. 그 이유는 본분의 대지에 이르게 되면 지라든가 우라든가 하는 상을 보지 않기 때문입니다. 자기가 지자라고는 생각하지만 지자인 체 하지 않는 것과는 다릅니다.

만약 사대四大360)가 조화를 이루어 심신이 가볍고 편할 때에는 의서의 비결도 필요 없고, 좋은 약이나 훌륭한 처치법도 필요 없습니다. 하

---

360) 사람의 몸을 가리킨다. 각주 301) 참조.

지만 사대가 조화를 이루지 못하여 사백사병四百四病361)이 바로 발병하면 의술이나 치료 방법이 실로 절실합니다. 많은 의사들이 이를 진찰하고 병에 따라 약을 줄 것입니다. 병상도 한 가지가 아니므로 치료방법도 또한 천차만별이지요.

치료법은 천차만별이지만 그 치료의 취지를 올바로 생각한다면 이는 오로지 환자의 고통을 없애고 병을 앓지 않았던 때의 안온한 상태로 되돌리기 위해서입니다.

환자가 의사를 만나 병이 낫기를 희망하는 것도 또한 자기 병의 고통을 멎게 하기 위해서입니다. 의서의 재학을 배우고자 하는 것이 아니지요. 의사의 치료술에 의해 만약 병고가 멎으면 이를 무병안온한 사람이라고 합니다. 병고가 멎는 것은 치료의 힘입니다. 심신이 안온하다는 것은 병에 걸리지 않았을 때인 본래 상태로 되돌아갔다는 것이지요. 그것은 의사가 처음으로 그렇게 만들어준 것이 아닙니다. 의서의 재학을 연구하고 치료의 묘술을 밝힌 것을 가지고 안온한 상태에 이른 사람이라고 하겠습니까?

불법도 또한 이와 마찬가지입니다.

누구라도 본래 갖추고 있는 깨달음의 경지에는 미迷와 오悟, 범凡과 성聖의 병상 같은 것은 없습니다. 교종과 선종이 병을 치료하는 법문을 누구를 위해 써야 하겠습니까?

하지만 깨닫지 못하는 병이 곧바로 발병하여 여러 가지로 몸부림칠 고통이 생깁니다. 부처가 이를 연민하여 대의왕大醫王으로서 다양한 기질과 성격에 따라 여러 법문을 설하셨습니다.

법문은 여러 종류의 차이가 있지만 그 취지를 따라가다 보면 그것은

---

361) 사람의 몸에서 땅, 물, 불, 바람의 네 요소가 조화를 이루지 못하여 얻는 병을 말하는데, 한 요소마다 백 한 가지이므로 모두 사백사가 된다. 원래 사람의 오장에는 사백오종의 병이 있다고 하는데 그 중 죽는 병을 제외한 것이다.

오로지 중생의 미와 오, 범과 성을 분별하는 병고를 치료하고 본래 갖추어진 안온의 경지에 도달시키기 위한 것입니다. 여러 가지로 미망을 끊는 교법이 있다는 것을 중생들에게 가르치기 위함이 아닙니다.

만약 누구든 깨닫지 못하는 망상의 병이 제거된다면 생사거래生死去來가 윤회하는 것도 보지 않게 되고 범성凡聖과 미오迷悟의 차별도 없어질 것입니다. 이야말로 인연의 작용을 끊고 크게 해탈한 사람이며 대오한 사람이라 하는 것입니다. 교문의 여러 종파의 내용을 끝까지 추구하고 선종 다섯 종파의 법문을 이해했다고 하여 대오했다고 하는 것이 아닙니다.

그런데도 말세인 지금 세상의 불도 수행자들 중에는 교종의 법문을 학습하고 선종 법문을 이해하고는 불법의 본의가 이러한 것이라고 생각하는 사람들이 있습니다.

약이 도리어 병을 일으킨다는 것은 이러한 의미입니다. 그래서 옛 사람들이 이를 교병敎病, 선병禪病이라 이름붙인 것입니다.

34. 학문적 깨달음보다는 실제 수행

문● 미숙한 초보 수행자들은 법문의 깊은 이치를 해석하고 그 해석에 따라 수행하면서도 여전히 잘못하는 경우가 있는 것 같습니다. 그런데도 배워서 이해하는 것을 금하고 그저 수행을 하라고 권하는 것은 잘못된 일이라고 하는 사람이 있습니다. 그럴 만한 연유가 있습니까, 없습니까?

 답● 비유하여 말하자면 중병에 걸린 사람과 같은 것입니다.

만약 먼저 의사를 만나서 의서의 재학을 철저히 배운 다음 병을 고치려고 하면 의서의 재학을 다 깨우치기 전에 병이 점점 깊어져 곧 목숨을 잃을 것입니다.

그저 명의를 만나서 자기 병상을 이야기하면 의사가 그 병상을 분명히 진찰하고 경우에 따라서는 잘 듣는 약을 주거나 경우에 따라서는 뜸을 뜨거나 할 것입니다. 환자는 그 약이 어떤 약종을 조합한 것인지도 모르고 이 뜸이 어느 뜸자리에 놓는 것인지도 모르는 채, 그저 의사가 말하는 바를 믿고 그 약을 먹고 그 뜸자리에 뜸이 놓이니 병의 경중에 따라 늦고 빠르고의 차이는 있겠지만 마침내 그 병이 낫지 않는 경우는 없습니다.

불도수행도 또한 이와 같습니다.

본래 갖추어진 깨달음의 경지에 이르기 위해서 우선 여러 법문을 학습하고, 그 다음 학습한 해석대로 수행하고자 하면 인간의 수명은 백 년 이내로 한정되어 있는 데에다 학습해야 할 법문 또한 한도 끝도 없습니다. 학습이 아직 끝나지도 않았는데 수명은 이미 끝나 버릴 것입니다. 이렇게 되면 그 때까지 배운 해석은 모두 허사가 됩니다. 그저 망연하게 업연業緣에 이끌려 윤회를 벗어나지 못할 뿐이지요.

선문의 뛰어난 종사가 선종을 배우는 자에게 제시하는 공안은 일언반구에 불과합니다. 그 일언반구도 수행을 위한 마음가짐을 위해서가 아니라 직접 본분을 보여주기 위해서일 뿐입니다.

배우는 자가 아둔하여 설령 곧바로 받아들이지는 못하더라도 이를 공안이라 하여 어떤 지식과 해석, 정식과 추측으로도 이르지 못하는 목표를 향해 밤낮으로 제시한다면 언젠가 때가 도래하여 광겁曠劫362)의 무명無明도 일시에 소멸할 것입니다.

---

362) 지극히 오랜 세월. 영겁永劫. 겁劫은 원래 불교에서 일정한 숫자로 나타낼 수 없는 무한한 시간을 말한다. 원래 인도에서는 범천梵天의 하루, 곧 인간계의 4억3천2백만 년을 일겁이라고 했다.

35. 근본지根本智와 후득지後得知

문● 선지식의 한 마디에 깨달음을 열고 교종, 선종의 법문과도 상관없는 경지에 도달한 사람은 타인을 교화하여 이롭게 하는 공덕이 결여된 것 아닙니까?

답● 교법 중에 부처의 지혜를 명백히 하는 것에는 두 종류가 있습니다.

하나는 근본지로 이는 부처 안에서 깨닫는 진리입니다.

둘째는 후득지로 이른바 타인을 교화하는 방편입니다.

불조佛祖가 속세를 떠나 교종과 선종의 법문을 설파하신 것은 모두 다른 사람을 교화하는 방편이었습니다. 그 때문에 선종과 교종을 배우는 자가 어떨 때는 경문의 가르침을 보고, 어떨 때는 선지식의 말에 따라 심식心識 상으로 이해하는 법문은 모두 후득지의 영역이 됩니다.

만약 이미 부처의 내증內證363)의 경계에 이른 것이라면 후득지를 일으켜 다른 사람에게 이익을 주는 길로 향하고, 교종과 선종의 법문을 설하여 중생을 제도해야 합니다.

삼세의 여래나 역대의 선사들은 모두 이러한 식이었습니다. 만약 아직 부처의 근본지를 분명히 증험하지 못하는 사람은 먼저 이 근본 내증의 경지에 도달하고자 생각해야 할 것입니다.

만약 이 경지에 도달하려고 생각하면 교종과 선종으로 나뉜 영역을

---

363) 다른 가르침을 받지 않고 자기 마음속에서 진리를 체득하는 일을 말한다.

초월해야 비로소 도달할 수 있을 것입니다.

만약 여전히 교종과 선종의 법문을 가슴 속에 쌓아두고 있는 사람이라면 본분의 경지에 도달할 수 없습니다.

옛 사람이 이르기를, "불조의 설교를 보는 것은 원수를 갚는 것과 같이 해야 비로소 그에 상응한 득분得分이 있을 것이다"라고 했습니다. 또한 말하기를, "그저 근본을 얻기만 하면 되며 사소한 것은 우려하지 말아라"라고 했습니다.

비유하여 말하자면 나무를 심는 것과 같은 것입니다.

그 뿌리만 잘 내린다면 가지와 잎도 자연히 무성할 것이며 꽃과 과실도 또한 열릴 것입니다. 그러므로 나무를 심을 때에는 처음에 뿌리 부분을 조심하며 가지나 잎에는 눈길을 주지 않습니다. 이러한 까닭에 뿌리가 단단히 내리기 전에는 가지가 조금만 있더라도 잘라 내버리는 것이지요. 그렇다고 해서 나무를 심는 것이 그저 뿌리만을 위한 것이라 생각하면 그것은 잘못된 생각입니다. 뿌리를 소중히 자라게 하는 것은 가지와 잎, 꽃과 과실을 위해서입니다.

설령 본분의 경지에 이른 사람이라도 아직 활조活祖364)의 수단을 이해하지 못한 사람은 대법미명大法未明365)한 사람이라고 합니다. 이러한 사람은 스스로 분명히 깨달은 것은 틀림없지만, 남을 위하는 방편과 수단을 가지지 못했으므로 선지식이 될 수 없습니다. 뜻은 도달했으나 말은 도달하지 못한 사람이 이에 해당합니다.

또한 옛 선인들의 방식을 조금은 미루어 추측할 수는 있더라도 스스로의 견해가 만약 분명하지 않다면 이 또한 선지식이라고는 할 수 없습니다. 이는 말은 도달했으나 뜻이 도달하지 못한 사람입니다.

---

364) 불조의 활작략活作略. 작략이란 선사가 제자를 이끄는 수단이나 방법을 말하며 제자들의 근성에 합치한 적절한 교화수단을 갖춘 사람을 가리킨다.
365) 부처의 큰 가르침을 철저히 다 탐구하지 못한 것을 의미하는 것으로 『대혜서문大慧書問』(1166년)이라는 선종의 중요 서적에 보이는 말이다.

옛 사람이 말하기를, "아직 깨달음을 얻지 못한 사람은 말 표현에 노력하기보다는 오로지 의미에 마음을 써야 한다. 깨달음에 이른 사람은 의미에 마음을 쓰기보다는 그저 말 표현에 노력해야 한다"고 말입니다.

의意라는 것은 조사의 뜻입니다. 조사의 뜻이란 사람들이 갖추고 있는 본분의 뿌리이지요.

구句는 가지와 잎입니다.

그 까닭에 미숙한 초보 수행자들은 우선 첫째로 조사의 뜻을 체득해야 합니다. 표현된 구에만 가만히 머물러 있으면 안 되지요.

옛 사람들은 의意를 체득하고 나서 삼십 년, 오십 년 면밀히 연마하여 전생으로부터 이어지는 구업舊業에 의한 장애를 정리하는 것을 장양長養366)의 수행이라 이름 붙였습니다.

장양의 수행이 완숙해지면 이를 타성일편打成一片367)이라고 합니다.

이렇게 되면 저절로 능란한 화법의 훌륭한 작용도 생기게 되므로, 타인을 위해 제도하는 방편도 또한 자유자재일 것입니다. 이를 의과 구를 다 갖춘 사람이라고 합니다.

자신의 견해도 아직 분명하지 않고 선종 유파의 수행 방식도 모르는 사람이 있습니다. 의과 구를 다 갖추지 못했다는 것이 이러한 사람들입니다.

나무를 심은 뒤에 날이 많이 지났지만 가지와 잎, 꽃과 과실이 생각만큼 많이 열리지 않으면 그 뿌리가 아직 잘 내리지 않았기 때문임을 알고 흙을 채우고 물을 주며 오랜 세월 동안 장양을 하다보면, 뿌리가

---

366) 오랜 시간 스스로 성장하고자 노력하는 것, 또는 수행을 통해서 심신의 힘이 더해지는 것을 의미한다.
367) '打'는 접두사로 '成'을 강조하며, '片'은 광대한 범위의 평면을 의미한다. 따라서 모든 것을 하나로 한다는 의미로 주관과 객관이 하나가 된 절대적 심경이라 할 수 있다. 좌선할 때 자타의 대립이 끊어져 오직 화두에 대한 의심만이 있는 경계, 또는 화두가 순숙하여 듣지 않아도 저절로 들리어 없나 화두가 현전하는 경지를 뜻한다.

자연히 단단해지고 가지와 잎도 또한 무성해질 것입니다.

그렇게 되지 않는 이유를 모르고 서둘러 가지를 키우고 꽃을 피우고자 이리저리 하는 사이에 머지않아 심은 뿌리가 썩어 버린다는 사실을 잊어버립니다.

설령 조사의 뜻을 체득한 단계에 있더라도 능란한 화법의 뛰어난 작용도 생각대로 발휘되지 않고 모습을 바꾸는 신통력도 아직 갖추어지지 않았다면, 가지나 잎과 같은 끝자락에는 눈길을 주지 말고 오로지 올바른 본분에만 전념하고, 인아견人我見368)과 법아견法我見369)에 사로잡힌 망견妄見을 배제하며, 범부의 생각과 성인의 생각에 진력해야 합니다.

옛 사람이 이르기를, "불법을 체득하기란 쉽지만 체득한 불법을 끝까지 지켜내기란 어렵다"고 했습니다.

불법을 지킨다고 하는 것은 장양의 수행입니다. 말세의 수행자들 중에 약간 뛰어난 기질을 가진 사람들이, 진실한 깨달음이 아니라 그 주변의 광명을 인식하고는 장양의 수행도 하지 않는 경우가 있습니다. 자기 근본은 바로 잡혀 있지만 타인을 교화할 신통력은 아직 갖추지 못하고, 오로지 그러한 능력을 갖추고자 교종과 선종의 법문을 학습하여 불조의 뛰어난 작용이 이루어지기를 희망하지요.

그 때문에 점점 본분에는 어두워지고 마침내 마도에 들어버립니다. 그래서 혹 겉으로 비친 모습을 인식하고는 본분에 도달한 것이라 생각하여 이를 지키는 것을 장양의 수행이라고 말하는 자가 있습니다. 그러한 것은 설령 장양의 수행으로 천 번의 생을 받고 만겁萬劫이 지난들 그저 무명無明의 상태를 키우는 것에 불과합니다.

---

368) 사람의 몸과 마음속에 늘 변하지 않는 본체가 있다고 생각하는 잘못된 견해를 말한다.
369) 객관적 사물이나 정신에 변하지 않는 본체가 있다고 생각하는 잘못된 견해를 말한다.

설령 그 안에서 약간의 공덕이 될 만한 일을 베푼다고 하더라도 그것은 결국 미망의 세계를 윤회하는 기반이 될 뿐이지요. 비유하자면 뿌리도 없는 나무를 심고는 흙을 뿌리고 물을 주는 것과 마찬가지인 셈입니다.

이렇게 잘 기르며 세월을 지내다 보면 봄비와 같은 좋은 인연을 만나 한때는 가지와 잎도 싹트고 덧없는 꽃이야 필지 모르지만 마침내는 썩은 나무가 될 것입니다.

36. 의意와 구句

문● 구에 마음을 쓰고, 의에 마음을 쓴다고 하는데 그것을 어떻게 구별합니까?

답● 의와 구라는 것은 시가詩歌를 전문으로 하는 사람들에게서 나온 말입니다.

일본의 가도歌道370)를 논할 때, 이 와카和歌의 구 표현은 순수하지만 그 마음씀씀이가 별로라고 하는 것과 같습니다.

선종에서 그 말을 빌려 의와 구라고 설명하는 법문이 있습니다.

말은 같지만 의미는 다릅니다.

선종 내에는 향상向上과 향하向下371), 나변那邊과 저변這邊372), 파주把住와 방행放行373), 금종擒縱374)과 살활殺活375), 삼현三玄376)과 삼요三要377), 오위五位378)와 군신君臣 등을 설명하는 온갖 종류의 법문이 있습니다.

---

370) 와카和歌의 도道로 와카를 짓는 기법이나 작법을 말한다. 와카는 각주 62) 참조.
371) 끝에서 근본으로 나아가는 것을 향상, 근본에서 끝으로 내려가는 것을 향하라고 한다.
372) 나변은 저쪽이나 저기를 일컫는 표현이며, 저변은 이쪽 또는 여기를 말한다.
373) 파주는 꼭 잡고 움직이지 않게 하는 것이며 방행은 그와 반대로 뜻하는 대로 행동을 맡긴다는 의미이다.
374) 금종이란 포로로 사로잡고 용서하여 놓아준다는 의미인데, 원래 송나라 시대 문장법의 첫 번째 뜻에서 나와 선법으로 유입된 말이다.
375) 살이란 잡아서 움직이지 못하게 하는 것으로 파주와 같은 의미이며, 활은 놓아주어 자유롭게 해주는 것으로 방행과 같은 의미이다.
376) 세 가지의 심오한 의의를 뜻하며, 종지의 가르침을 설파하는 데에 한 구 안에 삼현을 갖춘다고 한다.
377) 세 가지 요지를 뜻하며, 앞에서 말한 현 안에 각각 삼요를 갖춘다고 한다.

이는 모두 구의 영역입니다.

　말세의 수행자 무리 중에는 이러한 법문의 구별법을 분명히 한 것을 의도意到라 명명하고, 이 법문을 남에게 설할 때 문답을 술술 지체없이 잘해내는 것을 구도句到라고 생각하는 사람이 있습니다. 사실은 이 사람이 의라고 생각하는 것 또한 구의 영역입니다.

　그런데도 이렇게 마음을 써서 분명히 하는 것을 의와 구를 나란히 추구하는 방식이라고 말하는 사람이 있지요. 그 설은 일단 그럴듯하게 보여도 그 이치는 전혀 맞지 않습니다.

---

378) 우주의 모든 존재를 다섯 가지로 나눈 것, 또는 보살이 부처가 되기까지의 다섯 단계를 일컫는 말이다. 원래 조동종曹洞宗의 개조인 동산洞山선사가 역易의 괘효卦爻를 차용하여 설파한 것으로 정위를 체體, 편위를 용用으로 하여 그것을 번갈아 정중편正中偏, 편중정偏中正, 정중래正中來, 편중지偏中至, 겸중도兼中到라 하고 수학자들의 수학단계를 나타냈다.

37. 공안은 의意를 위해

문● 미숙한 초보 수행자는 우선 의에 마음을 써야 한다고 하는데, 공안을 주고 제시提撕하는 것은 구에 마음을 쓰는 것이 아닙니까?

답● 옛 사람의 언구를 본다고 해서 반드시 구에 마음을 쓰는 사람이라고 할 수는 없습니다.

그저 이 언구 상에서 파주냐 방행이냐를 이치를 따져 논하고, 저쪽이냐 이쪽이냐를 분명히 저울질하려 한다면 이를 구에 마음을 쓰는 사람이라고 하는 것입니다.

설령 묵묵히 면벽하여 앉아 있더라도 가슴 속에 잡다한 지식이나 잡다한 해석을 축적해 두고 나열하거나 비교하는 것은, 이 또한 구에 마음을 쓰는 정도입니다.

그러므로 곧 일체의 정식情識에 의한 해설이나 추측을 버리고, 직접한 대목의 공안을 보이는 것이 바로 의에 마음을 쓰게 하는 수단입니다.

가령 옛 사람의 어록을 보거나 선지식의 설법을 들어도, 즉시 마음 속의 생각을 잊고 의리상의 이치로 이해를 낳지 않는다면 그야말로 의에 마음을 쓰는 사람이라고 할 수 있을 것입니다.

수행자가 만약 분명하게 조사의 뜻을 깨닫는다면, 선지식이 수행자에게 오가五家[379] 종파 방식의 구별을 추측하여 논하고 파주와 방행,

---

[379] 선종의 오가, 선가오종은 오파, 즉 선종의 다섯 종파로 임제종臨濟宗, 운문종雲門宗, 조동종曹洞宗, 위앙종潙仰宗, 법안종法眼宗을 일컫는다. 오가, 오파에 관해서는 뒤의 76단과 77단에서 상세히 논하고 있다.

금종과 살활, 억양抑揚과 포폄襃貶380) 등의 수단과 체재體裁 등을 계산해도 지장이 없습니다.

이러한 구를 체득하지 못하면 선지식으로서 남을 교화할 수는 없지요. 옛 사람이 득법한 사람에 대해 언구를 의심하지 않는 것을 큰 병이라고 말한 것은 이러한 의미입니다.

단지 선종의 수단뿐 아니라 교종의 체제, 내지는 공맹의 유교와 노장의 도교라는 가르침, 외도나 세속의 논리까지도 몰라서는 안 됩니다.

요즘 수행자들에게는 대부분 진실로 불도를 추구하는 마음이 없습니다. 세간의 명성을 추구하거나 자만에 빠지는 일이 먼저인 까닭에 자신이 아직 깨닫지도 못했는데 선종과 교종의 법문을 학습하려고 노력합니다.

그러다가 약간 지식을 얻거나 해석을 얻으면 곧바로 선지식이라 자칭하고 어리석은 사람들을 현혹하여 그 약간의 지식과 해석을 남에게 펼쳐 보이며 만약 수행자의 견해가 자기 생각하는 바에 들어맞는 경우에는 이를 분명히 인정하고 허용하는데, 이것이 바로 큰 잘못이지요.

옛 사람이, "아직 깨달음을 얻지 못한 사람은 우선 의에 마음을 쓰라"고 교시하신 뜻을 잘 생각해야 합니다.

이것이 바로 취사선택하지 않으면서 취사선택하는 것입니다. 이렇게 의와 구를 내세우는 것도 실은 종사의 본의가 아닙니다.

옛 사람이 말하기를, "의가 구를 매우 깎아내리고 구가 의를 매우 깎아내려 의와 구가 서로서로 날뛰게 되니 이를 아주 조심해야 한다"고 했습니다.

---

380) 억양은 올렸다 내렸다 하는 것이며 포폄은 칭찬을 하거나 깎아 내리거나 하는 것을 의미한다.

38. 지행의 합일

문● 말세가 되기는 했지만 불전佛典과 불전 외의 서적도 그 혈맥은 계속 전수되어 끊이지 않았고, 각 선덕들의 취지를 이해하며 문파의 가르침을 끝없이 이야기로 전하는 사람은 있지만, 유학자들 중에도 공자나 맹자처럼 마음에 오상五常의 덕381)을 지키는 사람은 없습니다. 불교의 여러 종파를 공부하는 사람도 그 종파의 선덕들의 행실은 따라가지 못하고, 선종에서 착어着語382), 설선說禪, 기변機辯383) 등이 자유자재한 사람도 생사화복에 처하여 옛 사람들처럼 구애를 받지 않는 경우는 드물지요. 법문의 계승은 예나 지금이나 변함이 없다고는 하나, 수행자들의 행실에 우열이 똑같지 않음은 어떻게 된 것입니까?

답● 경문에 이르기를, '만약 다문多聞한 사람이더라도 수행을 하지 않으면 우인과 다를 바 없다'고 했습니다.

속세간의 여러 일들도 올바른 뜻을 이해하여 남에게 이야기하기란 쉬운 일이지만, 말한 대로 그것을 실행하기란 어려운 일이지요.

목수의 일이나 문을 만드는 재주에 관해서는 우리들조차 보통의 목

---

381) 유학에서 사람이 지켜야 할 다섯 가지 도리인 인의예지신을 뜻한다. 오륜五倫이라고도 하며, 부자유친, 군신유의, 부부유별, 장유유서, 붕우유신을 말한다.
382) 원문에는 하어下語라도 되어 있다. 옛 근거에 기반하지 않고 자기의 견해를 설파하는 것으로, 선원에서 고칙이나 공안 등의 법어에 대하여 자기 견해를 드러내는 말을 의미한다.
383) 임기응변의 대응, 말을 잘 하는 재주를 뜻한다.

수들에 비해 못하지 않을 것이라 생각하지만, 막상 큰 자귀나 대패를 들어 보면 나무를 깎는 일마저도 마음대로 되지 않습니다. 그 이유는 목수라는 가업을 이어야 한다고 생각한 적이 없으니 목수 일을 훈련한 적이 없을 것이기 때문이지요. 그 정도 실력으로는 서툰 목수의 반열에도 들지 못할 것입니다. 목수 집안에 태어난 사람은 어릴 적부터 그 일을 연마했으니 아무리 기량이 없던 자라도 역시 그 가업을 이은 만큼의 능력은 있는 것입니다.

요즘 불전이나 불교 외의 학문을 전수한 사람은 그 종파의 재학만을 문제로 삼고 마음을 수행하는 연마를 하지 않습니다. 뛰어난 선덕들만 못한 것은 오로지 이러한 이유 때문입니다.

옛날에 공자가 세상에 나타나 오상의 도리를 설파하셨을 때 그 문하생이 된 사람들은 각각 인의예지신仁義禮智信의 도리를 마음에 담아 수련을 했지요. 누구는 인을 배워 익혔다, 누구는 의를 배워 익혔다고 공자가 분명히 인정하신 것은 그 마음에 인이 있고 의가 있는 사람을 말한 것입니다. 단순히 인의의 재학만을 입으로 논하고 마음에 인의가 없는 사람에 대해서는 인정하신 적이 없었지요.

요즘 유교를 공부하는 분들은 그저 인의의 의미만 습득하고는 자기가 이미 유교의 달인이 된 것이라 생각하고 인의의 도를 마음으로 수련하지 않습니다. 이런 이유로 인의의 재학은 공맹에도 뒤지지 않는 것처럼 보이지만, 그 마음에 인의의 덕이 결여되어 있어서 세간 일반의 우인들과 아무런 다를 바가 없습니다.

불교도 또한 그와 같지요.

부처가 세상에 살아계시던 시기라고 해서 사람들마다 모두 천성이 뛰어나고 금세 세속의 번뇌를 벗어나 자유자재의 경지를 터득한 것은 아닙니다. 하지만 중근이나 하근의 천성을 가진 사람이라도 부처의 설법을 청문하고 들어서 이해한 대로 수련을 했기 때문에384) 각자의 정도에 따라 이익을 얻지 못하는 사람이 없었습니다.

부처가 입멸하신 후에도 상고上古에는 한 종파의 법문을 듣는 사람들이 각각 그 종파에서 가르치는 대로 수행했으므로 모두 이익을 얻었다고 할 수 있습니다. 그 이유는 천성적으로 영리하냐 우둔하냐의 차이는 있어도 전생으로부터 쌓인 학식이 깊고 온후한 사람이 불법을 신앙하는 것은, 오로지 생사 미망의 고통을 벗어나고 중생을 제도하기 위해서이며 세속의 명리를 돌아보지 않기 때문입니다.

말세에 태어난 자는 전생으로부터의 과보가 천박하기 때문에 재가在家 사람들 중에 우연히 불법을 신앙하기는 해도 대부분은 세속의 명리를 추가합니다.

출가한 모습으로 불법을 배우는 사람도 대부분은 그저 영화와 명예욕 때문입니다. 그러므로 수련의 공덕이 쌓이는 일도 없지요. 그저 여러 종파의 교리만 두루 학습하고는 각자 그것으로 충분하다고 생각하게 됩니다. 그래서 배워서 이해하는 것이 많아짐에 따라 자만심도 또한 높아지지요.

세간 일반의 범부들은 그저 자기 본위의 인아견人我見385)만이 있지만, 불법을 배운 사람은 본래의 인아견 위에 이중으로 법아견法我見386)을 더하고 있습니다. 이 때문에 법문을 담론하는 것은 상고의 선덕들에게도 뒤지지 않으나 행실을 비교해서 생각하면 하천한 범부와도 전혀 다를 바가 없는 것입니다.

목수나 대장장이와 같은 재주를 이론으로 배운 자는 설령 그 재학을 말로 하는 언변이 특출하더라도, 실제 나무를 깎는 기술도 없고 못조차 만들지 못하는 수준이니 대장장이나 목수 축에도 들지 못합니다.

---

384) 원문에 '修練せし敎に'라고 되어 있는데 의미상 '수련했기 때문에'가 적합한 연결이므로 '敎'를 '故'의 오사誤寫로 본다.
385) 각주 367) 참조.
386) 각주 368) 참조.

하물며 그 방면의 재학을 방편으로 삼아 세상을 살아가는 생업으로 삼을 수 있겠습니까?

그러니 목수나 대장장이 집에 태어난 자들은 어릴 적부터 그 기술을 연마하기 때문에 말세가 되어도 상고의 사람들에 비해 부끄러울 일이 없습니다.

불전이나 불전 외의 서적을 공부하시는 분들도 이 정도만이라도 되면 왜 상고의 선덕들에게 부끄러울 일이 있겠습니까?

설령 둔근鈍根[387]이기 때문에 금방 번뇌의 고통을 벗어나 자유로운 경지를 체득할 수 없다고 해도, 어떻게 세간의 일반 범부보다도 인간의 욕정이나 아집이 누그러지지 않겠습니까?

하지만 요즘은 그저 남보다 뛰어난 학식만 있으면 그 마음이 비뚤어져 있어도 상관없고, 그 행실이 들뜨고 얄팍한 것도 부끄러워하지 않습니다. 그래서 제종의 수행자들이 옛날 선덕들만 못하신 것도 당연한 일입니다.

옛 사람이 이르기를, "한 길丈의 길이를 설득하려 하기보다는 한 길의 수행으로 얻는 것이 낫다"고 말합니다.

그러므로 선문의 종사宗師들은 모두 온갖 지식을 다 버리고 스스로 나아가 직접 추구하라고 권하십니다.

그런데도 요즘 선문의 수행자들도 또한 어록을 읽고 문장을 즐기면서, 그 과정에서 자기 재학이 평소보다 나아지는 바가 있으면 크게 자만하는 마음을 일으켜 진실한 깨달음에 들어가지 못하는 것을 부끄럽

---

[387] 재능이나 성질이 우둔한 사람을 말한다. 수隨나라 신행信行이 시작한 불교의 한 종파에 삼계교三階教가 있는데, 여기에서는 불교를 삼계로 나누어 시時를 정正, 상像, 말末, 사람을 최상이근最上利根, 일반이근一般利根, 둔근鈍根으로 구별하여 지금은 시時가 말기末期이며 사람은 둔근이므로 보법譜法에 의하여서만 도움을 받는다고 주장한 바 있다. 이근利根의 반대말인데, 이근이란 중생이 교법教法을 듣고 이를 얻을 만한 총명한 능력, 혹은 영리한 자질을 뜻한다.

게 여기지도 않습니다.

　이러한 까닭에 교종과 선종의 학문은 서로 다르다고 하나, 조사나 선덕들의 행실에 위배되는 것은 똑같습니다.

　이야말로 말세이며 불법파별의 상相이라 할 수 있지요. 이보다 더 한탄스러운 일이 세상에 또 있겠습니까?

39. 학學과 행行

문● 오로지 선종과 교종의 지식을 배우고 이해하는 것만 즐기며 수행을 하지 않는 사람은 세간의 우인과 같다고 보고 멀리해야 할까요?

답● 포대布袋화상388)이 말씀하시기를 "행行과 학學을 모두 감당해냈다면 승려가 될 필요가 없다"고 했습니다.

출가한 모습으로 행도 하지 않고 학도 하지 않는 사람이 있습니다. 이를 불제자라고 할 수는 없으며 이러한 사람에 비하면 최소한 학을 선호하는 사람만 되더라도 상당히 고마운 일이라 할 수 있습니다.

하지만 마찬가지로 "진실한 불제자가 되라"고 훈계의 말씀도 하셨습니다.

교종의 법문을 완전히 이해하라고 권하는 것은 무엇을 위해서입니까? 그것은 이해한 내용에 따라 수행을 하게끔 만들고자 해서입니다.

수행을 주장하는 것은 어떠한 생각 때문입니까? 올바른 불지佛智를 증득證得389)하게 하고자 해서입니다.

만나기 어려운 진정한 불법을 만난 보람도 없이, 안타깝게도 배운 지식을 그저 세간 명리를 얻는 데에만 사용하고 불도를 원만히 이루는 방편으로 삼지 못하는 사람을 어떻게 지자智者라고 말할 수 있겠습니까?

---

388) 중국 후량後梁의 승려(?~916)로 이름은 계차契此이고 호는 정응定應이다. 체구가 비대하고 배가 불룩하게 나왔으며, 항상 지팡이를 들고 일용품을 담은 자루를 메고 다니면서 길흉과 날씨를 점쳤다고 한다.
389) 진리를 깨닫고 체득하는 것을 말한다. 한편 깨닫지 못했으면서 깨달았다고 우쭐하는 것을 말하기도 하는데 여기에서는 전자의 의미로 사용한다.

교종의 길로 들어선 사람에게조차 학學으로 기우는 것은 잘못이라고 하는데, 하물며 선종을 배우는 자에게는 말할 나위도 없는 일이겠지요.

40. 보리심菩提心

문• 보리심을 일으킨다는 것은 어떻게 마음을 일으키는 것입니까?

답• 불법에 접하는 중생의 근성을 논한다면 상중하의 삼단계가 있습니다.

그 중에 상의 근성인 자를 보살이라고 합니다.

보살이라는 것은 범어입니다. 자세하게는 보리살타菩提薩埵라고 합니다. 보리를 각覺이라고도 번역하고 또는 도道라고도 번역합니다. 살타390)란 유정有情391)이라는 말입니다. 그러므로 곧 재가자와 출가자가 다르기는 하지만 중생을 위해 불도를 추구하는 사람을 보살이라고 하는 것이지요.

불법의 가르침 중에 보리심을 논하는 데에는 여러 종류의 구별이 있습니다.

요점만 짚어 말하자면 두 종류가 있으며, 그것은 비근卑近한 구도심과 진실한 구도심입니다.

생자필멸生者必滅, 성자필쇠盛者必衰의 이치를 알고 세간의 명리에 마음을 쓰지 않으며 오로지 세속의 고뇌를 떠나는 도리를 추구하는 것을 비근한 구도심이라고 합니다.

---

390) 원래 생명이 있는 것이라는 뜻으로 부처 다음가는 위치에 있으면서 용맹스러운 마음으로 불도를 구하고 자비로운 마음으로 중생을 구하는 사람, 즉 보살을 가리키지만 여기에서는 중생의 의미로 쓰였다.
391) 마음을 가진 살아있는 중생을 뜻한다.

용수보살龍樹菩薩392)이 말하기를, "세간의 무상함을 관觀하는 것을 임시로 보리심이라 이름 붙인다"고 했습니다. 얕은 곳에서 깊은 곳으로 들어가는 것이 원칙이므로 비근한 구도심조차 일으키지 않는 사람은 진실한 구도심을 발할 일도 없을 것입니다.

고래의 종사들은 직접 본분의 깨달음을 보인다고 하지만, 보통은 배우는 자를 향해 무상신속無常迅速393)의 도리를 설하신 것도 이러한 취지 때문입니다.

하지만 그저 생사의 무상을 두려워하여 세속의 명리를 추구하지 않는 단계에만 머물고, 진실된 구도심을 일으키지 않는다면 이 또한 어리석은 인간입니다.

옛날에 허유許由394)라는 사람이 요堯임금이 천자의 자리를 양위하겠다는 이야기를 듣더니 속된 이야기에 귀가 더러워졌다고 하며 영수潁水 강물로 귀를 씻었는데, 소부巢父395)는 그 귀를 씻은 물도 더러워 마시게 할 수 없다며 소를 끌고 돌아가 버렸습니다.

이 사람들의 모습을 보면 왕위조차 바라지 않는 것이니, 하물며 세상 일반적인 명리는 말할 것도 없겠지요. 실로 이는 대단한 이야기인 것 같지만 그저 세간의 현인이라고 칭할 정도의 영역인 것입니다. 진실한 구도심을 가진 사람이라고는 할 수 없지요.

그런데도 일반 사람들은 세간의 명리를 버리고 산에 암자를 지어 폭

---

392) 각주 303) 참조.
393) 인간 세상의 변천이 매우 빠르고 세월의 덧없음을 이르는 말이다.
394) 고대 중국의 전설상의 인물(?~?)로 자는 무중武仲이다. 요임금이 왕위를 물려주려 하였으나 받지 않고 도리어 자신의 귀가 더러워졌다고 하여 영수潁水 강 물에 귀를 씻고 기산箕山에 들어가 숨었다고 한다.
395) 중국 고대의 고사高士로 속세를 떠나 산의 나무 위에서 살았기 때문에 생긴 이름이라고 한다. 허유가 귀를 씻은 물 또한 더러워진 것이라 하여 소를 끌로 다른 곳으로 갔다는 고사로 유명하며 이를 허유소부의 고사라고 칭하고 부귀영화를 마다한 사람의 대명사격으로 인용한다.

포 소리나 솔숲에 부는 바람에 마음을 깨끗이 하는 것을 구도심이라고 생각합니다. 이 또한 허유, 소부와 비슷한 부류입니다. 진실한 구도심이라고는 할 수 없습니다.

『무행경無行經』396)에서 말하기를, '만약 청정한 산속의 조용하고 한적한 곳에 살며 자신은 고귀하고 남은 천하다고 생각하는 사람은, 천상에 환생하는 것조차 불가능하다. 하물며 성불은 어찌 할 수 있겠는가?'라고 했습니다.

진실한 구도심이란 무상보리를 믿는 마음이 일어나는 것입니다. 온갖 경문들 속에서 아누다라삼먁삼보리阿耨多羅三藐三菩提397)라고 하는 것이 바로 이것입니다. 아누다라阿耨多羅란 무상無上이라는 의미입니다. 삼먁삼보리三藐三菩提란 정등정각正等正覺398)이라는 말입니다. 보리를 도道라고도 번역하므로 여러 경전 안에서 무상도를 설파하는 것은 아누보리를 말하는 것입니다.

이 무상보리는 인간 누구나 원래 갖추고 있으며 각각 원만히 성취하는 것입니다. 범부에게도 부족하지 않으며 성자에게도 남아돌지 않습니다. 고금에 걸쳐 전혀 변함이 없다고 믿는 것을 진실한 구도심이라고 하는 것입니다.

경문에 이르기를, '보살은 맨 처음 보리심을 일으킨 때에 오로지 보리를 추구하며 견고하여 동요하지 않는 것이다'라고 했습니다.

이 경문이 의미하는 바도 보살은 처음으로 구도심을 일으킨 때로부터 오로지 무상도無上道를 추구하며, 그저 세간의 명리뿐 아니라 소승小

---

396) 『제법무행경諸法無行經』이라고도 한다. 두 권으로 되어 있으며 후진後秦 시대의 구마라습鳩摩羅什이 번역했다. 공空 사상에 입각하여 대승의 실천에 선악의 행이 없다는 것을 설파한 내용이다.
397) 범어 'anuttarasamyaksambodhi'에서 온 말로, 더 이상의 것이 없으며 최고로 바르고 원만한 부처의 마음 또는 지혜를 말한다. 한역하여 무상정등정각無上正等正覺이라고 한다.
398) 가장 바르고 원만한 부처의 마음 또는 지혜를 일컫는다.

乘이나 권교權敎399)의 견해도 일으키지 않음을 설한 것입니다. 설령 이러하더라도 이 역시 본래 갖추고 있는 무상보리를 믿기만 하고 아직 그에 상응하는 영역에 이르지 못하면, 진실한 도심이 아닙니다.

『열반경』에서, '보리심은 끊임없이 나고 사라지는 것이다. 사라지지 않는 영원한 불성이 아니다'라고 설한 것이 이러한 의미입니다.

『화엄경』에서, '아누보리는 과거에도 되돌아간 일이 없고, 현재도 되돌아가는 일이 없고, 미래에도 되돌아갈 일이 없다'고 말한 것은 인간이 갖추고 있는 본래의 보리심을 말하는 것입니다. 진언종에서는 이를 정보리심淨菩提心이라고 명명합니다.

『대일경大日經』400)에서 말하기를, '어떠한 것을 보리라고 하는가?' 하니 '여실히 자기 마음을 아는 것이다'라고 했습니다.

『대일경소大日經疏』401)에 이에 관한 문답이 있는데, '만약 마음이 곧 보리라면 중생은 어떻게 부처가 되지 않겠는가?'라는 물음에 답하여 말하기를, '그것은 여실히 알지 못하기 때문이다. 만약 여실히 안다면 처음으로 보리심을 일으킨 때에 곧바로 정각正覺을 성취할 수 있었을 것이다'라고 했습니다.

아직 본래 갖추고 있는 이러한 보리심에 상응하지 못하는 사람은, 하루 종일 만사가 마음에 걸리지 않고 순수하게 수행할 수 있는 것이 자기 구도심이 견실하고 수행할 능력이 있기 때문이라고 생각하여 오만한 마음을 일으키게 되고, 그 때문에 반드시 마도魔道에 들게 됩니다.

만약 또한 이 구도심이 약해져서 세속의 업연에 마음이 어지러워지고 기분이 가라앉으면서 안정되지 못하여 구도심이 침해될 때에는, 이렇게 생사가 도래하면 윤회를 면치 못하게 될 염려가 있습니다.

---

399) 각주 148) 참조.
400) 각주 143) 참조.
401) 각주 150) 참조.

이러한 염려와 오만한 마음에 방해를 받아 점점 본래 갖추고 있는 보리심을 볼 수 없게 되어 버리지요.
　미숙한 초보 수행자에게 만약 이러한 마음이 일어난다면, 자신이 아직 무상도에 상응하지 못했기 때문에 이러한 망상이 일어난 것임을 알고, 일체를 내버리고 즉시 노력하여 추구한다면 반드시 상응할 시기가 올 것입니다. 그 때가 되어서야 비로소 진실한 보리심은 일어나는 것도 아니고 깨닫는 것도 아니라는 것을 스스로 알게 될 것입니다.
　『무행경』에서 말하기를, '만약 누군가가 보리심을 추구한다면 그 사람에게는 보리가 없다. 만약 보리의 상相을 본다면 그것은 곧 보리에서 멀어지는 것이다'라고 했습니다.

41. 세정世情402)을 떠나기 위한 방법

문● 만약 사람의 천성이 상근上根이어서 즉시 본분을 깨닫는다면, 경계境界403)라고 하여 방해를 일으킬 것이 있을 리 없습니다. 설령 즉시 깨닫지는 못해도 구도심이 견고하다면 경계에 의해 방해받을 일도 없을 것입니다. 하지만 천성이 하근下根인 사람은 구도심도 견고하지 않기 때문에 어쩌다 불법을 믿게 되더라도 명리를 추구하는 마음은 끊임없이 생길 것이며, 역경逆境과 순경順境이 서로 침해하기 때문에 좌선수행도 순일純一해지지 못합니다. 이러한 사람에게 권하여 우선 세속의 정리를 완화시킬 방편은 없는 것일까요?

답● 경계라는 것에 두 종류가 있습니다. 바로 순경과 역경입니다.

자기 마음에 부합하는 것을 순경계라고 이름 붙입니다. 그리고 자기 마음에 어긋나는 것을 역경계라고 합니다.

역경계라면 싫어하고 순경계라면 좋아하게 마련이지요. 좋아하는 마음에 의해 생生을 불러일으키고, 미워하는 마음에 의해 사死를 받아들입니다. 그러므로 순경계와 역경계는 둘 다 생사 미망의 세계를 윤회하는 인연이 됩니다.

어리석은 사람은 이를 모르므로 자기 마음에 맞지 않는 것은 싫다고 버리고, 자기 마음에 부합하는 것만을 원하고 찾습니다.

---

402) 세상의 사정이나 형편, 세상 사람들의 인심, 속세간의 인정이나 속인들의 마음을 의미한다.
403) 불교 용어로서 선악의 차이에 의해 각자가 받는 처우, 혹은 오관五官 및 마음의 작용에 의해 인식되는 대상을 의미한다.

사바(娑婆404)라는 것은 범어입니다. 여기에서는 결감(缺減405)이라고 번역합니다.

이 인간세계에 태어나는 자는 모두 전생으로부터의 선업이 약하기 때문에 무슨 일이든 다 마음에 부합하여 만족하는 일이 없을 것이라는 의미입니다. 그런데 이 사바세계에 있으면서 마음에 부합하는 것을 추구하는 것이란 불 속에 들어가 시원하기를 원하는 것이나 마찬가지입니다.

무슨 일이든 마음에 부합하는 것을 얻고자 생각한다면 신속히 이 사바를 벗어나기 위한 계획을 세워야 합니다.

이 결감의 세계 속에서 마음에 부합하는 것을 추구하므로, 아침저녁으로 몸을 괴롭히며 마침내는 내세의 악과(惡果)를 예감하게 됩니다.

옛 와카(和歌) 중에

"울적하구나 / 오래 살지도 못할 / 이 속세에서 / 그저 마음에 드는 / 사람이나 있으면" 406)

이라는 노래가 있습니다.

만약 사람이 이 도리를 안다면, 사바세계에 태어나 아무 일도 생각대로 되지 않는 것은 모든 사람을 위해 번뇌에서 벗어나기를 권하는 선지식이라고 해야 할 것입니다. 만약 사람이 자기 마음에 부합하는 것을 좋아하지 않았다면 마음에 어긋나는 것이란 없을 것입니다. 그러므로 자기를 괴롭게 만드는 것은 다른 경계가 아닙니다. 오로지 이는

---

404) 사바세계라고도 하며 괴로움이 많은 인간 세계, 석가모니불이 교화하는 속세를 이른다.
405) 결핍되고 감소하는 것.
406) 원어로는 「うかれただながらへはてぬ世の中に心のとまるひともこそあれ」로, 가마쿠라 시대의 와카집인 『슈후와카슈(秋風和歌集)』 19권 잡가, 『슈이후테이와카슈(拾遺風体和歌集)』 잡가에 보이는 묘쿄법사(明教法師)의 작품이다.

자기 마음의 잘못이지요.

내가 옛날에 지방 작은 절에 주재할 때 함께 살던 스님 중에 싸움을 좋아하던 사람이 있었습니다. 어느 날 이 스님이 내가 있는 곳으로 와서 참회하며 말했습니다.

"나에게는 이렇게 싸우는 버릇이 있습니다. 어떻게 이를 고쳐야겠습니까?"

나는 다음과 같이 답을 했지요.

"싸움을 잘 하는 법을 알면 다투려는 마음이 생기지 않는 법입니다. 싸움을 잘 하는 법을 가르쳐 드리지요. 세간에서 전투를 잘 하는 사람은 우선 적의 대장을 주목하고 하찮은 졸병들은 상대도 하지 않습니다. 대장만 쳐서 잡는다면 졸병들은 자연히 무너지기 때문이지요. 당신 마음에 어긋나는 적들 중에서 누가 그 대장인지를 주의해서 보는 것이 좋습니다. 설령 다른 사람에게 욕을 듣고 얻어맞는다 하더라도 그것 때문에 지옥에 떨어지는 일은 결코 없습니다. 이러한 악연을 만나 생기는 외곬의 분노는 헤아릴 수 없이 오랜 시간 동안 쌓아온 선근을 모조리 태워 없애고 마침내는 자기를 지옥으로 떨어뜨리고 맙니다. 그렇게 되면 자신에게 손해를 끼치는 대장은 다른 사람이 아니라 그저 자기 마음인 것입니다. 다투려는 마음이 일어나려고 할 때에는 우선 자기 마음을 바라보고 이를 없애는 것이 좋습니다."

이 스님은 이 이야기를 듣고 눈물을 흘리며 물러났습니다. 그 이후로는 완전히 바뀌어 온화한 스님이 되었지요.

그 무렵 제가 있던 그 사원寺院에는 아직 목욕탕을 만들지 않았으므로 근처에 있는 교문 사원에 가서 목욕을 하곤 했습니다. 그 목욕탕의 물 퍼내는 도구는 지름이 다섯 치 정도 되는 대나무 통으로, 안에 마디를 만들어 넣고 양 쪽으로 뜨거운 물을 푸도록 만들어진 것이었습니다. 뜨거운 물을 한 번에 많이 푸지 못하게 하려는 고안이었지요. 저와 같이 지내고 있던 스님 중에 한 사람이 이 대나무 통을 볼 때마다 나쁜 마음을 일으켜 그 교문 사원의 주지스님 도량이 좁다며 매번 비난했습니다.

나는 그 스님에게 이렇게 말했습니다.

"이 세상 모든 법法에 원래 대소의 상은 없는 것입니다. 대소는 인간 정리情理에 있는 것이지요. 그런 까닭에 대소의 망념을 잊고 불가사의한 해탈을 분명히 체득한 경지의 보살은 작은 겨자 씨 안에도 높고 너른 수미산을 담을 수 있지만, 그렇다고 겨자 씨 자체는 커지는 것도 수미산이 작아지는 것도 아닙니다.

정명淨名거사[407]가 사는 방은 겨우 사방이 한 장丈[408]이었는데, 팔만 사천 유순由旬[409]이나 되는 고좌高座[410]를 삼만 이천 개나 넣을 수 있었습니다. 당신에게 대소의 상에 집착하는 마음이 없다면 그 작은 대나무 통으로 큰 바닷물도 퍼낼 수 있을 것입니다. 그러니 주지스님 도량이 협소한 것이 아니라 당신 마음이 협소한 것입니다.

나도 아직 불가사의한 해탈을 분명히 체득하지 못하여 대소의 상에 얽매여 있기는 하지만, 이러한 이치를 믿고 분명하게 이해하고 있으므로 당신처럼 나쁜 마음을 일으키는 일은 없습니다."

이 스님이 제 말을 들은 이후에는 물 퍼내는 대나무 통을 보고도 나쁜 마음은 전혀 일지 않더라고 했습니다.

그저 단순히 물 퍼내기는 통의 크기에만 관련된 것이 아닙니다. 과보가 크냐 작으냐, 수명이 기냐 짧으냐, 재보가 많으냐 적으냐, 관위가

---

407) 유마거사의 다른 호칭이다. 유마거사는 각주 289) 참조.
408) 길이의 단위로 약 3미터 정도를 말하나, 변하여 남자의 신장 정도를 일컫기도 한다.
409) 고대 인도의 거리의 단위. 제왕의 군대가 하루에 진행한 거리, 혹은 소에 수레를 달아 하루를 걷게 한 거리라고 하며 약 7km, 약 10km, 약 15km 등 여러 가지 설이 있다.
410) 설법이나 경전 강의 때에 설법자나 강사가 앉는 한 단 높은 좌석으로 원래 석존이 불도를 이루었다고 하는 금강보좌金剛寶座를 본떴다.

높으냐 낮으냐, 세상이 태평하냐 어지러우냐, 인륜이 원친怨親411) 어느 쪽이냐 등등 이러한 세속의 일은 여러 가지이지만, 그저 이것은 얽매인 미망의 정리에 떠 있는 몽환夢幻의 상입니다. 이러한 몽환의 상에서 이것을 취하고 저것을 버리려고 고심할 시간에 이것이 환상幻相임을 분별하려는 자기 마음을 모두 버리는 것이 좋습니다.

만약 이 분별하려는 마음을 잊게 되었다면 과보의 크고 작음이나 수명의 장단만이 아니라 정토와 예토, 범부와 성현 등의 구별 또한 사라질 것입니다. 무엇을 슬퍼하고 무엇을 기뻐하겠습니까?

하지만 만약 분별하려는 자기 마음을 버리지 못하고 세간의 환상幻相에 마음이 산란할 때에는 거듭거듭 잘 생각해 보는 것이 좋습니다.

과보도 크고 수명도 길며 재보도 풍부하고 관위도 높으며 원수나 적도 없고 태평한 세상에 살더라도, 천상의 과보에는 미칠 바가 못 됩니다.

설령 천상의 과보에 버금간다고 해도 언제까지고 오래 살 수는 없는 노릇이니 이를 마냥 훌륭하다고 할 수 있겠습니까?

만약 또한 과보나 관위 등도 모두 미천하고 난세亂世에 갇혀 지낸다고 해도, 여전히 인간의 세상이니 사악취四惡趣412)의 과보보다는 나은 것이라 생각하고 한탄하지 말아야 합니다.

하물며 불법을 만날 수 있는 큰 기쁨이 있습니다. 어떻게 세속의 작은 이익을 마음에 두겠습니까?

이러한 법문은 교종의 가르침 속에서 온갖 인연을 비유한 이야기로 설파됩니다. 다만 교종 뿐 아니라 선종을 주장하시는 조사님들도 또한 마찬가지로 이를 권하고 계십니다.

달마대사는 불법을 깨닫고자 불도에 든 사람에 관하여 이입理入과

---

411) 불교용어로 해를 끼치는 자와 애정을 보이는 자, 즉 적과 자기 편을 뜻한다.
412) 사악도四惡道와 같은 말로 악인이 죽어서 가는 네 가지 고통스러운 길을 말한다. 즉 지옥, 아귀餓鬼, 축생畜生, 아수라阿修羅를 총칭하는 것이다.

행입行入의 두 종류를 생각하셨습니다.

이입理入이란, 수행의 힘을 빌지 않고 직접 본분의 경지를 목표로 하는 사람입니다.

행입行入이란, 본분의 법문을 듣고 그것을 믿고 이해하기는 했지만 아직 상응하지는 못하는 처지의 사람들을 위해 정해진 방편이 없는 방편을 마련하여 상응하게 만들려는 수단입니다.

행입에 관하여 사행四行을 설명할 수 있습니다. 첫째로 보원행報冤行, 둘째로 수연행隨緣行, 셋째로 무소구행無所求行, 넷째로 칭법행稱法行입니다.

세간의 온갖 귀천남녀들 중에서 내 마음에 들지도 않고 나에게 원한을 사는 사람이 있습니다. 그리고 축생과 귀신들 중에도 나에게 독으로 해를 끼치는 것들이 있습니다. 인간의 팔고八苦413) 중에 원증회고怨憎會苦414)라 함이 바로 이것입니다. 이는 모두 전생에 그들을 적대시한 응보입니다.

혹은 빈고와 병고에 시달리더라도 내가 욕심을 부리거나 계율을 어긴 응보라고 생각하며 화낼 것도 슬퍼할 것도 없습니다. 이렇게 마음을 편안히 안정되게 하는 것을 보원행報冤行이라고 합니다.

또한 만약 복분福分이 있어서 관위도 올라가고 재보도 풍요로워지며 명예도 남보다 낫고 기예나 재능도 뛰어나 소문이 나더라도, 그것은 모두 전생에 수행한 유루의 선근에 부응하는 과보와 위세입니다. 오래

---

413) 불교에서 말하는 여덟가지 고통으로 인간세계의 모든 고통을 뜻한다. 기본적인 생로병사生老病死의 사고에, 사랑하는 것과 헤어지는 고통인 애별리고愛別離苦, 싫어하는 것과 만나는 고통인 원증회고怨憎會苦, 구하여도 얻지 못하는 고통인 구불득고求不得苦, 오음五陰 즉 오온五蘊에 대한 집착에서 생기는 고통인 오음성고五陰盛苦 등의 사고를 추가한 것이다. 뒤의 사고 중 삼고는 외부관계에서 비롯되었고, 오음성고는 자기 자신에게서 발생하는 고통으로서 육신과 정신에 대한 집착에서 기인한다. 팔고 중 생로병사의 사고를 하나로 묶어 오고로 분류하기도 한다.
414) 불교에서 말하는 여덟 가지 고통, 즉 팔고 중의 하나이며 원한을 품어 미워하는 사람과 만나는 괴로움을 뜻한다.

도록 유지할 수 있는 것이 아니라고 생각하여 이를 과시하거나 이에 집착하는 마음이 없도록 하는 것을 수연행隨緣行이라고 부릅니다.

이 두 가지 행의 도리는 굉장한 깊이가 있는 법문은 아니지만, 교외教外의 종지를 믿는 사람들 중에도 전생으로부터의 좋은 응보가 희박한 사람은 역경과 순경의 인연을 만나게 되면 마음이 산란해져 불법을 잊게 됩니다. 여전히 불법을 마음 어느 구석에서인가 신경은 쓰지만, 그래도 역경과 순경의 인연이 잇따라 쉴 새 없이 들이닥치므로 수행이 숙련될 여지가 없습니다.

이 두 행의 도리는 설령 무지한 사람이라도 알 수 있습니다. 우선 이러한 도리를 알고 역경과 순경의 인연과 마주하게 될 때 마음을 어지럽히지 않는다면 수행도 자연히 순일純一해질 것입니다. 이러한 이유로 달마대사가 우선 이 두 행을 세우신 것입니다.

장자莊子와 같은 사람이 고락이나 역경, 순경에 마음을 움직이지 않은 것을 무위無爲[415]의 도에 부합한다고 여기는 것과는 다릅니다. 그래서 옛날 종사들 중에도 이러한 도리를 보이신 분들이 있습니다.

최근 천목산天目山의 광혜선사廣慧禪師[416]인 중봉中峰화상이 내린 계율 중에 주로 세속의 인정이 잘못되어 있는 것을 훈계하신 것도 이러한 취지입니다.

그런데도 어설프게 약간의 지혜가 있는 자들은 이를 보고 이러한 도리는 외전外典이거나 소승 등의 법문이며, 달마 조사의 종지가 아니라

---

415) 중국 노장 철학에서는 자연에 따라 행하고 인위를 가하지 않는 것을 무위로 본다. 인간의 지식이나 욕심이 오히려 세상을 혼란시킨다고 여기고 자연 상태 그대로를 최고의 경지로 보는 것이다. 그런데 불교에서는 무위를 인연에 따라 이루어진 것이 아니며 생멸生滅의 변화를 떠난 것으로 보기 때문에 개념에 차이가 있다.
416) 1276~1337년. 불자원조佛慈圓照 광혜선사로 호는 불일광혜보국선사佛日廣慧普國禪師이며 중봉화상中峰和尙이라고도 일컫는다. 중봉파中峰派를 이루어 일본에도 많은 영향을 미쳤다.

고 비난합니다. 조사 문하의 종사들은 교종의 방식처럼 법문의 심천에 따라 가르침을 구분하고 기회에 따라 이를 설파하는 것이 아닙니다. 어떤 때에는 세간의 도리를 설하고 어떤 때에는 세간 번뇌의 고통에서 벗어나는 법문을 이야기합니다. 딱 정해진 절차는 없습니다.

이는 모두 중생을 위해 집착을 풀고 속박을 벗어버리는 수단입니다.

옛 사람이 이르기를, "체득하면 곧 본분을 잘 발휘하는 것이고, 체득하지 못하면 곧 세간의 흔한 일이 된다"고 했습니다.

설령 깨달음으로 향하는 깊은 뜻을 보이더라도 배우는 자가 만약 체득하지 못하면 그것은 세속의 도리에 불과한 것이 되어 버립니다. 반대로 만약 누군가가 세속의 도리를 설하는 것을 듣고서 평소의 집착과 속박에서 해탈하여 곧바로 본분의 경지에 이르게 된다면 이 세속의 도리는 곧 심원한 법문이 되는 것이지요.

만약 순경과 역경의 인연을 만나 마음을 어지럽힐 정도는 아니더라도 그 상태에 머물러 본분의 경지를 밝히지 못하면, 이는 그저 북구로주 천상의 과보를 얻는 사람이 되는 것에 불과할 것입니다.

나한羅漢의 수행을 다한 사람은 탐貪417), 진瞋418), 치癡419)의 삼독三

---

417) 탐은, 탐욕, 탐애貪愛라고도 하며 자기가 원하는 것에 욕심을 내어 집착하는 것, 즉 자기 뜻에 맞는 일에 집착하거나 정도를 넘어서서 욕심을 부리거나 혹은 명성과 이익을 지나치게 좋아하는 것 등이 모두 이에 해당한다. 일반적으로 불교에서는 오욕五慾이라고 하여 식욕, 색욕, 재물욕, 명예욕, 수면욕 등을 들고 있다. 또한, 여자가 가지는 욕망으로는 얼굴의 아름다움에 대한 욕망인 형모욕形貌慾, 치장에 관한 욕망인 위의욕威儀慾, 아름다운 몸매에 관한 욕망인 자태욕姿態慾, 아름다운 음성에 관한 욕망인 언어욕言語慾, 피부 윤기에 대한 욕망인 세활욕細滑慾 등 육욕六慾을 가지고 있다고 한다.
418) 진에瞋恚라고도 하며 분노하는 것으로 산 목숨에 대하여 미워하고 성내는 것을 말한다. 따라서 진에에는 분노뿐만 아니라 시기와 질투까지 모두 포함되어 있다. 이 진에는 수행을 하는 데 가장 큰 허물이 되는 것이며 다스리기도 어려운 것으로 본다.
419) 우치愚癡라도도 하며 현상이나 사물의 도리를 이해할 수 없는 어두운 마음을 말한다. 이로 인하여 있는 그대로의 모습을 판단할 수 없게 되며 우치 때문에 모든 번뇌가 일어나게 되는 것으로 보고 있다.

毒420)을 영원히 끊고 삼계를 헤매는 고통을 벗어나기는 했지만, 아직 대승의 바른 이치에는 이르지 못한 것입니다.

따라서 『원각경』에서 이르기를, '마음속 생각을 움직이는 것도 미망이며, 또한 생각을 멈추는 것도 미망이다'라고 했습니다. 하지만 만약 먼저 비근한 도리를 알고 세정世情을 원만하게 만든 다음 불법을 수행하려는 것을 꺼려서는 안 됩니다.

설령 세정도 원만해지고 순일하게 불법을 수행했다고 해도, 다시 깨달음의 길로 들어가기를 원하고 성불을 추구하며 신통력을 추구하고 달변이 되기를 원하는 욕심이 있으면 본분의 깨달음을 이룰 수는 없습니다. 그래서 달마대사는 세 번째로 무소구행無所求行을 세우신 것입니다.

『금강경』에 이르기를, '불법조차도 버려야 한다. 하물며 불법이 아닌 것은 말할 나위가 있겠는가?'라고 한 것이 이러한 의미입니다.

그렇다고 선종을 배우는 자가 추구하는 바가 없는 것을 궁극의 목적으로 삼는 것은 아닙니다. 추구하는 바가 없으므로 본래의 근원에 쉽게 이를 수 있으며, 여러 인연이나 경계 때문에 괴로움을 겪지 않고 천마나 외도 역시 방해를 일으킬 수 없는 것입니다.

이러한 경지에 도달하고서야 비로소 잠들거나 깨어나거나 자각하거나 잊거나 하는 경계도 없어지고, 견문각지見聞覺知421)도 따로따로가 아닌 것이 됩니다. 그래서 네 번째로 칭법행稱法行을 세우신 것입니다.

그러나 설령 이러하더라도 여전히 이는 그저 잘했다고 칭찬할 만한 정도입니다. 철저한 대오각성의 경지라고 생각해서는 안 됩니다.

---

420) 불교에서 말하는 근본적인 세 가지 번뇌. 탐욕貪慾과 진에瞋恚, 우치愚癡를 의미하며 각각 줄여서 탐, 진, 치라고 한다. 이 세 가지 번뇌가 중생을 해롭게 하는 것이 마치 독약과 같다고 하여 삼독이라고 한다.
421) 눈으로 빛을 보고, 귀로 소리를 들으며, 코로 냄새를, 혀로 맛을, 몸으로 촉감을 느끼고, 뜻으로 법을 아는 육식六識의 작용을 일컫는다. 외경을 식별하거나 인식하는 마음의 작용을 이르는 말이다.

42. 세정과 본분의 전념

문● 세정 위에 떠 있는 희로애증喜怒愛憎의 고민이 끊이지 않을 때는 오로지 이 욕구를 잘라내는 것에만 마음을 쓰고, 이러한 범부의 정리情理가 모두 그친 뒤에 비로소 본분을 깨달을 궁리를 해야 하는 것입니까?

답● 우연히 인간계에 생을 받아 만나기 어려운 불법을 만나서 이번 생에 이를 분명히 하지 못한다면 어느 내생을 또 기다리겠습니까?

인간의 목숨은 숨을 쉬는 짧은 순간이라도 의지하기 어려운 것입니다. 아주 잠깐이라도 세정에 마음이 옮아가서야 되겠는가 하고 이렇게 뜻을 북돋우는 사람은, 세정에 이끌려 깨달음의 수행을 잊는 일은 없을 것입니다.

설령 역순의 경계를 만나 세정이 일어나는 경우가 있어도, 그 애증의 미망이 일어나는 것에 관하여 치열하게 궁리를 하기 때문에 그 애증의 감정도 도리어 수행의 힘이 될 것입니다.

하지만 구도심이 깊거나 절실하지 않기 때문에 순경과 역경의 인연에 방해를 받게 되고 수행의 궁리를 완전히 잊게 되는 사람을 위해 하나의 방편으로서 우선 비근한 세속의 도리로 세정을 완화하도록 권하는 것입니다. 그렇다고 해서 우선 이 세정을 깨끗이 없애버린 다음에 비로소 본분을 깨닫는 수행을 하라는 것은 아닙니다.

나한의 수행을 완전하게 한 사람은 순경과 역경의 인연을 만나도 애증의 감정은 일어나지 않지만, 그렇다고 이를 득법한 사람이라고는 할 수 없습니다.

　박지薄地422)의 범부 단계였다가 깨달음으로 들어간 사람은 희로의 감정은 아직 다 끝나지 않았어도 득법한 사람이라고 합니다.

　그러므로 우선 세정을 없앤 다음에 깨달아야 한다고 말하는 것이 아닙니다. 미망의 감정이 일어날 때 이를 누그러뜨리는 도리를 떠올릴 때에도 본분을 향하는 궁리는 버리지 말아야 합니다.

　구도심이 깊고 절실한 사람은 자는 것도 잊고, 먹는 것도 잊는다고 합니다. 이러한 사람은 때로 피곤할 수도 있을 것이고 굶주릴 때도 있을 것이지만, 수행 속에서 쉬고 수행 속에서 먹기 때문에 침식寢食을 하는 동안에도 지장이 없습니다. 그 정도의 구도심이 없는 사람이 굶주림을 참고 졸음을 견디다가는 몸도 축나고 병도 생겨서 도리어 불도 수행의 방해가 되기 때문에, 허기를 가라앉히기 위해서 음식을 먹고 몸을 쉬게 하기 위해 베개를 베라고 권합니다만, 침식하는 동안에 잠시 수행을 멈추라는 의미는 아닙니다.

　옛 사람이 말했습니다.

　"걸어갈 때는 걸어가는 것 자체를 잘 응시하라.

　앉아 있을 때에는 앉아 있는 것 자체를 잘 응시하라.

　누워 있을 때에는 누워 있는 것 자체를 잘 응시하라.

　견문見聞할 때에는 견문하는 것 자체를 잘 응시하라.

　각지覺知할 때에는 각지하는 것 자체를 잘 응시하라.

　기쁠 때는 기쁜 것 자체를 잘 응시하라.

　화가 날 때는 화가 난 것 자체를 잘 응시하라."

　이야말로 옛 사람이 내려주신 입에는 쓰지만 마음이 담긴 훈계입니다. 이렇게 수행을 하면 깨닫지 못할 일은 없을 것입니다.

---

422) 범부의 위계 중 가장 하위 단계. 각주 337) 참조.

43. 몽환관夢幻觀도 궁극적 경지가 아니다

문● 대승경전 중에 대부분은 여몽如夢과 여환如幻423)의 법문을 설하고 있습니다. 선사들의 말씀 중에도 또한 이러한 법문이 있습니다. 그렇다면 대승을 수행하는 사람은 여환의 관觀을 이루는 것을 근본으로 해야 하는 것입니까?

답● 제법諸法은 다 몽환과 같다는 법문은 그 말은 같아도 모든 종파에서 말하는 취지에는 각각 차이가 있습니다. 하지만 대략은 다르지 않습니다.

세속 사람들이 흔히 하는 말 중에 "이 세상은 몽환과 같다"고 하는 것은 무상無常의 의미입니다. 하지만 대승 쪽에서 몽환의 비유를 취하는 것은 그렇지 않습니다.

꿈속에 보이는 온갖 물상物像들은 모두 실체가 없는 것이지요. 실체는 없지만 여러 종류의 형상은 그 모습과 똑같이 닮아 있습니다.

환술사가 헝겊을 만지작거려서 사람의 모습으로 만들거나, 혹은 말의 모습으로 만들기는 하지만 실제로는 사람과 말의 상이 아닙니다. 환영과 같다고 하는 것이 바로 이것입니다.

인도에는 이러한 마술을 부리는 자가 많습니다. 그래서 비유로 삼은 것이지요. 이러한 이유로 만법萬法은 실체가 없으면서도 제상諸相은 뚜렷한 모양이 있다는 것에 비유한 것입니다. 물속의 달, 거울 속에 비친

---

423) 모든 것은 실체가 없는 환영과 같다는 뜻. 각주 195) 참조.

모습 등의 비유 또한 이러한 의미입니다.

또한 교법 중에 불사의환不思議幻을 이야기하는 법문이 있습니다. 이는 연생緣生424)이 환영 같다는 것과는 다른 뜻입니다. 불법을 수행하는 사람이 자칫 외도外道나 이승二乘의 견해에 빠집니다.

외도의 견해가 많다고는 하지만 단견斷見425)과 상견常見426) 두 견해가 근본입니다.

단견이란 무無를 말하며 상견이란 유有를 말합니다. 이를 넷으로 나누어 설명하겠습니다.

형태가 있는 색色과 형태가 없는 심心의 제법諸法에서 일률적으로 유有라고 추측하는 것은 상견常見입니다.

이에 반하여 일률적으로 무無라고 추측하는 것은 단견斷見이지요.

유有인 것도 있고 무無인 것도 있다고 추측하는 것은 역유역무亦有亦無의 견해입니다.

일률적으로 유도 아니고 무도 아니라고 추측하는 것을 비유비무非有非無의 견해라고 합니다.

오늘날 대승을 수행하는 사람이 말로 논하는 법문은 대승과 닮은 것처럼 보이기는 하지만, 그 사고방식을 잘 살펴보면 외도의 네 가지 견해에서 벗어나지 못하는 사람들이 많습니다. 부처의 설법도 위의 네 가지 견해를 벗어나지 않지만 진실한 부처의 지혜는 그 네 가지 안에 있는 것이 아닙니다.

---

424) 인연에서 생긴다는 의미로 연기緣起와 비슷하나, 연기는 인因으로 보는 것이고 연생은 과果로 보는 것이다. 연생에 관한 내용은 69단에 상세하다.
425) 세상만사의 단멸斷滅을 주장하여 인과응보를 인정하지 않는 견해로, 사람이 한 번 죽으면 영원히 없어진다고 보는 생각. 우주의 진리를 볼 수 없다 하여 그것이 아주 없다고 생각하는 견해를 이른다. 각주 342) 참조.
426) 세계나 모든 존재는 영겁불변의 실재이며, 사람은 죽으나 자아는 없어지지 않으며, 오온五蘊은 과거나 미래에 상주 불변하여 영구히 존재한다는 망신을 이른다. 각주 341) 참조.

유의 견해(=상견)를 깨기 위해서는 모든 것이 공무空無라는 것을 설하고, 무의 견해(=단견)를 깨기 위해서는 제법諸法이 상주常住라고 말씀하시는 것입니다.

부처님의 뜻을 모르는 자는 방편을 추구하고 그것을 진실이라고 생각합니다. 이승의 견해란 성문聲聞과 연각緣覺이며 각기 배우는 법문은 조금 다르다고는 하나, 심신의 흔적을 모두 없애고 일체의 인연을 벗어나 열반의 경지에 귀의하여 삼계 윤회의 고통을 면할 수 있다고 생각합니다. 그것은 대승의 법리에 크게 위배됩니다.

만약 사람들이 이 여환의 법문을 잘 이해한다면 자연히 외도나 이승의 견해에는 빠지지 않을 것입니다. 그러므로 여환의 법문을 완전히 이해한 사람은 제법이 유有라고 하더라도, 그 소견은 결국 실체의 유가 아닙니다. 제법은 공空이라고 설하여도 그 지혜는 진실한 공에 빠지지는 않습니다.

따라서 중도中道427)에 실상이 있다는 도리를 분명히 체득하는 데에 좋은 방편이 됩니다. 이 때문에 여환의 법문을 대승의 초문初門이라고 명명한 것입니다. 이를 진실한 궁극의 법문으로 삼는 것은 아닙니다.

하지만 범부나 외도 사람들이 가진 실유實有 실공實空의 견해를 깨버리고 이승이 공에 빠져 버리는 견해를 일으키지 않도록 하기 위해, 교법 중에 임시로 여환의 관觀을 권한 것입니다.

『대일경』의 「주심품住心品」에도, '연생의 제법은 다 환영과 같다'는 도리만을 오로지 설명했습니다.

『원각경』, 『수능엄경』 두 경전에서는 '여환의 지혜도 멀리 벗어나라'고 설명되어 있습니다.

하지만 삼종三種의 관행觀行428)을 설명할 때 삼마파제三摩波提429)라고

---

427) 불교에서 밝힌 참다운 수행의 길로, 유나 공 양극단에 치우치지 않는 중정中正의 도를 일컫는다.

한 것은 여환의 관입니다. 이는 곧 잠시 동안 환영의 지혜를 일으켜 환영의 망집을 지움으로써 본분의 청정한 보전寶殿에 오르게 하려는 수단입니다. 이러한 방편을 교법에 양보한 것이라 하여 선종을 배우는 자가 여환의 관을 이용해서는 안 됩니다.

선종의 종사가 몽환의 법문을 설하는 것은, 이 도리를 마음속으로 관하라는 것이 아닙니다. 불법도 세법도 모두 몽환과 같다는 것을 알았다면 일체를 내던지고 즉시 본분의 깨달음을 지향하도록 권하기 위해서입니다.

삼조대사三祖大師430)가 말씀하시기를, "몽환이나 허공의 꽃과 같은 것을 손에 잡으려 애쓰지 마라. 득실과 시비 따위는 일시에 모두 놓아 버려라"고 하셨습니다.

---

428) 관행이란 마음으로 진리를 비추어 보고 그 진리에 따라 실천하는 것, 혹은 자기의 본 성품을 밝게 비추어 보는 방법을 말한다. 삼종의 관행은 삼관이라고도 하며 관법의 내용을 셋으로 나눈 것인데, 천태종에서는 공관空觀, 가관假觀, 중관中觀. 법상종에서는 유관有觀, 공관空觀, 중관中觀. 율종에서는 성공관, 유식관. 화엄종에서는 진공관, 이사무애관, 주편함용관 등으로 나눈다.
429) 삼마지三摩地, 또는 삼매지三昧地라고도 한다. 마음을 한 곳에 정해 두고 움직이지 않는 경지를 일컬으며 유심유사마지有尋有伺摩地, 무심유사마지無尋有有伺摩地, 무심무사마지無尋無伺摩地의 세 단계가 있다고 한다.
430) ?~606년. 중국 수나라 때 혜가慧可의 제자이자 선종의 제3대 조사祖師인 승찬僧璨. 지적인 분별 의식을 배척하고 선禪의 무분별적 세계를 간단명료하게 풀어낸 『신심명信心銘』을 저술했다.

44. 몽환관의 진의

문● 몽환이라고 보는 것 또한 헛된 일인 줄은 알지만, 온갖 종류의 인연을 마주할 때 항상 이러한 마음을 떠올리는 것은 잘못입니까?

답● 일체를 모두 내던져 버리라고 해서, 외도나 이승과 같은 나쁜 생각을 금하여 일어나지 못하게 하는 것과는 같지 않습니다. 그렇게 하는 것은 피로 피를 씻는 것과 마찬가지이지요.

눈이 침침해지는 병에 걸린 사람이 허공을 보면 온갖 꽃들이 어지럽게 나타났다가 사라지는 상이 드러납니다. 어리석은 사람은 이것이 눈병 탓인 줄은 모르고 정말로 꽃이 있다고 생각하거나, 혹은 이것이 싫다며 손짓으로 떨쳐내려고 하는 사람도 있고, 또한 이를 기꺼워하며 사라지지 못하게 하려는 사람도 있습니다. 그 눈병이 만약 나아버리면 어지럽게 나타났다 사라지는 꽃도 없는 것인데, 무엇을 싫어하고 무엇을 기꺼워한다는 말입니까?

불도수행도 또한 이와 같습니다. 무명無明이라는 병으로 자기 눈을 차단당하여 본분의 진공眞空431) 위에 불법과 세법, 선한 생각과 악한 생각 등 온갖 허공의 꽃의 상을 보는 것입니다.

이 도리를 분명히 알고 체득하면, 설령 눈의 침침한 병이 아직 완벽하게 가시지 않아서 선한 생각과 악한 생각 같은 허공의 꽃들의 상이

---

431) 진여眞如의 실성實性이 모든 중생의 미혹한 생각을 여읜 상태라는 의미이다. 혹은 비유非有의 유有인 묘유妙有에 대하여 비공非空의 공空을 이르는 말로도 사용된다. 한편 소승에서는 열반을 의미하기도 한다.

여전히 떠 있어도, 스스로 주재主宰하는 사람이 될 수 있으므로 놀라고 당황하지 않습니다.

마치 거울이 만물을 비춰내는 것처럼 마음을 힘들게 만들 일도 없습니다. 이렇게 마음을 쓰는 것을 대승의 수행이라고 하는 것입니다.

옛 사람이 말하기를, "일체의 선악 모든 것을 추측하지 말라"고 했고 또한, "즉시 무상의 보리를 향하여 일체의 시비에 연루되지 말아라"라고도 했으며 또한, "특별히 내세워 수행이라고 할 것도 없고, 일체를 내버리면 그것으로 바로 옳은 일이다"라고도 했습니다.

45. 제연諸緣의 포기와 불도

문● 일체를 내버리고 불법이나 세법을 가슴 속에 두지 않게 되면 그것을 본분의 깨달음에 이른 경지라 할 수 있습니까?

 답● 달마대사는 이렇게 말씀하셨습니다.

"밖으로는 제연諸緣을 뒤쫓지 않고, 안으로 번민하는 일이 없으며, 마음이 담벼락처럼 굳건해지면 불도에 들어갈 수 있을 것이다."

대혜선사大慧禪師432)가 이러한 달마대사의 말을 들어서 설하기를 "제연을 다 버리고 내심이 동요하지 않는 것이 불도에 들어가는 방편이 된다는 의미이다"라고 했습니다. 또한 "만약 이 정도의 경지를 진실한 불도라고 생각한다면 달마대사의 본의에 어긋난다"고도 말했습니다.

---

432) 1089~1163년. 중국 남송 임제종의 승려로 종고宗杲라고도 하고 대혜보각선사大慧普覺禪師라고 부르기도 하며 원오圓悟의 제자이다. 조동종에 속한 정각正覺과 진정한 선법을 둘러싸고 격렬히 대립하였는데, 종고는 공안公案을 이용함으로써 말에 의한 사고에 큰 의문을 품으며 좌선을 하였고, 그 의문을 타파하여 깨달음으로 향한다는 임제종의 선법이 옳다고 주장했다. 이에 대해 정각이 자기완결적인 선법 속에서 원래 구유하고 있는 불성이 드러난다고 한 선법을 묵조선黙照禪이라고 하여 비판했다. 이는 중국에서부터 현재의 일본으로까지 계속되는 대립인데 당시 중국에서는 종고의 이론이 지지를 얻어 임제종이 크게 융성하게 되었다.

46. 타인의 시비是非

문● 옛 사람이 말하기를 진실로 불도수행을 하는 자는 타인의 시비를 거론하지 않는다고 했습니다. 이 말을 믿습니다만 승속僧俗을 마주하게 될 때 자칫하면 시비를 가리려는 마음이 일어나는 것을 어떻게 잘라내야 하겠습니까?

답● 진실한 불도수행자가 타인의 시비를 거론하지 않는다는 것은, 옳고 그름이 실제로 있지만 이를 입에 담지 않는다는 뜻이 아닙니다. 자타의 상을 일체 보지 않으므로 시비를 설명할 수 없기 때문입니다.

삼조대사가 말씀하시기를, "진여眞如433) 법계法界434)에는 남도 없고 나도 없다"라고 했습니다.

교법에서 말하기를, '법성은 큰 바다와 같은 것이다. 시비가 있다고 설하여서는 안 된다'고 했습니다.

이러한 도리에 부응하지 않기 때문에 자타의 상이 있는 것입니다. 자타의 상이 있으니 어떻게 시비를 보지 않겠습니까? 만약 시비의 상을 본다면 설령 입 밖으로는 내지 않는다고 해도 진실한 불도 수행자라고는 할 수 없습니다.

그러한 까닭에 대승을 배우는 자는 타인의 시비를 입에 담지 않으려고 하기보다는 그저 스스로 표리를 뒤집어서 잘 보아야 합니다. 타인

---

433) 사물의 있는 그대로의 모습이라는 의미. 우주 만유의 본체인 평등하고 차별이 없는 절대의 진리를 이르는 말이다.
434) 각주 185) 참조.

의 시비를 입에 담는 사람은 대체 누구입니까?

『원각경』에 이르기를, '사대四大를 인식하여 자신의 상으로 삼고 육진六塵435)의 연緣을 통한 모습을 자기 마음의 상으로 삼는다'고 했습니다. 이 경에서 말하는 의미는 범부가 자기라고 생각하는 것은 진실한 자신이 아니라는 것입니다. 자신이라고 생각하는 것이 만약 잘못이라면 타인이라고 보는 것 또한 맞지 않을 것입니다. 만약 자타가 모두 실상이 아니라고 한다면 무엇을 옳고 그르다 할 수 있겠습니까?

세간에서는 구도자라면서 타인의 시비를 입에 담지 않는 사람이라도 마음속으로는 선악의 상을 분별하고 영리한지 어리석은지를 구분하며 지식의 심천을 논하고 수행의 삿됨과 바름을 비교합니다. 이러한 사람은 곧바로 무상의 보리에 들어갈 수 없습니다. 이러한 이유로 일체의 시비에 눈길을 주지 말라고 권하는 것이지요.

일체의 시비를 가르는 것을 포기하고 자타의 상을 보지 않더라도, 만약 부모가 태어나기 이전의 본래의 모습을 보지 않으면 진실한 불도 수행자라 할 수 없습니다. 회광반조回光返照436)하여 잘 보아야 합니다. 자타 심신의 상을 구별하고 시비와 득실을 따지는 생각을 떠올리는 것은 대체 누구입니까?

옛날 남악南岳437) 회양懷讓화상438)이 혜능慧能선사439) 계신 곳으로 갔

---

435) 색, 소리, 향, 맛, 감촉, 법法의 여섯 가지를 이르며 육경六境이라고도 한다. 육경은 육근六根을 구비하여 몸으로 들어와 깨끗한 마음을 더럽히므로 육진이라고 하는 것이다.

436) 원래는 해가 지기 직전에 잠깐 하늘이 밝아진다는 뜻인데, 머지 않아 곧 멸하지만 한때나마 그 기세가 왕성하다는 뜻으로 사용하거나, 혹은 죽기 직전에 잠깐 기운을 되찾는 것을 비유하는 말로 사용한다. 여기에서는 자기의 선행의 결과를 남에게 돌리고 스스로는 성찰한다는 의미이다.

437) 중국 오악五岳 중 하나이며, 형산衡山의 다른 이름이다.

438) 677~744년. 중국 당나라 시대의 선승으로 혜능慧能의 제자로 시호諡号는 대혜라 한다. 남악 반야사般若寺에서 독자적인 선풍을 개척하여 그 계통으로 임제종 등의 종파가 생겨났으며, 일본에서 건너간 선승들은 회양의 유풍流風을 많이 배웠다.

습니다. 혜능선사는 다른 도인이 온 것을 보고 물었습니다.

"누가 이렇게 찾아왔는가?"

회양懷讓선사는 답하지 못하고 물러났습니다. 그리고 팔 년이 지나 비로소 대오했습니다.

다시 혜능선사 계신 곳으로 가서 전에 하신 질문에 답을 하였습니다.

"무언가 한 마디라도 말로 드러내면 곧 잘못된 것입니다."

이로써 비로소 혜능선사의 인가를 받으셨지요.

회양선사가 혜능선사를 찾아가셨을 때 일언지하에 즉시 답을 하지 못한 것이 우둔해서였던 것처럼 보이지만, "누가 이렇게 찾아왔는가?"라는 질문을 받고 그 자리에서 말문이 막혀 돌아간 것은 사실 영리했기 때문입니다. 만약 그렇지 않았다면 설령 천 년이 흘러도 대오하지 못했을 것입니다.

오늘날 둔근鈍根인 사람이 와서 불법을 물을 때 "이렇게 불법을 묻는 자는 누구인가?"라고 물으면, 혹 질문에 멍해져서 평소의 망상을 근본으로 하여 "저입니다"라고 답하는 사람이 있을 수 있습니다.

혹 "묻는 자가 누구인지 의심해 보아야 합니까?"라고 말하는 자도 있을 것입니다.

혹 자기 마음이 바로 부처라고 하는 말에 따라 해석하려는 마음이 생겨 눈썹을 치뜨고 눈을 깜박이며 손을 들고 주먹을 올리는 자도 있을 것입니다.

혹 식심識心[440]의 실체는 없다고 보고 온갖 형상을 떠난 곳을 추구하

---

439) 638~713년. 중국 선종의 제6대 조사로 홍인弘忍의 제자이다. 혜능은 모든 사람에게 불성이 있으며 사람의 본성은 원래 순수하다고 선언하였으며 즉각적인 깨달음, 즉 돈오頓悟에 대한 혁명적 주장으로 기존 불교의 전통을 배척하였고 이러한 주장은 남종선南宗禪으로서 동아시아 선불교의 대표적 계통으로 발전하게 된다. 그의 자서전적 일대기를 담은 『육조단경六祖壇經』이 유명하다.

440) 사물을 인식하는 정신 작용으로, 안식眼識, 이식耳識, 비식鼻識, 설식舌識, 신식身識, 의식意識의 육근에 의한 육식六識이나 여기에 말나식末那識과 아뢰야식阿

여, 회양선사가 "무언가 한 마디라도 말로 드러내면 곧 잘못된 것입니다441)"라고 대답하신 말에 맞추어, "위로 매달려 우러를 것도 없고, 아래로도 나 스스로를 잘라냈습니다"라고 대답하는 사람도 있을 것입니다.

혹 조금이라도 질문이 있고 대답이 있으면 그것은 모두 겉도는 이야기라는 것을 마음으로 알고 크게 꾸짖는 자도 있을 것입니다.

혹 이렇게 온갖 종류의 비교나 안배按排에 얽히지 않는 바가 종지라고 생각하여 소매를 휘두르며 그대로 떠나버리는 자도 있을 것입니다.

만약 이런 식이라면 설령 말세에 미륵보살이 인간으로 다시 태어나 구원을 위해 오더라도 대오할 수 없을 것입니다.

백장산百丈山의 대지大智선사442)는 법당에 올라 설법이 끝날 때마다 "대중大衆들아"하고 부르셨습니다. 승려들은 이를 듣고 돌아보았지요. 백장선사가 말했습니다.

"이게 무어냐?"

당시 사람들은 이를 '백장 하당下堂의 구句'라고 이름 붙였습니다.

백장이 이렇게 교시하신 것은 배우는 자들에게 수행의 주의점을 가르치신 것이 아닙니다. 또한 각자의 생각을 물으신 것도 아니지요. 그렇다면 백장의 본의가 어디에 있는 것이겠습니까?

만약 누구든 곧바로 깨달으면 광겁의 무명無明도 한순간에 소멸할 것입니다.

옛날에 양좌주亮座主443)라는 교법을 배우는 자가 있었습니다. 경론을 널리 섭렵하고 의리에 통달하였으며 동료들을 모아 오랜 시간 불법을

賴耶識을 더한 팔식八識으로 구별한다.
441) 원문은 '說似一物卽不中'이며 혜능선사의 일대기를 담은 『육조단경』에 보이는 구절이다.
442) 각주 197) 참조.
443) 좌주는 많은 승려를 통솔하는 역할을 말한다. 서산西山의 양좌주는 경론을 강론하는 것에 집착했었는데 마조馬祖에게 허공을 가지고 강론해 보라는 말을 듣고 대오했으며 그 후 서산에 은둔하며 소식을 끊었다고 한다.

설했습니다.

어느 날 마조馬祖선사444)가 계신 곳으로 찾아가 여러 문답을 했습니다. 양좌주는 내용을 납득하지 못하고 돌아가려고 했습니다.

그 때 마조선사가 "좌주"라며 불러 세웠지요.

양좌주가 돌아보았고, 마조대사가 말했습니다.

"이 뭣고是甚麽?"

그 때 양좌주는 불현듯 대오하였습니다.

양좌주는 평소 경론의 의리를 배워서 정통했지만 아직 깨달음에 들어가지는 못했습니다. 그런데 마조선사가 "이 뭣고?"라고 물은 한 말씀에 의해 대오한 것은 왜일까요?

분명히 알아야 합니다. 그 깨닫는 바는 경론의 논리가 아니라는 것을 말입니다.

평생 동안 심신을 고생시키고 배워서 이해하는 데에 힘쓴 시간을 뒤집어서, 걸어다닐 때나 가만히 있을 때나 앉아 있을 때나 누워 있을 때나 상념이 일어나고 상념이 멸하는 근본에 곧바로 부딪친다면 회양화상이나 양좌주와 같이 깨달음에 드는 일이 어찌 불가능하겠는가 하고 안타깝게 여기신 것입니다.

하물며 타인의 시비를 논하고 세간의 명리에만 치달으며 헛되이 평생을 보내는 사람에게 우연히 얻기 어려운 인간의 몸을 받아 태어난 보람이 있다고 말할 수 있겠습니까?

---

444) 709~788년. 중국 당나라의 선승으로 회양懷讓선사의 제자이다. 남종선南宗禪 발전에 공이 크며, 평상심이 곧 도라고 주창하여 생활 속의 선 실천을 강조하였다. 저서에 『어록語錄』 한 권이 있다.

47. 불법과 효험

문• 선종을 믿고 오랜 세월 수행을 했지만 아직 효험이 없다고 실망하는 사람이 있습니다. 혹시 죽기 전에 깨달음을 열게 된다면 더 말할 나위도 없겠지만, 만약 그렇지 않다면 그저 한 평생 심신을 고생스럽게만 할 뿐이고 내세에도 또 다시 윤회를 면치 못할 것이라고 두려워하는 사람도 있습니다. 그것이 맞는 말입니까? 그렇지 않습니까?

답• 오래도록 수행을 해도 아직 효험이 없다는 말이 어떤 것에 대해 효험이 없다는 의미인가요?

혹자는 속세간을 바삐 뛰어다니며 명성을 추구하고 이익을 탐합니다.
혹자는 신불에게 기도하여 재액災厄을 없애고 복을 구합니다.
혹자는 내전內典과 외전外典을 공부하여 지혜를 바랍니다.
혹자는 비밀 수법을 행하여 실지悉地[445]를 간절히 바랍니다.
혹자는 예능에 힘써 남보다 뛰어나고자 의도합니다.
혹자는 치료를 하여 병을 낫게 하려고 합니다.

이러한 것에 효험이 있고 없음을 말할 수는 있지만 선종의 종지는 이러한 도리와는 다르지요. 무슨 효험을 말하는 것입니까?

옛 사람이 이르기를, "일련의 이러한 내용은 누구라도 갖추고 있으며 각자 원만히 성취하는 것이다. 범부에게 있어도 멸하지 않으며, 성자에게 있어도 넘치지 않는다"고 말입니다.

---

445) 묘과妙果의 성취. 각주 142) 참조.

또한 말하기를, "둥근 것이 저 큰 하늘과 같다. 이지러져 있지도 않고 남아서 튀어 나온 곳도 없다"고 했습니다.

만약 자기가 불법을 수행하여 효험이 있다고 생각한다면 그것은 하늘에 튀어나온 상을 보는 것과 같으며, 아직 효험이 없다고 생각한다면 하늘에 이지러진 상을 보는 것과 같습니다. 만약 이러하다면 범부와 성자에게 남지도 부족하지도 않다고 말씀하신 불조의 가르침은 모두 허언虛言이 될 것입니다.

또한 불법을 수행해도 만약 깨달음을 열지 못한다면 그 수행은 쓸데없는 것이 아닐까 의심하여 아직 해보지도 않고 미리 싫증을 느껴버리는 사람은 어리석은 중에도 어리석은 자입니다. 만약 이렇게 의심을 일으킨다면, 그저 불법만이 아니라 세간 범부들이 하는 일에 있어서도 어떤 일인들 미리 결정내릴 수가 있겠습니까?

하지만 희망을 걸고 이루어지기 어려운 일이라도 혹시나 잘 되지 않을까 비책을 마련하며 심신을 고생시키는 사람도 있을 것입니다. 아직 불법을 수행해 보기도 전에 싫증을 느낀 사람은 악업의 힘이 깊어서 불법에 품은 뜻이 어설프기 때문입니다.

불법을 수행하면서 조차도 깨달을 수 있을까 없을까 의심스러운데, 불법에 싫증을 느끼고 일생을 지낸다면 내세에는 어떻게 되겠습니까?

자기 힘으로 스스로 수행을 하더라도 효험이 없다면 타인을 고용하여 깨달음을 열 수 있겠습니까?

만약 타인의 힘으로 깨달음을 열 수 있었다면, 시방十方 세계에 널리 가득하신 불보살들이 지금까지 중생을 미망의 세계에 윤회하도록 내버려 두셨겠습니까?

48. 좌선

문● 옛 사람이 말하기를, "수행에 힘쓰지 않는 사람은 좌선을 해도 소용이 없다"고 했습니다. 그러므로 어리석은 자가 좌선을 한다고 면벽面壁을 하고 앉아 있는 것은 헛된 일이라고 하는 사람이 있습니다. 그것이 맞는 말입니까?

답● 옛 사람이 그렇게 가르치신 것은 일대사一大事446)를 위해 뜻을 이루는 데에 노력하는 사람이 선지식이 있는 곳으로 찾아가지도 않고 그저 좌선이라 이름 붙여 멍하니 앉아 있는 사람을 깨우쳐 그 용심用心을 올바르게 하고자 했기 때문입니다.

　어리석은 사람은 좌선을 해도 소용없다고 말한 것이 아닙니다. 용심에 어두운 사람은 좌선을 해도 소용이 없다는 말을 듣고 좌선을 하지 않고 어리석은 상태로 세월을 보내는 사람에게 무슨 이득이 있겠습니까?

　불법에 들어선다는 것은 일세一世 혹은 일시一時의 훈수勳修447)가 아닙니다.

　이번 생에서 이근利根448)을 받아 갑자기 깨달음으로 드는 사람은 전생에 몽매하게 좌선을 했던 사람입니다.

　이번 생에서 몽매하게 좌선을 하는 사람은 내세에 반드시 조금만 들

---

446) 중대한 일이나 죽는 일과 낳는 일과 같은 큰일을 일컫기도 하나 여기에서는 득도得道하는 계기를 얻거나 생사의 깨달음을 얻는 것을 말한다.
447) 덕화德化, 즉 덕행에 의해 감화를 받아서 하는 수행.
448) 중생이 교법敎法을 듣고 이를 얻을 만한 총명한 능력, 혹은 영리한 자질을 뜻한다.

어도 많은 깨달음을 얻는 사람이 될 것입니다.

어떤 사람이 말하기를, "좌선은 어려운 행위이므로 어리석은 사람은 하지도 못한다. 경을 읽고 다라니를 독송하며 염불을 외는 것은 사행事行449)이므로 쉽기 때문에 이것이 마침 딱 어울리는 수행일 것이다"라고 합니다.

교문에서는 이르기를, '발심이 비뚤어져 잘못되면 만 가지 수행을 쓸 데없이 해버린다'고 합니다.

사행, 이행理行450)이라고 하는 것은 임시적인 구분입니다. 어느 수행인들 용심이 잘못되어 있으면 그것은 모두 삼계를 윤회하는 악업의 원인이 됩니다.

그러므로 곧 대승수행의 용심이 올바른 사람은 그 안에서 만 가지 수행을 하더라도 잘못이 없습니다. 만약 그러한 용심이 없다면 사행과 이행 모두 소용이 없어집니다.

그런데도 좌선의 용심이 어렵기 때문에 우선 사행을 수련하라고 한 것은 잘못된 생각이지요. 좌선을 어려운 수행이라고 생각하는 것은 아직 좌선의 심오한 뜻을 알지 못하기 때문입니다.

좌선 수행이라고 하는 것은 선종에서만 하는 것이 아니고 현종과 밀종 모든 종파에서도 밝히고 있는 바이며, 또한 소승과 외도에도 있는 것입니다.

하지만 좌선이라는 말은 같되 그 취지는 각각 다릅니다. 소승과 외도의 좌선은 유루有漏 좌선으로 대승의 무루無漏 좌선과는 뜻을 달리 하지만, 몸을 움직이지 않고 상념을 일으키지 않고자 수행하는 방식은 같습니다.

---

449) 사事는 개별적이고 구체적인 사상이나 현상을 의미하므로 인연에 의해 생긴 일체의 사물의 상相을 의미한다.
450) 이理는 보편적인 절대, 평등의 진리나 이법을 가리키므로 본체가 변하지 않는 것, 즉 진여眞如와 같은 의미이다.

정토종의 좌선은 십육상관十六相觀451) 등입니다. 노산盧山의 혜원慧遠 법사452)는 오로지 이 좌선수행만 했습니다.

현종 밀종의 좌선은 제각기 다르지만 각각 그 종파의 심원한 교리를 관觀하는 것을 용심으로 삼고 있습니다.

지금과 같은 말세가 되어 여러 종파의 좌선이 대부분 쇠퇴해버렸기 때문에 좌선하는 것은 선종의 수행일 뿐이라고 생각하는 것은 잘못입니다.

선종의 좌선이라는 것은 상념을 다스리고 몸을 움직이지 않으려 하는 것이 아니므로 면벽을 하고 앉아 상념을 멈추게 하는 일이 어렵다고 해서는 안 됩니다.

불법의 이치를 관하는 것도 아니므로 자기가 둔근이라 법문의 심원한 이치를 배우기도 어렵다고 해서도 안 됩니다.

---

451) 아미타불의 몸과 정토의 모습을 마음속으로 떠올려서 보는 열여섯 가지 방법을 말하며 십육관十六觀이라고도 한다. 일상관 이하 수상관水想觀, 지상관地想觀, 보수관寶樹觀, 보지관寶池觀, 보루관寶樓觀, 화좌관華座觀, 상관像觀, 진신관眞身觀, 관음관觀音觀, 세지관勢至觀, 보관普觀, 잡상관雜想觀, 상배관上輩觀, 중배관中輩觀, 하배관下輩觀을 말한다. 특히 일상관日想觀은 서녘으로 지는 해를 보며 마음을 가라앉히고 하나로 하여 움직임 없이 극락을 관상觀想하는 방법을 의미한다.

452) 334~416년. 중국 동진 시대의 승려로 노산盧山의 혜원慧遠이라고 하며 정토종의 초조初祖이다. 속성俗姓은 가賈씨로 현재의 산시성山西省 사람이다. 어릴 적부터 유교와 도교를 배워 널리 육경에 통달했으며 특히 노장에 뛰어났다. 도안道安의 제자가 되었으며 그의『반야경』강의를 들은 후 유교와 도교 등의 여러 가르침이 모두 껍데기에 불과하다고 생각했고, 나이 24세에『반야경』강의를 열었는데, 듣는 사람들이 쉽게 이해하도록 반야학을 장자학설과 비교하여 가르쳤다. 381년 노산에 올라 동림사東林寺에서 죽을 때까지 30여 년을 머물렀다. 혜원은 스승 도안의 본무本無의 뜻을 계승하여『법성론法性論』을 짓고, 열반상주涅槃常住의 뜻을 널리 폈으며,『명보응론明報應論』,『삼보론三報論』등을 편찬하여 인과응보설과 삼세윤회사상을 알려 후세 사람에게 영향을 크게 끼쳤다. 또한 혜원은 구마라집鳩摩羅什에게 교의를 자문했는데, 그 문답을 모아 후인들이『대승대의장大乘大義章』을 만들었다. 혜원은 영혼불멸설을 독실하게 믿고 염불삼매를 제창했으며, 동림사에서 백련사白蓮社라는 결사를 만들었다.

재물이 들어가는 것도 아니므로 자기가 가난하기 때문에 할 수 없을 것 같다고 말해서도 안 됩니다.

체력이 들어가는 일도 아니므로 자기는 힘이 약해서 너무 어렵다고 말해도 안 됩니다.

세속의 번거로운 일은 불법이 들어 있지 않다고 정해진 것도 아니므로 자기는 속인이기 때문에 수행할 방편이 없다고 말해도 안 됩니다.

향을 피우고 예배를 하는 행위는 몸으로 하는 것이므로 몸이 뭔가 다른 일을 하고 있을 때에는 그 수행이 불가능합니다.

독경, 암송, 염불 등의 수행은 입으로 하는 것이므로 입이 다른 말을 할 때에는 그 수행을 못하지요.

불법의 이치를 관하는 것은 마음으로 하는 것이므로 마음으로 다른 일을 생각할 때에는 관할 수 없습니다.

이렇게 선종의 수행은 몸으로 하는 것도 아니고 입으로 하는 것도 아니며 마음으로 하는 것도 아닙니다. 무엇을 어렵다고 하는 것일까요?

49. 진실한 수행

문● 선종의 수행은 몸이나 입이 하는 행위가 아니라는 것은 말씀하신 대로입니다. 하지만 만약 마음으로도 하는 것이 아니라고 한다면 왜 좌선에 전념하는 마음가짐이라고 하는 것입니까?

답● 몸과 입과 마음을 가지고 수행을 하는 것이 아니라고 해서 외도의 비상정非想定[453], 소승의 멸진정滅盡定[454]을 수행하는 사람이 심신을 모두 멸하는 것과는 다릅니다.

범부의 심신이라고 하는 것은 허공의 꽃과 같은 것입니다. 이를 실유라고 생각하여 자기 몸으로 예배와 고행을 하고 입으로 경을 읽고 주문을 외며 마음으로 관행觀行[455]을 한다고 생각하는 것을 꺼리는 것입니다.

『반야경般若經』[456]에, '눈, 귀, 코, 혀, 몸, 마음도 없다'고 설한 것은

---

[453] 상념을 끊고 삼매에 들어가는 선정禪定을 말한다. 선정이란 불교 특유의 수행법인 명상이나 정신집중을 말하며, 보살의 실천덕목인 육바라밀六波羅蜜 중 마지막에 열거되는 덕목이다. 정려靜慮라는 말로 번역되기도 한다. 선정이라는 말은 음사와 번역이 중복된 합성어인데 선의 의미를 명료하게 드러내기 위해 정신집중을 뜻하는 '정定'을 덧붙인 것이라는 설도 있고, 고유한 의미를 지니는 중국어 '선'이 초래할 오해를 불식하기 위해 '정'을 붙였다는 설도 있다.

[454] 참선參禪의 경지가 아주 높은 사람이 드는 일체의 마음 작용과 그 작용을 일으키는 마음을 없앤 상태의 선정을 뜻한다.

[455] 마음으로 진리를 비추어 보고 그 진리에 따라 실천하거나 자기의 본 성품을 밝게 비추어 보는 방법을 의미한다.

[456] 반야바라밀般若波羅蜜을 설명한 경전의 총칭이다. 개별적으로 성립한 것을 집대성한 것이 『대반야경』이다. 『대반야경』은 각주 271) 참조.

이러한 뜻입니다.

『대집경大集經』457)에 이르기를, '무릇 보리菩提라는 것은 몸으로도 얻을 수 있는 것도 아니고 마음으로도 얻을 수 있는 것도 아니다. 몸과 마음은 모두 환영과 같은 것이기 때문이다'라고 했습니다.

『반주삼매경般舟三昧經』458)에서 말하기를, '마음을 가지고 부처를 체득할 수 없고 색色을 가지고 부처를 체득할 수도 없다'고 했습니다. 또 이르기를, '몸으로 체득하는 것도 아니고 지혜로 체득하는 것도 아니다'라고 했지요.

세간 일반의 어리석은 사람들은 색을 보는 것은 눈의 작용이고 소리를 듣는 것은 귀 덕분이며, 나아가 세법과 세속의 번뇌로부터 벗어나는 법을 깨닫는 것은 마음이 하는 일이라고 생각합니다.

이러한 이유로 눈이 보이지 않게 되면 색이 안 보이고 귀가 어두워지면 소리를 듣지 못하고 마음이 흐려져 버리면 불법을 분간하지 못합니다.

일념一念의 망령된 고집으로 인해 이처럼 보고 못 보고, 듣고 못듣고, 알고 모르고의 차이가 생기는 것입니다.

『능엄경』에서 육근六根459)을 통하지 않고 깨달음의 경지에 든 증험을 들어 다음과 같이 이야기합니다.

'아나율阿那律460)은 도리어 눈이 멀게 된 후에 삼천세계三千世界461)를

---

457) 『대방등대집경大方等大集經』이라고도 하며 중국 수나라 때 승려 취就가 엮은 60권의 불경을 일컫는다. 부처가 욕계와 색계의 중간에 대도량을 열고 시방十方의 불보살과 천룡天龍, 귀신을 모아 대승 법문을 설파한 것이다.
458) 반주삼매般舟三昧, 즉 칠일이나 구십일로 기간을 정하여 몸, 입, 뜻의 세 가지 업으로 마음을 가다듬어 바르고 온전하게 하는 일에 관해 밝힌 초기 대승 불교의 경전을 말한다. 중국 후한 때 지루가참支婁迦讖이 번역한 삼권본三卷本 외에 여러 가지가 있다.
459) 육식六識을 낳는 눈, 귀, 코, 혀, 몸, 뜻의 여섯 가지 근원, 즉 심신을 말한다.
460) 부처의 십대제자 중 하나로 아난타와 함께 출가했다. 석가모니 앞에서 졸다가 꾸지람을 듣고 잠들지 않을 것을 맹세한 뒤 눈을 잃게 되었지만 그 대신

보는 것이 손바닥 안을 들여다보는 것 같았다.

　발난타跋難陀462) 용왕은 귀가 없이도 소리를 들었다.

　항하恒河463)의 신은 코가 없이도 냄새를 맡았다.

　교범파제憍梵波提464)는 특별한 혀로 맛을 보았다.

　허공신虛空神465)은 몸이 없어도 감촉을 알았다.

　마하가섭摩訶迦葉466)은 육식六識을 잃어버리고도 명쾌하게 지혜를 얻고 번뇌를 끊는 깨달음을 얻었다.'

　이러한 불법의 이치를 모르는 자는 진실한 수행이 몸과 입, 마음의 삼업三業467)에 의하는 것이 아니라는 말을 듣고 크게 놀라지요.

　　　진리의 눈을 얻어 천안제일로 불리게 되었다. 부처의 십대제자는 석가모니의 제자 중 수행과 지혜가 뛰어난 열명을 가리키는데 경전에 따라 인물의 차이가 조금 보이지만, 일반적으로 두타頭陀제일 마하가섭摩訶迦葉, 다문多聞제일 아난타阿難陀, 지혜제일 사리불舍利弗, 신통제일 목건련目犍連, 천안天眼제일 아나율阿那律, 해공解空제일 수보리須菩提, 설법제일 부루나富樓那, 논의論議제일 가전연迦旃延, 지계持戒제일 우바리優婆離, 밀행密行제일 나후라羅睺羅를 일컫는다.

461) 삼천 개나 되는 세계라는 뜻으로 넓은 세계 또는 세상을 일컬으며 삼천대천세계三千大天世界를 줄인 말이다. 수미산을 중심으로 한 광대한 범위를 한 세계로 하고, 이것의 천 배를 소천세계, 그 천 배를 중천세계, 그 천 배를 대천세계 또는 삼천대천세계라고 하며 이것을 일분一佛의 교화 범위로 삼는다.

462) 팔대용왕의 하나로 난타難陀와 함께 마가다국을 지키며 적당한 시기에 비를 내려 백성을 기쁘게 한다고 한다. 팔대용왕이란 불법을 옹호하는 여덟의 큰 용왕으로 난타, 발난타, 사갈라娑羅, 화수길和修吉, 덕차가德叉迦, 아누달阿耨達, 마나산摩那散, 우발라優鉢羅를 일컫는다.

463) 인도의 갠지스 강을 말하며 복덕福德이 넘치는 강이라고 한다.

464) 석가모니 제자의 한 사람으로 해율解律제일로 불리며 계율을 이해하는 데에 뛰어났다고 한다. 어느 날 석가모니가 비구들을 이끌고 교범파제가 있던 숲으로 들어왔는데 홍수가 일어났을 때 신통력을 발휘해 제자들을 구했다. 교범파제는 과거 세상에 죄가 있어서 소로 태어난 적이 있었으므로 식사 때에도 되새김질을 했다고 하며 발톱도 소 같았다고 한다. 그래서 우상비구牛相比丘, 혹은 우왕牛王이라 불리우기도 한다.

465) 하늘을 관장하는 신.

466) ?~?년. 마하카시아파의 음역어로 석가모니의 십대제자의 한 사람이다. 욕심이 적고 엄격한 계율로 두타頭陀를 행하였고 교단의 우두머리로 존경을 받았다.

50. 무용심의 용심

문● 대승의 경전에서 경우에 따라서는 수행자의 일념에 관하여 삼제三諦468)의 관행觀行을 수련시키고, 경우에 따라서는 수행자의 신체에 관하여 삼밀三密 가지加持469)를 하게 합니다. 이러한 법문은 모두 몸과 마음이 하는 일이므로 쓸데없다고 해야 합니까?

답● 불사를 하는 방법 중에는 유루의 계율을 지킨 선근, 소승의 수행까지 어느 하나 뺄 것이 없습니다. 하물며 현顯과 밀密 대승의 깊은 뜻은 말할 나위도 없지요.

---

467) 몸과 입과 뜻으로 짓는 세 가지 업. 즉 신업身業, 구업口業, 의업意業을 말한다. 불교의 가르침은 이와 같은 삼업을 올바르게 단속하는 것을 기본으로 삼고 있어서 십선十善과 십악十惡은 삼업과 밀접한 관계를 갖는다. 삼업으로 십선을 닦으면 내세에 인간과 천상의 세계에 태어나게 되고, 십악을 많이 짓게 되면 지옥과 아귀, 축생의 과보를 받게 된다.
468) 불교에서 말하는 세 가지 진리를 말하며 천태종이 내세우는 근본 체리諦理를 말한다. 만물은 모두 인연에 의하여 생긴 것일 뿐 어느 것도 실實은 없고 공空이라는 공제空諦와 만유일체가 모두 그 본체로 실재하는 것은 아니나 삼라만상의 현상은 뚜렷하게 실재한다는 가제假諦, 모든 존재의 본체는 유有와 공空, 공과 가假를 초월한 중정절대中正絶對라는 중제中諦라고 한다. 여기에 불교의 근본 논리가 있다고 본다.
469) 삼밀은 각주 208) 참조. 신身, 어語, 의意의 삼밀을 말하며 여기에 여래의 삼밀과 중생의 삼밀이 있으며 부처의 삼밀로써 중생의 삼밀을 가지加持하는 것이다. 여래의 삼밀에서는 신, 어, 의의 삼업은 본래 평등하며 일체의 형색은 신밀, 일체의 음성은 어밀, 일체의 이치는 의밀이다. 이는 부처의 본성으로 범인의 영역이 아니므로 밀이라고 하며, 또한 범부도 구유하지만 가려져 있으므로 밀이라고 한다. 부처의 대비로 중생이 삼밀을 행하면 여래의 삼밀에 가지되고 중생의 삼업과 여래의 삼밀이 상응하여 일체의 실지悉地를 성취한다.

하지만 중생을 교도하는 각각의 방편에는 그 차이가 없지 않습니다. 선종 종사들의 수단이 어떻게 교종의 방식과 같을 수 있겠습니까?

교종의 방식은 중생과 부처가 이미 나뉜 경계에서 중생을 인도하여 부처의 깨달음의 경계에 들어가게 하는 법문을 마련한 것입니다.

선종의 방식은 중생과 부처가 아직 나뉘지 않은 본분의 전지로 곧바로 이르게 하는 것입니다. 그러한 까닭에 몸과 입과 마음의 수행도 논하지 않고, 일심一心 삼밀三密의 관행법도 허용하지 않습니다.

삼조대사가 말하기를, "마음으로 마음을 이용하는 것은 큰 잘못이다"라고 말씀하셨습니다.

또한 옛날 선덕이 말하기를, "무용심의 경지가 곧 제불諸佛들의 용심의 경지다"라고 하셨습니다.

51. 무용심의 수행

문● 용심을 내지 않는 것이 용심이라면 불도를 행하고 믿는 마음조차도 내지 않고 헛되이 세월을 보내는 것을 선자禪者라 할 수 있습니까?

답● 불법의 용심조차 꺼리는데 하물며 세정世情에 이끌려 쓸데없이 시간을 보내는 사람을 불도에 든 사람이라고 할 수 있겠습니까?

옛 사람이 이르기를, "근행을 하면 곧 이승二乘의 세계로 들어가고, 수행을 잊으면 범부의 경계에 빠진다"고 했습니다.

이야말로 선종의 오묘한 뜻입니다.

52. 선문수행의 제목題目

문● 선종에서는 중생과 부처가 나뉘기 이전을 이야기하는 까닭에 일심 삼밀의 관행도 거론하지 않는다고 하는데, 예로부터 선종 수행자들은 모두 좌선 수행을 평소 애호하고 선지식 또한 수행 용심의 삿됨과 바름을 교시하는 이유는 무엇입니까?

답● 한시를 짓고 와카和歌를 읊는 사람은 우선 첫째로 그 제목을 잘 납득해야 합니다. 달을 제목으로 취했는데 꽃에 관한 시를 고안한다면 그것은 바람직하지 않을 것입니다.

불법도 그와 마찬가지입니다. 선종에서 본분의 일이라고 말한 것은 무엇이겠습니까? 범부에게 있어도 멸하지 않고 성자에게 있어도 넘치지 않으며 누구에게라도 갖추어지고 개개인이 원만하게 성취하는 것이라고 합니다.

이러한 본분의 제목을 취하고는, 자기는 헤매고 있는 인간이라고 여기면서 깨달음을 여는 수행을 배우려는 사람은 본분의 제목을 등진 사람입니다.

설령 시가詩歌의 정취는 마음에 떠오르지 않더라도 달이라는 제목을 취한 사람은 꽃에 관해 떠올리지 않도록 하듯, 본분의 제목을 믿는 사람은 자기가 헤매고 있는 인간이라는 생각에 얽매여 있으면 따로 깨달음을 추구하는 것이란 불가능합니다.

하지만 아직 개개인이 원만히 성취하려는 바를 분명히 납득하기 전에는 항상 미망과 깨달음은 동시에 가지고 있게 마련이며, 범인과 성자를 분리하는 망정妄情을 버리며 혹자는 스스로 직접 깊이 추구하거나, 혹자는 선지식이 있는 곳으로 찾아갑니다.

그렇기는 하지만 염불을 하여 왕생의 수행으로 삼고 다라니를 읊어 묘과妙果가 성취되기를 바라며, 나아가 교종에서 명백히 밝히고 있는 관념을 응축하여 도리를 증명하기를 기다리는 것과는 다릅니다. 이러한 사람은 본분의 제목을 잊지 않은 수행자입니다.

옛 사람들이 불도를 깨달은 기연을 보면, 옛날 일이기 때문이었는지 즉시 대오하지 못한 사람도 본분의 제목을 믿었기 때문에 본분에 상응하고자 어떠한 수행 용심이 필요한지 남에게 물어보는 일은 없었습니다.

그저 직접 물을 뿐입니다.

"무엇이 부처인가?"

"무엇이 선禪인가?"

"무엇이 불법의 정확한 대의인가?"

"무엇이 달마대사가 서쪽에서 오신 이유인가?"

"무엇이 제불들이 세상에 나온 근원인가?"

수행자들의 질문도 이렇게 직접적인 질문입니다.

선지식의 대답 또한 직답입니다.

경우에 따라서는 "즉심즉불卽心卽佛"470)이라 답합니다.

경우에 따라서는 "뜰 앞의 잣나무"471)라고 교시합니다.

---

470) 즉심시불卽心是佛이라고도 하며, 사람은 번뇌로 말미암아 마음이 더러워지나 본성은 불성佛性이어서 중생의 마음이 곧 부처의 마음이나 마찬가지임을 이르는 말이다.
471) 당나라 조주趙州화상의 공안이다. 조주는 유명한 공안들을 남겼다. 어떤 승려가 조주에게 "개로 환생하여 불성이 있겠습니까, 없겠습니까?"라고 물은 것에 대해 "없다"고 대답했고 "위로는 제불들로부터 아래로는 땅강아지에 이르기까지 모두 불성이 있습니다, 개는 왜 도리어 없는 것입니까?"라고 물었다. 조주는 "그에게 업식성業識性이 있기 때문이다"라고 답하여 승려가 또 다시 "개로 환생하여 불성은 있겠습니까, 없겠습니까?"라고 묻고 조주가 답하기를 "있다"고 했다. 승려가 다시 "이미 불성이 어느 쪽이든 이러한 가죽 안

경우에 따라서는 "동쪽 산이 물에 흘러간다"[472]고 말합니다.

종사들이 이렇게 대답한 것은 모두 본분을 직접 드러낸 것입니다. 이러한 말로써 수행의 자료로 삼게 하려는 것이 아닙니다.

하지만 수행자들이 만약 우둔하여 선지식의 직접적인 교시를 깨닫지 못한다면, 그렇게 주어진 화두話頭[473]를 접하고 이마에 손을 짚고 혹은 하루 이틀, 혹은 한두 달, 더 나아가서는 오년 십년씩 이 직접적인 교시를 파고드는 것이지요. 그러는 동안을 수행이라고 할 수 있습니다.

하지만 교종에서 해解, 행行, 증證[474]을 마련하여 온갖 관행을 수련하는 용심과는 다릅니다. 교외별전敎外別傳[475]이라는 제목은 이를 일컫는 것입니다.

요즘 사람들은 거의 모두가 이 제목을 잊고 선지식을 만나 수행의 용심을 탐색하고 묻습니다.

선지식인 사람 중에도 배우는 자를 위해 수행의 용심을 가르치는 사람이 있지요. 어쩌면 사람에게 공안을 주는 것도 왕생을 위해 염불을 하고 실지悉地를 위해 다라니를 바치는 것처럼 공안을 제시하여 본분에 이르게 하기 위해서라고 생각할 것입니다.

에 들어있습니까?"라고 묻고 조주가 "다른 사람이 알고 더욱 범하기 때문이다"라고 답했다. 이를 '구자불성狗子佛性'의 공안, 혹은 '무無'의 공안이라고 한다. 또한 어떤 승려가 "어째서 조사가 서쪽에서 온 것입니까?"라는 질문에 "뜰 앞의 잣나무"라고 잘라 말했는데 이것이 '조주백수자趙州栢樹子'라는 공안으로 유명한 내용이다.

472) 당나라 시대의 운문雲門선사(864~949년)가 "어느 것이 제불들의 출신처인가?"라는 질문에 답한 말이다. 산은 움직이지 않는 것이지만 지금은 흘러간다는 것이므로 동動과 정靜의 두 상을 초월한 상태를 표현한 것이다.

473) 선원에서 참선 수행을 위한 실마리를 이르는 말로 공안公案과 같은 의미이다. 조사들의 말에서 이루어진 한 구절의 공안이나 하나의 고칙古則을 말한다.

474) 이치를 알고 이해하는 해와 일을 수행하는 행, 진여본성眞如本性을 깨닫는 것을 증이라고 한다.

475) 각주 344) 참조.

이러한 까닭에 배우는 자들도 각자 용심의 태도를 서로 이야기하고 그 우열을 비교하며 선지식의 말 중에 특별한 점에 관하여 그 시비를 비판합니다. 이는 모두 세속의 하찮은 논의에 불과합니다.

53. 공안의 의疑와 불의不疑

문● 공안을 볼 때 의심을 하라는 의견과 의심해서는 안 된다는 두 가지 논이 있습니다. 어느 쪽을 근본으로 해야 합니까?

 답● 종사의 수단에 원래 정해진 방식은 없습니다.

부싯돌을 부딪쳐 생긴 불꽃과 같기도 하고 천둥번개의 번쩍이는 빛 같기도 합니다.

어떤 때에는 의심해 보라고 교시하고 어떤 때에는 의심하지 말라고 합니다.

이는 모두 배우는 자를 마주하고 직접적으로 가르침을 내리는 말입니다. 선지식의 가슴 속에 이전부터 축적해 둔 법문이 아니지요.

그러한 까닭에 이를 적면제지覿面提持476)라고 말합니다. 돌에서 생긴 불꽃과 번개의 빛이 남긴 흔적을 찾아 논의를 정하는 것은 아닙니다.

만약 깨달은 종사라면 의심하라고 교시할 것이고 의심하지 말라고 해도 아무런 지장이 없습니다. 하지만 만약 깨닫지 못한 종사라면 그가 의심하라고 하든 의심하지 말라고 하든 모두 배우는 자의 눈을 가리게 될 것입니다.

---

476) 적면覿面은 눈앞이라는 의미이고 제지提持는 내걸어 보인다는 뜻이다. 수행자에 대해 스승이 직접 위로 향할 수 있는 계기를 주는 파주把住, 즉 제자를 타파하고 부정하여 곤혹과 절망을 느끼게 하는 방법이다.

54. 공안의 용用와 불용不用

문● 어떤 사람은 미숙한 초보 수행자라면 반드시 첫 번째로 공안을 제시해야 한다고 합니다. 또 어떤 사람은 공안을 갖는 것은 하찮은 일이라고 합니다. 이 두 가지 논 중에 어느 쪽이 올바르다고 보면 좋겠습니까?

답● 이 또한 앞에서 말한 의疑와 불의不疑에 관한 논의와 마찬가지입니다. 어떤 때에는 공안을 주어 보게 하고 또한 어떤 때에는 이를 빼앗아 버립니다. 그것은 모두 종사의 방식에 따르며 정론이 있을 수 없는 일입니다.

옛 사람이 수행자에게 이렇게 물은 적이 있습니다.

"너는 공안과 하나가 되었느냐, 아니냐?"

만약 공안과 하나가 되어 버리면 제시하는 사람도 필요 없고 제시받을 공안도 없게 됩니다. 이 단계까지 잘 도달했다면 이러한 두 가지 논의를 일으킬 일도 없지 않겠습니까?

그렇기는 하지만 아직 이 경지에 이르지 못한 사람을 위해 종사가 임시로 수단을 베풀어 공안을 주거나 빼앗는 것은 범부의 마음으로 정하여 논할 수 있는 것이 아닙니다.

만약 잘 통찰하지 못하는 사람이 옛 사람의 말에 따라 해석을 하고 한 구절의 법문을 설하여 수행자에게 보여주는 것은 큰 잘못입니다. 옛 사람이 실법實法477)을 가지고 인간을 속박한다며 비난한 것이 바로 이것입니다.

55. 고칙古則에 말을 덧붙이는 공안

문● 대혜大慧선사478)와 같은 많은 선지식들이 당나라 조주趙州화상479)의 '무無'라는 글자의 공안을 주신 것은 모두 원래의 고칙古則 그대로를 보게 하려고 하신 것입니다. 그런데 최근 중국의 훌륭한 선승 중봉中峰화상480)은 원래의 고칙에 말을 덧붙여서 "조주는 어째서 이 무無라는 글자를 말한 것인가?"라는 공안을 보여주셨습니다. 이것은 어떠한 의미입니까?

답● 옛날 수행자들은 불도를 위해 발심하는 마음이 얕지 않았습니다. 그렇기 때문에 몸이 괴로운 것도 잊고 길이 먼 것도 마다하지 않으며 여러 곳으로 향해 선지식을 찾아갔습니다.

종사들도 이를 애련하게 여겨 일언반구의 공안을 보이셨는데 그것은 모두 본분을 직접적으로 드러낸 가르침이었습니다. 그 뜻은 언구의 표면에 있는 것이 아니지요. 그러므로 곧 자질이 총명한 수행자들은

---

477) 인연에 의하여 생긴 영원 불변의 실체적 존재를 말한다. 불교에서는 모든 현상적 존재는 가법假法이며 실법이라 여기는 것은 중생의 미집迷執이라 규정한다.
478) 각주 431) 참조.
479) 778~897년. 당나라의 선승. 남천보원南泉普願에게 사사하고 도중에 여러 곳으로 행각을 나섰다. 여러 곳의 선승들과 문답을 나누고 다녔으며 80세에 처음으로 조주의 관음원에 주지하였고 120세까지 불법을 거양擧揚했다고 한다. 중국 선승들 중에서 최고봉의 고승으로 추앙받으며 평이한 구어로 불법을 설파하는 선풍으로 '입술이 피부 위에서 빛을 발한다'고 일컬어졌다. 그의 "없다"는 공안에 관해서는 각주 470)과 55단 뒤의 내용 참조.
480) 광혜廣慧선사를 이르는 말. 각주 415) 참조.

언외의 본지를 깨닫습니다. 왜 또 다른 언구를 덧붙여 이러저러한 논에 이를 필요가 있겠습니까?

설령 우둔하여 한동안 언구의 뜻에서 발걸음이 멈춰 있는 사람이라도 종사가 보인 언구가 쇠로 된 거멀못처럼 흔들림없는 것이므로 자기의 주관적인 정식情識으로 추량할 수 없습니다.

하지만 구도심이 견고하므로 그 큰 의문의 덩어리가 가슴 속에 막혀 있어서 자는 것도 잊고 먹는 것도 잊게 되지요.

혹 하루 이틀 지난 후에 이 큰 의문을 푸는 사람도 있었습니다.

혹 한두 달, 나아가서는 십년 이십년이 지난 다음에 푸는 사람도 있었지요.

전생의 과보가 크냐 작으냐에 따라 느리거나 빠른 차이는 있지만 일생동안 결국 풀지 못하는 사람은 없었습니다.

옛 사람이, "큰 의문 속에 큰 깨달음이 있다"481)고 한 것은 바로 이러한 의미입니다.

이러한 까닭에 옛날에는 선지식 쪽에서 자기의 말을 공안으로 삼아 제시하라고 권하는 일도 없었습니다. 자기 말을 의심하라고 말하는 일도 없었지요. 의심해서는 안 된다는 말 또한 하지 않았습니다.

요즘 사람들은 전생의 과보도 약하고 구도심도 깊지 않습니다. 그러므로 선지식의 한마디를 듣게 된 때 혹자는 자기 정식情識대로 추측하여 깨달음을 얻었다고 착각하고는 그것으로 그만두게 됩니다. 혹자는 아주 우둔하여 추측할 만큼 머리도 잘 돌아가지 않는 까닭에 싫증을 내게 됩니다.

이를 가엾게 여겨서 원오선사와 대혜선사 이후로 공안의 제시와 각성 수단을 마련하신 것입니다.

근래의 수행자들은 구도심이 점점 희박해지기 때문에 자기 자신이

---

481) 『대혜어록大慧語錄』17권에 보이는 말로 '大疑之下 必有大悟'라 하였다.

큰 의심 속에서 어마어마한 빛을 일으킬 수는 없습니다. 일정한 틀처럼 공안 제시라고 이름 붙이고 옛 사람들의 화두를 보는 사람들도 그저 타인이 마련한 것을 지니고 있는 양 시간을 보내면서 매일 매일의 수행이라고 생각합니다.

그 때문에 중봉화상이 사람들을 격려하고 큰 의문을 품게 할 수단을 마련하셨습니다.

어떤 스님이 중봉화상에게 물었습니다
"개에게 불성이 있습니까, 없습니까?"
중봉화상은 답했습니다.
"무無."

이 스님이 만약 언외로 그 의미를 납득했다면 의문은 없었을 것입니다. 만약 이 대답의 내용을 깨닫지 못했다면 중봉화상이 어떠한 이유로 '무'라고 대답하셨는가 하는 의문이 없었겠습니까?

만약 이러한 큰 의문이 일어날 만한 사람이라면 그 의문에 관하여 이 말로 깊이 수행을 한다면 반드시 대오할 것입니다.

하지만 요즘 불도를 위해 수행하려는 뜻이 깊지 않은 사람들은 직접적으로 깨달음에 들어서는 일이 없을 뿐 아니라 큰 의문도 또한 일어나지 않은 상태로 몽매하게 시간을 보내고 있습니다. 하지만 이러한 사람들 역시 불도수행은 하는 것이니 불도에 인연을 맺은 정도이기는 하지만 직접적으로 깨달음에 들어서는 일은 있을 수 없겠지요.

그러한 까닭에 중봉화상은 지극히 절절한 노파심으로 "중봉화상이 어째서 '무'라고 대답하셨겠는가?"라는 말로 격려를 하신 것입니다.

그런데도 혹 공안은 의심을 일으켜 깨달아야 하는 것이기 때문에 중봉화상이 이렇게 교시하신 것이라 말하는 사람이 있습니다. 만약 그렇다면 대혜선사가 의근意根482) 이하의 색법色法483)을 향해 계산하여 분

---

482) 육근六根의 하나로 온갖 마음의 작용을 이끌어 내는 근거를 이른다. 의근 이하

별하려 하지 말라고 교시하신 말씀에 어긋나는 것이 아니겠습니까?

간혹 옛 사람의 공안에 더 이야깃거리를 덧붙이는 것이 적절하지 않다고 하는 사람이 있습니다. 모두 중봉화상의 방편을 모르는 사람들입니다.

의 오근인 안근, 이근, 비근, 설근, 신근은 색법色法이며 의근은 심법心法이다.
483) 오위五位의 하나로 색과 형체를 지니고 있는 물질적 존재이다. 일체 제법諸法 가운데 색이나 형체를 갖고 있는 현상現象 세계의 총칭이다.

56. 만사와 수행에 차별이 없다

문● 만사 안에서 수행을 하는 사람이 있고, 수행 안에서 만사를 행하는 사람이 있다고 하는데, 어떻게 다른 것입니까?

답● 원래 공부工夫484)(=수행)라는 것은 중국의 세속에서 쓰는 말입니다. 일본에서 '이토마いとま'485)라는 말과 같습니다. 모든 행위에 통합니다.

경작은 농부의 수행입니다.

지어서 만드는 것은 목수의 수행이지요.

이러한 세속의 말에 기대어 구도자가 불법을 수행하는 것을 공부工夫라 이름 붙인 것입니다. 본분의 수행을 하는 사람이 만사 안에서 하는가 수행에 전념하는가를 구별해야 하는 것은 아닙니다.

---

484) 중국어 '쿵푸工夫'는 원래 '틈, 여가'라는 의미에서 시작하여 '내공을 쌓다, 공을 들이다, 시간과 정력을 쏟다, 연마하다' 등의 뜻을 포함한다. 한국에서는 학문이나 기술을 닦는 일이라는 의미로 사용되고, 일본어에서는 불도수행 등에 전념하는 것, 특히 선종에서 좌선에 전심하는 것을 말한다. 일본어로 공부, 즉 '구후工夫'는 좋은 방법이나 수단을 찾아내고자 궁리하는 것을 의미한다. 불교적 용어로는 불도수행 등에 전념하는 것을 뜻하며, 특히 선종에서는 좌선에 전심하는 의미로 사용하므로 본 역서에서는 주로 '수행'이나 '수행에 전념하는 것'의 의미로 옮겼다.

485) '이토마'는 '暇'나 '遑'라는 한자를 대어서 쓰며 여러 뜻을 갖는 일본어인데, 우선 볼 일이 없는 시간인 '여가, 틈, 휴가'를 의미하기도 하고, 해고나 사직의 뜻으로 사용되기도 한다. 또한 인연을 떠나거나 이혼의 의미로 확장되기도 하며 이러한 의미로 헤어져 떠나는 이별, 작별이라는 뜻으로도 사용된다. 고어에서는 상을 당하는 일, 또는 그 때문에 근신하는 시간을 뜻하거나 어떤 일을 하는 데에 비출 수 있는 시간의 의미로 사용되었다.

하지만 초심 수행자 입장에서 생각하면 임시로 이렇게 볼 수 있습니다.

불도로 향하는 뜻이 얕은 사람은 세간의 만사를 제대로 하고 그 안에서 시간을 정해 좌선하는 것을 일과로 삼습니다. 현재 선사에서 사시좌선四時坐禪486)이라고 하는 것도 지금으로부터 약 이백년 전 무렵부터 이러한 방식이 시작된 것입니다.

상고에는 선승이라고 하여 혹은 나무 아래나 돌 위에 앉아 있거나, 혹은 총림叢林487)에서 머리를 맞댄 사람들은 모두 일대사를 위해서이므로 각각 침식을 잊고 하루 종일 수행을 하지 않는 때가 없었습니다.

지금은 말세가 되었기 때문에 일대사를 위해서는 아니지만 부모의 명에 의해 본의 아니게 승려가 된 사람도 있습니다. 혹은 속세간에서 분주히 지내다 보면 마음 괴로운 일을 피할 수 없기 때문에 사원으로 들어가는 사람도 있습니다.

이러한 사람들 역시 전생으로부터의 업보가 있었던 것이지 억지로 승려가 된 것은 아니므로 오로지 좌선만을 하겠다고 생각하지는 않지만, 한편 충실한 구도심도 없기 때문에 밥을 먹고 차를 마실 때에는 식욕의 방해를 받아 불도를 잊습니다.

경을 읽거나 다라니를 욀 때에는 사행事行에 마음을 빼앗겨 본분을 등지게 됩니다. 별것도 아닌 사소한 일에도 관여하게 되므로 본분의 수행은 하지 않고 헛되이 일생을 보내게 되는 것입니다.

이러한 사람들을 위해 방편을 마련하고 사시좌선이라는 규칙을 정한 것입니다. 하지만 그것은 네 번의 시기 외에는 수행을 하지 말라는 의미가 아닙니다.

---

486) 하루에 네 번 때를 정하여 좌선하는 일을 말하며 저녁 종이 친 후인 황혼黃昏, 새벽 4시경인 후야後夜, 이른 아침인 조신早晨, 오후 4시경인 보시晡時에 한다.
487) 원래는 잡목이 우거진 숲을 이르는 말이었으나 오늘날에는 많은 승려가 모여 수행하는 선원禪院, 강원講院, 율원律院 등을 통틀어 이르는 말이 되었다.

그러한 까닭에 실로 구도심이 있는 자는 지금 좌선의 때가 아니라고 하여 쓸데없이 시간을 보내서는 안 됩니다. 밥을 먹고 의복을 두르고 경을 읽고 주문을 외고 뒷간에 가고 세면소로 가는 모든 행동을 할 때, 중승들에 섞여 인사를 하고 남과 마주하여 이야기할 때도 본분의 수행을 잊지 않는 사람이 있습니다.

이러한 것을 만사 속에서 수행을 하는 사람이라고 할 수 있을까요? 이는 만사를 제대로 하고 그 속에서 시간을 정해 좌선을 하는 사람보다는 낫지만, 너무도 만사와 수행을 구별하고 있으므로 자칫하면 만사에 마음을 빼앗겨 수행을 잊을 염려가 있는 것입니다. 이는 바로 마음 외外로 일체를 보기 때문입니다.

옛 사람이 말하기를, "산하대지山河大地, 삼라만상森羅萬象 모두 자기자신이다"라고 했습니다. 만약 이 뜻을 잘 체득한다면 수행 외에 만사는 없습니다. 수행 속에서 의복을 걸치고 밥을 먹고, 수행 속에서 움직이고 머물며 자고 일어나며, 수행 속에서 견문각지見聞覺知하고, 수행 속에서 희로애락喜怒哀樂하지요. 만약 이런 일이 잘된다면 수행 속에서 만사를 하는 사람이라고 해도 될 것입니다.

이야말로 바로 무수행의 수행, 무용심의 용심입니다. 이렇게 용심하는 사람은 기억하는 것과 망각하는 것 모두 자기 수행입니다. 자고 일어나는 것도 또한 차이가 없습니다.

옛 사람이 말하기를, "고락과 역순의 경계, 그 모든 것 안에 길이 있다"고 했습니다. 또한 "모든 것에 이 길은 있다"고도 했지요. 모두 이러한 의미입니다.

설령 이 정도만 이해해도 역시 그 공훈功勳은 대단한 일일 것입니다. 그러나 진정으로 조사님들의 진의에 들어맞는 사람은 아닙니다.

57. 제연諸緣을 버리라⁴⁸⁸⁾고 권하는 이유

문● 만사萬事와 수행에 차이가 없다면, 어떤 이치로 많은 교종敎宗⁴⁸⁹⁾과 선종禪宗의 종사들이 배우는 자들에게 만사를 떠나고 제연諸緣을 버리라고 가르치는 것입니까?

답● 선현께서 이르기를, "불법에 정해진 상相은 없다. 인연을 만나면 그것이 불법의 근원이 된다"고 했습니다. 선지식善知識께서 배우는 사람을 이끄시는 법문法門에도 정해진 상은 전혀 없습니다. 부처의 법과 세속의 법에 차이가 없는 것이 대승불교의 공통된 도리道理지요. 교종과 선종이 서로 다르다고 하지만 대승을 추거推擧하시는 종사가 어떻게 만사의 밖에 불법 수행이 있다고 가르치시겠습니까?

그러나 아직 이 도리를 깨닫지 못한 사람들의 소견으로는 세상만사는 모조리 허망과 전도顚倒⁴⁹⁰⁾입니다. 종사는 이를 가엾게 여겨 배우는 사람들의 집착을 버리게 하고자 임시방편으로 만사를 버리라고 권하시

---

488) '제연방하諸緣放下'라고 하는데 모든 인연을 버리고 떠나라는 의미로 남북조 시대 당시 널리 이야기된 불도수행을 위한 기본자세를 말한다. 하지만 이 문답의 내용에서도 알 수 있듯이 무소는 인연을 무조건 버리고 좋아하는 것을 포기하라고 종용하는 자세를 취하고 있지 않다. 모든 것은 마음에서 비롯되므로 불심을 일으킬 수 있는 환경에 스스로를 놓아두는 것이 중요하다는 여유 있는 입장을 보이고 있다. 이는 비슷한 시기에 겐코 법사兼好法師가 쓴 일본의 논어라 일컬어지는 대표적 수필 『쓰레즈레구사徒然草』에서도 면면히 다루어지는 문제이다.
489) 불교의 종파를 크게 둘로 나누었을 때에, 선禪보다 교리를 중시하는 종파. 교敎라고도 하며, 교외별전敎外別傳인 선종에서 다른 종파를 일컫는 말이다.
490) 번뇌 때문에 잘못된 생각을 갖거나 현실을 잘못 이해함.

는 것입니다. 종사가 근기根機491)에 따라 설법을 하는 데에 정해진 상相은 없습니다.

석존이 세상에 계실 무렵에 천수보리天須菩提492)라는 사람이 있었습니다. 오백 세世라는 오랜 시간 동안 계속 천상에서 살았지요. 현생에도 왕의 가문에 전생轉生하여 주거住居나 장속裝束 등이 아주 풍족했습니다. 정반왕淨飯王493)은 가까운 사람들에게 출가를 권하여 출가자 수가 오백 명에 이르렀는데 천수보리도 그 중 하나였습니다. 천수보리는 오랫동안 천인이었던 전생의 습習 때문에 미려한 의복을 선호하고 호화로운 주거를 좋아했습니다.

석존이 여러 비구들을 향해 의복이나 거처를 장식하지 말라고 훈계하시는 말을 듣고 천수보리는 몰래 생각했지요.

'나는 부귀한 집에 태어나 가옥에 금은을 아로새기고 의복에는 비단 자수를 놓았다. 그래도 여전히 만족스럽지 못하구나. 어떻게 허름한 옷을 입고 누추한 집에 살 수 있는가. 잠시 실가實家로 돌아가 호사를 실컷 맛본 다음에 다시 이리로 돌아와야겠다.'

그래서 석존이 계신 곳으로 가서 사퇴의 뜻을 고했습니다.

그러자 석존은 제자 아난阿難에게 명했습니다.

"왕궁으로 가서 여러 장엄莊嚴494)한 도구를 빌려 와서 이 비구의 마음에 들도록 거처를 꾸미고 오늘 하룻밤 그곳에서 지내게 하라."

---

491) 부처의 가르침에 접하여 발동되는 수행자의 정신적 능력, 혹은 부처의 가르침의 대상이 되는 중생을 의미한다. 기근機根, 혹은 기機라고도 한다.
492) 불제자 중 삼수보리의 한 사람. 오백 번 다시 태어나는 동안 천상계에 태어나 묘과妙果를 얻었다. 전생으로부터의 습관으로 출가 후에도 좋은 음식과 옷을 선호하였는데 이에 의해 깨달음을 얻었다고 한다.
493) 각주 269) 참조.
494) 장엄莊嚴은 웅장하고 위엄 있으며 엄숙하다는 의미로 널리 쓰이지만, 불교에서는 좋고 아름다운 것으로 공간을 꾸미거나, 훌륭한 공덕으로 몸을 장식하는 일, 혹은 향이나 꽃 따위를 부처에게 올리는 것을 의미한다.

아난은 석존의 말씀에 따라 좋은 것으로 정성을 다해 집을 장식하였지요. 천수보리는 그 안에 머물렀습니다. 평생 희망하던 것이 그날 밤에 만족되었습니다. 그러자 어지러운 상념들은 자연히 사라지고 깨달음이 금세 일어났습니다. 한밤중이 되어 나한과羅漢果495)를 터득하고는 공중으로 비상했습니다.

아난이 이를 보고 이상하게 여겨 석존에게 물었더니, 석존이 대답하셨습니다.

"의복과 거처를 꾸며 도심을 키우는 사람이 있다. 이러한 사람들에게는 의복과 집을 꾸미는 것도 불도수행에 도움이 된다. 반대로 의복과 거처를 꾸밈으로써 도심을 해치는 사람이 있다. 만약 그렇다면 이를 삼가야만 한다. 깨달음이든 깨달음에 의해 얻는 결과든 오로지 수행하는 사람의 마음에 의해 좌우되는 것이다. 의복이나 거처와는 상관없다."

요즘 사람들이 천수보리와 같다면 호화로운 집이나 의복, 장신구 등을 좋아한다고 해도 불도수행의 장애가 되지 않으니 규제할 필요가 없겠지요. 그러나 이러한 예가 있다고 해서 불법의 용심用心도 전혀 없는 사람이 사는 곳을 꾸며대고 진기한 것을 즐기면서 불법의 장애가 되지 않는다고 말하는 것은 천마天魔의 주장입니다.

예로부터 오늘에 이르기까지 산수山水496)라고 하여 산을 쌓고 돌을

---

495) 아라한과阿羅漢果라고 하며 깨달음의 네 단계를 일컫는 사과四果의 하나이다. 성문聲聞 사과의 가장 윗자리를 이른다. 수행을 완수하여 모든 번뇌를 끊고 다시 생사의 세계에 윤회하지 않는 아라한(=나한)의 자리이다.
496) 가산假山과 연못이 있는 정원을 일컫는 말. 남북조 시대까지는 정원의 일부를, 무로마치 시대부터는 정원 전체를 양식화하였다. 무소 소세키가 만든 선사의 정원은 교토를 비롯한 전국 곳곳에 남아 있는데, 건축학계에서도 비상한 관심을 받고 있으며 선정을 위한 자연스러운 정원으로 조영되어 있다. 이 시기를 즈음하여 선풍의 정원양식을 확산하는 데에 무소의 역할이 지대했던 것으로 보인다. 이에 비해 물을 이용하지 않고 돌과 모래 등으로 풍경을 표현하는 정원을 일본에서는 가레산스이枯れ山水, 즉 마른 산수 양식이

세우고 나무를 심고 물을 흐르게 하는 정원 꾸미기를 좋아하는 사람들이 많습니다. 산수의 풍정은 같아도 그 취향은 사람마다 각기 다르지요. 스스로는 그다지 흥취있게 여기지 않으면서, 그저 남들로부터 멋진 집이라는 말을 듣기 위해 산수를 꾸며 놓는 사람도 있습니다. 때로는 만사에 탐욕을 부리고 집착하여 세상의 진귀한 보물을 모아두는 것을 좋아하는 사람도 있는데, 그 속에 산수도 포함되어 기암괴석이나 귀한 나무만을 골라 모아두곤 하지요. 이러한 사람은 산수의 풍아함을 애호하는 것이 아니라 그저 속진(俗塵497))을 애호하는 사람인 셈입니다.

백낙천(白樂天498))은 작은 연못을 파고 그 주위에 대나무를 심어 놓고 즐겼습니다. 그의 시 중에 다음과 같은 구절이 있습니다.

'대나무는 성질이 담백하여 내 벗으로 삼는다. 물은 원래 청정한 것이므로 내 스승으로 삼는다' 499)

세상에 산수를 애호하는 사람들이 백낙천과 같은 의도를 가졌다면 그 사람은 속진에 물든 것이 아니라고 할 수 있겠지요. 혹은 천성이 담백하여 속진에 관여하지 않고 그저 시가를 읊고 정원의 샘과 돌을 노래하며 마음을 다스리는 사람이 있습니다. 세간에서는 이러한 사람을 자연의 산수에 구애되어 샘과 돌에 사로잡힌 풍류인(風流人)이라고 합니다.

하지만 설령 이렇게 풍아한 것이더라도 만약 구도심이 없으면 이 또

라고 부른다.
497) 속세(俗世)의 티끌이라는 뜻으로 세상 여러 가지 번잡한 사물을 이른다.
498) 백거이(白居易, 772~846년). 중국 당나라 시인. 낙천(樂天)은 그의 자(字)이며, 향산거사(香山居士), 취음선생(醉吟先生) 등의 호(號)를 갖는다. 일상적인 언어 구사와 풍자에 뛰어나며, 평이하고 유려한 시풍으로 명망 높다. 작품 중에는 「신악부(新樂府)」, 「장한가(長恨歌)」 등이 유명하고, 시문집에 『백씨문집(白氏文集)』이 있다.
499) 『백락천시후집(白樂天詩後集)』제6권 '지상죽하작(池上竹下作)'에 '水能性淡爲吾友 竹解心虛卽是師'라는 구절이 있다. 본문에서는 원래의 시구와 벗(友)과 스승(師)의 위치가 바뀌어 있다.

한 윤회하게 되는 망집妄執500)이 됩니다. 이와 반대로 깊은 잠에서 깨어나 산수를 통해 무료함을 위로하고 이를 불도수행의 조력으로 삼는 사람도 있지요. 이는 세간의 사람들이 산수를 애호하는 뜻이나 취향과는 다른 것이니 실로 귀한 일이라 할 수 있습니다. 하지만 산수와 불도수행을 구별하고 있다는 점에서 진실한 도道라고는 할 수 없지요.

그리고 산하대지山河大地와 초목와석草木瓦石 모든 자연만물이 다 나의 분신501)이라고 믿는 사람이 일시적으로 산수를 애호하는 경우가 있습니다. 이는 세간의 인정과 닮았지만, 그 세간의 인정을 구도심으로 바꾸어 사계절 변화하는 자연만물의 모습을 마음의 수행수단으로 삼기도 합니다. 이는 불도수행의 모범으로 보아도 좋을 것입니다. 그렇다면 산수를 좋아하는 것이 반드시 나쁜 일이라고도 할 수 없겠지요. 하지만 그렇다고 해서 꼭 좋은 일이라고 말하기도 어렵습니다. 왜냐하면 산수 그 자체에는 이해득실이 없기 때문입니다. 이해득실은 산수를 바라보는 사람의 마음에 있는 것입니다.

중국인의 습관을 보면 평소 차 마시기를 좋아하는데 이는 차가 소화를 돕고 기분전환을 위한 양생의 방법이기 때문입니다. 약이라는 것은 한 번에 복용해야 할 분량이 정해져 있습니다. 그 분량을 넘으면 도리어 해가 됩니다. 이 때문에 의서醫書에서는 차를 너무 많이 마시는 것을 금하고 있지요.

당나라 시대 노동盧同502)이나 육우陸羽503)와 같은 사람들은 차를 마

---

500) 망령된 집념. 즉 망상妄想을 버리지 못하고 고집하는 일을 말한다.
501) 원문에는 본분本分이라는 말을 쓰고 있다. 본분에는 본령本領, 즉 사람이 본디부터 가진 성질이라는 의미가 포함되어 있다. 따라서 자연만물에서 인간의 본성을 느낀다는 뜻으로 파악하여 분신이라 의역하였다.
502) 795~835년. 당나라 시인으로 자는 옥천자玉川子. 「칠완다가七椀茶歌」를 지었다. 차를 마시면 불평불만이 없어지고 청신한 바람이 부는 세상을 느낀다는 말을 남겼다.
503) 733~804년. 760년에 인류 최초의 다서茶書라 일컬어지는 『다경茶經』을 지었

시는 것이 잠을 깨는 데 도움이 되고 기분이 가라앉는 일을 막아주므로 학문 정진을 위해서 차를 즐겼다고 합니다.

일본 도가노вого栂尾504)의 묘에 상인明恵上人505)이나 겐닌지建仁寺506)를 개산開山한 에이사이 선사栄西禅師507)도 차를 애호하셨는데, 이 역시 졸음을 떨쳐내고 기분을 상쾌하게 하여 불도 수행의 조력으로 삼기 위함이었습니다.

하지만 요즘 세상에서 이상할 정도로 차를 향응하는 모습을 보면 그저 양생을 위한 영역에서 이루어지는 것이 아님은 분명해 보입니다. 하물며 그러한 사람들은 학문을 위해, 수도를 위해 차를 즐길 리도 없습니다. 더구나 세상의 낭비가 되고 불법을 쇠퇴시키는 원인이 되고 있습니다. 따라서 차를 애호하는 것은 같아도, 사람의 마음에 따라 손해가 되기도 하고 이익이 되기도 하는 것이지요.

고, 다도를 성립시킨 인물이라 일컬어진다. 그 후 다도는 중국은 물론 우리나라, 일본 등으로 널리 유포되었다.

504) 교토京都 서부의 지명으로 단풍의 명소로 알려져 있다. 묘에明恵에 의해 재흥再興된 고잔지高山寺가 있다. 또한 에이사이 선사栄西禪師가 중국에서 가지고 온 차가 묘에에 의해 처음 재배된 곳이기도 하다.

505) 1173~1232년. 가마쿠라 시대 전기의 화엄종華嚴宗 승려. 법위法諱는 고벤高弁. 도가노오 상인栂尾上人으로도 불렸다. 여덟 살에 부모를 여의고 조카쿠上覚를 스승으로 삼아 출가하였다. 진언밀교眞言密教와 화엄華嚴을 공부하였고 장래를 촉망받던 중 속연을 끊고 둔세해 버렸다. 석가모니에 대한 사모의 정이 깊어 인도에 가려고 했지만 실행하지 못했다. 현밀顕密 제종의 부흥에 힘을 썼고, 호넨法然의 정토종을 비판하는 저술서를 썼다. 가마쿠라 싯켄執権인 호조 야스토키北条泰時의 존경을 받아 정치사상 등에 영향을 주었다. 와카和歌에도 능통해 개인 가집歌集『묘에 상인 와카집明恵上人和歌集』도 있다.

506) 교토京都에 있는 임제종臨済宗 대본산의 사원. 산호山号 도잔東山이라 한다. 개조는 에이사이栄西. 가마쿠라 초기인 1202년에 개창되었으며 창건 당시에는 천태종, 밀교, 선종을 겸학했지만 나중에는 순수 임제종의 도량이 되었다. 교토 고잔五山의 제3위의 서열로 각종 문화재가 많은 사찰이다.

507) 1141~1215년. 일본 임제종의 개조. 선종의 자字는 묘안明庵. 히에이잔比叡山에서 천태밀교를 수행하고 두 번 송나라를 다녀오면서 일본에 선종을 전했다. 또한 중국에서 차를 가지고 와서 일본 내에서의 재배를 장려하여 차 문화를 보급시킨 공로도 널리 알려져 있다.

57. 제연諸緣을 버리라[1]고 권하는 이유

이러한 이치가 산수나 차를 좋아하는 것에만 한하는 것은 아닙니다. 시가詩歌나 관현管絃과 같은 모든 일들도 이와 마찬가지입니다. 시가나 관현 등은 사람 마음의 사악한 부분을 청아하게 바꾸기 위한 것입니다. 하지만 요즘의 유행을 보면 이를 예능으로서 행하므로 도리어 아집을 일으키고 청아한 도리를 후퇴하게 만들어 사악한 인연이 되고 있습니다. 이 때문에 교선教禪의 종사들은 만사의 밖에서 수행을 하고 마음 쓸 일은 없다고 가르치실 때도 있고, 만사를 버리고 다른 것을 수행하라고 권하실 때도 있지요. 결코 이상한 일이 아닙니다.

58. 선종의 방하放下[508]

문● 옛 사람이 이르시기를, "특별한 수행이란 없다. 다 던져 버리면 그것으로 되는 것이다", 또 "일체의 선악을 모두 사량思量[509]해서는 안 된다", 혹은 "득실이나 시비를 한꺼번에 버려라"라고 가르치셨기 때문에 모든 소견所見이나 해석을 일소해 버리는 것이 선종의 수행이라 할 것입니다. 만일 그렇다면 화엄종華嚴宗[510]에서 말하는 돈교頓敎[511]의 법문에서 일체의 명상名相[512]을 멀리 하고 자성自性의 청정함을 중시하는 것과 같지 않을까요? 또한 삼론종三論宗[513]에서 말하는 독공獨空[514], 필경공畢竟空[515]과도 비슷합니다. 밀교密敎에서 이야기하는 차정遮情[516]의 법문과 선종의 교리는 어떤 측면이 다른 것입니까?

---

508) 놓아 버린다는 의미. 특히 선종에서 일체의 집착을 버리고 해탈하는 것을 말한다.
509) 생각하여 헤아린다는 의미. 선원에서 좌선의 요체 중 사량思量에 매이지 않고 사특한 생각을 없애는 일을 비사량非思量이라 한다.
510) 불교의 한 종파로『화엄경華嚴經』을 주요경전으로 삼는다. 인도에서 화엄종의 시조는 용수龍樹, 세친世親이었고, 중국에서는 현수법장賢首,法藏이 창시했다. 화엄종은 본질인 이理와 현상인 사事가 서로 장애가 되지 않고 사와 사끼리도 서로 원융하다고 본다. 하나가 일체, 일체가 곧 하나이므로 우주 만물이 서로 융통하고 화해하며 무한하고 끝없는 조화를 이룬다. 우리나라의 승려 의상義湘은 중국의 지엄智儼에게 화엄을 배워 신라에 화엄종을 열었다. 8세기 신라의 승려 심상審詳은 일본으로 건너가 화엄교리를 강의하고 일본 승려 료벤良辯에게 법을 전하여 일본 화엄종을 성립시켰다.
511) 천태종에서 설법의 형식에 따라 넷으로 나눈 부처의 가르침을 각각 돈교頓敎, 점교漸敎, 비밀교秘密敎, 부정교不定敎라 하고 이를 화의사교化儀四敎라고 일컫는다. 이 중 돈교는 단도직입적으로 불과佛果를 성취하여 깨달음에 이르는 교법이다.
512) 망상을 일으키고 미혹하게 하는 현상으로, 들리고 보이는 모든 것.
513) 불교 종파의 하나로 인도 고승 용수龍樹의『중론中論』과『십이문론十二門論』제바提婆의『백론百論』등 삼론을 주요경전으로 삼아 성립된 종파이다. 중국

답•말의 구절은 닮았지만 그 취지는 같지 않습니다. 먼저 일체의 소견이나 해석을 일소하여 버리는 것을 선종의 수행으로 이해하는 것은 큰 오해입니다.

옛 사람들은, "불법은 유심有心을 통해 추구할 수 없고 무심無心을 통해서도 얻을 수 없다. 언어로도 이를 수 없고 적묵寂黙517)으로도 통하는 바 없다"라고도 말씀하셨고, "유심, 무심, 언어, 적묵이 모두 불법佛法이다"라고도 말씀하셨습니다.

옛 사람들이 이처럼 하늘과 땅만큼 차이가 나는 내용을 말씀하신 이유는 무엇이고 어느 쪽이 진실일까요?

이 말씀들은 모두 다 종사들의 교시 수단이므로 문자 그대로 받아들여서는 안 됩니다. 그러므로 "일체를 방하放下하라"고 가르치시는 것도 교문에서 말하는 소탕掃蕩이나 차정遮情의 의미가 아닙니다.

진眞과 망妄의 차이를 논하지만 법상종法相宗518)에서 내세우는 의미

에서는 수나라 때 이 종파가 성립되었다. 고구려의 승랑僧朗이 중국에서 삼론학을 집대성하여 새로운 삼론종의 성립에 원동력이 되었다. 우리나라 안에서 삼론종이 성립된 뚜렷한 전거는 전하지 않지만, 고구려의 혜관惠灌이 일본 삼론종의 시조가 되었고, 백제에도 혜현惠現 등 적지 않은 삼론학자가 있었으며, 신라에서도 삼론에 대한 활발한 연구가 있었다는 점 등을 미루어, 우리나라에도 삼론종이 있었을 것으로 추정된다. 일본에서는 나라奈良의 여섯 종파 중 하나로 손꼽혔지만, 실천보다 사변적 요소가 강했기 때문에 헤이안平安 시대 이후에는 쇠퇴하였다.

514) 일공一空과 같은 말로 만물萬物은 모두가 공空이며 공 또한 공이라는 뜻. 모든 법法이 비어 있는 상태.
515) 부단공不但空과 같은 말. 유有를 인정하지 않는 공空도 역시 공하다는 절대 부정의 공을 이르는 말.
516) 범부의 그릇된 생각과 견해를 없앰으로써 참된 지혜로 인도하는 것을 의미한다.
517) 고요히 명상에 잠기어 말이 없음, 혹은 그런 상태를 의미한다.
518) 만법萬法의 성상性相을 규명한다는 유식론唯識論을 근거로 한 종파. 우주 만물의 본체보다 현상을 세밀하게 분류하고 분석하는 입장을 취하여 온갖 만유는 오직 식識이 변해서 이루어진 것이라고 파악한다. 당唐나라의 현장玄奘이 인도 나란타那爛陀 사원에서 계현戒賢으로부터 호법 계열의 유식학을 배

와는 다르지요.

'당상즉도當相卽道 즉사이진卽事而眞'[519])이라는 가르침도 사실 '표덕실상表德實相'[520])과는 다른 것입니다.

그 진의는 깨달은 다음에야 비로소 알 수 있지요. 의의나 도리로 납득하려 해서는 안 됩니다. 만약 말이 비슷하다고 해서 그 의미하는 바도 같다고 말한다면 어찌 교종의 법문에만 한정되겠습니까? 유교나 도교, 나아가 세상의 광언기어狂言綺語[521])에서도 같은 말을 쓰고 있지 않습니까?

선종에 몸담은 사람들 중에는, 옛 사람의 말씀에 따르고 일체의 의리義理도 이용하지 않으며 지위 고하도 내세우지 않고 불법과 세법의 형적形迹을 가슴속에 지니지 않는 것을 종파의 본의本意라 생각하는 사람이 있습니다. 선현들은 이를 비웃어 잔자선剗子禪[522])이라 이름 붙였습니다. 잔자剗子, 즉 나무 호미라고 한 것은 농지의 흙 표면을 파내어 버리듯 모든 깨달은 바를 파내어 버리는 것이 선종의 종지라 생각하는 사람을 빗댄 것입니다.

워와 규기窺基에게 전함으로써 중국에서 하나의 종파로 성립되었다. 법상法相이란 오위백법五位百法 등으로 존재의 현상을 분석하는 것을 말한다. 모든 존재인 일체법一切法은 허상에 불과하며 오직 마음의 작용인 식識이 연기緣起해 현상으로 나타난 것에 불과하다는 유식론을 바탕으로 존재의 공성空性보다도 현상을 세밀히 분석해 설명하기 때문에 법상종이라고 한다. 우리나라에서는 신라 경덕왕 때 진표眞表가 개창하였다. 일본에는 7세기 중반 현장에게서 직접 배워온 도쇼道昭가 전파하였고, 가마쿠라 신불교가 융성하면서 점차 쇠퇴했지만 호류지法隆寺와 고후쿠지興福寺, 야쿠시지藥師寺 등을 중심으로 오늘날까지 계승된다.

519) 진언종의 주장으로 실상實相이 즉 도리道理라는 의미.
520) 겉으로 드러난 덕행이나 선행이 있는 그대로의 진실한 모습이라는 뜻.
521) 내용은 없으면서 흥미를 끌기 위해서 하는 도리에 맞지 않는 말이나 형식만 잘 꾸민 말. 불교나 유교의 입장에서 소설이나 허구의 이야기를 낮잡는 뜻으로 이르는 말이다. 광언희어狂言戲語라고도 한다.
522) 잔자剗子는 호미鋤를 말한다. 호미가 흙 표면을 단숨에 파내듯이 모든 것을 헛되이 제거해 버리는 것을 비유한 표현이다.

59. 깨달은 자의 신통묘용神通妙用

문● 불법을 깨달은 사람은 반드시 신통神通과 묘용妙用을 갖추는 것입니까?

답● 불법을 모르는 천마天魔나 외도外道라도 신통력은 가지고 있습니다. 신통력을 갖춘 사람이기 때문에 불법을 깨달은 사람이라고는 할 수 없는 것이지요. 설령 불제자로서 나한과羅漢果523)를 증명한 사람이 삼명三明524)과 육통六通525)을 얻었다고 해도 그것만으로 아직 대승의 법리를 깨달았다고는 할 수 없으니 득법한 사람이라고 할 수 없습니다. 삼현三賢 십성十聖이 수행의 지위가 오름에 따라 신통력과 묘용을 갖춘다 해도 그것만으로는 득법했다고는 할 수 없지요. 세간에서 육통이라 함은,

첫째, 천안통天眼通으로 산천을 격한 먼 곳의 일도 손에 잡힐 듯 볼 수 있는 능력

둘째, 천이통天耳通으로 산천을 격한 먼 곳의 음성을 듣는 능력

셋째, 타심통他心通으로 타인의 마음에 떠오른 상념을 분명히 아는 능력

---

523) 아라한과. 각주 494) 참조.
524) 아라한이 가지고 있는 세 가지 지혜, 즉 숙명명宿命明, 천안명天眼明, 누진명漏盡明을 이르는 말. 숙명명은 자기와 남의 전생을 아는 지혜, 천안명은 자기나 남의 내세의 일을 아는 지혜, 누진명은 현재의 고통을 알아서 일체의 번뇌를 끊는 지혜를 말한다.
525) 육신통六神通이라고도 하며 천안통, 천이통, 타심통, 숙명통, 신족통, 누진통의 여섯 가지 신통력을 이르는 말. 이하 육통에 관하여 본문에서 설명하고 있다.

넷째, 숙명통宿命通으로 전생에서의 일을 잊지 않고 기억하는 능력
다섯째, 신경통神境通으로 공중을 자유자재로 비행하는 능력
여섯째, 누진통漏盡通으로 번뇌를 모두 근절할 수 있는 능력을 말합니다.

육통이라는 이름은 같아도 이를 얻은 사람들에 따라 우열의 차이는 대단히 큽니다.

천마나 외도는 일단은 오통五通을 얻는다 할지라도 누진통은 얻지 못합니다. 그 때문에 결국은 신통력을 잃고 고통의 윤회를 면할 수 없습니다.

나한은 삼계의 번뇌를 다 끊은 것이므로 누진통을 얻었다고는 해도, 아직 무명無明526)을 다하지 못했으므로 진정한 누진이라고는 할 수 없습니다.

삼현 십성의 보살이라도 무명無明에는 아직 이르지 못한 것이지요.

옛 사람이 이르기를, "설령 육통을 얻었다고 하더라도 여전히 나일통那一通527)이 있다는 것을 알아야 한다"고 했습니다. 나일통이란 범인에게든 성인에게든 본래 갖춰져 있는 능력으로 증감도 우열도 없는 것입니다. 모든 신통묘용, 견문각지見聞覺知528), 거족하족擧足下足529) 모두 나일통의 작용입니다. 하지만 범부는 매일 이를 이용하면서도 이 나일통의 은혜를 모르고 밖에서 세속적인 통력을 찾습니다.

방거사龐居士530)가 진정한 신통묘용이란 매일 스스로가 쓸 만큼의 물

---

526) 각주 200) 참조.
527) 신경처럼 손발을 움직이게 하는 능력을 말하는 것으로 보이며 신통력의 하나로 타차원에는 없는 힘이라 일컬어진다. 이하 나일통에 관하여 본문에서 설명하고 있다.
528) 눈으로 빛을 보고, 귀로 소리를 듣고, 코, 혀, 몸으로 냄새, 맛, 촉감을 느끼고, 뜻으로 법을 아는 육식六識의 작용. 외경을 식별하고 인식하는 마음의 작용을 이르는 말이다.
529) 다리를 들어 올리고 내리는 것.

과 장작을 운반하는 것이라고 교시하신 내용도 손발을 움직이는 데에 나일통이 작용하는 것을 보았기 때문입니다.

옛 사람이 이르기를, "사람들은 제각각 본분의 영광靈光530)을 가지고 있다"고 했습니다. 『원각경圓覺經』532)에 「대광명장삼매大光明藏三昧」533)라고 설한 것은 '일체의 중생이 원래부터 갖추고 있는 영화로운 빛'을 말하는 것입니다. 제불들의 신광身光이나 지광知光, 통광通光이라고 하는 것은 모두 이 대광명장大光明藏에서 생겨난 것입니다. 그리고 범부가 동서를 분간하고 흑백을 구분하는 것도 모두 이 빛의 묘용에 의한 것입니다.

속세 사람들은 어리석게도 원래의 이 영화로운 빛을 잊고 외부에서 세속적인 광명을 구합니다. 이 영광을 모른다면 설령 몸에서 무량의 빛을 발산한다고 하더라도 그것은 반딧불이의 빛과 아무런 다를 바가 없겠지요. 그 때문에 아무리 제천諸天에 빛이 있어도 결국은 명계冥界로 들어가 버립니다.

극위極位534)에 오른 나한이나 지상의 보살들은 각각 빛을 발산하고 있어도 아직 빛이 없는 미혹 세계를 빠져나오지 못합니다. 모두 소小신

---

530) ?~808년. 위諱는 온蘊, 자字는 도현道玄. 유교에서 선으로 옮아와 불법을 이었다. 평생 출가하지 않고 처자식과 함께 살았으며 여러 선사들과 교류하였다. 거사란 출가를 하지 않고 수행을 하는 불교신자를 의미하는 말이었다가 계명의 말미에 붙이는 존칭으로 변했다. 불교학의 지식이나 실천에서 승려에 준하거나 필적하는 역량을 가지고 있는 사람을 의미한다. 거사라는 호칭이 사용되기 시작한 시기는 분명하지는 않다. 『유마경維摩経』에 등장하는 주인공 유마거사維摩居士라는 가공의 인물을 일컫는 말로 처음 사용되었던 것으로 보인다. 실재 인물로 확인이 되는 최초의 거사가 바로 방거사龐居士이다. 방거사 역시 점차 전설화되었고 현재 그의 어록이 전해지고 있다.
531) 신령스럽고 성스러운 빛을 말한다.
532) 각주 304) 참조.
533) 일체의 중생이 본래 가지고 있는 영광靈光을 대광명장大光明藏이라고 한다. 그 영광에만 집중하는 경지를 대광명장삼매라 표현한 것이다.
534) 오를 수 있는 가장 높은 지위.

통 및 소小광명으로 변화하여 본분의 대大신통 및 대大광명을 잊었기 때문입니다.

　대승을 배우는 사람들은 우선 본분의 대광명 및 대신통이 있다는 것을 믿어야 합니다. 만약 이것을 잘 깨달으면 광겁曠劫의 무명無明에서 벗어나고 여러 번 다시 태어나는 업연에 속박되는 일도 없어질 것입니다.

　그때서야 비로소 무변無邊의 광명을 발산하여 중생의 미망을 깨고 광대한 신통묘용으로 악마나 외도의 삿됨을 굴복시킬 수 있을 것입니다.

60. 임종의 상相

문● 일반적으로 불도를 배우고 불법을 근행535)한 사람이라도 임종 때 추악한 상相을 드러내는 경우가 있습니다. 반대로 생전에 대단한 수행자처럼 보이지는 않았지만 임종의 상이 특별히 훌륭한 사람도 있지요. 나아가 평소에 그다지 귀한 상을 보이지 않았어도 임종 후에 사리舍利536)를 남기는 사람도 있습니다. 또한 지혜가 있고 덕이 높은 사람이라도 임종 후에 사리를 남기지 않는 사람도 있지요. 이러한 일들은 모두 어떤 인연에 의한 것입니까?

답● 일체의 사상事象과 사물事物에 원래부터 정해진 상相이란 없습니다.

선과 닮았으나 악인 경우도 있고, 악과 닮았으나 선인 경우도 있습니다. 임종의 상 또한 이와 같습니다. 임종의 상이 좋을 것처럼 보여도 귀하게 여길 수 없는 사람도 있지요.

그것은 천마의 소행으로, 그 수행자를 속이고 다른 사람도 미혹시키려고 마치 기특한 상인 양 드러나게 한 것일지도 모릅니다.

어쩌면 유루有漏의 선근의 힘으로 일단 인간세계나 천상세계에 다시

---

535) 부처 앞에서 독경을 하거나 예배하는 등 부지런히 선법善法을 행하는 것을 근행이라고 한다.
536) 원래는 골조, 구성요소, 신체를 의미하는 말. 이 말이 파생되어 유골, 특히 부처나 성인의 유골의 의미로 이용되었고, 그런 의미로 사리를 숭배하고 공양하는 것이 사리탑을 건립하는 등의 형태로 예로부터 아시아 여러 나라에서 널리 이루어졌다. 실제로 사리를 상징하는 다른 것으로 대용되는 경우가 보통이다.

태어나는 사람은 임종의 상이 훌륭할 수 있습니다. 경전에서는 사후 인천人天에 생을 받게 될 사람의 임종의 상에 관해 말합니다.

'병을 얻은 상태로 남에 대해 악한 생각을 하지 않고 세간에 집착을 갖지도 않으므로 병의 고통도 가볍고 마음속 생각도 어지럽지 않다. 혹자는 불보살의 이름을 외고 혹자는 신선의 호를 외며 임종한다. 그 중에서도 도리천忉利天537)에 태어날 사람은 천인이 나와 맞아주기 때문에 실내에 묘한 향이 피어오르고 아름다운 음악이 천상에도 울려 퍼질 것이다.'

하지만 이렇게 좋아 보여도 그 인과응보가 다하면 다시 악도惡道538)로 윤회하게 됩니다.

이처럼 일단 훌륭해 보여도 종국적으로는 귀히 여길만한 것이 되지 못할 수 있습니다. 또 임종의 상이 좋지 않더라도 종국적으로는 귀히 여겨지는 사람도 있습니다. 그 이유는 천마가 행자 임종의 상을 일부러 나쁘게 드러나게 하여 그 모습을 보고 듣는 사람들의 선심을 해치려 하기 때문이지요. 즉, 악상惡相을 드러내도록 꾸미는 경우가 있다는 것입니다.

하지만 수행자라면 악상을 보지 않습니다. 예를 들어 현생에서 정법을 수행하더라도, 아직 연마의 공이 쌓이지 않아 전생의 업장業障539)을 해소하지 못하여 해탈이 자유로운 단계에 이르지 못할 경우가 있지요. 이 때문에 악도로 빠지는 사람도 있습니다. 이러한 사람은 임종의 상

---

537) 도리忉利로 줄여 말하기도 한다. 육욕천의 둘째 하늘로 수미산 꼭대기에 있다고 한다. 가운데에 제석천이 사는 선견성善見城이 있고, 그 사방에 권속眷屬된 천인들이 사는 8개씩의 성이 있다.
538) 악업惡業을 지어서 죽은 뒤에 가야 하는 괴로움의 세계로 지옥도, 아귀도, 축생도, 수라도의 네 가지를 일컫는다. 악처惡處, 악취惡趣라고 한다.
539) 삼장三障의 하나. 삼장이란 불도를 수행하여 착한 마음이 생기도록 하는 데 장애가 되는 세 가지를 말한다. 특히 업장은 말과 행동 혹은 마음으로 지은 악업에 의한 장애를 이른다.

이 나쁘지만 정법의 좋은 힘은 결국 상실되지 않았으므로 해탈에 이르게 됩니다.

『법화경』에 등장하는 사갈용녀娑竭龍女540)는 전생의 업으로 일단은 축생도에 빠졌지만, 그 안에서 대승의 좋은 힘이 발현되어 여덟 살에 이미 정각正覺541)을 성취했습니다. 사갈용녀의 전생을 떠올려 본다면 축생도에 떨어질 정도였으니 임종의 상이 훌륭하지는 않았겠지요.

옛날 석가여래가 유람을 나서신 때에 길가 풀 속에 버려진 아이가 한 명 있었습니다. 그 용모가 아름다워 범상치 않은 인물로 보였지요. 많은 사람들이 이 아이를 보려고 모여들었습니다. 석존은 그 작은 아이가 있는 곳으로 가서 법문에 관해 물으셨고 아이는 이에 대답을 했습니다. 석존은 그 아이의 손을 잡고 이끌며 "과거의 선근을 떠올리고 신통력을 보일지어다"라고 말했습니다. 그러자 아이는 석존의 말씀을 듣고 곧바로 날아올라 허공에 앉더니 몸에서 광명을 발산했고 그 광명이 삼천세계三千世界542)를 비추었지요. 그 광명을 보고 범천梵天543), 제석천帝釋天544), 천룡팔부天龍八部545) 등이 모여들어 불가사의한 좋은 이익을 얻었습니다. 이 일로 석존은 "이 작은 아이를 불사의광不思議光보

---

540) 『법화경』 설법 때 청중 속에 줄 서 있었다는 팔대용왕八大龍王 중 한 사람이 사갈라娑竭羅였으며, 사갈용녀는 그의 딸을 일컫는 말이다. 사갈라는 예로부터 청우법의 본존으로 여겨져 천수관음의 권속인 이십팔부중二十八部衆의 하나에도 들어간다. 『법화경』에 따르면 여덟 살이 되자마자 사갈용녀는 『법화경』을 공부하고 즉신성불卽身成佛하여 바로 부처가 되었다 한다.
541) 올바른 깨달음이라는 뜻. 일체의 참된 모습을 깨달은 더할 나위 없는 지혜를 말하며 정등각正等覺과 같은 말이다.
542) 부처 하나가 교화하는 범위를 일컫는 말로 삼천대천세계三千大千世界라고 한다. 소천, 중천, 대천의 세 종류의 천세계로 이루어진 끝없는 세계이다.
543) 각주 29) 참조.
544) 각주 30) 참조.
545) 팔부중八部衆이라고도 한다. 원래 인도의 사신邪神이었는데 석존에게 교화되어 불법을 수호하게 된 천天, 용龍, 야차夜叉, 건달바乾闥婆, 아수라阿修羅, 가루라迦樓羅, 긴나라緊那羅, 마후라가摩睺羅伽 등의 여덟 신장神將을 가리킨다.

살이라고 명명하라"며 인정하셨습니다.

부처는 그 인연을 이야기해 준 것입니다. 과거 구십일 겁劫 이전의 옛날에 비바시불毘婆尸佛546)이 세상에 나오신 때에 두 명의 보살이 있었습니다. 한 명은 현천賢天으로 무생인無生忍547)을 깨닫고 소욕소족少欲少足하며 독거하는 것을 좋아했습니다. 또 한 사람은 요재饒財548)라 하여 두타행頭陀行549)을 좋아하였고 현천보살과 친하게 지내며 그를 모셨는데 항상 재가在家로 가서는 세속적인 것에 동분서주하는 마음을 가지고 있었습니다.

그래서 현천보살은 요재를 가르치고 타일렀더니 요재가 이 말을 듣고 분한 마음에 화를 내며 "당신은 원래 버려진 아이여서 부모조차 모르는 사람이다"라고 비난했습니다. 이렇게 욕을 한 잘못으로 인해 그는 구십일 겁의 시간 동안 품성이 형편없는 여자의 자식으로 계속 환생하여 버려지는 운명에 처해졌지요. 지금은 그 악업을 다 갚아서 옛날의 선근이 드러나게 되었다고 합니다.

이와 같이 여러 가지 인연이 있기 때문에 일단 임종의 상이 나빠도 결국 훌륭하게 되는 사람도 있습니다. 또는 임종의 상이 나쁜데 더욱 악도로 가라앉게 되는 사람도 있지요. 이는 그 사람이 평소 불법을 수행하지 않고 그저 죄과만을 만들기 때문입니다. 때로는 임종 때 좌선

---

546) 과거칠불過去七佛 중 첫 번째 부처로 인간의 수명이 8만 4천 살 때 난 부처라고 한다. 파파라 나무 아래에서 성불하였고 세 차례 설법하여 34만 8천 명의 제자를 제도하였다.
547) 불보살의 다섯 가지 수행 단계인 오인五忍의 하나. 생기는 일도 사라지는 일도 없다는 진정한 진리眞理를 인식하는 것, 또는 진리의 세계世界를 깨달아 거기에 안주하여 움직이지 않는 지위地位. 무생법인無生法忍이라고도 한다.
548) ?~?. 상세한 바 미상.
549) 출가수행자가 세속의 모든 욕망을 떨쳐버리기 위하여 고행하는 수행방법의 하나이다. 속세와 떨어진 고요한 곳에 머무는 것在阿蘭若處, 왕이나 신도들의 공양을 따로 받지 않고서 항상 걸식만 하는 것常行乞食, 음식을 얻지 못했을 경우에는 굶는 것次第乞食, 하루에 한자리에서 한번만 식사하는 것受一食法, 앉기만 하고 눕지 않는 것但座不臥 등이 그 내용이다.

을 한 채로 혹은 기립한 채로 돌아가시어 자유자재의 경지를 얻는 분도 있습니다.

이런 사람은 내외가 상응하여 생사의 관문을 지날 수 있었던 사람이지요. 옛 사람은 "좌탈입망坐脫立亡550)은 깨달음의 힘에 의한다"고 말씀하셨습니다. 설령 득법한 사람이라도 선정의 힘定力551)이 순숙純熟되지 않은 사람은 해탈이 자유자재의 경지에 놓이지 못합니다. 그렇다고 임종에 악상惡相을 드러내지는 않지요.

설령 해탈이 자유로운 처지는 아니더라도 생사의 상을 마음속에 가지고 있다면 대승의 수행자라고 해도 좋을 것입니다. 나한과를 증명하는 사람은 임종 때 십팔변十八變552)을 드러내며 자유자재로 해탈하지만 그래도 득법한 사람이라고는 하지 않습니다. 교문과 선문 종사들 중에는 재난을 당하여 천화遷化553)하신 분들도 있습니다. 전생의 업에 의해 일단은 임종에서 악상을 드러내더라도 교화도인敎化導引의 방편이 되는 것이니 임종의 상이 나쁘다고 비방해서는 안 됩니다.

소승을 수학하는 사람에는 두 종류가 있습니다. 바로 성문聲聞과 연각緣覺인데 이를 이승二乘이라고도 합니다.

연각은 범어로는 벽지불辟支佛554)이라고 합니다. 벽지불도 입적 후에는 사리를 남긴다고 합니다만 어쨌든 이는 소승이므로 득법한 사람이

---

550) 앉은 채로 입적하거나 열반에 드는 것을 말한다.
551) 어지러운 생각을 없애고 마음을 한곳에만 쏟는 힘. 특히 선정禪定에 의해 마음을 적정寂靜하게 하는 힘을 말하며 원문에는 '정력定力'이라 표현되어 있다.
552) 나한이 입정入定할 때는 열여덟종의 신변神變을 드러낸다.
553) 이승의 교화敎化를 마치고 다른 세상世上의 교화敎化로 옮긴다는 뜻으로 고승의 죽음을 일컫는다.
554) '연각'이라는 뜻의 산스크리트어를 음으로 읽은 것. 스승이 없이 독자적으로 깨달음을 연 사람을 말하며 불교뿐 아니라 자이나교에서도 이 명칭을 사용한다. 다양한 외연에 의해 깨달음을 얻는다고 하여 연각이라고 한다. 대승불교에서는 이러한 입장을 자기중심적인 것이라고 생각하여 성문과 더불어 이승이라 칭한다.

라고는 할 수 없습니다. 세속 범부들 중에도 삼매를 이루면 임종 후에 사리를 남긴다고 합니다. 삼세三世의 여래로 순서대로 세상에 나오시는 부처는 모두 반드시 입멸 후에 사리를 남겨서 인천계人天界의 복업을 성취하는 방편으로 삼습니다.

부처 입멸 후, 교종과 선종의 종사로서 불법을 유포하신 분들 중에도 입적 후에 사리를 남기신 분들이 있습니다. 또한 임종의 상이 훌륭하더라도 입적 후에 사리를 남기시지 않은 분들도 있습니다. 그 인연은 추측하기 어렵습니다.

『보적경寶積經』555)에서는 '여래의 사리는 모습이나 형태가 없는 반야般若556) 안에서 유포되는 것이다. 반야는 사리舍利의 본체本體이며 사리는 반야의 작용作用이다. 어리석은 사람일수록 모습이나 형태가 있는 사리는 믿고, 모습이나 형태가 없는 반야를 믿으려고 하지 않는다'고 했습니다.

붓코仏光선사佛光禪師557)의 송頌558)에는 이러한 구절이 있습니다.

'제불諸佛이든 범부든 모두 똑같은 환영幻影이다. 만약 현실의 상을 추구한다면 그것은 눈 안에 들어간 먼지와 같다. 나의 사리는 천지를 다 감싸고 있다. 인기척 없는 공허한 산을 향해 차갑게 식은 재를 뿌리지 말라.'

이런 까닭에 입멸 후에 사리가 남으면 선근이라고 할 수는 있겠지요. 하지만 이것만 가지고 반드시 득법한 사람이라고는 말할 수 없습니다.

---

555) 『대보적경大寶積經』. 중국 당나라의 보살 유지流志가 대승 경전 마흔아홉부를 모아 번역한 불경으로 7세기 말이나 8세기 초에 완성된 것으로 보인다.
556) 대승 불교에서 만물의 참다운 실상을 깨닫고 불법을 꿰뚫는 지혜를 말한다. 온갖 분별과 망상에서 벗어나 존재의 참모습을 앎으로써 성불에 이르게 되는 마음의 작용을 뜻한다.
557) 각주 217) 참조.
558) 공덕을 기리는 글이나 문장을 말한다.

몽중문답
下

61. 본분의 전지田地

문● 본분의 전지라는 것은 어떠한 경지입니까?

답● 범부와 성인, 미망과 깨달음이 아직 분간되지 않는 경지는 세간의 명목, 형상으로도 설명이 어렵고 출세出世559)의 법문으로도 이르지 못합니다.

그렇기는 하나 헤매고 있는 사람을 이끌기 위해서 임시로 말을 생각하여 경우에 따라서는 본분의 전지라고 이름 붙이거나, 혹은 일대사라고 이름 붙인 것입니다. 본래의 면목, 주인공主人公 등도 모두 같은 의미입니다.

미오迷悟와 범성凡聖이라는 것은 하나의 염려念慮560) 위에 임시로 서 있는 것입니다. 그러한 염려들이 잇따라 이어지는 까닭에 미오와 범성의 상이 어지럽게 일어나 인간을 현혹합니다. 이러한 현혹에 의해 본분의 전지가 가려지는 것입니다.

---

559) 제불諸佛들이 중생을 제도하기 위하여 사바 세계로 나온 것을 의미하기도 하고, 세상을 버리고 불도佛道로 들어가는 것을 의미하기도 한다.
560) 머리를 굴려 걱정하거나 생각하는 것을 말하지만, 불교어에서는 범부의 얕은 지혜로 이것저것 여러모로 생각하는 것을 의미한다.

62. 본분의 전지와 교법

문● 교법 안에서 심지心地561)라고 하거나 불성佛性이라고 하는 것은 본분의 전지라는 것과 다릅니까?

답● 교종도 요의了義562) 대승에서 말하는 바와는 차이가 없습니다. 하지만 교종은 염려의 미망이 일어난 상태에서 임시로 중생과 부처가 나뉜 경지에 관하여 잠시 심지를 논하고, 불성을 논하는 것입니다. 그렇기 때문에 선종에서 중생과 부처가 아직 나뉘지 않은 경지를 본분의 전지라고 하는 것과는 다릅니다.

만약 누구라도 이 본분의 전지에 상응한다면 교종에서 말하는 불성, 심지, 여래장如來藏563), 진여眞如564), 법성法性565) 등이나 범부의 소견인 바인 산하대지山河大地와 초목와석草木瓦石에 이르기까지 모두 다 본분의 전지일 것입니다.

반드시 본분의 전지라는 명목만을 귀히 여겨야 하는 것이 아닙니다.

---

561) 불교어로 마음을 대지大地에 비유한 말, 또는 마음으로 하고자 하는 의업意業을 뜻한다. 보살 수행의 각 계위에 두는 마음을 뜻하기도 하며 특히 선종에서는 마음의 본성, 즉 심성을 말한다.
562) 진실의 의리義理, 의미를 직접적으로 명백하고 완전하게 나타내는 일을 말한다.
563) 석가모니가 말한 법장法藏으로 미계迷界에 있는 진여眞如를 말한다. 미계의 사물은 모두 진여에 섭수攝受되었으므로 이렇게 일컫고, 진여가 바뀌어 미계의 사물이 될 때에는 그 본성인 여래의 덕이 번뇌 망상에 덮이지 않게 되었으므로 이렇게 부른다. 또한 미계의 진여는 그 덕이 숨겨져 있을지언정 아주 없어진 것이 아니고 중생이 여래의 본성과 덕을 갖추고 있으므로 이렇게 칭하는 것이다.
564) 각주 432) 참조.
565) 각주 314) 참조.

63. 본분의 전지의 정체

문● 본분의 전지는 사람들이 갖추고 있으면서 각자 원만히 성취하는 것이라고는 하지만 아직 그 형태를 볼 수가 없습니다. 과연 어디에 있는 것입니까? 몸속에 있다고 해야 할까요? 마음속에 있다고 해야 할까요? 심신 전체, 이것을 본분의 전지라고 하면 될까요? 이 심신을 벗어나 따로 있다고 보아야 할까요?

답● 옛 사람이 이르기를, "해당 본분의 전지를 벗어나지 않고 항상 평안하게 안정되어 있다. 추구하면 곧 알 수 있다. 그 경지를 다른 사람은 알 수가 없는 것을"이라고 했습니다.

본분의 전지는 심신 안에 있는 것도 아니며 심신 밖에 있는 것도 아니고, 심신 자체가 고스란히 본분이 있는 곳이라 말하는 것도 맞지 않습니다.

유정有情과 비정非情566)의 종류도 아니고, 제불이나 성현의 지혜도 아니며, 제불과 성현의 지혜와 나아가 중생의 심신 및 세상 국토는 모두 이 안에서 태어납니다.

그러한 까닭에 임시로 본분의 전지라는 이름을 붙인 것입니다.

『금강경』에 이르기를, '제불 및 제불의 아누다라삼먁삼보리阿耨多羅三藐三菩提567)의 법도 모두 이 경전에서 나왔다'고 합니다. 금강반야金剛般

---

566) 유정은 마음을 가진 살아있는 중생, 무정이란 나무나 돌처럼 감각이 없는 무생물.
567) 아누다라삼먁보리는 무상보리, 최고의 지혜를 말한다. 이에 관하여는 40단에서 상술하고 있다.

若가 바로 본분의 전지입니다.

『원각경』에 이르기를, '일체의 청정 진여, 보리 열반 및 온갖 바라밀波羅密568)도 원각圓覺569)에서 흘러나온다'고 합니다. 원각圓覺이 바로 본분의 전지입니다.

『연화삼매경蓮花三昧經』570)에 이르기를, '삼십칠존三十七尊571)도 심성心城572)에 머물러 있다'고 합니다. 심성心城이 바로 본분의 전지입니다. 밀종에서 말하는 대일여래, 금강보살 이하의 삼십칠존도 모두 이 심성心城에 머물러 계셨습니다.

알아 두십시오. 본분의 전지란 진여의 묘리 및 일체 불보살의 근거라는 것을 말입니다. 하물며 일체의 정예淨穢573) 세계와 중생도 모두 이를 떠날 수 없는 것입니다.

---

568) 태어나고 죽는 현실의 괴로움에서 번뇌와 고통이 없는 경지인 피안으로 건너다는 뜻으로 열반에 이르고자 하는 보살의 수행을 이르는 말이다.
569) 석가 여래의 각성覺性을 말한다. 원만하고 주비周備하여 조금도 결감缺減이 없는 우주의 신령한 깨우침을 말하며 영묘한 영각을 뜻한다. 영각이란 영혼과 비슷한 말로 신령하여 불사불멸하는 정신, 육체 밖에 따로 있다고 생각되는 정신적 실체를 이른다.
570) 일본에는 『연화삼매경』이라는 경전이 가마쿠라鎌倉 시대에 송나라로부터 도래되었다는 것에 관한 전설이 있다.
571) 금강계 만다라의 성신회成身会에 배치된 서른 일곱의 부처, 보살, 불신을 말한다. 진언종 팔조의 제일을 대일여래, 제이를 금강보살로 본다. 대일여래를 중심으로 해서 금강계의 우두머리에 삼십칠존이 있는 것이다. 금강계는 대일여래를 지덕의 방면에서 설명한 부문으로 그 지덕이 견고하여 모든 번뇌를 깨뜨릴 수 있다 하여 이름 붙여졌다.
572) 마음을 성城에 비유한 말이다. 또는 선정禪定이 마음을 지킨다는 내용에서 선정을 성에 비유하여 몸은 마음의 성곽, 몸을 성에 비유하기도 한다.
573) 깨끗함과 더러움, 또는 정토와 예토를 말한다. 진여실상의 측면에서 말하자면 깨끗함과 더러움, 정토와 예토는 서로 본래 차이가 없으며 하나라는 것을 정예불이淨穢不二라고 한다.

64. 본분의 전지에 이르는 방법

문● 만약 이 본분의 경지가 세간의 상도 아니고 출세의 법도 아니라고 한다면 어떻게 이 경지에 도달할 수 있다는 것입니까?

답● 일반적으로 선종을 믿고 수행하려고 하는 사람은 대부분 이러한 의문을 갖습니다. 그것은 곧 본분의 제목題目을 소홀히 이해하고 계시기 때문입니다.

만약 이 본분을 세간의 예능이라고 한다면, 나에게는 그만한 기량도 없는데 어떻게 배울 수 있을까 하는 의문도 품게 될 것입니다.

또한 만약 이 본분을 출세의 법이라고 한다면, 나에게는 지혜도 없는데 어떻게 깨달을 수 있을까 하고 의문을 품게 될 것입니다.

이미 세간이나 출세의 법도가 아니라는 제목을 들었으면서 어떻게 그 곳에 이를 수 있을까 하는 의문을 품는 사람은 어리석은 자입니다. 본분의 전지에 이른다는 것은 시골에서 도읍으로 상경하거나 일본에서 중국 땅으로 건너가거나 하는 것이 아닙니다.

비유하여 말하자면 사람이 자기 집안에서 푹 잠든 상태로 온갖 꿈을 보는 것과 마찬가지입니다.

경우에 따라서는 더럽고 비천한 곳에 살면서 밤낮으로 고뇌할 수도 있습니다.

경우에 따라서는 멋진 신선경神仙境에 들어가 심신이 상쾌할 수도 있을 것입니다.

이때 옆에 잠들지 않은 사람이 있어서 꿈을 꾸는 사람을 향해 깨우며 이렇게 말합니다.

"자네가 보고 있는 지저분한 곳과 멋진 곳 모두 다 꿈속의 망상일세. 자네 본분의 집 안에는 그런 것이 하나도 없다네."

이 말을 들어도 자기가 꿈속에서 본 것이 옳다고 생각하는 사람은 이 말을 전혀 믿지 않습니다. 그런 까닭에 고뇌를 겪게 될 때에는 그 고뇌를 피하고자 계략을 세우고, 안락한 상황에 있을 때에는 그 안락함에 빠지게 됩니다.

이렇게 꿈속에서 본 것에 속아 넘어가 본분의 경지를 전혀 모르는 상태로 있는 것입니다. 꿈을 꿈 사람들 중에는 우연히 선지식의 가르침에 의해 본분의 안온한 집이 있다는 것을 믿기는 하지만, 큰 꿈이 아직 깨지 않았기 때문에 여전히 꿈속에서 본 것을 내던져 버리지 못합니다.

혹은 선지식을 향해 이렇게 묻습니다.

"어떻게 하면 본분의 집에 돌아갈 수 있습니까? 이 눈앞의 산에 오르고 강을 건너면 갈 수 있습니까? 하늘을 나는 술법을 익혀 이 산하를 날아 넘어서 도달할 수 있습니까?"

간혹 또한 의심해서 묻습니다.

"본분의 집은 내가 보고 있는 산하대지의 안에 있습니까? 밖에 있습니까? 이 산하대지를 다시 보지 않고서 전체가 본분의 집이라고 할 수 있습니까?"

이러한 여러 가지 의문이 일어나는 것은 모두 큰 꿈에서 아직 깨지 않았기 때문입니다.

설령 큰 꿈은 아직 깨지 않아도 자기가 보고 듣는 경계는 모두 꿈속의 망견妄見입니다. 그 안에서 하는 온갖 행동도 또한 꿈속의 망상이라고 깨달은 까닭에, 보아도 맹인과 같고 들어도 귀머거리와 같아서, 취사분별을 하지 않는 사람은 큰 꿈에서 깨어난 사람과 같습니다. 이러한 사람을 현실의 경계가 있다는 것을 믿는 분제分際574)가 있다고 할 수 있습니다.

불법도 또한 이와 같아서 본분의 전지에는 범凡과 성聖의 상도 없고 정淨과 예穢의 경계도 없으며 미망에 사로잡힌 업식業識575)의 꿈이 생기기 때문에, 무상無相576) 안에 정과 예의 경계가 드러나고 무위無爲577) 안에 범과 성의 차별을 보게 됩니다.

자기가 범부라고 생각할 때에는 동서東西로 뛰어다니며 명리를 추구하고 명리를 구하지 못할 때에는 한탄하며 슬퍼합니다.

자기가 지혜 있는 사람이라고 생각할 때에는 온갖 사람을 경멸하고 오만한 마음을 일으킵니다.

이러한 여러 가지 전도顚倒578)에 속아 본분 안락의 전지가 있다는 것을 믿지 않지요. 이는 마치 꿈속의 허망한 경지에 마음이 현혹되어 현실의 경계를 믿지 않는 것과 같습니다.

그 중에 우연히 이근利根인 사람이 있으면, 범성과 정예는 업식業識 위에 뜬 임시의 상이고 본분의 전지에는 이러한 것이 없다고 믿기는 하지만, 아직 대오하지 못한 까닭에 자칫 환영에 미혹되고 자신은 헤매고 있는 인간이라고 생각하게 만드는 아집이 아직 가시지 않아서 득법得法과 오도悟道를 바라기도 하고 교묘한 변설이나 신통력 같은 것을 부러워합니다. 그렇기 때문에 수행 용심에 관하여 삿됨과 바름을 논하

---

574) 개개인, 혹은 개개 사물 각각에 대응하는 정도를 뜻하며 분한分限이라고도 한다.
575) 번뇌를 인연으로 하여 생기게 된 주관적인 지식.
576) 열반을 말한다. 각주 144) 참조.
577) 중국의 노장 사상에서는 자연에 따라 행하고 인위를 가하지 않는 것을 의미하지만, 불교에서는 인연을 따라 이루어진 것이 아닌 생멸生滅의 변화를 떠난 것을 의미한다.
578) 원래 엎어져 넘어지거나 넘어뜨린다는 뜻으로, 불교에서는 번뇌 때문에 잘못된 생각을 갖거나 현실을 잘못 이해하는 일을 일컫는다.

고 응용 문답에서 우열을 다툽니다.

이는 곧 꿈을 꾸는 사람이 자기가 보는 바가 모두 꿈이라고 믿기는 하지만, 큰 꿈이 아직 깨지 않았기 때문에 꿈의 경계에 현혹되어 그 안에서 시비와 득실을 논하는 것이나 마찬가지입니다.

만약 최상근最上根579)인 사람이라면, 설령 아직 대오의 문제는 아니라고 하더라도 자타의 심신을 추량하는 것은 모두 다 업식의 망상이라고 분명히 믿고 이해하기 때문에 윤회도 꺼리지 않고 해탈도 추구하려 하지 않습니다. 만약 이러하다면 생각이 올바른 사람이라고 해도 좋을 것입니다. 하지만 생각이 올바르다는 것을 믿고 만족스러운 마음을 일으키면 그 또한 잘못입니다.

『원각경』에 말하기를, '중생은 번뇌로 전도顚倒되어 함부로 사대四大(=육체)를 인식하여 자기의 상이라고 생각하고 육진六塵의 연緣을 자기 마음의 상이라 여긴다'고 했습니다.

예를 들어 병든 눈이 허공에 환영의 꽃이나 제이第二의 달의 모습을 보는 것과 같으며, 이로써 허망하게 생사 미망 세계를 윤회하게 될 경우가 있습니다.

이러한 까닭에 무명無明580)이라고 부르는데 이 무명이라는 것은 실제로 형체가 있는 것이 아닙니다. 꿈속에서 사람을 볼 때에는 그 형체가 없는 것은 아니지만 꿈이 깨어버리면 그 사람의 존재가 없는 것이나 마찬가지입니다.

『수능엄경』에 이르기를, '신묘한 본성은 원만하고 분명하여 여러 명목과 형상에서 벗어나 있다. 원래부터 세계와 중생 같은 것은 없다'고 했습니다. 모든 대승의 경전들은 다 똑같이 이렇게 설합니다. 어떻게

---

579) 상근上根이란 출중한 지혜가 있어서 불교의 진리를 이해하고 실천할 수 있는 능력이 남보다 뛰어난 사람, 불도를 잘 닦은 사람을 이르는 말이다.
580) 깨닫지 못한 마음의 상태. 각주 200) 참조.

이를 믿지 않고 심신을 혹사하며 불도 밖을 향해 달려나가겠습니까?

어리석은 자는 세간의 길흉이라는 것이 그 상을 드러내기 전에는 알아차리지 못합니다. 하지만 세간의 무녀巫女581)나 음양사陰陽師582) 등이 점술로 보여주는 말을 믿고 그에 따라 행동하면 때가 와서 그 효험을 보게 될 경우가 있습니다. 본분의 일부분은 누구라도 갖추고 있지만, 아직 마주하지 않은 사람은 매일 사용하고 있으면서도 모르는 것입니다.

그 때문에 불조가 대자대비를 베풀어 정성껏 보이신 것입니다.

설령 전생의 과보가 적어서 직접 마주하지는 못하더라도, 세간의 음양사 등을 믿는 것과 같이 불조의 말을 믿고 그에 따라 용심한다면 어찌 효험이 없겠습니까?

---

581) 신녀神女라고도 하고 신사神社에서 일하며 가구라神楽라는 무악舞楽을 바치는 여인을 말한다. 또한 신령神靈이나 생령生靈, 사령死靈을 주문으로 불러내고 그 품은 뜻을 말하는 것을 업으로 하는 무녀이기도 하다.
582) 음양오행의 사상에 기초한 음양도에 따라 점술 및 지상地相 등을 관장하는 사람. 각주 211) 참조.

65. 마음의 상相

문● 몸이라는 것은 귀천이 다르다고 해도 똑같이 생로병사生老病死에 의해 변화되어 실로 환화幻化583)와 같습니다. 마음이라는 것은 색이나 모양이 없기 때문에 어쩌면 상주불멸常住不滅일 것입니다. 그런데도 심신이 모두 환화幻化와 같다고 한 것은 어떠한 의미입니까? 경문 안에도 마음은 환영과 같다고 설한 구절이 있으며, 또한 마음은 상주불멸이라고 설명한 구절도 있습니다. 어느 쪽 의미를 옳다고 해야 합니까?

답● 마음心이라고 하는 말은 같지만 그 의미에 여러 차이가 있습니다.

나무의 외피가 다 썩어 없어지고 그 안에 딱딱하게 남은 부분을 목심木心584)이라고 부릅니다. 범어로는 이를 건률타乾栗駄585)라고 하지요.

---

583) 실체가 없는 것이 환술幻術로 현재 있는 것처럼 되는 일을 의미한다. '환幻'은 환술사가 만들어 낸 환영이고, '화化'는 불보살이 신통력으로 변한 것을 말한다. 실체가 없는 사물, 또한 모든 사물에는 실체가 없다는 것의 비유로 쓰이는 말이다. 특히 '화'는 일본에서 헨게変化라고도 하는데 신불이나 천인天人 등의 정령들이 인간의 모습이 되어 나타나는 것을 말하며 화신化身이나 권화權化라는 말과 비슷하다. 이 뜻이 변화하여 동식물과 같은 생명이 있는 것들이 원래의 모습을 바꾼 요괴로 드러나거나 생명이 없는 기물들이 생명이나 마음을 가지고 나타나는 것, 혹은 그 변신한 것 자체를 말하며 상상의 괴물이나 이상한 자연현상이 요물로 바뀌는 것을 요괴 헨게妖怪変化라고 하여 오래전부터 일본의 독특한 정신문화의 한 줄기를 형성하였다.
584) 풀이나 나무의 줄기 속에 있는 심을 말하며 나뭇고갱이라고 한다.
585) 한률타汗栗駄, 흐리나야紇哩娜耶(紇哩娜野), 흘리내야紇哩乃耶, 흘리타야訖利陀野, 흘리타紇利陀 등 여러 가지로 읽히고 번역하면 진실심眞實心, 견실심堅實心이

또한 흘리타야紇栗陀耶라고도 합니다. 밀종에서 육단심肉團心586)이라고 설명하며, 『종경록宗鏡錄』587) 안에서는 육단심의 범어가 흘리타야라고 했습니다.

목석 등이 세월을 거쳐 정령이 생기게 되는 것도 마음이라고 합니다. 범어로는 이를 의율타矣栗馱588)라고 말하지요.

현명한 생각으로 분별하는 것도 마음이라고 하며 유정有情의 부류들에게 이것이 있고, 범어로는 질다質多라고 합니다. 범부가 아심我心이라고 추측하는 것이 이것입니다. 소승의 가르침 중에 마음이라는 것도 이 질다심을 가리키는 것입니다.

진언종의 가르침에서 질다심을 보리심이라고 하는 경우가 있습니다. 이것은 범부가 추측하는 질다가 아닙니다.

범어로 아뢰야阿賴耶589)라고 하는 것을 한자어로는 함장식含藏識590)이

되며 중생이 본디부터 갖추고 있는 심성心性을 뜻한다.
586) 육근六根의 하나로 의근意根이 깃드는 곳, 즉 심장을 가리키며, 팔변八辯의 육엽肉葉으로 이루어진다고 한다. 송나라 지각智覺선사가 편찬한 백 권 짜리 서적에도 『육심단』이 있다고 한다.
587) 오대五代로부터 북송北宋에 걸친 선승 영명연수永明延壽(904~975년)의 백 권으로 이루어진 저작이다. 영명연수는 선종의 일파인 법안종法眼宗에 속했으며, 천태天台·화엄華嚴·법상法相 등의 교종과 선종을 융화회통融和會通하게 하려는 교선일치敎禪一致를 주장하였다. 『종경록』에서도 이러한 입장에서 이심전심以心傳心을 역설하며, 불심종佛心宗이라고 불리는 선종의 마음과 불어종佛語宗이라고 불리는 교종 각파에서 말하는 마음과의 같은 점과 다른 점을 여러 예증例證을 들어서 논하고 있다. 종경의 종宗이란 일심一心을 가리키며, 일심이 만법萬法을 비추는 것이 마치 거울과 같다고 하여 경鏡이라 한 것이다.
588) 노력하고 정진하는 마음을 뜻한다.
589) 아리야阿梨耶, 아려야阿黎耶, 아라야식阿羅耶識이라고도 하며 가지고 있거나 저장하고 있는 장소라는 뜻을 갖는다. 일체의 만유를 그 안에 가지고 유지하며 잃지 않는다는 마음을 의미한다.
590) 장식藏識이라고도 하는데 아뢰야를 장식이라고 옮긴 것은 현장玄奘이라고 한다. 아뢰야가 만유를 포용하고 있다는 것을 특히 강조하는 명칭이다. 장식이란 곧 여래를 감추고 있는 식이라는 뜻으로, 비록 중생이 생사 속에 있지만 이 감춰져 있는 여래만은 결코 상실되거나 없어지는 것이 아니라는 의미를 담고 있다.

라고 합니다. 이는 제팔식第八識591)입니다.

범어로 말나末那592)라고 하는 것을 한자어로는 염오의染汚意라고 부릅니다. 즉 이것이 제칠식第七識입니다.

이러한 것들은 모두 유정有情들이 갖추고 있는 심법心法의 종류입니다. 제칠식과 제팔식은 대승에서 처음으로 설명한 것입니다. 범부와 소승으로는 이러한 마음이 있다는 것조차 모르지요.

제팔식은 무명과 법성이 화합한 경지이므로, 오로지 허망한 것도 아니고 오로지 진실한 것도 아닙니다. 이 제팔식을 심왕心王593)이라고 하는 교법도 있습니다.

혹은 그 위에 제구식第九識594)을 세우는데, 범어로는 그것을 암마라菴摩羅라고 합니다. 한자어로는 청정무구식淸淨無垢識이라고 합니다. 이것이 곧 중생의 본심이며, 미망에 빠져 있을 때에도 그 미망에 더럽혀지

---

591) 아뢰야식을 말하는 것인데 불교에서는 제팔식에 대해 여러 상이한 견해를 보인다. 우선 아뢰야식이 참되고 영원하고 물들지 않는 진상정식眞常淨識으로서 여래장 그 자체를 의미하는 것이라고 보는 견해이다. 둘째로는 그릇된 마음이요, 망념된 생각인 망식妄識, 혹은 지금 당장에는 해롭지도 이롭지도 않지만 밝게 보지 못하는 까닭에 무엇인가 좋지 못한 결과를 낳을 수 있는 무기무명수안식無記無明隨眼識이며, 모든 번뇌의 근본이 되는 것이라고 생각하는 견해이다. 마지막으로 아뢰야식이 참되고 한결같이 동요하지 않는 면과 헛된 망상을 자꾸 일으키는 면이 함께 들어 있는 마음이라고 주장하는 견해이다. 육식六識과 팔식八識에 관하여는 각주 442) 참조.
592) 말나식은 제육식의 밑에서 조절하는 강한 자의식으로 범부가 쉽게 감지할 수 없는 의식이다. 이 말나식은 아치我癡, 아견我見, 아만我慢, 아애我愛의 번뇌가 자리를 잡고 있어서 이들을 제거하면 칠식이 맑아져서 아공我空의 경지를 이룰 수 있게 된다고 본다.
593) 의식 작용의 본체인 마음으로 온갖 정신 작용의 주체가 되며 객관 대상의 일반성을 인식하는 마음을 뜻한다.
594) 암마라菴摩羅 또는 아마라식阿摩羅識이라고 한다. 아마라식은 진여식眞如識, 무구식無垢識, 백정식白淨識 등으로 번역되고 영원하고 한결같고 그릇됨이 없는 진여眞如의 경지로 본다. 위에서 말한 제칠식 말나식, 제팔식 아뢰야식, 제구식 아마라식을 마음가짐의 더럽고 청정함에 따라 나누는 세 가지 식, 즉 삼식三識이라고 한다.

지 않기 때문에 청정무구라고 이름 붙인 것입니다.

　이러한 여러 가지 이유가 있으므로 일심一心595)에 관하여 잠시 진과 망을 나눈 것입니다. 범부의 사려분별은 모조리 망심입니다. 사대四大가 화합할 때 임시로 상相이 드러납니다. 하지만 실체는 없습니다. 따라서 이를 환영의 꽃에 비유하며 환화幻化에 비유하는 것입니다.

　이러한 망심은 진심에 의해 잠시 일어난 것이고 따라서 자기 본체가 전혀 없습니다.

　예를 들자면 인간이 본래의 달에 의해 제이第二의 달을 보는 것과 같지요. 달이 둘 있는 것은 아니지만 눈을 이리저리 굴리는 자의 견해에 빗대어 제이의 달이라고 부른 것입니다.

　마음에 두 가지가 있는 것은 아니지만, 헤매고 있는 사람이 자기 마음이라고 생각하는 것은 실제 마음이 아니므로 따라서 환심幻心이라고 합니다. 또는 생멸심生滅心이라고도 하지요.

　망심이라고 해서 실제로는 생겼다 멸하는 것이 아닙니다. 성인이 생각하는 바에 따라 말하자면 그것은 상주불멸입니다. 그래서 이를 진심이라고 부릅니다.

　이러한 구별을 분명히 드러내기 위해서 진심을 범어로 설명할 때에는 건률타乾栗馱라고 합니다. 나무의 심이 굳고 쪼개지지 않는다는 의미를 본떠서 중생의 본심이 금강金剛처럼 쪼개지지 않는다는 것을 설명하고 있습니다.

　『능가경楞伽經』596) 안에서 때로는 자심自心이라고 설명하고 때로는

---

595) 불교에서 만유의 실체라고 보는 참 마음을 가리킨다. 일심은 우주만법의 수용처로 크거나 작다고 할 성질의 것이 아니며, 빠르거나 늦다고 할 성질의 것도 아니다. 그리고 일방적으로 동적이거나 정적이라고도 할 수 없으며, 수량으로 하나라고도 많다고도 할 수 없다. 일심의 '일'은 수적 또는 양적인 개념이 아니며 그것은 개체가 그 안에서 진실로 사는 전체를 말한다. 진실로 살아 있는 조화로운 전체가 일심인 것이다. 그 어느 하나 속에 전체가 살아 있고 그 전체 속에 하나가 살아 있다고 본다.

묘심妙心이라고 설명하는 '심心'이라는 글자 아래에 모두 범어로는 건률타라고 주註를 단 것은 이러한 뜻입니다.

범어로 된 『반야심경般若心經』597)에서는 심이라는 글자를 흘률타야紇栗馱耶라고 합니다.

『종경록宗鏡錄』에서는 마음에 수많은 종류가 있다는 것을 설명하며 그 안에서 건률타심을 근본으로 삼는다고 했습니다.

범부가 마음이라고 생각하는 것은 색이나 형태는 보이지 않지만 찰나에 생멸하며 잠시 동안도 가만히 머물지 않는 것이 마치 물이 흘러들어가고 등불의 불꽃이 계속 타는 것과 같습니다. 색이나 몸과 똑같이 끊임없이 생주이멸生住異滅598)하는데도 몸은 생멸하지만 마음은 상주한다고 생각하는 것은 외도의 견해입니다.

마음을 상주라고 생각하는 것은 범과 성이 동체이며 색色과 심心도 둘이 아니라는 일심법계一心法界를 보이는 것입니다. 그러한 까닭에 깨달은 사람의 입장에서 말하자면 단순히 마음만이 상주인 것이 아니라

---

596) 각주 323) 참조.
597) 대반야바라밀다심경, 마하반야바라밀다심경, 반야바라밀다심경, 심경心經이라고도 하며 범어로 '반야바라밀다의 핵심에 대한 경전'이라는 뜻을 갖는다. 지혜의 완성을 뜻하는 반야바라밀다般若波羅蜜多 계통 경전들의 정수를 뽑아놓은 극히 짧은 경이나 아시아 여러 나라에서 수차례에 걸쳐 간행되고 널리 읽혀 왔다. 이 작은 경은 그 제목에 걸맞게 반야바라밀다의 핵심을 그대로 드러내고 있어서 다른 반야바라밀다 계통의 짧은 경전들이 보다 쉽게 이해시키기 위해 완곡한 표현을 쓰는 것과 좋은 대조를 이루고 있다. 짧은 분량에 자비의 보살인 관세음보살의 입을 빌려, 일련의 간결하면서도 역설에 차 있는 듯한 표현으로 불교 교리의 정수를 반야바라밀다 계통의 공空을 강조하는 관점에서 서술하고 있다. 『반야심경』은 '아제아제바라아제바라승아제보리사바하揭諦揭諦波羅揭諦波羅僧揭諦菩提娑婆訶', 즉 범어로 '도달한 때, 도달한 때, 피안에 도달한 때, 피안에 완전히 도달한 때 깨달음이 있나니, 축복하소서!'라는 뜻을 가진, 온갖 고통을 다 진정시켜준다고 간주되는 주문으로 끝을 맺는다. 당나라 현장이 한자어로 번역한 것은 260자로 되어 있다.
598) 모든 사물이 생기고, 머물고, 변화하고, 소멸하는 네 가지의 모양이나 현상을 일컫는다.

몸도 또한 상주입니다. 그런데도 몸은 생멸하고 마음은 상주라고 하는 것은 대승의 법문이 아닙니다.

『대일경소』에서 이르기를, '일체 중생의 색과 심은 실상이며 본래 비로자나毗盧遮那599)의 일체 평등의 지신智身600)이다'라고 했습니다.

옛날 남양의 혜충慧忠국사601)가 어떤 승려에게 물었습니다.

"자네는 어디에서 왔는가?"

승려가 대답했지요. "남쪽에서 왔습니다."

그래서 국사가 또 물었습니다. "남쪽의 종사는 자네에게 무엇을 교시했는가?"

승려가 대답했습니다. "몸은 멸하지만 마음은 상주불멸이라고 했습니다."

국사가 말했지요. "그것이야말로 외도의 신아神我602)라는 견해로다."

이에 그 승려가 물었습니다. "화상和尙께서는 어떻게 교시하십니까?"

국사가 대답하여 말했습니다. "나는 신심일여身心一如라고 설했다."

옛날 풍제천馮濟川603)이라는 속인이 있었습니다. 벽에 시체를 그림으로 그려 놓은 것을 보고 이를 제목으로 하여 하나의 게偈604)를 지었습니다.

---

599) 광명불光明佛, 노자나불盧遮那佛, 변조자나, 변조자나불, 비로, 비로자나, 자나 등으로도 불리고, 연화장 세계에 살며 그 몸은 법계에 두루 차서 큰 광명을 내비치어 중생을 제도하는 부처를 말한다. 천태종에서는 법신불, 화엄종에서는 보신불, 밀교에서는 대일여래라고 한다.
600) 부처의 진신眞身에 대한 존칭이다.
601) ?~775년. 육조六祖의 제자로 오대종장五大宗匠 중 한 사람으로 일컬어진다. 남양 백애산白崖山에 있었으며 사십 여년 동안 산을 내려오지 않았으나 당나라 숙종肅宗에게 스승의 예로 초빙되었고 대종代宗 때 광택사光宅寺에 재주했다. 대중大証선사라고도 불린다.
602) 물질적 본체를 자성自性이라고 하는 것에 대하여, 이에 작용하게 하여 물질 세계를 나타나게 하는 정신적 본체를 이르는 말이다.
603) ?~?. 상세한 바 미상.
604) 불교적 시의 한 형식으로 게송偈頌이라고 하며 불교적 교리를 담은 한시의 한 형태를 일컫는다. 선가의 시게詩偈, 송고頌古, 가송歌頌 등을 통칭하며 여기에서는 선승이 시의 형식을 빌어 심경을 서술한 것으로 본다. 원래 게는

'시체는 이 안에 있는데 그 사람은 어디에 있는 것인가? 일령一靈과 피대皮袋는 함께 있지 않는 것임을 알았노라.'

이 게의 뜻을 보자면 일령이란 마음을 가리키고 피대란 몸을 비유하는 것입니다. 이 사람은 아직 신아의 사고방식을 벗어나지 못했습니다. 그래서 대혜선사는 이를 승인하지 않고 따로 하나의 게를 지으셨습니다.

'이 시체 자체가 바로 그 사람이로다. 일령은 곧 피대요, 피대는 곧 일령이니.'

풍제천의 게는 그 뜻을 이해하기가 쉽습니다만, 대혜선사의 게송은 어떻게 납득하면 좋을까요?

몸과 마음이 하나라는 법문은 대승의 널리 통하는 맥락이므로 구두로 말하는 바를 받아들이면 대혜선사의 뜻에 위배되는 내용은 없을 것입니다. 그러나 마음속으로 생각하는 바를 논한다면 풍제천의 견해를 벗어나지 못하는 사람도 많을 것입니다.

진심과 망심의 차이는 『원각경』과 『능가경』 등의 경전 안에 상세히 설명되어 있습니다. 상세히 인용하여 이야기할 것까지도 없겠지요.

범어인 가타(Gatha) 또는 기야(Geya)의 음역音譯인 가타伽陀, 게타偈陀 또는 기야祇夜를 약칭한 것이다. 한시漢詩의 송頌의 일종이기 때문에 합하여 게송이라고도 하게 되었다. 게송은 범어와 한자어가 합성된 명칭인 셈이다. 게송은 인도의 가타가 운韻이 있는 시의 형식이었기 때문에 한문으로 번역되면서 한시의 형식에 맞추어졌다. 게송은 원래 불교경전의 산문 내용을 시의 형태로 되풀이하여 설명한 것인데 시의 한 형태로 독립되었다. 그래서 이러한 형식을 중송重頌이라고 부르기도 한다.

66. 일심一心과 신아神我

문● 신아神我의 견해란 어떤 사고입니까?

 답● 수론학數論學605)의 스승이 이십오체二十五諦606)라는 것을 내

---

605) 인도의 육파六派철학 중 가장 오래 된 상키아(Sāṃkhya) 학파를 한역어로 쓴 말로 삼키아라고도 한다. 상키아란 수 또는 숙고를 뜻하는 것으로 이십오 원리를 헤아려 신심과 세계를 설명한다. 이 때의 수數란 숫자 자체가 아니라 '수열' 또는 '나열'을 의미하는데, 수론이라는 명칭은 우주의 전개 원리들을 순차적으로 나열하고 있기 때문에 붙여진 명칭이다. 또한 진정한 자기에 관한 숙고라는 의미로 해석된다. 요가학파와 밀접한 관계가 있으며 이 학파의 개조는 카필라라고 한다. 수론의 특색은 순수한 영혼을 세계나 신심의 제요소로부터 구별하는 이원론적 사고와 제원리의 열거에 있다. 이 학파의 철학은 세계의 생성변화를 설명함과 동시에 인간존재의 분석을 통해 해탈의 가능성을 보여준다. 우선 신심이나 세계는 물질적인 근본원인으로부터 전개되며 그 안에서 해소되기도 한다. 근본원인으로부터 각覺이 생기고, 다른 한편으로 다섯 가지 미세원소가 생겨 그로부터 지수화풍공地水火風空이 태어난다고 본다. 수론학파에서는 두 가지 근본 원리인 푸루샤(Cosmic Spirit) 즉 신아神我와 프라크리티(Cosmic Substance), 즉 자성自性을 포함한 총 25가지의 우주적 전개 원리들을 통해 우주를 구성하고 있는 여러 계층적 구성 부분들을 밝히고 있으며 또한 우주의 전개와 해체를 설명하고 있다. 서로 별개인 두 가지 근본 원리 또는 실체에 의거하여 세계가 전개되고 해체된다는 이원론을 수립하였는데, 처음에는 이 이원론을 통일하는 최고신으로서의 브라만梵을 시인하고 유신론에 바탕을 두었으나 후에는 이를 부정하고 무신론적 이원관으로 자리잡게 되었다. 힌두 철학자들에 따르면 스물 다섯가지의 우주적 전개 원리들을 보여주는 수론학파의 철학은 이론에 그치고 마는 형이상학적 담론 또는 사색이 결코 아니며, 뚜렷한 목적을 가지고 제공되는, 존재 즉 인간과 우주에 대한 철학적 설명 또는 견해라고 한다. 수론학파의 목적은 고통의 원인을 영원히 제거할 지식을 제공하여 영혼이 속박으로부터 벗어나게 하려는 것, 즉 해탈이라고 한다.
606) 체諦는 진리, 원리라는 의미이다. 인도 철학의 정리학파正理學派에서는 십육체, 수론학파에서는 이십오체에 기반하여 고통을 벗어난 지상의 행복인 해

세워 세상의 제법諸法을 설명했습니다.

제일체를 명체冥諦라고 합니다. 하늘과 땅이 아직 분리되기 전에는 길흉과 화복도 상관 없었고 견문각지도 미치는 바 없었으므로 이름을 붙이기 어렵지만 억지로 명체라 부른 것입니다. 이는 상주常住이며 생주이멸生住異滅로 변하지 않습니다.

제이십오체를 신아체神我諦라고 합니다. 이른바 일반 범부의 마음이라고 이름 붙이고 혼魂이라고 생각하는 것입니다. 이것도 추측하여 상주라고 말합니다.

그 중간의 이십삼체는 세간의 길흉과 화복 등 온갖 변천하는 상입니다. 이를 미루어 생각하여 유위법有爲法607)이라 합니다.

신아가 만약 길흉과 화복의 정情을 일으키면 명체가 바뀌어 그 상을 보여줍니다. 신아가 만약 길고 짧음이나 네모나거나 둥근 상을 낳는다면 명체도 변화하여 그 형태를 드러내지요. 그러므로 곧 세간의 유위가 변천하는 것은 오로지 신아가 정을 일으키기 때문입니다.

신아가 만약 일체의 정을 일으키지 않고 명체로 되돌아간다면 유위의 변천은 영구히 멈추고 진실한 무위無爲의 안락이 저절로 오게 됩니다. 색신色身은 멸하지만 신아는 상주하며 멸하지 않지요.

예를 들어 집이 불에 탈 때 집 주인이 나와 버리는 것과 같습니다. 혜충국사가 비난하신 신아의 견해란 이것입니다.

진단震旦608)에 유포되어 있는 장자莊子와 노자老子의 사고방식도 여기에서 벗어나지 않습니다. 노자가 허무, 장자가 무위의 도리를 말한 것

탈을 설명한다.
607) 인연에 의해 생기는 일체의 현상으로 유위와 같은 말. 각주 34) 참조.
608) 고대 중국의 이칭異稱으로 고대 인도사람들이 중국을 범어로 치나스타나(Cnasthna, 혹은 치니시탄), 즉 진秦의 땅이라고 부른 것에서 유래한다. 『몽중문답』 원문에서 중국은 주로 '唐土'로 칭하고 있고 '진단'이라는 표현은 이 곳과 88단에서 보이는데 한자는 아침을 의미하는 '신단', 즉 '晨旦'을 대어 쓰고 있다.

은 외도에서 말하는 명체에 해당합니다.

오늘날 대승을 배우는 사람들 중에 이러한 견해를 보이는 자들이 있습니다.

『원각경』에 이르기를, '예를 들어 마니보주摩尼寶珠609)가 오색으로 빛나며 그 색이 드러날 때 어리석은 자는 보주에 정말로 오색이 있다고 생각하는 것과 같다. 원각圓覺610)의 청정한 본성에 임시로 심신의 상을 드러내면 어리석은 자는 이것에 현혹되어 실제로 심신의 상이 있다고 생각한다. 이러한 이유로 심신은 환영으로 더럽혀진 것이라 설하는 것이다'라고 했습니다.

영가永嘉대사611)가 이르기를, "불법이라는 보물을 잃고 그 공덕을 상실하는 것은, 이 마음의 작용에 의하지 않는 것이 하나도 없다"고 했습니다.

장사長沙선사612)가 이르기를, "구도자가 진실을 깨닫지 못하는 것은 그저 언제까지고 심혼心魂을 인정하고 있기 때문이다"라고 했습니다.

---

609) 보주寶珠라고도 하며 불행과 재난을 없애 주고 더러운 물을 깨끗하게 하며, 물을 변하게 하는 따위의 덕이 있는 구슬을 말한다.
610) 부처의 원만한 각성과 깨달음이라는 의미로 원만하고 두루 잘 갖추어져서 조금도 결여되거나 부족함이 없는 우주의 신성한 깨우침을 말한다.
611) 675~712년. 당나라 시대의 선승으로 현각玄覺선사 또는 영가현각永嘉玄覺이라 부르기도 한다. 원저우溫州 사람으로 여덟 살에 승려가 되어 경론을 널리 연구하였으며 육조 혜능대사의 불법을 이었다. 특히 천태지관에 정통하였고, 용주의 용흥사에 있다가 스스로 선암을 짓고 선관을 닦았으며, 후에 조계의 혜능을 뵙고 의심을 결단하였다고 한다. 저서에 『증도가證道歌』가 있으며 그의 사후에 글을 모은 『선종영가집禪宗永嘉集』이 있다.
612) ?~?. 당나라 시대 남천보원南泉普願의 제자로 호남성 장사사長沙寺에 재주하였으며 장사경잠長沙景岑선사라고도 한다. 앙산仰山이라는 사람이 "당신은 선승으로서 어떤 일을 보이시겠습니까?"라고 물으니 장사선사는 아무 말도 않더니 덤벼들었다고 한다. 이에 앙산이 놀라 "당신은 마치 호랑이 같소이다"라고 말했다는 일화에서 잠대충岑大蟲 즉, 호랑이 경잠이라는 호칭이 생긴 일화가 『전등록伝灯録』에 기록되어 있는 등 여러 공안에 관한 이야기가 남아 있다.

미숙한 초보 수행자가 좌선이라고 칭하고 반조返照613)할 때 마음이라는 것이 형태도 없고 한도 없이 그저 분명하게 비치는 신령함을 보고 이를 주인공이라 여기고 본래의 모습이라고 미루어 짐작합니다.

옛 사람은 이를 정혼精魂을 우롱하고 심혼을 인정하는 것이라고 비난했습니다.

『원각경』에서 도적을 받아들여 자식으로 삼는다고 설명한 것이 이러한 뜻입니다.

부처가 말씀하시기를 "삼계三界는 오로지 일심一心이다. 마음 밖에 다른 법도는 없다"고 하셨습니다.

일심이라는 말은 같지만 여러 종파가 해석하는 바는 각각 다릅니다.

소승의 사람들은 육식六識을 분별하는 것을 일심이라고 생각합니다.

대승에서는 육식의 분별보다 더 미세한 부분에 제칠식과 제팔식이 있다는 것을 설명하고 있습니다. 만법萬法은 다 이 여덟 종류의 식이 변화하는 바라고 이야기하는 까닭에 삼계일심三界一心614)이라는 것은 이 팔식의 마음의 중심이 되는 작용이라고 생각합니다. 이 위에 제구식을 내세워서, 제법諸法이 제구식의 인연에 따라 드러나는 모습이고 이러한 이유로 삼계일심이라고 설명한다고 이야기합니다.

소승의 학자들은 미세한 심식心識615)이 있다는 것을 모르기 때문에 경계에 대처할 때 집착분별의 마음조차 일어나지 않으면 이를 궁극의 경지라 생각합니다.

요즘 대승을 수행하는 자들 중에 일체의 경계에 대할 때 잘 분별하

---

613) 저녁에 지는 서녘 햇빛이 동쪽에 비치는 것을 뜻하고 빛이 반사되어 되쪼이는 현상을 말하는데, 여기에서는 관조나 반성처럼 돌이켜 살펴본다는 의미로 사용되었다. 과거를 돌아보고 자기 마음의 본원을 규명하는 것이다.
614) 삼계의 삼라만상은 모두 자기 마음에 반영된 현상이므로 마음밖에 따로 삼계가 없다는 말로 삼계유심三界唯心이라고도 하고 삼계유일심三界唯一心이라고도 한다.
615) 여기에서는 제칠식, 제팔식, 제구식의 삼식三識을 말한다.

지 못하여, 산을 산으로 보고 물을 물로 보며 승려를 승려로 보고 속인을 속인으로 보지만, 시비나 선악의 집착으로 확대되지 않으면 그것을 본심이라고 생각하는 사람이 있습니다. 이는 바로 육식 중에 앞의 오식까지에 해당하는 것이며 본심이 아닙니다.

이 심법은 불가사의한 것입니다.

넓은 하늘에 펼쳐지지만 넓지 않습니다.

작은 겨자씨 안에 들어가지만 좁지 않습니다.

일체의 상을 떠나 있으면서 일체의 상을 갖추고 있고, 한없는 덕을 갖추며 한없는 덕에 빠지지 않습니다.

이러하므로 진망眞妄616)도 나눌 수 없고 거칠거나 세세한가도 논하기 어렵습니다.

그런데도 미망에 기운 사람들 앞에서는 진망과 거칠고 세세함도 같지 않습니다.

또한 아직 미망에 기운 견해에서 벗어나지 못한 사람이 즉심즉불이라는 말에 따라 해석을 하고 희로애락의 망정이 곧 불심이라고 말합니다. 그 말은 불법과 비슷한 양 보이지만 그 견해는 완전한 사도邪道나 마찬가지이며, 이러한 사람들 때문에 온갖 성현들의 가르침에 그 구별이 설명되어 있는 것입니다.

만약 이 이치를 분명히 알았다면 설령 대오를 하지는 못한다고 하더라도 물고기의 눈을 보고 명주明珠라고 하는 잘못은 저지르지 않을 것입니다.

말세에 태어난 사람은 전생의 과보도 천박하기 때문에, 교종을 배우는 자들은 모든 종파에서 심법의 이치를 설명한 온갖 경문의 내용을 학습한 것을 더할 나위 없는 일이라 여기고 스스로 그 심법의 근원을 깨닫지 못합니다.

---

616) 진실과 허망, 참과 거짓을 합한 말.

선종에 들어선 사람은 이러한 것은 교종이 이야기하는 바이며 선자들이 배워야 하는 것이 아니라고 생각합니다.

만약 정말로 세간의 망상, 출세의 법문도 모두 내던지고 진실로 무상의 보리로 향하는 사람이라면 그것이 선종에서 권하는 바입니다. 하지만 경론 문구를 배우지 않고 자기 마음의 분별에 이끌려 망상을 일으키고 심혼을 인식하여 본심이라 여기는 것은 잘못이 아니겠습니까?

67. 진심과 망심

문● 만약 그러하다면 망심 외에 따로 진심을 추구하는 것은 잘못이 아닙니까?

답● 진과 망의 차이는 설명하기가 어렵습니다. 같다고도 설명하고 다르다고도 설명하는데 그것도 모두 잘못입니다.

예를 들어 사람이 손가락으로 눈을 가릴 때 진실의 달 외에 제이第二의 달을 보는 것과 같은 것입니다. 제이의 달이라는 것은 눈을 가린 사람 앞에 있는데, 실제로는 제이의 달이라고 하여 진정한 달 외에 그 형태가 있는 것은 아닙니다. 그러므로 제이의 달을 보는 것이 싫다고 하여 이 거짓 달을 뿌리치고 따로 진정한 달을 보라는 것이 아닙니다. 그저 눈을 가리는 손가락을 치우면 원래의 달 외에 제이의 달이 있을 수 없습니다. 만약 그 손가락을 치우지 않고 제이의 달을 뿌리치려고 생각한다면 영겁이 지나도 뿌리칠 수가 없을 것입니다.

간혹 제이의 달 외에 진정한 달은 없다고 하여 제이의 달에 애착하는 사람이 있습니다. 이 또한 큰 착각입니다. 눈을 가리지 않는 사람은 원래부터 제이의 달을 볼 일도 없습니다. 어떻게 제이의 달을 뿌리쳐야 한다, 뿌리치지 말아야 한다는 식의 두 가지 논이 있을 수 있겠습니까?

이렇게 망심과 진심이 같으냐 다르냐를 논하는 것은 곧 미망에 빠진 손가락으로 본분의 눈을 가리기 때문입니다.

68. 여지慮知분별은 허망하다

문● 비뚤어진 것을 바로 잡으면 곧아지듯이 범부의 망심이 사벽邪辟617) 한 것도 수련하여 진정하게 만들면 불심이 될 수 있으리라 여겨지는데, 망심은 제이의 달과 같다고 하여 오로지 멀리하기만 하는 것은 어떻게 된 일입니까? 만일 그렇다면 범부가 부처가 되는 일은 없다는 것입니까?

답● 이러한 의문은 마침 『원각경』 안에서 보현보살普賢菩薩이 품었던 의문과 같습니다. 『수능엄경』에서 아난阿難618) 역시 이러한 의문을 품었습니다.

부처가 아난에게 고하여 이렇게 말씀하셨습니다.

"너는 본심을 잃고 여지慮知619) 분별하는 마음을 인식하여 자기 마음이라 여기고 있구나. 그것은 너의 마음이 아니니라."

아난은 의문을 품고 말했습니다.

"육도에 윤회하는 것도 마음에 의한 것입니다. 더욱이 불과佛果620)를 얻는 일 또한 마음에 의한 것입니다. 그런데 이 마음이 만약 저의 마음이 아니라고 한다면, 무엇으로 수행을 하고 불과를 이루어야 합니까?

---

617) 마음이 간사하고 한쪽으로 치우쳐 있다는 의미이다.
618) 아난다阿難陀. 각주 279) 참조.
619) 불교어로 사려하고 분별하는 것을 말하며 특히 상대적으로 생각하여 이해하는 것을 말한다.
620) 불도를 닦아 이르는 부처의 지위, 즉 불도수행의 결과로서 얻어지는 성불이라는 결과를 뜻한다.

만약 이 마음이 없다면 초목와석草木瓦石과 무슨 차이가 있다는 것입니까?"

부처가 물으셨습니다.

"너의 마음을 가리고 없는 것이라 생각하라는 뜻이 아니다. 네가 마음이라고 생각하는 것이 진정 있는 것이라면 반드시 그 소재지가 있을 것이다. 어디에 있는 것이냐?"

아난은 처음에 대답했습니다. "마음은 몸 안에 있습니다."

부처가 탓하여 말씀하셨습니다. "너의 몸 안에도 마음은 없다."

다시 아난이 대답했습니다. "몸 밖에 있습니다."

부처가 또 이를 추궁하여 말씀하셨습니다. "그렇지 않다."

아난은 이런 식으로 일곱 가지를 대답했습니다. 그리고 마지막에 이렇게 말했지요.

"내 마음은 안에 있는 것도 아니고 밖에 있는 것도 아니며 중간에 있는 것도 아닙니다. 일체 집착의 염이 없는 것이 내 마음입니다."

하지만 부처는 이를 전부 인정하지 않으셨습니다.

이러하니 아난은 망연해져서 분간을 할 수가 없었습니다.

그때 부처가 말씀하셨습니다.

"일체 중생이 아무것도 없던 처음부터 허망하게 윤회를 받은 것은 본심을 잃고 사려분별하는 마음을 인식하여 자기 마음이라 여겼기 때문이다. 이러한 이유로 우연히 불법을 수행하더라도 두 종류의 근본을 모르고 잘못 수행을 하기 때문에 이승과 외도 및 천마의 경계에 빠지는 것이다.

두 종류의 근본이란, 첫째로 본각本覺621)이 영묘靈妙하고 밝으며 근원이 청정한 본체이다. 이야말로 중생들 자심自心의 본원이다. 이 근본을 잊어버린 것이다.

---

621) 만유萬有의 본체, 즉 본성에 대한 깨달음을 말한다.

둘째로는 무시無始[622]윤회의 근본이다. 사려분별하는 마음을 인식하여 자기 마음이라고 여기고 있는 것이다. 만약 이 마음을 가지고 수행을 한다면 그것은 윤회의 업은 될지언정 본원本源에 이르지는 못할 것이다. 비유컨대 모래를 삶아 밥을 짓고자 하는 것과 같다. 설령 몇 겁의 시간이 흘러도 뜨거운 모래는 되겠지만 밥은 되지 못할 것이다."

남악南岳대사[623]가 말하는 「일승지관一乘止觀[624]」에서는 '지관의 수행자는 우선 심식心識으로 하여금 청정한 마음에 의지하고 벗어나지 않도록 해야 한다. 만약 동요하는 마음으로 수행을 하면 성취할 수 없다'고 했습니다.

『대일경소』에서 이르기를, '범부와 이승, 외도는 무생멸의 마음을 모를 뿐 아니라 생멸의 마음도 역시 모른다'고 했습니다. 또한 '심성은 생각하는 작용에서 벗어난 것이며 미루어 짐작하는 것으로 알 수 있는 경지가 아니다'라고도 했습니다.

『점찰업보경占察業報經』[625]에 이르기를, '심상心相에 두 종류가 있다. 첫째는 진眞이요 둘째는 망妄이다. 진이란 심체心體가 여여如如[626]하고 청정 원만하여 일체의 곳에 널리 퍼져 있고 일체의 법을 나고 자라게 한다. 망이란 분별각지의 마음이다. 실체란 없고 허위의 온갖 법을 낳는 것이다'라고 했습니다.

---

622) 아무리 돌아보아도 처음 비롯한 곳이 없다는 뜻과 시작을 알 수 없을 정도로 먼 과거의 뜻을 갖는다.
623) 남악南岳선사. 각주 348) 참조.
624) 일승一乘은 성불하는 유일한 가르침을 말한다. 대승의 가르침이 진의이며 다른 것은 모두 방편이고 임시적인 가르침이라고 생각하는 것이다. 지관止觀이란 올바른 이치에 멈추어 움직이지 않는다는 뜻이다.
625) 중생의 선악과 그 업보를 점치는 불경으로 『점찰선악업보경占察善惡業報經』이라고도 하고 줄여서 『점찰경占察經』이라고도 한다. 선법禪法을 구하는 사람을 위하여 지장보살이 부처의 명령으로 설법하는 형식으로 되어 있다.
626) 법성의 이체理體가 둘이 아니고 평등한 것을 여如라고 하고, 또한 일체의 제법은 모두 같은 까닭에 여여如如라고 한다.

69. 연생심緣生心과 법이심法爾心

문● 공자와 노자 등도 모두 보살의 화현化現627)이라고 하는데, 모두 이 여지의 마음을 다스리는 도리에 관해 가르치셨습니다. 교종의 모든 종파가 설명하는 바는 다르지만, 이 여지의 마음에 관하여 평소의 사심邪心을 뒤집어 올바른 지智로 만드는 법문입니다. 그런데도 『원각경』이나 『능엄경』에서 오로지 이 마음을 귀모토각龜毛兎角628)인 양 말하는 것은 어떠한 이유입니까?

답● 색법色法629)과 심법心法630)에서 연생緣生631)과 법이法爾632)는 차이가 있습니다.

제연이 화합하여 잠시 상相이 생기는 것을 연생緣生이라 합니다.

여래장如來藏633) 안에 원만히 갖추어져 있는 성덕性德634)을 법이法爾라 합니다.

---

627) 불보살이 중생을 교화하고 구제하려고 여러 가지 모습으로 변하여 세상에 나타난 것을 이르는 말.
628) 거북의 털과 토끼의 뿔이라는 뜻으로 있을 수 없거나 아예 없는 것을 이르는 사자성어이다.
629) 일체一切의 제법諸法 가운데 색이나 형체를 갖고 있는 현상現象 세계를 총칭하는 말이다.
630) 오위五位의 하나로 우주 만유를 물질적 존재와 마음의 이원二元으로 나눌 때에, 물질적 대상에 대하여 인식 작용을 하는 것이다. 심법에 관해서는 66단에 그 내용이 상세하다.
631) 인연에서 생김. 각주 423) 참조.
632) 법연法然이라고도 하며 제법諸法의 이치가 인위적으로 이루어진 것이 아니라 스스로 본디 그러함을 이르는 말이다.
633) 미계迷界에 있는 진여眞如. 각주 562) 참조.
634) 천태종에서 일컫는 말로 만유는 다 제각기 본성에 선善, 악惡, 미迷, 오悟 등 여러 가지 성능性能을 갖추어 있다는 뜻이다.

세간의 연생이라는 불은 실체는 없지만 인연에 따라 그 작용을 보이기 때문에, 이 불을 잘 다스리면 추위를 막고 음식을 조리하는 데에 큰 이익이 있습니다. 이를 잘못 사용하면 집을 태우고 재산을 잃는 큰 손해를 봅니다. 그래서 이 불을 손해가 없도록 다루어야 한다고 가르치는 것은 세간의 이익을 위해서입니다.

하지만 이 가르침대로 불을 이용하는 방법을 알았다고 해도 그것은 아직 법이의 광대한 심성의 불을 모르는 사람입니다. 만약 이 심성의 불을 알게 하고자 생각한다면 세상의 인연생이라는 불이 초래하는 손익에 신경쓰는 것을 금해야 합니다.

이 심법도 또한 그와 마찬가지입니다.

연생의 환심幻心은 실체는 없지만 이 마음이 만약 나쁜 짓을 한다면 악도로 빠지게 되어 온갖 종류의 고통을 받고, 또한 만약 이 마음이 선한 행위를 하면 좋은 곳에 태어나 온갖 종류의 안락함을 받습니다. 이 도리를 이해하기 때문에 범부와 외도 중에도 이 마음을 잘 다스려 나쁜 일을 저지르지 않는 사람들이 있지요.

하지만 연생의 환심을 다스려서 일단 인간계와 천상계의 과보를 얻은 것뿐이며, 아직 본심을 깨닫지 못했으므로 결국은 윤회를 면하지 못합니다. 나아가 삼현과 십성의 보살도 이 환심의 사벽邪辟을 뒤집어 환지幻智로 삼은 정도일 뿐이며 아직 본심의 경지에 이르지는 못한 것입니다. 그 때문에 변역생사變易生死[635]를 면하지 못합니다.

이는 모두 세간의 연생이라는 불을 잘 받아들여 이용하고 실수를 하지 않는 경지에 상당하는 것입니다. 이러한 이유로 『원각경』, 『능엄경』 두 경전에서는 인연의 불을 떠나야 비로소 성화性火가 있다는 것을 설

---

[635] 보살이 삼계三界의 윤회를 떠난 뒤 성불하기까지 그 원력願力에 의하여 현생에 나타나서 일부러 받는 생사, 또는 미계迷界와 오계悟界의 경계를 지나는 상태를 이른다. 몸과 그 수명의 장단을 생각대로 길게도 짧게도 변화시킬 수 있는 생사의 존재방식을 말하기도 한다.

명하고 연심을 떠나야 진심이 있다는 것을 논합니다.

다른 종파의 법문에는 잠시 환지幻知를 일으켜 환망을 모두 없앤 다음에는 자연히 본심에 이른다고 합니다. 또한 『원각경』과 『능엄경』에도 환지를 일으켜 환망을 없앤 다음 경계와 지식도 모두 망각하고 환영이 아닌 경지에 도달해야 한다고 말하는 것이 이러한 의미입니다.

그런데도 말세의 학인들 중에는 이 환지를 논하는 것을 불조의 본의라고 생각하는 자들이 있습니다.

『원각경』에서 이르기를, '환영의 몸이 사라져 버리기 때문에 환심도 또한 사라진다. 환영의 마음이 사라지기 때문에 환영의 먼지 또한 사라진다. 환영의 먼지가 사라지기 때문에 환멸幻滅[636]도 역시 사라진다. 환멸이 사라지기 때문에 환영이 아닌 것은 사라지지 않는다. 비유컨대 거울을 닦으면 때가 없어지고 선명하게 드러나는 것과 같다. 실로 잘 깨달아야 한다. 몸과 마음은 모두 더러운 환영이다. 그 더러운 상이 완전히 사라져야 비로소 시방이 청정해지는 것이'라고 했습니다.

이렇게 경문을 잘못 해석하여 아직 본심을 깨닫지 못하고 심신 모두 다 사라져 모두 공적空寂해지는 경지를 진실한 불법이라고 생각하는 사람이 있습니다. 이는 이승의 멸진정滅盡定[637], 외도의 비상정非想定[638]입니다.

예를 들어 연생의 불을 진정한 불이 아니라고 꺼리는 것을 듣고 이 연생의 불을 완전히 꺼버린 후에 암흑인 곳을 진정한 불이라고 생각하는 것과 같습니다.

공자와 노자 그리고 소승과 권교權敎[639] 등에서 이 환영의 마음을 수행하라고 이야기하는 것은 모두 방편에 관한 설입니다.

---

636) '멸滅'은 깨달음이라는 의미를 갖기 때문에 환영의 깨달음을 말한다.
637) 각주 453) 참조.
638) 비상非想의 선정을 뜻하는데 비상이란 아직 세세한 번뇌가 남아 있지만 외도에서는 이를 열반의 장소로 보거나 무색계無色界의 최고의 하늘로 본다.
639) 방편의 교리. 각주 148) 참조.

70. 심心과 성性

문● 옛 사람이 말하기를, "달마대사는 서쪽으로부터 와서 글귀를 내세우지 않고 직접 사람의 마음을 가리켜 성性을 보고 성불시켰다"고 합니다. 대승의 법문은 모두 자심시불自心是佛이라고 합니다. 그런데도 견심성불見心成佛이라고 하지 않고 견성성불見性成佛640)이라고 한 의미는 무엇입니까?

답● 옛날 어느 승려가 이러한 의문을 품고 혜충국사 계신 곳으로 찾아가 심과 성의 차이를 물었습니다. 국사가 대답하셨습니다.
"예를 들어 추울 때는 물을 얼려 얼음으로 만들고 따뜻할 때는 얼음을 녹여 물로 만드는 것과 마찬가지입니다. 헤맬 때에는 성을 단단히 만들어 심으로 삼고 깨달은 때에는 심을 녹여 성으로 삼습니다. 심과 성이란 같은 것이기는 하지만 미오迷悟에 따라 차이가 생기지요."
혜충국사가 이렇게 심과 성의 구별을 보여주신 것도 사실은 한정된 설입니다. 단순히 말의 표면으로 해석해서는 안 됩니다. 성이라는 글자는 한 글자이지만 그 의미는 많습니다.
교종에서는 임시로 세 가지 의미를 밝히고 있습니다.

---

640) 불교에서 자기의 본성을 보아 부처를 이룬다는 뜻으로 선종의 근본 종지宗旨이다. 자기의 본성이 원래 형체도 없고 근본도 없으며 머무는 곳도 없다는 것을 깨달으면, 더 이상 부처와 다를 바가 없기 때문에 견성성불이라 하는 것이다. 선종에서는 모든 사람이 붓다의 성품을 가지고 있다고 보기 때문에 독경讀經이나 좌선坐禪, 예불禮佛, 계율戒律과 같은 수행의 형식을 중요시하지 않으며, 단지 마음을 닦아서 자기의 본성을 보고 성불할 것을 주장한다.

첫 번째로 불개不改라는 의미로, 이른바 후추와 감초 등의 성性으로 각각이 서로 바뀌어 후추는 단 맛이 되지 않고 감초는 매운 맛이 되지 않는 것과 마찬가지입니다.

두 번째로 차별의 의미로, 이른바 유정有情과 비정非情 각각의 차별적인 체성體性641)을 말합니다.

세 번째로는 법성法性의 의미로, 이른바 만법의 본원이자 둘도 없는 자성自性을 말합니다.

외전外典642) 및 소승의 가르침 속에서는 법성을 이야기하지 않습니다. 그저 불개의 성, 차별의 성에 관해 성의 뜻을 논합니다.

대승의 가르침 속에서 법성을 이야기할 때 각 종파의 설명에 차이가 있습니다.

선종은 즉 교외별전敎外別傳입니다. 따라서 분명히 알아야 합니다. 견성見性643)이라고 하지만 교종의 방식에서 이야기하는 법성의 의미가 아니라는 것을 말입니다. 하물며 외전 등에서 설명하는 성의 의미와 같겠습니까?

사람들의 본분이라는 것은 심心이라고도 명명할 수 없고, 또한 성性이라고도 할 수 없는 것입니다. 하지만 이 심성이라는 말에 의거하여

---

641) 본성, 성진性眞, 실성實性이라고도 하며 사람이 본디부터 가진 성질, 사물이나 현상에 본디부터 있는 고유한 특성을 일컫는다.
642) 불교에서 불전 이외의 유교나 도교 등의 가르침, 즉 외도外道를 설파한 서적.
643) 마음을 닦는 수행으로 깨달음을 얻게 되는 체험의 경지를 말한다. 불교에서는 중생의 마음속에 감추어져 있는 부처가 될 수 있는 본성을 불성佛性이라고 한다. 따라서 마음을 잘 닦아서 미혹에서 깨어나면 곧 부처가 됨을 가르치고 있다. 선종에서는 복잡한 교리나 단계를 밟는 수행법보다는 즉심즉불卽心卽佛이므로 견성성불見性成佛하는 것을 종지로 삼고 있다. 선법禪法으로서 마음을 직관直觀하고 정신을 통일하여 마음의 본바탕을 발견하면 부처가 된다고 하였다. 그래서 선종에서는 견성을 가장 근본적인 과제로 삼고 있는 것이다. 이에 비해 교종敎宗에서는 이 마음 닦는 방법을 계戒, 정定, 혜慧의 삼학三學, 또는 보시布施, 지계持戒, 인욕忍辱, 정진精進, 선정禪定, 지혜智慧 등 육바라밀六波羅蜜의 교리와 실천행을 제시하였다.

본분을 알게 하기 위해서 어떤 때에는 일심一心이라고 설명하고 어떤 때에는 일성一性이라고 말합니다.

직지인심直指人心 견성성불見性成佛644)이라는 것은, 일반적으로 헤매고 있는 사람이 마음이라고 생각하고 있는 것이 사실 제이의 달과 같은 것임을 알게 하고자, 성性이라 말하고 심心이라고는 말하지 않는 것입니다.

견성이라고 하지만 눈으로 볼 수 있는 것도 아니고, 심식心識으로 밝힐 수 있는 것도 아닙니다. 성불이라는 것도 지금 당장 새롭게 부처가 되어 용모를 갖추고 광명을 떨치는 것이 아닙니다.

비유컨대 술에 취해 본심을 잃은 사람이 술에서 깰 때가 되어 취기가 갑자기 깨어 본심으로 돌아오는 것과 같습니다. 그때까지의 미망이 즉시 멈추고 직접 본분에 이르게 되는 것을 견성성불이라고 한 것입니다.

대혜선사가 말씀하시기를, "깨닫지 못한 종사가 남에게 교시하는 것은 모두 왜곡시켜 인심人心을 가리키며 성을 설하고 성불시키려고 하는 것이다"라고 했습니다. 오늘날 선지식들 중에는 그저 심성의 의미를 설명하고 남에게 알리는 것을 직지直指645)라고 생각하는 사람들이 있습니다. 배우는 자들 중에도 이러한 불법의 도리를 이해하는 것을 깨달음을 얻는 것이라고 생각하는 사람들이 있습니다.

이러한 것은 설성說性646)이라고 해야지 견성이라고는 말할 수 없습니다.

---

644) 선종의 특색을 간결하게 제시한 말로, 설교나 수행 등의 가르침에 기대지 않고 좌선에 의하여 곧바로 자기 마음의 본성을 직관함으로써 깨달음을 열어 부처가 되는 것을 이른다.
645) 비유나 에두른 표현에 의존하지 않고 직접적이고 그 자체를 가리키는 것을 말한다.
646) 본성을 말로 설명하는 것.

71. 제법諸法의 허망과 실상

문 ● 경문 중에 제법은 모두 허망하다는 설도 있습니다. 또는 제법은 모두 상주常住이며 실상實相이라고도 설명하고 있습니다. 어느 것을 진정한 의의라고 생각하면 되겠습니까?

답 ● 본분의 경지에는 상주의 상도 없고 허망의 뜻도 없습니다. 하지만 범부의 소견에 기대어 보자면 이를 허망하다고 설하고 성인의 소견에 기대어 보자면 이를 상주라고 설명할 뿐이니 진실로 대오한 사람은 범부의 소견도 아니고 성인의 소견도 아닙니다. 그러므로 허망이라고 설하고 상주라고 이야기하는 것은 모두 방편의 설명입니다.

『능가경』 안에서 외도를 믿는 자가 부처에게 물었습니다.

"제법은 다 무상입니까?"

부처가 답하셨습니다. "너의 질문은 속세의 희론戱論647)이다."

외도를 믿는 자가 거듭 물었습니다. "제법은 모두 상주입니까?"

부처가 답하셨습니다. "이 질문도 역시 세속의 논리이다."

『유마경維摩經』648)에 이르기를, '생멸의 마음을 가지고 실상을 논하지 말라'고 했습니다.

만약 누군가가 그 소견이 범부와 다름없어서 제법이 실상이라는 뜻을 논한다면 그것은 모두 희론입니다. "삿된 인간이 정법正法을 설파하

---

647) 원래 잘못되고 무의미한 말이라는 뜻으로 진리에 어긋나고 그릇된 집착과 차별에서 비롯되어 사람들을 망상의 세계 속에 빠뜨리는 논리를 말한다.
648) 각주 191) 참조.

면 정법도 사법邪法649)이 된다. 바른 인간이 사법을 설파하면 사법도 정법이 된다"고 말한 것은 이러한 의미입니다.

---

649) 사람을 현혹시키고 세상에 해를 끼치는 가르침을 말하며 사도邪道, 또는 마법魔法이라고도 한다.

72. 범凡과 성聖

문● 범부와 성인의 소견 차이는 어떠합니까?

답● 선종에서는 직접 본분을 보인다고 해서 이러한 것을 논하지는 않습니다.

교종 안에서는 온갖 종류의 의미가 있는데 일단은 『수능엄경』이 설하는 상에 관하여 대략 말씀드리지요.

이 경 안에 칠대七大650)가 설명되어 있습니다. 칠대란 지대地大651), 수대水大652), 화대火大653), 풍대風大654), 공대空大655), 근대根大656), 식대識大657)입니다. 이 칠대는 모두 여래장如來藏658)안의 성덕性德으로 시방十方659) 법계에 널리 이르고 고여 있는 일 없이 자유롭게 흘러 통하는 것

---

650) 우주에 존재하는 모든 것을 낳는 일곱 가지 요소를 말한다. 지대地大, 수대水大, 화대火大, 풍대風大, 공대空大, 근대根大, 식대識大를 이른다.
651) 칠대, 육대六大의 하나로 지地 또는 지계地界라고도 한다. 견고함을 그 본질로 하고, 막힘과 만물의 보전을 그 작용으로 한다.
652) 칠대, 육대의 하나로 습기가 많음을 그 본질로 하고, 끌어 잡아 이끄는 것을 그 작용으로 한다.
653) 칠대, 육대의 하나로 뜨거움을 그 본질로 하고 물건을 익히게 함을 그 작용으로 한다.
654) 칠대, 육대의 하나로 움직임을 그 본질로 하고 만물을 기르는 것을 그 작용으로 한다.
655) 칠대, 육대의 하나로 장애됨이 없이 온갖 것을 포섭하는 것을 그 본질로 하고 사물이 의지하여 존재할 수 있게 함을 그 작용으로 한다.
656) 육근六根의 작용을 말하는 것으로 견대見大라고도 한다.
657) 육근과 육진六塵이 화합해서 생기고 육진을 인식하는 식심識心이다.
658) 미계의 진여. 각주 562) 참조.
659) 사방四方과 사우四隅, 상하上下를 통틀어 이르는 불교 용어.

입니다. 이를 성화性火, 성풍性風 등이라 이름 붙입니다.

진언종 안에서 육대六大660)가 법계에 널리 미치며 온갖 것의 본체라고 설명하는 것도 이 의미입니다.

다만 진언종에서는 근대根大에 관하여 설명하지 않습니다. 근대란 눈, 귀 등의 육근도 모두 법계에 널리 이른다는 의미입니다. 진언에서는 육대를 법계의 본체로 봅니다.

『능엄경』에서는 여래장을 제법의 본체로 봅니다. 칠대는 모두 여래장이 갖추고 있는 좋은 작용이라고 설명합니다. 이는 모두 여래가 중생의 기질에 따라 말씀하신 설법입니다.

진언에서는 육대라고 하는 것도 인연에 의해 생긴 수水나 화火를 의미하는 것이 아닙니다.

『능엄경』에 성화性火와 성수性水라고 말하는 것은 육대입니다.

사종만다라四種曼茶羅661)라고 하는 것은 연생緣生에 의한 제법입니다. 이러한 까닭에 육대를 본체로 하고, 사만四曼을 상相으로 하며, 삼밀三密662)을 용用으로 한다고 설명합니다.

칠대에는 모두 똑같이 성덕과 연생의 차이가 있습니다. 우선 일대一大를 잘 체득한다면 다른 모든 대大에 관해서도 또한 잘 알 수 있을 것입니다.

세간에서 나무에 구멍을 내고, 돌을 부딪쳐서 낸 불은 연생의 불입

---

660) 지地, 수水, 화火, 풍風, 공空, 식識을 말한다. 각주 205) 참조.
661) 진언 밀교에서 이르는 네 종류의 만다라를 말하며 사만다라四曼茶羅, 사종삼밀四種三密, 사만四曼이라고도 한다. 노랑, 하양, 빨강, 검정, 파랑의 오방색으로 여러 부처와 보살의 모습을 그린 대만다라大曼陀羅, 부처와 보살을 나타내는 소유물과 수인手印 등으로 이루어진 삼매야만다라三昧耶曼陀羅, 불보살과 명왕明王, 제천諸天 등의 진언眞言이나 주문을 브라흐마 문자로 그린 법만다라法曼陀羅, 부처와 보살의 여러 가지 형상과 작용을 그린 갈마만다라羯磨曼陀羅를 말한다. 각주 206) 참조.
662) 신밀身密, 어밀語密, 의밀意密을 말한다. 각주 208) 참조.

니다. 이 불에는 실체가 없습니다. 장작이라도 좋고 기름이라도 괜찮으며 무언가 인연이 되는 것이 없으면 탈 수가 없습니다. 장작과 기름 같은 인연이 있으면 잠시 불의 모습을 드러냅니다. 그래서 허망하고 실체가 없다고 설명합니다.

현종과 밀종 양쪽 경전에서도 연생의 제법이 실체가 없다는 것은 동일한 설입니다. 성화라는 것은 법계에 널리 퍼져 있으며 타버리는 일도 없고 소멸하는 일도 없습니다. 범부는 단순히 연생의 불만 보고 성화는 모릅니다.

만약 성화를 잘 알게 되면 연화라고 하여 멀리할 필요도 없습니다. 연화라는 것은 성화의 작용이기 때문이지요. 이 화대火大처럼 다른 대大 역시 마찬가지입니다.

그리고 식대識大라는 것은 중생의 심식心識입니다. 그것도 일반 범부가 마음이라고 생각하는 것은 연생의 마음입니다. 경문에서는 이를 연심이라고 설하지요.

연심에는 실체가 전혀 없고, 육진의 인연에 의해 임시로 견문각지의 상이 생깁니다. 연생의 불이 장작과 기름 같은 인연에 의해 잠깐 불타는 상이 보이는 것과 같습니다.

어리석은 사람은 단순히 연심만을 알고 성심性心은 모릅니다.

외전이나 소승의 가르침 안에서 마음이라고 하는 것도 모두 연심을 말합니다.

대승 안에서 팔식八識663)이라는 것 역시 연심의 영역입니다. 이러한 이유로 극의極意의 대승 속에서 제구식第九識이라는 것을 내세운 것입니다. 이는 곧 성덕의 식대를 알게 하고자 하기 위해서입니다.

제법諸法이라는 것은 색법과 식법 두 가지입니다. 칠대 중에서 식대

---

663) 사물을 인식하는 정신 작용으로 안식眼識, 이식耳識, 비식鼻識, 설식舌識, 신식身識, 의식意識, 말나식末那識, 아뢰야식阿賴耶識을 말한다.

는 심법입니다. 그 외의 육대는 모두 색법이지요. 하지만 이 칠대는 모두 여래장 안에 갖추어져 있고 서로 자유롭게 유통되고 있기 때문에 색과 심의 차이는 없습니다. 이를 일진법계一眞法界664)라고 합니다.

차이가 없지만 색과 심이 어지럽게 섞이는 일은 없습니다. 그런 까닭에 그 색법도 생멸성쇠生滅盛衰의 형상이 아니고, 그 심법도 동정動靜과 기멸起滅의 변화가 없습니다. 경문 중에 제법은 실상이며 상주常住라고 말하는 것은 이러한 의미입니다.

범부에게 망견妄見이 일어날 때에는 이 여래장이 허망한 인연을 따라 색법과 심법의 상을 드러냅니다. 범부의 망견이 변화하기 때문에 모든 견해의 제법도 또한 모두 변화의 상이 드러납니다.

비유컨대 배가 나아갈 때 기슭이 이동하고 있는 것처럼 보이는 것과 같습니다. 또한 흐린 눈으로 볼 때 허공이 온통 꽃으로 보여 어지럽게 나타났다가 사라지는 것과 마찬가지입니다. 제법이 모두 허망하다고 설하는 것은 이러한 의미입니다.

이런 이유로 경우에 따라서 제법은 허망하다고 설하고 경우에 따라서 제법이 상주라고 하는 것은, 그 말이야 다르지만 법체法體665)는 같습니다. 부처의 본의를 모르는 자는 그 말이 다른 것에 따라 이쪽을 취하거나 저쪽을 버리거나 합니다. 이는 모두 세속의 희론입니다.

눈이 어두운 사람과 눈이 밝은 사람 둘이 같은 곳에 서서 허공을 향할 때, 눈이 어두운 사람 앞에는 온갖 꽃들이 있어서 어지럽게 나타났다가 어지럽게 사라지는 상이 있습니다. 하지만 눈이 밝은 사람에게는 어지럽게 일고 어지럽게 사라지는 경지를 바꾸지 않아도 그대로 청정의 허공이라 보는 것이나 마찬가지입니다.

---

664) 오직 하나인 참된 세계, 즉 절대 무차별의 우주 실상을 말한다.
665) 좁게는 출가하여 법의를 입고 있는 승려의 몸, 즉 승체를 일컫지만 여기에서는 광의로 우주 만유의 본체를 뜻한다.

번뇌가 즉 보리煩惱卽菩提666)이고, 생사가 즉 열반生死卽涅槃667)이며, 당위가 즉 묘668)하니 본위와 바꾸지 않아도 된다不改本位669)는 것도 이러한 의미입니다. 당상즉도當相卽道670)나 만사의 상에 곧 진리가 있다卽事而眞는 말도 이러한 의미입니다.

그런데도 범부의 소견대로 그것이 곧 부처의 지견知見이라고 생각해 버리는 것은 큰 착각입니다.

만약 그렇다면 제불들이 세상에 나타나신 것은 무엇을 위한 것이겠습니까?

현종과 밀종 종사들이 모두 배움에 든 사람들을 위해 수행을 권유하시는 것은 무엇을 잘라내려고 하기 위해서이겠습니까?

옛날의 대사들이 모두 마을 밖에 가람을 세우고 여인을 들이지 않으며 술과 고기를 금하신 것은 어떠한 이유이겠습니까?

---

666) 번뇌와 깨달음은 모두 공空의 바탕이며 다르지 않다는 것으로 번뇌가 그대로 깨달음의 인연이 됨을 뜻한다. 대승불교의 용어로 모든 것은 진실불변의 진여의 발현이며, 깨달음의 실현을 방해하는 번뇌도 진여의 발현이며, 그것을 떠나 따로 깨달음은 없는 것을 말한다. 대승불교의 궁극을 드러내는 어구로 유명하다.
667) 대승불교의 공관空觀에서 유래하는 것으로 깨달은 불지佛智에서 보면 헤매는 중생의 생사의 세계 자체가 불생불멸의 청정한 열반의 경지라는 의미이다.
668) 당위즉묘當位卽妙란 이 세계에 널리 존재하는 각각의 만상들이 그 지위에 안주하면서도 또한 묘용妙用을 드러내는 것, 시의에 따라 곧바로 적절한 작용을 보인다는 것을 의미한다.
669) 본위本位란 원래의 지위라는 의미로 예를 들어 버드나무라면 녹색, 꽃이라면 붉은 색이라는 식의 본질을 말한다.
670) 대립하는 것처럼 보이는 두 가지 사상이나 사물이 사실은 하나이며 분리되지 않는 것을 뜻한다.

73. 불안佛眼의 소견

문● 불안佛眼671)이라면 범부와 마찬가지로 연생의 제법을 보는 일은 없을까요?

답● 교법에서 오안五眼672)을 설명하고 있습니다. 그 의의는 하나가 아니지만 잠시 한가지 뜻으로 설해 보도록 하지요.

첫째는 육안肉眼, 세간 일반의 범부의 소견입니다. 육근의 청정을 얻은 사람은 육안 그대로 삼천세계三千世界673)를 볼 수 있습니다.

둘째로는 천안天眼, 이는 천인의 소견입니다. 먼 산천山川이나 담장에 막힌 것도 볼 수 있습니다. 이것도 범부의 소견이며 성자의 천안은 삼천세계까지 볼 수 있습니다.

셋째로는 혜안慧眼, 제법은 모두 공空임을 아는 지혜입니다. 이는 오로지 보살의 소견이며 이승二乘도 약간은 이 지혜를 얻었다고 인정할 경우가 있습니다.

넷째로는 법안法眼, 이는 제법이 여환如幻이라는 상을 볼 수 있는 지혜입니다. 이것도 보살의 소견입니다.

---

671) 오안五眼의 하나로 모든 법, 사물事物의 참모습을 보는 부처의 눈을 말한다.
672) 수행에 따라 도를 이루어 가는 순서를 보여주는 다섯 가지 안력眼力을 말한다. 가시적인 물질인 색色만을 보는 육안肉眼, 인연과 인과의 원리에 따라 이루어진 현상적인 차별만을 볼 뿐 실체를 보지 못하는 천안天眼, 공空의 원리는 보지만 중생을 이롭게 하는 도리는 보지 못하는 혜안慧眼, 다른 이를 깨달음에 이르게 하지만 가행도加行道를 알지 못하는 법안法眼, 그리고 모든 것을 보고 모든 것을 다 아는 불안佛眼을 이른다.
673) 넓은 세계. 각주 460) 참조.

이상의 사안四眼은 세간과 출세의 경계에서는 다르다고 하지만 모두 연생의 법 위에서 견해를 바꾼 정도입니다.

다섯째로는 불안佛眼, 즉 이것은 부처가 마음속으로 깨달은 진리의 지혜입니다. 범부나 보살도 알 수 없습니다.

『열반경』에서 이르기를, '성문聲聞의 사람은 천안이 있다고 해도 이를 육안으로 삼는다. 대승을 배우는 자는 육안이라고 해도 이에 이름을 붙이기를 불안이라고 한다'고 했습니다. 이 경문의 내용과 같다면 불안을 여래만이 갖추고 범부에게는 결여된 것이라고 생각해서는 안 됩니다.

선덕들이 이르기를, "사안四眼과 이지二智674)에 의해 온갖 상象이 빽빽하게 줄지어 보이며, 불안과 종지種智675)는 진공眞空이라 아무것도 보이지 않아 고요하다"고 했습니다. 하지만 부처는 오안을 모두 갖추고 계시기 때문에, 범부와 같은 경지가 되어 세간의 상도 볼 수 있고 또한 보살과 같은 경지가 되어 제법이 공리空理라는 것도 비출 수 있으며 연생이 환영과 같다는 것도 이해하십니다. 그러나 범부와 같은 경지라고 해도 생멸거래生滅去來하는 변화상에 빠지지 않으며, 보살의 경지가 되어도 공리나 환영의 상相에 머물지 않으십니다.

그러므로 이러한 오안의 차이를 구분하는 것은 범부의 심정에서 임시로 논하는 것입니다. 부처의 지견知見에서 보자면 미오迷悟와 진속眞俗의 구별도 없고, 성상性相676)과 사리事理의 구분도 없습니다.

예를 들어 범부 앞에서는 금은과 와석, 물과 불, 초목이 모두 동류가

---

674) 진지眞智와 방편지方便智,(=권지權智), 혹은 속지俗智를 말한다. 진지란 진리를 깨달은 지혜, 차별 없는 평등의 진리를 관조觀照하는 지혜를 이르고, 방편지는 부처와 보살의 방편으로 중생을 제도, 교화하는 지혜를 이른다.
675) 현상계의 모든 존재의 각기 다른 모습과 그 속에 감추어져 있는 참 모습을 알아내는 부처의 지혜를 뜻하는 말로 불지佛智라 할 수 있으며 일체종지라고도 한다. 일체의 온갖 종류의 제법을 안다는 말이다.
676) 만물의 본성本性과 현상現象을 아울러 이르는 말이다.

아닙니다. 하지만 부처는 금을 돌로도 만들고 불을 물로도 만드실 수 있으므로, 불에 들어가도 뜨거워하지 않고 물에 들어가도 차가워하지 않는 것이지요. 금은이라고 해도 와석보다 나을 것도 없고 와석이라고 해서 금은보다 천할 것도 없는 것과 마찬가지입니다.

그러나 아직 이러한 자유자재의 힘을 얻지 못한 자가 물과 불이 차이가 없고 금과 돌이 같은 것이라고 말한다면 잘못입니다. 부처의 지견을 깨닫지 못한 사람이 미오와 성상의 구분이 없다고 하는 것도 또한 마찬가지로 잘못입니다.

74. 대소大小와 권실權實

문● 불교에서 대승과 소승, 권교權敎와 실교實敎[677]에 차이가 있다고 하는 것은 어떠한 의미입니까?

답● 진실한 부처의 법리에는 대소와 권실의 차이란 없습니다. 하지만 배우는 사람들의 지혜에 심천이 있기 때문에 해석하는 법문에도 또한 차이가 생깁니다.

『법화경』에서 말하기를, '여래의 설법은 그저 하나의 상, 하나의 맛이지만 중생의 성격이나 기호가 다르기 때문에 해석하는 법문 내용이 각각 차이가 있다. 비유컨대 하늘에서 비가 일제히 내려도, 온갖 종류의 초목들과 그 뿌리와 줄기, 가지와 잎의 대소에 따라 물기를 머금는 것에 차이가 있는 것과 마찬가지이다'라고 합니다.

---

[677] 대승의 교법으로 깨달음을 그대로 설한 진실한 가르침을 뜻한다.

75. 중생의 근성

문● 부처의 법리에 차이가 있는 것은 중생의 근성이 똑같지 않기 때문입니다. 그 근성이 같지 않은 것은 어떠한 이유입니까?

답● 일진법계一眞法界 안에서는 사람도 없고 법도 없습니다. 미망된 정념 때문에 잠시 사람과 법을 구분하는 것이지요.

중생의 근성은 여러 가지라고 하지만 종합하여 거론하자면 다섯 종류입니다.

첫째는 성문성聲聞性[678].

둘째는 연각성緣覺性[679].

[678) 불교의 교설敎說을 듣고 스스로의 해탈을 위하여 정진하려는 출가 수행자로서의 본성을 말한다. 성문은 원래 석가모니 당시의 제자들을 말하는 것이다. 그러나 대승불교가 일어나 중생의 제도를 근본으로 삼는 보살이라는 이상적인 인간상이 부각됨에 따라 성문은 소승小乘에 속하게 되었다. 성문은 사제四諦의 진리를 깨닫고 몸과 마음이 멸진滅盡한 무여열반無餘涅槃에 들어가는 것을 목표로 삼고 있지만, 아공我空의 이치만을 깨달을 뿐, 법공法空의 이치를 깨닫지 못한다. 즉, 일반적으로 중생이 참다운 나라고 주장하는 실아實我는 정신적이고 물질적인 기본 요소들이 화합하여 생겨난 것일 뿐 영원불변의 참된 나가 될 수 없다는 아공我空은 깨닫지만, 이 세상의 모든 것이 인연이 모여서 생겨났으므로 절대의 실체와 자성自性이 없는 법공法空은 깨닫지 못한다는 것이다.

679) 불교 수행자 중 스스로 깨달음 얻은 성자로서의 본성을 말한다. 석가모니는 보리수 밑에서 인연의 법칙을 관찰하여 정각正覺을 이룬 뒤 삼칠일 동안 선정 상태에서 깨달음의 즐거움을 누리는 한편, 자기가 깨달은 인연의 이치를 중생들에게 어떻게 전파할 것인가를 고심하였다. 그러나 정각의 진리가 너무 어려워서 사람들이 이해하기 힘들기 때문에 그대로 열반에 들어 버릴 것을 생각한 것으로 알려지고 있다. 원래는 이때의 상태를 연각이라고 한다. 그러나 범천梵天이 석가모니 앞에 나타나서 법을 설하지 않으면 사람들의

셋째는 보살성菩薩性680).

넷째는 부정성不定性681).

다섯째는 천제성闡提性682)입니다.

성문과 연각의 이승은 배우는 법문이야 다르지만, 그저 자신만이 미망의 고통에서 벗어날 길을 구할 뿐 다른 사람들에게 이익을 주려는 마음이 없습니다. 그래서 둘 다 소승심이라고 명명합니다.

중생에게 이익을 주고자 하여 대승의 도를 추구하는 것을 보살성菩薩性이라고 칭합니다.

어떤 때에는 소승의 마음을 일으키고 어떤 때에는 대승의 마음을 일으키며 근성이 정해지지 않은 것이 바로 부정성不定性입니다.

일체의 불법을 전부 믿지 않는 것을 천제성闡提性이라고 명명합니다.

일체 평등의 본성 중에 일념의 미망이 일어나기 때문에 임시로 오성五性의 차별이 생기는 것입니다.

각 근성의 다른 점을 논해보면 정말로 같다고 할 수는 없지요. 이러한 이유로 오성에 대해 각각 다른 법문이 있습니다.

타락과 고뇌가 더할 것이므로 마땅히 설법해야 함을 간청하였고, 이에 석가모니는 중생교화를 결심하였다. 이때의 석가모니는 연각이 아니라 부처이다. 불교의 역사상으로는 연각이 실제로 존재하지 않았으며, 연각의 독자적인 가르침도 없다고 한다. 지위로는 성문의 위, 보살의 아래에 해당한다.

680) 위로 보리를 구하고 아래로 중생을 제도하는 대승 불교의 이상적 수행자로서의 본성을 말한다. 원래 보살은 부처가 전생에서 수행하던 시절, 수기를 받은 이후의 몸을 뜻한다. 보살정성菩薩定性이라고도 하며, 부처가 될 무루 종자無漏種子를 가지고 있어 반드시 불과佛果에 이르러 깨달을 수 있는 성품이다.

681) 삼승부정성三乘不定性이라고도 하며 보살성, 연각성, 성문성 가운데 둘 또는 세 가지를 아울러 가진 성품을 뜻한다.

682) 본디 해탈의 소인을 갖지 못하여 부처가 될 수 없는 사람의 본성을 뜻한다. 불전의 용례에서는 인과, 업보, 내세를 믿지 않고 부처의 설법에 따르지 않으며 정법을 비방하며 성불의 연을 갖지 않은 자를 말하는 것이다. 또는 중생을 제도하기 위하여 일부러 열반의 깨달음에 들지 아니한 보살이라는 설도 있다.

『원각경』에서는 이르기를, '일체 중생이 탐욕을 근본으로 하기 때문에 미망을 발휘하고 오성의 차이를 분명히 드러낸다'고 했습니다. 또한 '원각圓覺의 자성은 오성이 아니다. 오성에 따라 다른 상을 드러낸다. 진정한 깨달음의 상 안에는 보살과 제중생들의 차이란 없다. 어떠한 이유로 보살과 중생은 모두 환화幻化와 같다고 하는가?'라고도 합니다.

『상법결의경像法決疑經』[683]에서 말하기를, '여래는 유有가 아니고 무無도 아니다. 출出도 아니고 몰沒도 아니다. 색色도 아니고 비색非色도 아니다. 처음 깨달음에 입문할 때부터 열반에 이르기까지 그 중간에서 한 구절의 법문도 설하지 않는다. 그런데도 어리석은 사람은 여래가 세상에 나와 불법을 설하여 사람들을 제도한다고 생각한다. 여래의 경계는 불가사의不可思議[684]이다. 식識으로도 알 수 없고 지智로도 알 수 없다'고 합니다.

또한 이 경에서는 '중생의 몸의 상은 환화와 같고 종鐘의 상像과 같으며 물에 비친 달과 같다. 중생의 몸의 상 또한 불가사의한 것이다. 오는 것도 아니고 가는 것도 아니며, 유도 아니고 무도 아니며, 안도 아니고 밖도 아니다. 하지만 중생은 미망에 흔들려 깊이 아견에 집착하기 때문에 헛되이 윤회의 고통을 받는 것이다'라고 했습니다.

『능가경』에서도 말하기를, '처음 녹야원鹿野苑[685]부터 마지막 발제하

---

[683] 위경僞經이라고 전해진다. 부처가 입멸入滅한 후에 일어나는 승속僧俗의 비법非法을 거론하며 이를 경계하고 대자보시大慈布施를 권한 내용이라고 한다. 하지만 천태종은 『열반경』의 결론을 요점으로 추려 마무리한 결경結經으로 본다.

[684] 사람의 생각으로는 미루어 헤아릴 수도 없다는 뜻으로, 사람의 힘이 미치지 못하고 상상조차 할 수 없는 오묘한 것을 말한다.

[685] 사르나트(Sarnath)라고 하며 녹원鹿苑, 선인처, 시록림이라고도 한다. 인도 중부에 있던 동산으로 불교 전통에 따르면 석가모니가 깨달음을 얻은 후, 자신과 함께 고행했던 다섯 수행자들에게 처음으로 설법을 한 땅이라고 한다. 그 설법을 초전법륜初轉法輪이라 하는데 처음으로 불법의 수레바퀴를 굴렸다는 의미이다. 불교의 사대성지 중 하나이다.

跋提河686)에 이르기까지 그 중간에 한 마디도 하지 않았다'고 했습니다.

『화엄경』에서도 말하기를, '참된 정계淨界687) 안에서는 부처도 없고 중생도 없다'고 했습니다.

『석론釋論』688)에 이르기를, '불이不二의 마하연摩訶衍689)은 근성을 벗어나고 교설을 벗어난 것이다'라고 합니다. 마하연이란 대승의 범어입니다. 대승, 소승, 권교, 실교가 아직 분리되지 않은 것을 불이의 마하연이라고 명명한 것입니다.

부처의 이러한 존귀한 가르침을 믿지 않고 방편의 법문에만 마음을 쓰며 가르침의 대소권실을 논하고 근성에 상근, 중근, 하근을 나누기 때문에, 어떤 이는 오만한 마음을 일으키고 마도魔道에 들고 어떤 이는 싫증을 느끼고 미망의 세계로 되돌아가 버립니다. 이를 지혜 있는 자라 할 수 있겠습니까?

---

686) 인도의 강 이름으로 석가가 이 강변에서 입적入寂했다.
687) 깨끗한 곳이라는 뜻으로, 좁게는 신불神佛을 안치한 절이나 사당 따위를 이르고 광의로는 정토淨土의 의미로 사용되는 말이다.
688) 원래는 경전의 뜻을 낱낱이 풀이하는 일을 의미하는데, 현교顯教에서는 『대지도론』, 밀교에서는 『석마하연론釋摩訶衍論』을 달리 이르기도 한다. 여기에서는 『석마하연론』을 일컫는데, 이는 인도의 나가르주나가 지은 『대승기신론』의 10권짜리 주석서로 중국에서는 후진後秦의 벌제마다筏提摩多가 번역하였다고 전한다.
689) 대승大乘을 일컫는 범어이다. 중생을 제도하여 부처의 경지에 이르게 하는 것을 이상으로 하고 그 교리, 이상, 목적이 모두 크고 깊으며 그것을 받아들이는 중생의 능력도 큰 그릇임을 의미한다.

76. 교외敎外의 심오한 뜻

문● 교종 안에서도 부처의 상도 없고 중생의 상도 없다고 이야기합니다. 선종에서 중생과 부처가 분리되지 않는 경지를 말하는 것과 같지 않습니까?

답● 교종 안에서 범과 성의 상이 없다고 하는 것은 범과 성으로 분리된 경지에 관하여 그 체상體相690)이 무상無相691)이라는 것을 말합니다.

그러나 선종에서 생불이전生佛已前692)이라고 하는 것은 이러한 뜻이 아닙니다.

말이 닮은 것을 가지고 선종과 교종이 같다고는 할 수 없습니다.

예를 들어 사람 겉모습을 보지 않고 이야기할 때 이마 안에 눈썹이 있고, 눈썹 아래 눈이 있으며, 눈 아래 코가 있고, 코 아래 입이 있다고 하면 귀천남녀 모두 같은 얼굴처럼 들리지만 실제로 그 얼굴을 보면 각자 다른 것과 마찬가지입니다.

교종의 방식에서는 언구와 의미를 법문으로 삼는 까닭에 의미의 영역에서 대승과 소승, 권교와 실교를 판단합니다. 교외별전敎外別傳, 불

---

690) 본질인 체와 그 본질이 밖으로 나타난 현상인 상을 아울러 이르는 말이다. 체는 하나이고 절대이며 무한이지만 상은 하나가 아니고 상대이며 유한이다.
691) 열반의 경지. 각주 144) 참조.
692) 원래 생불生佛에서 생生은 미망의 세계의 중생, 불佛은 깨달음의 부처를 말한다. 범성일여凡聖一如, 미오불이迷悟不二라는 의미와 생불이전은 서로 다른 의미라는 뜻이다.

립문자不立文字693)라고 하는 제목을 보면서 종사의 언구에 관해 교종과 선종의 같고 다름을 논한다면 그것은 맞지 않습니다.

오늘날 선종을 배우는 자들 중에 종사가 사람들에게 교시한 언구 안에서 교종의 법문과 다른 점이 있는 것을 보고, 이를 선종의 뛰어난 증거로 여기는 사람이 있습니다. 만약 교종의 법문과 다르기 때문에 선

---

693) 불교에서 선종의 특색을 나타내는 용어로서 경론經論의 어구나 문자에 의존하지 않음을 일컫는 말이고, 흔히 교외별전敎外別傳이라는 말과 함께 쓰인다. 불립문자란 문자에 집착하지 않고 보편적 명제의 형태로 정언定言을 세우지 않는다는 입장의 표방이며, 따라서 경전의 문구에 대해서는 형식에 집착하지 않는 자유로운 태도를 취한다. 교외별전이란 경전의 가르침과는 별도로 특수하게 전수된 것이 있음을 말하며, 경전에 절대적 가치나 의의를 부여하지 않는 입장의 표방이다. 교종이 경론의 문자나 교설만을 위주로 공부함으로써 불교의 참정신을 잃고 있다고 보아, 선종에서는 부처의 진정한 진리로서의 정법은 단순히 어구나 문자에 의해서가 아니라 마음에서 마음으로 전해지는 것이라는 체험을 중시하여 불립문자, 교외별전을 주장했다. 이 정신은 중국 선종의 개조인 보리달마에게도 보이지만, 제육조인 혜능慧能선사로부터 번성한 남종선에서 특히 강조되었다. 한편 이 정신의 경전적 근거는 『능가경』에서 보이며, 여기서는 문자에 의존하지 않는다는 입장을 다음과 같이 천명한다. "문자에 따라 의미를 해석하지 말라. 진실은 자구字句에 묶여 있지 않기 때문이다. 손가락을 주시하는 사람처럼 행해서는 안 된다. 그것은 마치 어떤 사람이 다른 사람에게 자기의 손가락으로 뭔가를 가리키자, 그 사람은 손가락이 가리키는 대상을 보지 않고 오로지 손가락 끝만 응시하는 것과 같다. 그들은 또한 문자 그대로의 해석이라는 손가락 끝이 가리키는 의미를 무시하고 문자 그대로의 번역으로 이루어진 그 손가락 끝에 집착한 채 인생을 마감하는 어리석은 속물이나 어린애와 같아서, 결코 보다 깊은 의미에 이르지 못한다." 또 부처는 성도 이후 입멸할 때까지 한 마디도 설하지 않았다고 한 『입능가경入楞伽經』의 언급도 불립문자의 근거로서 주목된다. 그러나 전설상에서는 불립문자의 전통을 염화시중拈華示衆의 일화에서 찾기도 한다. 어느 설법 자리에서 석가모니가 연꽃 한 송이를 들고 침묵하고 있을 때 거기에 모인 사람들은 아무도 그 뜻을 알지 못했으나, 십대제자의 한 사람인 가섭迦葉만이 그 뜻을 알고 미소를 지었다. 그래서 석가모니는 가섭에게 자신이 죽은 이후 정법을 후대에 전하도록 부탁했다. 어느 날 역시 십대제자인 아난阿難이 부처가 전한 것이 무엇이냐고 묻자, 가섭은 "가서 깃대를 내려라"라고 답했다고 한다. 사원 밖에 깃대를 내리라는 말은 언설을 집어치우라는 뜻이다. 이런 전설에 유래하여 선종에서는 가섭을 인도로부터의 초대 조사로 간주한다. 이렇게 불립문자를 표방하는 중국의 남종선은 이심전심以心傳心으로 가르침을 전하는 사제師弟 관계를 중시하였다.

종이 뛰어나다고 한다면, 선종과 다르기 때문에 교종도 뛰어나다고 해야 할 것입니다. 그렇다면 교외별전의 종지가 왜 언구와 의미가 같고 다름에 상관이 있겠습니까?

혹자가 말하기를, "교종은 모두 언구와 의미를 가지고 논하며, 언구와 의미에 관여하지 않는 부분이 선종 종지다"라고 했습니다. 만약 그렇다면 교종 안에서 언구와 의미를 내세우지 않는 설명방식이 있는데, 이를 선종이라고 할 수 있겠습니까?

혹은 교종을 배우는 자들 중에 교외별전, 불립문자라고 해도 선사들이 사람에게 교시하는 언구가 많은데, 그렇다면 불립문자라고 할 수 있느냐고 비난하는 사람이 있습니다.

선사들의 언구가 많다고는 하지만 이 언구의 뜻을 남에게 학습시키려는 것이 아니며, 그저 불법의 정리正理는 언구 상에 없다는 것을 보이기 위해서입니다. 또한 언구 상에 없다고 해서 언어도단言語道斷의 경지를 종지라고 하는 것도 아닙니다. 적묵寂黙 침공沈空한 바를 가리키는 것도 아닙니다.

옛 사람이 이르기를, "달마가 서쪽으로부터 와서 특별히 사람들을 위해 일법을 전수한 적은 없다. 그저 누구라도 원래 갖추고 있으며 각자가 원만하게 성취하는 근저를 분명히 지적했을 뿐이다"라고 했습니다.

이미 누구라도 갖추고 있다고 한 것인데, 왜 오로지 선의 수행자만이 갖추고 있고 교의 수행자들에게는 없다고 말하는 것일까요? 그저 교자와 선자만이 원만히 성취하는 것이 아니라, 밭농사를 하는 사람이 농사를 열심히 하고 있는 곳에도 있으며 대장장이와 목수처럼 재주 있는 일을 하고 있는 곳에도 있습니다.

요점을 말하자면 일체 중생의 행동, 견문각지, 일상생활, 놀이와 담론 그 자체가 모두 다 조사가 서쪽에서 와서 교시하신 심오한 뜻이 아닌 것이 없습니다. 하물며 부처의 가르침에 따라 온갖 선행善行을 수행하는 사람은 어떻겠습니까?

그러나 이러한 심오한 뜻이 있음을 알지 못하기 때문에 세간의 환상에 현혹되어 헛되이 윤회의 고통을 받는 자들이 많지요. 부처는 이 망상을 없애고자 제종의 불법을 설하셨습니다만, 또한 이 법문에 집착하여 심오한 뜻을 알지 못하게 되는 사람들이 있습니다. 그래서 달마조사가 서쪽에서 오시어 본분의 일단一段을 분명히 지적한 것입니다.

이를 마음에서 마음으로 전하는 교외의 심오한 뜻이라고 부릅니다. 교외의 심오한 뜻이라고 해서 모든 교종과는 다른 일련의 법문을 이어받은 것은 아닙니다.

만약 언구로 전수해야 하는 법문이라면 이는 단순히 진기珍奇한 교법敎法일 것입니다. 교외별전이라고는 할 수 없습니다.

육조대사 이후 선종은 오파五派694)로 나뉘어 각각 그 종파의 방식을 내세웠습니다만, 모두 다 누구나 갖추고 있는 것을 깨닫게 만들기 위함입니다.

---

694) 선종의 다섯 종파로 선가오종禪家五宗이라고도 한다. 임제종臨濟宗, 운문종雲門宗, 조동종曹洞宗, 위앙종潙仰宗, 법안종法眼宗을 일컫는다. 임제종은 중국 당나라 때 임제의현臨濟義玄(?~867년)의 종지宗旨를 근본으로 하여 일어난 종파인데, 남종선의 전통을 더욱 철저히 하여 무위無位의 진인眞人이라는 절대 주체를 세워 그 이상적 상태를 선禪의 경지라고 하여, 간명하고도 직각적으로 분별하는 말로써 불도를 설했다. 운문종은 당나라 말기의 선승인 운문문언雲門文偃(?~949년)의 종지를 근본으로 하여 일어난 종파이다. 조동종은 동산양개洞山良介(807~869년)를 개조로 하여 갈라져 나온 일파인데, 일본에서는 선종의 제육조 혜능慧能이 조계曹溪에 있으면서 법을 전하고 그의 육대손 양개가 동산에 있으면서 도를 넓혔으므로 '조동'이라 했다는 설로 알려졌다. 조동종의 종풍은 세상에 나서길 꺼려하며 고목중枯木衆이라 불릴 정도로 마치 고목처럼 오로지 좌선에 전념하는 묵조선默照禪을 중시하는데 이러한 경향은 논리성과 지성을 결여한 것으로서 오직 앉아 있는 것만을 선으로 삼는다는 비난을 받았으나, 조동종은 일본에 전래되어 크게 유행했으며 일본 선종의 삼파에 속하게 된다. 위앙종은 위산영우潙山靈祐를 창시자로 하고 앙산혜적仰山慧寂이 대성한 종파로 당나라 때 융성하다가 송나라 때 쇠퇴하여 임제종에 합쳐졌다. 법안종은 중국 오대五代에 활약했던 청량문익淸凉文益(885~958년)의 종지를 바탕으로 하여 일어난 종파이다.

그런데도 요즘 수행자들은 이 심오한 뜻을 깨닫지 못하고 종사가 다르게 말한 언구를 기록해서 가지고 있으면서, 오파의 종지에 관하여 득실을 따지고 제교종의 법문과 우열을 논하며 비판합니다. 이렇게 되면 달마조사가 서쪽에서 오신 본의를 잃은 것이 아니겠습니까?

내가 옛날 이산 저산을 유람하다가 동반한 승려 일여덟 명을 데리고 후지산富士山[695] 근처의 니시노우미西の湖[696]라는 곳에 갔습니다. 마치 신선경으로 들어가는 것 같이 보이는 모든 풍경들이 눈을 놀라게 하지 않는 것이 없지요. 그 호반의 어부를 불러 배를 젓게 하고 후미로 노 저어 들어가 보니, 얼마나 귀한 경승지였는지 모릅니다. 승려들도 감흥을 참지 못하고 모두 맞춘 듯이 뱃전을 두드리며 다들 환성을 올렸습니다.

그런데 그 배를 젓던 노인은 어릴 적부터 이 호반에 살면서 아침저녁으로 이 경치를 보고 살았지만, 그 안에서 청명한 흥취를 느낄 마음은 갖지 못했습니다. 승려들이 감탄하는 것을 보고 물었습니다. "무엇을 보고 이렇게 떠들썩하신 것입니까?"

승려들이 답했지요. "이 산의 경치, 호수의 모습이 정취 있는 것에 감탄하고 있습니다."

---

[695] 일본을 대표하는 표고 3,776m의 명산. 불교와의 관련성에서 살펴보자면 후지산도 일본 고유의 신불습합神佛習合의 대상지였다고 할 수 있다. 산 정상이 부처의 세계로 여겨지면서 특별한 의미를 가지게 되었고, 13세기에는 본존의 목조좌상이 있었다고 기록에 남아 있다. 가마쿠라 시대의 서적인 『아즈마카가미吾妻鏡』에는 신불습합에 의한 '후지대보살富士大菩薩'이라는 호칭이 확인되며, 후지산 정상의 여덟 봉우리인 팔신봉八神峰을 팔엽八葉(하치요)이라 부른 것도 신불습합에서 유래한다. 무소가 활동하던 당시까지는 후지산은 이러한 신불습합의 대상지였지만, 1868년 메이지 유신 때 신불분리령에 의해 후지산 주변에서도 불상들이 제거되는 등 변화를 겪게 되었다.

[696] 현재의 야마나시현山梨県 남부에 있는 호수로 후지산 북쪽 산록의 후지 오호五湖 중 하나이다. 현재 사이코西湖라고 일컬어지는 호수의 옛 이름이다. 호수표면은 표고 900m, 호수면적은 약 2.3㎢, 최대수심은 71m. 특히 북쪽으로 산지에 접한 지형과 담청색 호수의 물빛이 심오한 정취를 보여준다.

노인은 더욱 알 수 없다는 표정을 지으며 이상하다는 듯이 또 물었습니다. "이것을 보시고자 일부러 오신 것입니까?"

그래서 나는 승려들에게 다음과 같은 이야기를 들려주었습니다.

"만약 이 노인이 우리들이 감흥에 빠지게 된 것을 전수해 달라고 했다면 어떻게 가르쳐 줄 수 있겠습니까? 만약 이 산수의 경치를 가리키며 '우리가 정취 있다고 생각하는 것은 이러이러한 곳이오'라고 말한다면 이 노인은 자기가 평소에 항상 속속들이 다 보던 경치이니 결코 신기할 것이 없다고 하겠지요. 또한 만약 그 잘못된 생각을 고쳐주고자 하여 '우리가 정취 있다고 생각하는 것이 당신이 생각하는 것과는 다르오'라고 한다면 니시노우미 외에 따로 뛰어난 명소가 있어서 자기 생각을 우습게 여기는 것이라 생각할 것입니다."

교외별전의 종지도 또한 이와 마찬가지입니다. 일체 중생들의 영위하는 바와 다르지 않으며 내전內典과 외전外典의 언구나 의미와 다른 것도 아닙니다.

하지만 그 안에 심오한 뜻이 있다는 것을 모르는 사람은 교외별전이라는 말을 듣고 온갖 종류의 의문을 일으킵니다.

혹은 삼독三毒[697]의 번뇌를 실컷 일으키고 이것 외에 심오한 뜻은 없다고 하는 자도 있습니다.

혹은 유교와 도교를 습득하여 조사의 심오한 뜻과 다르지 않다고 생각하는 자도 있습니다.

혹은 교법의 제종들을 다 알고 교외별전의 심오한 뜻이라고 하여 특별히 따로 있는 것이 아니라고 하는 자도 있습니다.

혹은 선종 오파의 종풍을 미루어 짐작하고 이를 조사의 심오한 뜻이라고 생각하는 자도 있습니다.

이러한 견해는 모두 다 그 늙은 어부가 승려들의 청정한 흥취는 자

---

697) 삼독과 탐, 진, 치에 관해서는 41단의 각주 416)~419) 참조.

기가 매일 보고 있는 장소 그 자체라고 생각하는 것과 같습니다.

이러한 견해를 버리게 만들고자 종사들이 수단을 바꾸고 내외의 법문도 심오한 뜻이 아니며, 일체의 행위는 모두 허망하다고 교시할 때, 어리석은 사람은 이를 듣고 범부가 평소 하는 일 외에 심오한 뜻을 추구하고 내전과 외전 이외의 별전을 찾습니다. 이는 그 늙은 어부가 니시노우미 외의 명소를 찾는 것과 마찬가지입니다.

승려들이 늙은 어부와 다른 점은 구경하던 산림과 수석들의 우열을 가린 점이 아니라, 그 안에서 청정한 흥취가 있다는 것을 알고 모르고의 차이입니다.

이 청정한 흥취는 남에게 가르쳐서 배우게 만들 수 있는 것이 아닙니다. 또한 꼬집어 내어 남에게 보이는 것도 아닙니다. 그 시기가 와서 이러한 청정한 흥취의 마음에 상응할 때, 비로소 스스로 알게 될 것입니다.

본분의 일단一段도 또한 이와 마찬가지입니다. 스스로 직접 이 전지田地에 도달하여 비로소 알게 될 것입니다. 스스로는 분명히 알고 있어도 꼬집어 내어 남에게 보여줄 수는 없지요. 그러한 까닭에 누구라도 갖추고 있지만 상응하지 않을 경우에는 그 행동이 모두 다 윤회의 업연이 됩니다.

옛 사람이 "모든 것이 옳고 모든 것이 옳지 않다全是全不是"고 한 것은 이러한 의미입니다.

그런데도 내전과 외전의 언구를 선종의 언구와 같이 놓고 같은가 다른가, 우월한가 열등한가를 비판하는 것은 아직 조사의 심오한 뜻을 깨닫지 못했기 때문입니다.

77. 선종의 오가五家

문● 선종에 오가라고 하여 종파가 나뉘어져 있는 이유는 득법에 여러 단계가 있다는 의미입니까?

답● 득법에 단계가 많이 있어서 오가로 나뉜 것이 아닙니다. 배우는 자를 본분에 도달하게 만들고자 하는 수단이 다르기 때문입니다.

교종의 법문이 각각 그 해석을 달리하기 때문에 말하는 바의 종지도 또한 다른 것과는 같지 않습니다.

선종에서는 직접 본분의 전지에 도달하는 것을 득법이라고 합니다. 불조의 법문을 완전히 이해하는 것을 득법이라고 하는 것이 아닙니다. 그래서 사람들에게 교시하는 언구도 완벽한 이해 상의 법문이 아닙니다. 배우는 자들로 하여금 즉시 깨닫게 하려는 수단입니다.

어떤 때에는 이치理致[698]를 설하고, 어떤 때에는 기관機關[699]을 보여주는데, 이는 모두 자기 마음이 가는대로 하는 해석이 아닙니다. 이를 조사관祖師關[700]이라고 합니다.

대혜선사가 이르기를, "설령 실오실증實悟實證[701]이 있어도 만약 아직

---

698) 원래 사물의 정당한 조리나 도리에 맞는 취지를 말하는데, 선종에서는 경론의 도리를 개시하여 학인들을 이끄는 수단을 의미한다.
699) 이치理致와 대극을 이루는 말로 수행지도를 하는 스승격의 승려가 학인이나 수행자들의 능력에 따라 깨달음을 얻을 수 있도록 고안하는 지도수단을 말한다. 깨달음의 실마리라고 볼 수 있다.
700) 공안公案, 화두話頭의 뜻.
701) 원문에는 '실어실증實語實證'이라고 되어 있는데, 의미상으로 보거나 바로 다음 줄에 '자증자오自證自悟'의 대구로 보아 '어語'를 '오悟'의 오식으로 본다.

큰 불법을 확실하게 깨닫지 못한 자는 자증자오自證自悟의 경지를 설하여 사람들에게 보이기 때문에 남의 눈을 흐리게 만든다"702)고 했습니다.

이로써 깨달아야 합니다. 깨달은 종사가 교시하는 바는 자증자오의 경지가 아니라는 것을 말입니다.

옛날에 한 관리가 있었는데 오조五祖703)의 법연法演화상704)이 있는 곳으로 찾아가 선가의 종풍을 물었습니다.

법연화상이 말했습니다.

"우리 선가의 종풍은 자기 정식으로 이해할 수 있는 것이 아닙니다. 하지만 어떤 한 편의 연시戀詩에 이르기를, '한바탕 풍경을 그리고자 해도 잘 되지 않고, 집안 깊은 규방에서 우수의 정을 말할 뿐. 빈번히 시녀를 불러 보지만 볼 일이 있어서도 아니라오. 그저 그분께서 내 목소리를 들어주기를 바라서일 뿐'이라고 했습니다. 이 시가 뜻하는 바로 대략을 추측하십시오."

이 시는 여인이 지은 것입니다. '그분'이란 이 여인과 몰래 마음을 나눈 남자를 말하지요.

어느 날 이 남자가 여자가 살고 있는 방 근처까지 온 것입니다. 이때 여인은 '내가 이 방 안에 있습니다'라고 알리고 싶었지만, 이목이 있어서 삼가야 했지요. 그래서 심부름하는 시녀를 여러 번 불러 "장지문을 열어라"라든가 "발을 내려라"라며 일을 시켰는데, 본뜻은 시키고자

---

702) 『대혜보각선사어록大慧普覺禪師語錄』29권에 의한다. 『대혜보각선사어록』은 송나라 때 임제종의 대표적 선승 대혜종과大慧宗杲(1089~1163년)의 어록으로 일본에서는 송판宋版을 복각한 고잔 판五山版 안에 『大慧普覺禪師住徑山能仁禪院語錄、參學道謙錄、淨智居士黃文昌重編』이라고 적힌 것이 있어 밝혀졌다. 『대일본교정장경大日本校訂藏經』에 수록되어 있다.
703) 중국의 현재 허베이성河北省에 있는 펑마오馮茂山. 선종의 오대조五大祖인 홍인법연弘忍法演이 근거한 산이었으므로 오조산이라고 한다.
704) ?~1104년. 송나라 시대의 유명한 선승. 제자를 많이 배출했으며 법연法演의 사계四戒라는 가르침을 남겼다.

하는 일에 있었던 것이 아니지요. 그저 오로지 그 남자가 시녀를 부르는 자기 목소리를 듣고 '여인이 저기 있구나'하는 것을 알았으면 하고 바란 것입니다.

오가의 종풍도 이러한 것입니다. 모두 시녀를 부르는 수단과 같은데, 그 언구나 체재體裁가 각각 다른 것에 대해 우열이나 득실로 비판하는 것은 종사들의 본의를 모르는 사람입니다.

78. 선가禪家의 칭찬과 폄하

문● 옛 사람의 기연機緣705)이나 문답 안에도 서로 칭찬하거나 폄하하는 말이 있습니다. 어째서 학승이 비판하기를 꺼리는 것입니까?

답● 종사가 서로 칭찬하거나 폄하하는 것은 앞에서 본 것처럼 시녀를 부르는 것과 같은 수단입니다. 이를 억양포폄抑揚襃貶706)이라 하며, 인정이나 아집 때문에 논란을 벌이는 것과는 같지 않습니다.

영가永嘉대사707)가 말씀하시기를, "어떤 경우에는 옳고 어떤 경우에는 그르니 사람은 알 수가 없다. 순행인지 역행인지 하늘조차 짐작할 수가 없다"708)고 하셨습니다.

---

705) 원래 어떤 일의 계기를 의미하는데, 불교에서는 부처의 교화를 받게 되는 인연, 또는 그 교화를 받은 중생의 자질을 뜻한다.
706) 억양은 올렸다 내렸다 하는 것, 포폄은 칭찬을 하거나 깎아 내리거나 하는 것을 의미한다.
707) 각주 610) 참조.
708) 원문은 '或是 或非 人不識 逆行順行 天莫測'이며 영가대사가 선의 주요한 취지를 표현하여 지은 당나라 시대의 장시長詩 『증도가證道歌』에 실려 있다.

79. 여래의 설법은 수단에 지나지 않는다

문● 여래의 일대기에 걸친 설법 때에도 이러한 수단을 베푸신 적이 있습니까?

답● 선종의 눈으로 보면 여래가 일대기에 걸쳐 설하신 바도 모두 다 시녀를 부르는 수단입니다.

어떤 때에는 제법이 무상이라고 설하고, 또 어떤 때에는 제법은 상주라고 합니다.

어떤 때에는 제법은 다 허망하다고 설명하고, 어떤 때에는 제법이 실상이라고 말합니다.

어떤 때에는 일체의 문자로 기록된 것은 불법이 아니라고 가르치고, 어떤 때에는 말로 설하는 바는 모두 다 법신(法身709))이라고 말합니다.

이러한 여러 종류의 법문은 모두 다 시녀를 불러서, 어떤 때에는 장지문을 열라고 하고 어떤 때에는 닫으라고 하는 것과 같습니다.

여래의 본의는 이러한 언구 상에 있는 것이 아닙니다. 그런데도 부처의 본의를 모르는 사람이 그 언구의 뜻을 취하여 자신의 허망한 정념에 들어맞는 말만을 믿고 부처의 본의라고 생각합니다.

시녀를 부르는 말에서 "장지문을 닫아라" 하는 것이 이 여성의 본의, "장지문을 열어라" 하는 것이 본의라고 논하는 것과 마찬가지입니다.

---

709) 금강신金剛身, 법계신, 이불理佛 등으로 일컬어지기도 하며 삼신三身의 하나로 불법의 이치와 일치하는 부처의 몸을 이른다. 혹은 법체法體가 된 승려의 몸을 말하기도 하는데 여기에서는 전자의 의미로 사용되었다.

혹자가 말합니다.

"여래가 불법에는 정해진 상이 없다는 것을 깨닫고 계시기 때문에 일정하게 설하는 바가 없다. 어떤 때에 무상無相이라고 설하시는 것은, 실제 법리의 경지에 조금의 더러움도 일으키지 않는다는 의미이다. 어떤 때에 제상이 명확하다고 설하시는 것은 인연에 따라 생긴 사물 일체에 십법계十法界710)의 의依711)와 정正712)이 있다는 것을 보이시기 때문이다."

이렇게 마음을 쓰는 사람은 부처의 한 법문만을 믿고 거기에 치우쳐서 집착에 빠진 사람보다 뛰어나기는 하지만, 이 또한 부처의 본의를 모르는 사람입니다.

시녀를 부르는 것에 관해 추측을 하여 "장지문을 닫아라"라고 한 것은 바람을 염려하기 때문이고, "열어라"라고 한 것은 방에 갇힌 기분을 발산하기 위해서일 지도 모르니, 이러한 이유로 정해진 설은 없으므로 무조건 믿어서는 안 된다고 말하는 것과 같습니다.

이렇게 짐작을 늘어 놓는 것도 여인의 본의를 모르는 사람입니다.

『기세경起世經』713)에서 이르기를, '불의 신이 물에 들어가면 물도 불

---

710) 십계와 같음. 각주 202) 참조.
711) 의보依報를 뜻하며 정보인 중생의 몸과 마음이 의지할 나라, 집, 의식衣食 따위의 환경과 세계를 이르는 말이다.
712) 정보正報를 말하며 과거의 업인에 따라 내생에 어떠한 몸으로 나타나느냐로 받는 과보로 부처나 중생의 몸을 뜻한다.
713) 수隋나라 시대인 7세기 초에 인도 출신의 학승 달마급다達摩笈多세가 번역한 경전으로 『기세인본경起世因本經』이라고도 한다. 계의 성립과 괴멸에 대해 설하고 있으며 『대루탄경大漏炭經』, 『불설장아함경佛說長阿含經』 등의 이역본이 있다. 이와 비슷한 부류에 속하는 불전으로서 『불설입세아비담론佛說立世阿毘曇論』이 있다. 모두 12품으로 구성되어 있는데, 각각의 품명은 제1 염부주품閻浮洲品, 제2 울다라구류주품鬱多羅究留洲品, 제3 전륜왕품轉輪王品, 제4 지옥품地獄品, 제5 제룡금시조품諸龍金翅鳥品, 제6 아수라품阿修羅品, 제7 사천왕품四天王品, 제8 삼십삼천품三十三天品, 제9 투전품鬪戰品, 제10 겁주품劫住品, 제11 주세품住世品, 제12 최승품最勝品이다.

이 되고, 물의 신이 불에 들어가면 불도 물이 된다'고 했습니다.

  법문도 또한 그렇습니다. 선종의 눈으로 보자면 교법도 또한 선의 종지이고, 교종의 눈으로 보자면 선의 종지도 또한 교법과 다를 바가 없습니다.

  교종과 선종의 차이 뿐만 아니라 불법과 세법의 차이도 역시 이와 같습니다.

  불법의 지혜로운 깨달음을 연다면 세간의 상도 모두 불법입니다. 세간의 정욕에서 벗어나지 못한다면 깊고 깊은 묘리라고 알고 있는 것도 모두 다 세법입니다.

80. 교선의 구별도 원래 없다

문● 여래의 설법에 두 종류가 있습니다. 하나는 수타의어隨他意語[714], 즉 부처가 기연에 따라 교시하신 방편의 설법입니다. 둘째는 수자의어 隨自意語[715], 즉 부처의 본의대로 설하신 말씀입니다. 선종에서 시녀를 부르는 수단이라고 한 것은 수타의어에 해당하는 것이 아닙니까?

답● 여래의 설교에 관하여 이것은 수타의이고 이것은 수자의라고 결정해서 이야기하는 것은 교종의 방식입니다.

선종의 종사가 부처의 말씀을 거론할 때 간혹 이를 수타의설이라고 교시하고, 간혹은 이를 수자의어라고 하는 것은 모두 다 시녀를 부르는 수단이지 정해진 설이 아닙니다. 그러므로 오늘 수자의어라고 한 불설을 내일은 수타의어라고 할 경우도 있을 것입니다.

단순히 이는 두 단어에만 해당하는 것이 아니라, 천략淺略[716])과 심비 深秘[717]), 내지는 망집과 여의如義의 설명 등 법문 또한 이와 같습니다.

---

714) 다른 사람들 뜻의 심천에 따라 이야기된 말이라는 뜻이며 방편으로서 이루어진 것으로 권權, 즉 임시적인 가르침이다.
715) 자기 뜻에 따라 이야기 된 것을 의미하는데, 부처 자신의 뜻이라는 것은 깨달음의 세계를 말하며 진실한 가르침이다. 위에서 말한 수타의어, 수자의어, 그리고 이 둘을 다 포함하는 수자타의어를 아울러 여래삼어如來三語라고 한다.
716) 원래는 사려가 부족하고 얄팍한 책략을 의미하는데, 여기에서는 천략석淺略釋의 줄인 말로 밀교에서 말하는 사중비석四重秘釋의 하나로 세간 일반의 표면적인 해석을 뜻한다.
717) 심오한 비밀스러운 가르침이라는 의미로, 심비석深秘釋의 줄인 말로 역시 사중비석의 하나이며 보통 일반적인 해석에서 한 걸음 나아가 깊고 본질적인

옛 사람이 이르기를, "선종의 종지는 교종의 법문처럼 한 자尺는 어디까지나 한 자이고 두 자는 어디까지나 두 자라는 식과 다르다"고 했습니다.

석가여래는 "나는 교문이다"라고도 말씀하지 않으셨고 "선문이다"라고도 말씀하지 않으셨습니다. 설명하신 법문에서도 이것은 교의 영역, 이것은 선의 영역이라고 나누지도 않으셨지요. 여래의 내증內證718)은 교종이나 선종에 있지 않기 때문입니다. 이 내증의 불가사의한 응용이 기연에 따라 교종과 선종의 차이가 되었습니다.

경문719)에서 이르기를, '부처가 일음一音720)으로 불법을 설하시면 중생은 그 부류에 따라 각각 해석할 수 있다'고 했습니다.

부처가 재세하실 때에는 그 이해가 다르더라도 선승이나 교승이라고 해서 나뉘어 있는 일은 없었습니다. 부처가 입적하신 후에 처음으로 선문과 교문의 둘로 나뉘고 교문에 현顯과 밀密의 여러 종파가 생겼으며, 선문에 오종五宗의 차이가 생겼습니다.

그 이유는 우선 각각이 이해하는 성질과 원하는 바에 따라 방편을 내리고 여래 본분의 종지를 알게 만들고자 하여, 여래의 화의化儀721)를

뜻을 파악한 해석을 뜻한다. 또한 「천략심비淺略深秘」는 1315년 이후에 나온 저작 『진언명목眞言名目』의 1권 제목이기도 하다. 이 책은 교토 도지東寺의 학두學頭인 라이호賴宝(?~?)라는 승려의 저작으로, 내용은 진언종 교리상의 중요사항을 거론하며 그 요점을 기록한 것이다.
718) 자기 마음속에서 진리를 깨닫는 것, 즉 내면적인 깨달음을 말한다.
719) 이 내용은 『유마경』 중 「불국품찬불게佛國品讚佛偈」에서 인용한 것이다.
720) 대승과 소승의 구별, 또한 단도직입적으로 불과佛果를 성취하고 깨달음에 이르는 돈교頓敎와 설법 형식으로 보아 간단한 가르침으로부터 깊은 내용으로 설법하여 나가는 점교漸敎의 구별은, 근기根機에 차이가 있어 견해를 달리하는 것일 뿐이고 원래 부처의 설법은 동일하다는 뜻으로 부처의 설법을 이르는 말이다.
721) 중생 제도의 가르침을 말하는 형식과 방법을 말한다. 특히 천태종에서 설법의 형식에 따라 넷으로 나눈 부처의 가르침인 돈교頓敎, 점교漸敎, 비밀교秘密敎, 부정교不定敎의 화의사교化儀四敎를 뜻한다.

이어 받아 융성하게 하신 대지大智 고덕高德한 사람들이, 경우에 따라서는 교문의 종사가 되고 경우에 따라서는 선종의 조사가 되어 각각 한 쪽 손을 내밀어 미망의 세계에 사로잡힌 편견과 집착을 타파하고 교종과 선종 둘로 나뉜 것을 초월하여 본분의 전지에 도달하게 만들려고 한 것입니다.

그래서 진실한 교종 종사의 본의는 교법 안에 있는 것이 아닙니다.
깨달은 선사는 그 본의가 선 안에 있는 것이 아닙니다.

하지만 각각 담론하는 바가 다른 것은 모두 예의 그 시녀를 부르는 수단이기 때문입니다.

말세가 되어 선종과 교종을 배우는 자들 중에 편견과 집착을 우선시하는 사람들은, 시비의 바다 안에 가라앉아 버려 불조의 본의를 알지 못합니다.

『상법결의경像法決疑經』722)에 이르기를, '경문대로 의미를 취하는 것은 삼세제불三世諸佛723)들의 원수다'라고 했습니다.

깨달은 종사는 가슴 속에 예전부터 축적한 불법의 법문이 있는 것은 아닙니다. 그저 기연에 맞추어 제시하고 입에서 나오는 말로 표현합니다. 정해진 급소 같은 것은 전혀 없습니다.

만약 누군가가 선에 대해 물을 경우, 혹자는 공자와 맹자, 노자와 장자 등의 말을 가지고 대답할 경우도 있고, 혹자는 교종이 말하는 법문으로 답할 때도 있습니다.

혹자는 세속의 속담으로 답할 경우도 있습니다. 혹자는 눈앞의 경계를 가리킬 때도 있습니다. 혹자는 막대로 내리치고, 일갈을 내뱉고, 손가락을 들고, 주먹을 내밀기도 하는데, 이는 모두 종사들의 수단입니다.

---

722) 각주 (682) 참조.
723) 과거, 현재, 미래의 삼세에 걸쳐 출현하는 일체의 모든 부처로 삼세불三世佛이라고도 한다.

이를 선종의 활롱活弄724)이라고 합니다.

아직 이러한 전지에 도달하지 못한 사람은 자기 정식情識으로 마음대로 헤아리지 말아야 합니다.

---

724) 마구 휘젓고 반죽한다는 의미이다.

81. 이치理致와 기관機關

문● 이치理致와 기관機關이라는 것은 어떠한 의미입니까?

답● 만약 본분을 논한다면, 이치라고 명명하거나 기관이라고 이름 붙일 수 있는 법문은 없습니다. 하지만 방편의 법문을 열어 종지를 높이 떠받들 경우에, 의미로써 배우는 자들을 격려하는 법문을 이치理致라고 합니다.

경우에 따라서는 막대나 일갈을 쓰고, 경우에 따라서는 뜻에 맞지 않는 화두를 보이는 것을 기관機關이라고 합니다.

모두 예의 그 시녀를 부르는 수단과 같습니다.

옛 사람이 말하기를, "마조馬祖선사725), 백장百丈선사726) 이전에는 대부분 이치를 이야기하였고 기관을 약간 교시했다. 마조선사, 백장선사 이후에는 대부분 기관을 이용하고 이치를 약간 교시했다. 이야말로 바람을 보고 돛을 사용하는 수단과 같다"고 했습니다.

오늘날 수학자들 중에 이치를 존중하는 사람은 기관을 싫어하고, 또한 기관을 좋아하는 사람은 이치를 싫어합니다. 이는 모두 조사의 수단을 모르는 사람입니다.

만약 기관의 법문이 뛰어나다고 해서 마조와 백장 두 선사 이전의 종사들은 눈이 없었다고 할 수 있겠습니까?

만약 또한 이치의 방식이 뛰어나다고 해서 임제臨濟선사727)와 덕산德

---

725) 각주 443) 참조.
726) 대지大智선사. 각주 197) 참조.

山선사728)는 선의 종지를 몰랐다고 할 수 있겠습니까?

석가여래의 설법은 오십년 동안 삼백 여 차례의 법문이 있었습니다. 그런데도 『능가경』에서는 '처음 녹야원부터 마지막 발제하에 이르기까지 그 중간에 한 마디도 하지 않았다'고 했습니다.

만약 이 취지를 알았다면 이치라고 하여 싫어해야 할 법문이 있겠습니까?

옛날 법안法眼선사729)가 각철자覺鐵觜730)에게 물었습니다.

"조주趙州화상731)에게 뜰 앞의 잣나무庭前柏樹子라는 말이 있다고 하는데 정말인가?"

각철자가 대답했습니다. "선사에게 그러한 말은 없습니다. 선사를 비방해서는 안 됩니다."

각철자는 조주화상의 수제자입니다. 그런데도 "선사에게 그러한 이야기는 없습니다"라고 대답한 것은 왜일까요?

조주화상이 뜰 앞의 잣나무라고 교시하신 말에 관하여 머리로 이해하거나 납득하려고 하는 사람이 어떻게 각철자의 뜻에 맞았겠습니까?

---

727) ?~867년. 당나라의 선승으로 임제의현臨濟義玄이라 일컬어진다. 속성俗性은 형邢이고 산동성 조현曺縣 사람이다. 황벽黃檗석사의 제자이며 선종의 일파인 임제종臨濟宗의 시조始祖이다. 임제의현이 입적한 후 그의 제자인 삼성혜연三聖慧然이 편집한 『임제록臨濟錄』은 임제종의 기본이 되며 또한 실천적인 선禪의 진수를 설파한 책으로서 널리 알려져 있다. 임제종은 맨 처음 에이사이栄西(1141~1215년)가 들여온 이후 일본에 많이 전래되었다.

728) 780~865년. 당나라 시대의 선승이며 덕산선감德山宣鑑으로 불린다. 속성은 주周씨이고 시호는 견성見性선사라 한다. 용담龍潭을 찾아가 대오했다고 한다.

729) 885~958년. 중국 선종의 일파인 법안종法眼宗의 시조인 문익文益을 말한다. 7세에 승려가 되었으며 청량원淸涼院에서 스승 현사사비玄沙師備의 선풍을 일으켰으며 저서에 『종문십규론宗門十規論』, 『어록語錄』 등이 있다.

730) 철자는 '쇠로 된 부리'라는 의미로 혜각慧覺선사의 완고함을 나타낸 별명이다. 현재 장쑤성江蘇省 양주楊州의 광효원光孝院에서 주직住職한 종심從諗선사의 제자인 광효혜각光孝慧覚선사로 일컬어진 승려이다. 법안선사와 이 각철자, 즉 혜각선사는 같은 강소성 내의 절에 주직했던 관계로 친교가 있었다고 한다.

731) 각주 481) 참조.

이 공안뿐이 아닙니다. 종사가 교시하는 바인 다른 공안도 모두 마찬가지입니다. 그 수단이 바뀔 때마다 그에 따른 해석이 생긴다면 조사의 뜻을 흐리는 사람이라 할 것입니다.

해탈하여 자유자재의 경지를 얻은 사람은, 금을 쥐어서 흙으로 만들며 흙을 들어서 금으로 만듭니다. 이 사람 손 안에 넣을 것에 관하여 이것은 금이다, 이것은 흙이다 결정할 수 있겠습니까?

법문도 또한 이러하여 깨달은 사람이 드러내는 법문에 관해, 이것이 이치고 이것은 기관이라며 말로 정하려고 하여도 그것이 들어맞을 리가 없습니다.

82. 난행難行과 이행易行

문● 정토종을 믿는 사람이 말하기를, "말세의 사람은 대승을 수행해도 깨달음의 증험이 있을 리 없다. 그러므로 우선 염불을 수행하여 정토에 태어난 다음에 대승으로 들어가는 것이 좋다"고 했습니다. 혹자가 말하기를 "상대上代냐 말세냐를 막론하고 제종들 중에는 염불念佛732)의 법문이 최상인데, 그 이유는 죄악의 중생도 꺼리지 않고 어리석은 범부도 버리지 않으며 그저 명호名號만을 외면 정토에 왕생하고 곧 정각正覺을 이루기 때문이다. 이러한 까닭에 이를 이행문易行門733)이라고 한다. 또한 초세超世의 원願734)이라고도 한다. 그러므로 난행문難行門735)을 수행하는 것은 무익한 일이다"라고 했습니다. 이러한 법문의 방식은 그럴 만한 연유가 있는 것입니까?

---

732) 염불전수念佛專修, 혹은 전수염불專修念佛이라고도 하며 자기의 제행을 하지 않고 오로지 나무아미타불南無阿彌陀佛의 명호만을 외는 일을 뜻한다.
733) 수행하기 쉬운 방도.
734) 세世는 보통이라는 의미로 사용되었으므로, 여기에서는 보통의 원이 아니라 삼세제불들의 서원을 뛰어넘은 원을 말한다. 아미타불阿彌陀佛의 사십팔원, 즉 아미타불이 법장法藏 비구比丘라 불리웠던 예전에 일체의 중생을 구제하기 위하여 마음먹은 마흔 여덟 가지 큰 서원誓願을 의미한다. 사십팔원의 내용은 다음과 같다. 1.내 불국토에는 지옥 아귀 축생 등 삼악도의 불행이 없을 것. 2.내 불국토에 태어나는 중생들은 다시는 삼악도에 떨어질 염려가 없을 것. 3.내 불국토에 태어나는 중생들은 다 몸에서 황금빛 광채가 날 것. 4.내 불국토에 태어나는 중생들은 한결같이 훌륭한 몸을 가져 잘나고 못난 이가 따로 없을 것. 5.내 불국토에 태어나는 중생들은 모두 숙명통을 얻어 백천억 나유타 겁 이전의 과거사를 다 알게 될 것. 6.내 불국토에 태어나는 중생들은 모두 천안통을 얻어 적어도 백천억 나유타 세계를 볼 수 있을 것. 7.내 불국토에 태어나는 중생들은 모두 천이통을 얻어 적어도 백천억 나유타 부처님들의 설법을 들을 수 있을 것. 8.내 불국토에 태어나는 중생들은

모두 타심통을 얻어 적어도 백천억 나유타 세계에 있는 중생들의 마음을 알게 될 것. 9.내 불국토에 태어나는 중생들은 신족통을 얻어 적어도 백천억 나유타 세계를 순식간에 통과할 수 있을 것. 10.내 불국토에 태어나는 중생들은 번뇌의 근본되는 아집이 뿌리째 없어질 것. 11.내 불국토에 태어나는 중생들은 이 생에서 바로 열반이 결정된 부류에 들어가 필경에 성불할 것. 12.내 광명은 끝이 없어 적어도 백천억 나유타 불국토를 비추게 될 것. 13.내 목숨은 한량이 없어 백천억 나유타 겁으로도 셀 수 없을 것. 14.내 불국토에는 수없는 성문 수행자들이 헤아릴 수 없이 나올 것. 15.내 불국토에 와서 태어나는 중생들은 목숨이 한량없을 것. 다만 중생을 제도하기 위해서는 목숨의 길고 짧음을 마음대로 할 것. 16.내 불국토에 태어나는 중생들은 나쁜 일이라고는 이름도 들을 수 없을 것. 17.내 이름과 공덕을 시방세계 부처님들이 칭찬하지 않는 이가 없을 것. 18.어떤 중생이든지 지극한 마음으로 내 불국토를 믿고 좋아하여 와서 태어나려는 이는 내 이름을 열번만 불러도 반드시 왕생하게 될 것. 19.보리심을 내어 여러 가지 공덕을 닦고 지극한 마음으로 원을 세워 내 불국토에 태어나려는 중생들은 그들이 임종할 때에 내가 대중과 함께 가서 그를 맞이하게 될 것. 20.시방세계 중생들이 내 이름을 듣고 내 불국토를 사랑하여 여러 가지 공덕을 짓고 지극한 마음으로 내 국토에 태어나고자 하는 중생들은 반드시 왕생하게 될 것. 21.내 불국토에 태어나는 중생들은 반드시 삼십이상의 빛나는 몸매를 갖추게 될 것. 22.다른 세계의 보살로서 내 불국토에 태어나는 이는 마침내 '일생 보처'라는 보살의 가장 높은 지위에 이르게 될 것. 그의 본래 소원이 여러 부처님 세계로 다니면서 보살행을 닦고 시방 여래께 공양하며 한량없는 중생을 교화하여 위없는 도에 이르게 하려는 이는 더 말할 필요도 없으며, 그것은 보살의 보통 일을 넘어 보현보살의 덕을 닦고 있기 때문이다. 23.내 불국토에 태어나는 중생들은 부처님의 신통력으로 밥 한 그릇 먹는 동안에 수없는 불국토로 다니면서 여러 부처님께 공양하게 될 것. 24.내 불국토에 태어나는 중생들이 부처님께 공양하려 할 때에는 어떠한 공양거리든지 마음대로 얻게 될 것. 25.내 불국토에 태어나는 보살들은 누구든지 부처님의 온갖 지혜를 얻어 법을 말하게 될 것. 26.내 불국토에 태어나는 보살들은 모두 용이나 코끼리와 같은 굳센 몸을 얻게 될 것. 27.내 불국토에 태어나는 중생들이 쓰는 온갖 물건은 모두 아름답고 화려하여 비교할 수 없는 것들 뿐이어서 비록 천안통을 얻은 이라도 그 수효를 알 수 없을 것. 28.내 불국토에 태어나는 중생들은 아무리 공덕이 적은 이라도 높이가 사백만 리 되는 보리수의 한량없는 빛을 보게 될 것. 29.내 불국토에 태어나는 중생들은 스스로 경을 읽고 외우며 남에게 말하여 듣게 하는 재주와 지혜를 얻을 것. 30.내 불국토에 태어나는 중생들은 모두 걸림없는 지혜와 말솜씨를 얻을 것. 31.내 불국토는 한없이 밝고 깨끗하여 수없는 부처님 세계를 비추어서 마치 거울로 얼굴을 비추어 보듯 할 것. 32.내 불국토는 지상이나 허공에 있는 궁전이나 누각, 시냇물, 연못, 화초나 나무 등 온갖 것이 모두 여러 가지 보석과 향으로 되어 비

82. 난행難行과 이행易行 • 311

 답 • 염불의 법문을 내세우신 분도 석존의 설법을 받으셨습니다. 또한 온갖 대승경은 석존의 설이 아니겠습니까? 온갖 대승경에는 미래와 내세에 대승을 수행하고자 하는 자를 위한 것이라고 설명되어 있습니다. 말세의 중생은 대승을 수행해서는 안 되고, 그저 염불의 행을 수행하는 것이 좋다고 설명된 대승경은 전혀 없습니다.

길 데 없이 훌륭하며, 거기에서 풍기는 향기는 시방세계에 두루 번져 그것을 맡는 이는 모두 거룩한 부처님의 행을 닦게 될 것. 33.시방세계 한량없는 중생들이 내 광명에 비치기만 해도 그 몸과 마음이 부드럽고 깨끗하여 천인보다도 더 뛰어날 것. 34.시방세계의 어떤 중생이 내 이름을 듣기만 하여도 보살의 무생법인과 깊은 지혜를 얻게 될 것. 35.시방세계의 어떤 여인이든지 내 이름을 듣고 기뻐하여 보리심을 내는 이가 만약 여인의 몸을 싫어하면 죽은 후에는 다시는 여인의 몸으로 받지 않을 것. 36.시방세계의 한량없는 보살들이 내 이름을 듣기만 하여도 죽은 뒤 항상 청정한 행을 닦아 반드시 성불하게 될 것. 37.시방세계의 한량없는 천인이나 인간이 내 이름을 듣고 공양하고 귀의하여 즐거운 마음으로 보살행을 닦으면 모든 천인과 인간의 공경을 받게 될 것. 38.내 불국토에 태어나는 중생들은 옷 입을 생각만 해도 아름다운 옷이 저절로 입혀지고, 바느질한 자국이나 물들인 흔적이나 빨래한 흔적이 없을 것. 39.내 불국토에 태어나는 중생들은 생각하는 대로 받는 즐거움이 번뇌가 없어진 비구니와 같아 집착이 일어나지 아니할 것. 40.내 불국토에 태어나는 중생들이 시방세계에 있는 부처님들의 참 모습을 보려고 하면 소원대로 보석의 나무에 나타나 비치기를 거울에 얼굴이 비치듯 할 것. 41.다른 세계의 어떤 중생이나 내 이름을 들은 이는 성불할 때까지 육근이 원만하여 불구자가 되지 않을 것. 42.다른 세계의 어떤 중생이나 내 이름을 들은 이는 모두 깨끗한 해탈삼매를 얻게 되고, 이 삼매를 얻은 이는 잠깐 사이에 한량없는 부처님께 공양하면서도 삼매를 잃지 않을 것. 43.다른 세계의 어떤 중생이나 내 이름을 들은 이는 죽은 뒤에 부귀한 가정에 태어날 것. 44.다른 세계의 보살로서 내 이름을 들은 이는 즐거운 마음으로 보살행을 닦아 선근 공덕을 갖추게 될 것. 45.다른 세계의 보살로서 내 이름을 들은 이는 한량없는 부처님을 한꺼번에 뵈올 수 있는 평등한 삼매를 얻어 성불할 때까지 항상 수없는 부처님을 만나게 될 것. 46.내 불국토에 태어나는 보살들은 소원대로 듣고 싶은 법문을 저절로 듣게 될 것. 47.다른 세계의 보살로서 내 이름을 들은 이는 곧 물러나지 않는 자리에 들어갈 것. 48.다른 세계의 보살로서 내 이름을 들은 이는 첫째로 설법을 듣고 깨달을 것, 둘째로 진리에 따라 깨달을 것, 셋째로 나지도 않고 죽지도 않는 도리를 깨달아 부처님의 가르침에서 물러나지 않을 것.

735) 어려운 수행의 방도.

다만, 인간의 근성이 제각각이므로 전생으로부터의 대승적 과보가 없는 까닭에 염불의 법문을 믿는 것을 비난해서는 안 됩니다. 그러한 근성의 사람들을 위해 여래는 한 가지 행법을 설명해 두신 것입니다.

우연히 전생으로부터의 과보에 의해 대승을 배우는 사람들 중에 대승의 법문에 따라 수행을 해도 그저 망념만이 일어나고 진심은 생기지 않는 이가 있습니다. 이렇게 일생을 보내 버렸다면 이번 생의 나쁜 과보는 피하기 어려운 것입니다. 그렇기 때문에 타력본원他力本願736)을 의지하고 서방의 정토를 기원해야 한다는 사람이 있습니다. 이러한 사람은 대승의 법문을 배우면서 아직 대승의 제목조차 모르는 자입니다.

악도惡道 밖에 정토를 바라고 자력과 타력을 구분하며 난행과 이행을 논하는 것은 모두 요의了義737) 대승의 제목이 아닙니다. 만약 이 제목을 믿는 사람이라면 아직 분명하게 깨달음을 열지 못한 상태에서 망념을 일으키고 싫증을 느껴서는 안 됩니다.

하물며 악도와 정토를 논하고 자력과 타력을 구분해서야 되겠습니까? 악도와 정토의 차이는 일념一念738) 상에 떠오르는 임시적인 상相입니다.

『원각경』에서 이르기를, '일체의 부처 세계도 허공의 꽃과 같다'고 했습니다. 그저 대승의 제목을 믿고, 다니거나 머물거나 앉거나 누울 때에도 잊지 않으면, 즉시 깨달음을 열지는 못해도 악도에 빠지는 일은 없을 것입니다.

설령 전생의 업보가 무겁고 수행하는 힘이 약한 사람이라도 일단 악도에 들어도 대승을 믿고 이해한 것이 사라져 버리지는 않기 때문에,

---

736) 아미타불의 본원, 곧 아미타불이 중생을 구하려고 세운 발원에 기대어 성불하는 일을 말한다. 비유적으로 다른 이에 기대어 일을 성취함을 이르기도 한다.
737) 진실의 의리義理, 의미를 직접적으로 명백하고 완전하게 나타내는 일을 말한다.
738) 일심전념一心專念을 말하며 일심염불一心念佛과 같은 의미로 마음을 하나로 모아 염불하는 것을 뜻한다.

이윽고 그 안에서 해탈을 얻을 수도 있을 것입니다.

　용녀龍女739)는 축생도에 떨어졌지만 여덟 살 때 즉신성불卽身成佛740) 했습니다. 이것이 그 증험입니다.

　아사세왕阿闍世王741)은 생전에 아버지를 살해하여 반역죄를 지었지

---

739) 여기에서 말하는 용왕은 사갈라娑竭羅를 말하며 용왕의 딸은 사갈용녀娑竭龍女를 일컫는다. 각주 539) 참조.
740) 자신불自身佛, 혹은 즉신보리卽身菩提 라고도 하며 현재의 몸 그대로 바로 부처가 되는 것을 말한다.
741) 아자타샤트루의 음역어로, 고대 인도 마가다국의 왕(B.C.490?~B.C.458?)을 말하며 재위 기간은 기원전 491~기원전 459년이다. 아사세는 석가가 살아있던 시대의 마가다왕으로서 아버지 빈비사라와 더불어 초기 불교에 깊이 관여한 인물이다. 아버지 빈비사라는 늙어서 자식이 없는 것을 한탄하여 신에게 기원을 했다. 어떤 조사로부터 비부라산毘富羅山에 있던 선인仙人이 곧 죽어서 탁생托生을 할 것이라는 예언을 듣게 되었는데 빈비사라왕은 이를 기다리지 못하고 살해해 버렸다. 머지 않아 부인이 회임을 하게 되었는데, 아이가 태어나기 전에 이미 원한을 품었다는 의미로 미생원未生怨이라고 했다. 그런데 태어날 즈음에 점을 치게 되었는데, 아이가 원한을 품어 부왕을 살해할 것이라고 알려졌으므로 빈비사라왕은 이를 믿게 되어 누상樓上에서 자기 자식을 던져 버렸다. 하지만 손가락 하나가 부러졌을 뿐 아이는 죽지 않았다. 이러한 연유로 아사세를 바라루시婆羅留支, 즉 부러진 손가락이라고도 칭했다. 또한 빈비사라왕이 선인을 살해한 것에 관해서는 선도善導의 관무량수경소無量壽經疏에 출전이 보이지만, 『열반경』에는 선인이 3년 후 죽기 전에 살해했다는 내용은 없지만, 아버지 빈비사라왕이 비부라산에 사슴사냥을 나섰을 때 한 마리도 사냥하지 못하자 그곳의 선인이 사슴을 쫓은 것이라 생각하여 신하에게 살해하게 하려고 했다. 그 선인은 죽기 직전에 분노의 마음을 일으킨 빈비사라에게 내세에 마음과 말로써 당신을 살해할 것이라고 했다. 석가는 아사세에게 부왕 스스로가 죄에 의해 업보를 받았을 뿐이며 그대에게는 죄가 없다고 했다는 기술도 있다고 한다. 성장한 아사세는 석가불에게 반역하여 새로운 교단을 형성하려고 한 데바다타提婆達多의 말에 현혹되어 아버지를 유폐했다. 또한 어머니가 몸에 꿀을 바르고 왕을 대한 것을 알자 어머니도 유폐시켰으며 마침내 부왕은 아사하게 된다. 하지만 그 후 아사세는 그 죄를 후회하고 격심한 두통을 겪게 되었다. 그리고 의사인 신하의 권유에 따라 석가에게 이야기를 털어놓았더니 두통이 나았으므로 불교에 귀의하여 고단을 지원하게 되었다고 한다. 석가 입멸 후에 왕사성王舍城에 사리탑을 건립하여 공양했으며 사방을 평정하여 중인도의 맹주가 되었고 부처 입멸 후의 불전결집에 공헌했다고 한다. 아사세가 등장하는 경전에는 『아사세왕경阿闍世王經』, 『아사세왕문오역경阿闍世王問五逆經』, 『아사세왕수결경阿闍世王授決經』 등이 있다.

만, 열반회涅槃會742) 자리에서 불과를 증거했습니다. 부처가 아사세에게 고하여 말씀하셨습니다.

"너와 나는 비바시불毘婆尸佛743) 때 동시에 대승심을 일으켰다. 하지만 너는 게을러 수행을 하지 않았고 그러한 이유로 지금에 이르기까지 불도를 성취하지 못했다. 하지만 대승을 믿는 마음이 사라지지 않았기 때문에 비바시불 때부터 지금까지 결국 악도에 태어나지 않고 국왕 대신의 집에 태어난 것이다. 그 전생으로부터의 과보를 개발開發했기 때문에 이번 생에서 반역죄를 지었지만 지금 나를 만나 증과證果744)한 것이다."

또한 경문에서 이르기를, '대승을 비난하여 지옥에 빠진 것은 백년 천년 유지한 탑파塔婆745)를 세우는 일보다 낫다. 예를 들어 인간이 땅

---

742) 석가모니의 입멸을 추도하여 음력 2월 15일에 열리는 불교행사를 말한다. 석가모니의 열반 모습을 걸어놓고 유교경遺敎經을 독송하는 행사로, 4월 초파일의 관불회灌佛會, 12월 8일의 성도회成道會와 더불어 불교의 삼대 명절 중의 하나이다. 석가모니의 열반 날짜에 대해서는 많은 이설이 있는데 『대반열반경』과 『석씨요람釋氏要覽』 등의 기록에 따라 우리나라에서는 2월 15일로 열반일을 정하고 있다. 특히 『대반열반경』에서는 열반의 의미를 풀이하면서 '석가모니는 2월 15일에 열반함에 17의義를 열거했다. 1의는 2월은 춘양春陽의 달이라 만물이 생장하며, 이에 중생이 다 상상常想을 일으키므로 중생의 상상을 파해서 여래의 진상眞想을 나타내기 위함이다. 또 15일은 달이 기울거나 늘지 않으므로 모든 부처의 대열반도 15일이다'라고 하여 열반일이 2월 15일임을 보여주고 있다.
743) 범어 비파슈인의 음사音寫로 과거칠불過去七佛의 첫 번째를 말한다. 과거칠불이란 석가모니와 그 이전에 세상에 출현하였다고 하는 여섯 명의 부처를 말하는데, 비바시불毘婆尸佛, 시기불尸棄佛, 비사부불毘舍浮佛, 구류손불拘留孫佛, 구나함모니불拘那舍牟尼佛, 가섭불迦葉佛, 석가모니불釋迦牟尼佛을 말한다. 불교의 교리에 따르면 누구든지 깨달음을 얻어서 부처가 될 수 있기 때문에, 이론적으로는 석가모니 이전에도 깨달은 부처가 있을 가능성이 있다. 그러나 역사적으로 실재하였던 부처는 오직 석가모니 한 사람일 뿐이며, 나머지 여섯 명의 부처는 과거불 사상이 전개됨에 따라 나타난 것으로 본다. 과거불 사상은 부처의 본생담 및 미래불 사상과 밀접하게 연관되어 있으며, 대승불교에서 전개된 불타관佛陀觀의 원천이 되었다.
744) 수행의 인연으로 얻는 깨달음의 결과를 일컫는 것으로 소증所證이라고도 한다.
745) 스투파(stūpa)의 속어형 음역으로 솔도파率堵婆, 수두파藪斗婆, 탑塔이라고도 하며 부처의 진신사리眞身舍利를 안치하기 위해 돌이나 흙 등을 높게 쌓아올

에 기대어 쓰러지고 또한 그 땅에 기대어 일어나는 것과 같은 것이다'라고 했습니다. 이 경문이 의미하는 바는 대승을 비난한 죄에 의해 일단 지옥에 떨어졌지만, 대승의 가르침을 들은 인연에 의해 마침내 고통의 세계를 벗어날 수 있다는 것입니다. 하물며 대승의 제목을 잊지 않고 규칙에 따라 수행하는 자는 더욱 그러합니다.

대승의 제목이 범부나 성인에게 차이가 없다고 하는 말을 믿지만, 아직 분명히 이 이치를 깨닫지 못하는 사람을 위해 여러 종류의 수행을 분명하게 밝힌 것입니다. 대승 수행의 상은 여러 종류이지만, 소승의 수행이 생사의 고통을 벗어나 열반을 구하고 권교의 수행이 망심을 벗어나 진심을 추구하는 것과는 똑같지 않습니다.

수행하지 않는 것으로 수행하고 증거하지 않는 것으로 증거한다는 것이 바로 이러한 의미입니다.

대승의 제목을 잊지 않고 그 안에서 경문을 읽고 주문을 외며 부처의 명호를 읊는 것은 조금도 방해가 되지 않습니다. 그러나 미망이나 망상에 현혹되어 대승은 난행難行이며 타력他力746)을 의지해야 한다고 말하는 사람들은 대승을 배운 사람이라고 할 수 없습니다.

자기는 대승의 법문을 습득했지만 이는 난행이므로 염불 수행을 해

린 것을 말한다. 반구형의 탑파는 인도에서 불교 이전부터 존재했던 무덤 양식에서 기원된 것으로 보인다. 따라서 탑파의 기원은 분명하지 않지만 불교 이전부터 세워졌던 것으로 보인다. 그러나 불사리탑으로서의 성격을 지닌 탑파는 석가모니가 사라쌍수沙羅雙樹 아래에서 열반한 후 그 사리가 여덟 나라로 나누어져 탑파를 쌓기 시작한 데서 비롯되었으며, 인도의 아소카 왕은 8만 4천여 개의 탑파를 만들었다고 한다. 따라서 탑파는 단순한 무덤이 아니라 부처의 사리를 안치하는 성스러운 구조물로서 불교의 전파와 함께 각 지역에 세워졌는데 나라와 시대에 따라 그 의미와 양식이 다르다. 탑파는 그 재료에 따라 목탑木塔, 전탑塼塔, 석탑石塔, 이탑泥塔, 철탑鐵塔, 금은탑金銀塔 등으로 분류되기도 한다. 특히 중국에서는 전탑, 한국에서는 석탑, 일본에서는 목탑이 각각 발달하며 주류를 이루었다고 볼 수 있다.

746) 다른 힘, 혹은 남의 힘을 말하기도 하지만, 불교에서는 아미타 여래 본원本願의 힘, 또는 그것을 자기 성불成佛의 힘으로 삼는 일을 말한다.

야 한다는 것은 대승을 비방하는 사람입니다. 대승의 법문을 모르기 때문에 그저 염불 수행을 해야 한다고 말한다면 그것은 일단 타당할 것입니다.

혹자가 말하기를, "염불의 법문은 죄악도 꺼리지 않고 어리석은 자도 버리지 않으며 그저 명호를 외면 정토에 태어나고 곧 성불을 한다. 이러한 까닭에 최상의 법문이며 다른 종파의 법문은 모두 난행이므로 열등하다"고 하는 사람이 있습니다.

만약 정말로 죄악이 깊고 어리석은 사람이라도 그저 미타彌陀의 명호를 외기만 하는 것으로 곧 정각正覺을 이룰 수 있다면, 말세 하근下根의 중생들에게만 상응한 법문이라고는 할 수 없습니다. 옛날 상근上根의 사람을 위해서도 난행의 법문을 설파하는 것은 쓸 일일 것입니다.

그런데도 석존 일대의 설법은 그 대부분이 정토종에서 꺼리는 난행의 방식에 관한 설입니다. 그 안에 염불왕생을 설한 경은 적지요. 올바로 정토의 수행 방식을 설한 것은 정토삼부경淨土三部經747)뿐입니다. 여래가 과연 지혜가 없어서 이렇게 쓸데없이 법문을 많이 설하신 것이겠습니까?

---

747) 정토교의 근본 성전인 『대무량수경大無量壽經』, 『관무량수경觀無量壽經』, 『아미타경阿彌陀經』으로 된 세 대승경전의 총칭이다. 『대무량수경』은 『대경大經』, 『관무량수경』은 『관경觀經』, 『아미타경』은 『소경小經』이라고도 불린다. 『대무량수경』과 『아미타경』은 산스크리트어 원본과 티베트역이 있는데, 『관무량수경』에는 한역漢譯과 이를 중역重譯한 위구르역의 단편밖에 없다. 아미타불에의 신앙에 의하여 극락정토에 태어나고자 함을 중심사상으로 하고 있는 이들 경전은 대승경전 중에서도 널리 일반 민중에 유포되었고, 특히 민중에 대한 감화력이 컸다. 『대무량수경』에서는 법장法藏이라는 비구比丘가 구세救世를 위한 48 서원誓願을 발하여, 그 서원과 구원久遠의 오랜 과거 이래의 보살덕행을 완성함으로써 서방극락정토에서 아미타불이 되어 완전한 지혜인 반야와 보리를 상징하는 무량광無量光과 자비를 상징하는 무량수無量壽를 나타내고, 정토에 태어나기 위해서 부처를 신앙할 것을 권하고 있다. 『관무량수경』에서는 관불觀佛의 공덕에 의하여 정토에 태어날 수 있음을 집지執持하면 임종 때 아미타불이 나타나 정토로 인도하고 왕생하여 깨달음을 얻을 수 있다고 가르치고 있다.

83. 요의了義와 불요의不了義

문•염불의 법문도 대승이라고 말하는 사람이 있습니다. 그것이 맞는 이야기일까요?

답•염불삼매에 대승과 소승의 상은 없습니다. 근성마다의 깨달음 정도에 따라 차이가 있지요.

『열반경』과 『보적경寶積經』748) 등의 경문에서 말합니다.

'부처의 말씀 중에 요의了義749)의 경經과 불요의不了義750)의 경經 두 종류가 있다. 말세의 중생들은 요의경의 설에 의거하고, 불요의의 설에 의거하지 말아야 한다. 범부 밖에 부처가 있고 예토 밖에 정토가 있다고 설하는 것은 불요의의 경이다. 범과 성, 정과 예에는 모두 차이가 없다고 증명하는 것이 요의 대승의 설이다.'

이 경문들의 말과 같다면 정토종에서는 예토 밖에 정토가 있고, 범부 밖에 부처가 있다고 내세우는 것입니다. 요의 대승의 설이라고는 할 수 없겠지요. 염불행을 수행하여 정토에서 태어난 사람이라도 하품하생下品下生751)인 사람은, 연화대蓮花臺752) 안에서 십이 대겁大劫753)이나

---

748) 각주 554) 참조.
749) 진실의 의리를 직접적으로 명백하고 완전하게 나타내는 일을 말한다. 이러한 요의의 가르침에 의거하여 강설한 경전을 요의경이라고 표현하고 있다.
750) 부처가 설교할 때 실지의 뜻은 덮어놓고 알아듣기 쉽도록 방편을 써서 말하는 일을 뜻한다. 이러한 방편적 가르침에 의거하여 강설한 경전을 불요의경이라고 표현했다.
751) 아홉 가지로 차등을 두어 나눈 극락인 구품 정토의 하나로 무거운 죄를 거듭 지은 범부가 죽을 때에 염불하면 팔십 억겁億劫 동안 생사에 윤회할 죄를

되는 긴 시간을 거친 후에 관음보살과 세지보살이 매우 심히 깊은 대승의 법문을 설하시는 것을 듣고 비로소 보리심을 일으킨다고 『관무량수경觀無量壽經』754)에서는 말합니다.

정토에 태어난 사람도 곧바로 정각을 이루는 것이 아니며 염불의 수

  덜고 정토의 보배 연못에 태어나 12대겁大劫을 지내고 연꽃이 피어 법문을 듣고 발심하는 세계이다. 구품정토는 상, 중, 하의 삼생三生으로 나누고, 각 생을 다시 삼품三品으로 나눈 것이므로 상품상생이 최상급, 하품하생이 최하급이라 할 수 있다.

752) 극락세계에 있다는 대臺로 연꽃 모양으로 만든 불상의 자리를 말한다. 연화좌蓮花座라고도 한다. 연꽃은 진흙 속에서 피어나지만 흙탕물이 묻지 않는 것과 같이 불보살은 물든 세계 속에 머물면서도 항상 청정한 상태를 잃지 않기 때문에, 이 연화대를 불보살이 앉는 자리로 삼는다. 또한 극락세계에 왕생한 자는 아미타불의 원력에 따라 구품연화대九品蓮華臺에 안주하게 된다. 그러나 일반적으로 불교에서는 엄격히 불보살을 제외한 성문이나 연각 등의 성자는 연화좌에 앉지 못하게 되어 있다.

753) 매우 오랜 세월로 성겁成劫, 주겁住劫, 괴겁壞劫, 공겁空劫의 사겁을 합친 것으로, 세계의 성립으로부터 파멸에 이르기까지의 시간을 이른다. 겁劫은 일정한 숫자로 나타낼 수 없는 무한한 시간을 말하며 이는 각주 91) 참조.

754) 정토종의 근본성전으로 정토삼부경의 하나로 꼽는다. 『관경觀經』이라 약칭되기도 한다. 중국에서 424~442년 무렵 강량야사畺良耶舍(카라야샤스)에 의해 번역되었다고 하는데, 산스크리트 원전이 없어 티베트어역도 없으며, 한역漢譯 중에서도 따로 이역異譯은 없다. 다만 위구르어역 단간斷簡이 현존하는데 이는 한역에서 중역된 것이다. 이러한 점에서 이 『관경』은 인도에서 편찬되었다고 보기 어렵다. 현재 중앙아시아에서 경전의 대강이 성립되고 중국적 요소를 가미하여 한역했다고 보는 설, 혹은 중앙아시아에서 성립된 관법觀法을 소재로 하여 중국에서 찬술撰述되었다고 보는 설이 있다. 『관경』의 내용은 인도에서 태자 아사세가 부왕과 모후를 살해하려고 한 비극을 기연機緣으로 삼아 석존이 위제희韋提希의 청에 따라 아미타불과 서방극락정토를 관상觀想하기 위한 13종의 관법觀法을 설하고, 나아가 그 정토에 태어나는 9종의 방식, 즉 구품왕생九品往生을 3종의 관법의 형태로 보이며, 합하여 16의 관법에 따라 정토왕생신앙을 고양한 것이다. 중국에서는 수나라, 당나라 대에 널리 유포되고 특히 선도善導(613~681년)가 이 『관경』의 주된 뜻을 칭명稱名 염불에 의한 범부의 왕생을 설한 것이라고 해석하고, 이것이 일본의 호넨法然(1133~1212년)에게 계승되고, 그 후의 정토교의 전개에 큰 영향을 미쳤다. 중국, 일본에서는 『관경』이 설하는 내용에 근거하여 정토변상도淨土變相圖도 많이 그려졌으며, 그것은 일반적으로 관경변觀經變, 또는 관경만다라觀經曼茶羅라 일컬어진다.

행이 만약 지극한 대승이라고 한다면 어떻게 왕생 후에 따로 또 대승의 법리를 듣고 비로소 보리심을 발한다고 설하겠습니까?

분명히 이해해 두어야 합니다. 어쩌면 전생으로부터 대승의 과보가 없는 사람들을 이끌어서 우선 정토에 왕생시키고, 그 다음 대승을 깨닫게 하기 위해 이 염불의 수행을 권하신 것입니다.

혹시 대승을 수행하는 사람 중에도 업장業障이 무겁고 지혜도 열등하여 쉽사리 깨달음에 들어가기 어려우면, 제불들이 호념護念755)하시는 힘을 수행의 조력으로 삼아 신속히 중대한 수행을 하게 하고자 이 염불의 수행을 권하신 것입니다.

또한 영리한 사람이라면 이러한 유상有相의 염불삼매에서 금세 무상無相의 염불삼매를 성취할 것입니다. 『반주삼매경般舟三昧經』756)에서 설하는 바와 같지요. 하지만 설령 이와 같다 하더라도 최상의 요의 법문은 아닙니다.

---

755) 늘 부처나 보살을 마음에 잊지 않고 선행을 닦으면, 부처나 보살이 여러 가지 지장으로부터 중생을 보살펴 준다는 말이다.
756) 각주 457) 참조.

84. 요의 대승의 염불

문● 예로부터 요의 대승을 논한 사람도 염불의 수행을 한 적이 있습니다. 선사들 중에도 염불을 칭송하신 분이 많습니다. 어떻게 염불을 경시할 수 있겠습니까?

답● 반드시 부처의 명호를 외는 것을 불요의라 하는 것이 아닙니다.

『열반경』에 이르기를, '거친 화법이나 세세한 표현도 모두 제일의第一義의 진리에 귀歸한다'고 합니다.

『법화경』에 이르기를, '살아갈 방도로 생계를 세우는 일도 모두 실상實相과 위배되지 않는다'고 합니다.

만약 대승의 이법을 깨달으면 세간 일체의 말들, 일체의 행업들은 모두 요의의 대승일 것입니다. 하물며 부처의 명호를 외는 것을 소승이라고 하겠습니까?

정토종을 세우신 종사도 자기 마음으로는 대승의 심원한 이치를 잘 이해하셨지만, 어리석은 사람을 유도하기 위해 잠시 정토와 예토를 나누고, 자력과 타력을 나누어 설명하시는 분이 있습니다. 이러한 것을 지혜가 없는 사람이라고 할 수는 없지요. 이는 곧 보살의 대비大悲에 관한 방편입니다.

하지만 정토종을 믿는 사람들 중에 예토 밖에 정토를 구하고 염불을 하는 자가 있는데, 이는 요의의 대승이라고 할 수는 없습니다. 불설에도 불요의는 있지만 그것은 유도하는 방편의 법문이므로 이를 헛된 일이라고는 할 수 없습니다.

『열반경』 등에서 불요의를 꺼리는 것은 부처의 본의가 요의에 있다는 것을 알리고자 하기 위해서입니다.

진언종 안에도 염불의 비결秘訣이 있습니다. 그 설은 정토종 사람들이 이해하는 바와 같지 않습니다.

선자들도 염불을 말하지만, 그 취지는 보통의 염불자들과 같지 않습니다. 선종에는 정해진 수행의 상이 없습니다. 능엄주楞嚴咒[757], 대비주大悲咒[758] 등을 외는 것도 근래에 덧붙인 것입니다. 본존도 무슨 무슨 부처를 믿으라고 정한 바 없습니다.

관음과 지장 등을 믿고 모시는 사람은 각각 그 명호를 욉니다. 만약 아미타여래를 믿는 사람이 그 명호를 외워 바치는 일이 있더라도 무슨 지장이 있겠습니까?

요즘 선종을 믿는 사람들 중에 염불의 법문은 소승이고, 염불자라고 하면 어리석은 사람이라 생각하여 오로지 이를 나누고 구분하는 자가 있습니다. 이 또한 조사의 종지는 누구라도 본래 갖추고 있는 것임을 모르기 때문입니다.

『사익경思益經』[759]에서 이렇게 말했습니다.

'대승의 법문을 듣고는 이를 믿지 않고 꺼리며 버리는 자가 있다. 예를 들어 어리석은 사람이 허공이 싫다고 달려 나가는 것과 같다. 옆에

---

757) 『능엄경』 제7권에서 말하는 대불정여래大佛頂如來의 내증內証의 공덕을 밝힌 439구의 다라니陀羅尼를 말한다.
758) 『천수경千手經』에서 천수관음이 공덕을 설하는 82구의 다라니를 말한다. 『천수경』은 『천수천안관세음보살광대원만무애대비심다라니경千手千眼觀世音菩薩廣大圓滿無礙大悲心陀羅尼經』이 원래 이름이며 천수관음과 그 다라니에 관해 설한 경전을 약칭한 것으로 『천수다라니경千手陀羅尼經』이라고도 한다.
759) 『사익범천소문경思益梵天所問經』의 약칭이다. 4권짜리 경전이며 구마라집鳩摩羅什이 번역한 것이다. 망명網明보살이 사익범천思益梵天을 위해 공空의 도리를 설한 것으로 대승의 실의實義를 설하고 소승의 편소함을 공격하는 내용이다.

있던 사람이 어리석은 자를 가엾게 여겨 어떻게든 이 허공을 나가려는 자를 불러서 되돌린 다음 다시 허공에 들어가게 하고자 한다면 그 또한 어리석은 사람이다. 대승을 버리는 자를 보고 이를 가엾게 여겨 어떻게든 이 어리석은 사람을 대승 안에 들이려고 하는 것도 또한 이와 같다.'

85. 염불을 포폄하는 이유

문● 만약 그렇다면 염불을 믿는 사람도 조사의 종지와 다름이 없다고 하여 그대로 내버려 두어야 하지 않습니까?

답● 조사의 종지를 믿는 사람은 일체의 행동이 모두 불도와 다르지 않다고 알고 있기 때문에, 어떤 때에는 염불을 하고 경문을 읽습니다. 그래서 이러한 사람들이 염불하는 것은 싫어하지 않지요.

세간에서 염불을 믿는 사람들 중에는 명호를 외는 것만이 옳은 수행이며 다른 행법과 다른 수행은 다 헛된 일이라고 생각하는 사람이 있습니다. 이렇게 이해하는 것은 대승의 올바른 이치에 어긋납니다. 이러한 사람을 조사의 종지와 같다고 할 수는 없습니다.

설령 선종을 믿어도 좌선을 하는 것만이 옳은 수행이며 다른 행법과 다른 수행은 다 헛된 일이라고 생각한다면 그것은 잘못입니다. 단, 무취사無取捨 중의 취사取捨라고 하니 초보 수행자가 잠시 동안 다른 수행과 다른 행법을 버리고 오로지 좌선만 하는 것을 꺼려서도 안 됩니다.

정토종을 세우신 선덕께서 다른 행법을 꺼리신 것도 우선 이 염불이라는 일행삼매一行三昧760)를 성취시키고자 하기 위해서이지, 다른 행법을 비난하신 것이 아닙니다.

깨달은 종사가 염불종을 비방하시는 그 취지는 일반적인 언쟁과 같

---

760) 일행삼매란 우주의 모든 만물의 현상이 평등하고 한 모양인 것으로 보는 삼매경을 말하지만, 일본어에서는 하나의 수행방법에 전심전력을 다하는 것, 특히 염불삼매를 일컫는 표현이다.

지 않습니다. 단지 염불종뿐만 아니라 제종을 비방하는 것도 또한 마찬가지입니다. 그리고 외도外道나 천마天魔가 찾아와 마주하여 논쟁하게 될 때에도 깨달은 사람이라면 이를 보고 저쪽은 천박하고 이쪽은 존귀하다고는 생각해서는 안 됩니다.

하지만 저쪽이 성과 범에 털끝만큼의 차이도 없다는 것을 모르기 때문에, 자기 견해는 뛰어나고 부처의 교법은 열등하다고 생각하는 왜곡된 사고를 깨기 위해 저쪽을 비방하는 것입니다.

『원각경』에 이르기를, '보살이나 외도가 성취하는 법도는 모두 똑같이 보리菩提다'라고 했습니다.

상불경보살常不輕菩薩761)은 일체의 천마, 외도, 악인, 선인도 구별하지 않고 모두에게 다 절을 하며 말하기를, "나는 당신을 깊이 존경합니다. 결코 경멸하지 않습니다. 그 이유는 당신들이 모두 보살의 도를 수행하기 때문입니다"라고 했습니다.

온갖 대승을 배우는 자들이 우선 이 경지에 이른 다음 방편의 법문을 열 때, 무시비無是非 속에 임시로 시비是非를 세우고 남을 비방하거나 법도를 멀리하는 일이 있어야 할 것입니다.

만약 인아人我762)와 법아法我763)의 집착을 강하게 하여 시비를 논한다면 불제자가 아닙니다. 어떻게 진리에 부합할 수 있겠습니까?

---

761) 원문에서는 불경보살不輕菩薩이라고 했다. 『법화경』「상불경보살품常不輕菩薩品」에 나오는 보살로, 사람은 모두 성불한다고 보고 만나는 사람마다 가벼이 여기는 일 없이 예를 갖추어 절을 했다고 한다. 상불경보살이 설한 스물네 글자를 외며 사람들에게 절을 하며 걸어다니는 수행을 상불경이라 한다.
762) 사람 안에 변하지 아니하는 본체가 있다는 미혹한 생각, 즉 아我가 있다는 생각이다. 인아견이라는 망견에 관해서는 각주 367) 참조.
763) 객관적 사물이나 정신에 변하지 않는 본체가 있다고 고집하는 마음을 말한다. 법아견이라는 망견에 관해서는 각주 368) 참조.

86. 선가에서의 억양抑揚

문 ● 어떤 사람이 말하기를, "깨달은 종사가 어떤 때에는 부처를 비방하고 조사를 비방합니다. 어떤 때에는 부처를 칭송하고 조사를 존경합니다. 이를 억양抑揚과 포폄褒貶이라 합니다. 이는 선종의 수단이지요. 배우는 자의 악견惡見을 비난하고 정견正見을 칭찬하는 것은 진실로 비난하고 진실로 칭찬하는 것입니다. 불조를 비방하거나 칭송하는 것과는 같지 않습니다"라고 했습니다. 이 뜻이 맞는 것입니까?

답 ● 깨달은 종사가 불조를 비방하거나 칭송하는 것은 불조를 위해서가 아닙니다. 배우는 자들을 위해 베푸는 수단이지요.

옛 사람이 말했습니다. "너희는 불조와 조금도 다르지 않다."

깨달은 사람 앞에서는 불조라고 해서 숭상하고, 범부라고 해서 경시해야 할 일이 있겠습니까? 그저 이 범과 성의 구분이 없는 본분의 경지에 이르게 하고자 여러 종류의 수단을 베풀어서, 어떤 때에는 칭송하고 어떤 때에는 비방하는 것입니다. 그 본의는 포폄 그 자체에 있는 것이 전혀 아닙니다.

어리석은 수행자는 이를 모르고 그 언구에 따라 칭찬할 때는 기뻐하고 비난할 때는 화를 냅니다. 설령 화를 내기까지는 않는다 하더라도 무슨 잘못이 있어서 자기를 비난하는 것인가 생각하며, 이를 고치려고 노력합니다.

요즘 선지식을 공경하는 사람이라도 범과 성의 구분은 없다는 것을 말로야 납득하지만, 아직 이 경지에 이른 적이 없는 자는 배우는 자를 대할 때 실제 시비의 상을 보고 어떤 경우에는 비난하고 어떤 경우에는 칭송을 합니다.

『원각경』에 이르기를, '말세에 보리를 배우는 자는 약간의 증거를 터득하고 아직 아상我相764)의 근본은 다 알지 못했으므로, 자기 법문을 믿는 자가 있으면 기뻐하고 비난하는 자가 있으면 노여워한다'고 했습니다.

---

764) 자기 처지를 자랑하여 남을 업신여기는 마음을 가리키기도 하나, 불교에서는 사상四相의 하나로 오온五蘊이 화합하여 생긴 몸과 마음에 참다운 내가 있다고 집착하는 견해를 이르는 뜻이다.

87. 이근利根과 둔근鈍根

문● 범부와 성인이 털끝만큼도 구분이 없다고 하면서, 선지식이 깨달은 사람인가 아닌가를 논하거나 배우는 자가 이근利根인가 둔근鈍根인가를 구별하는 것은 어떠한 연유입니까?

답● 사람을 이근과 둔근으로 나누는 것도 세간 일반의 논리와는 다릅니다. 비록 일체의 법문을 다 이해했다고 하더라도, 자기와 불조가 다름이 없다는 것을 믿지 않는 자를 둔근鈍根이라고 합니다.

실제로 어리석은 사람이라 해서 불조와 다른 자가 있는 것은 아닙니다.

선지식이 깨달은 사람인가 깨닫지 못한 사람인가 구분하는 것은, 미迷와 오悟의 차이가 없다는 것을 잊고 자신은 깨달았으며 배우는 자들은 헤매고 있다고 생각하는 것입니다. 아집과 법집에 얽매인 상태로 법문을 이야기하는 것을 깨닫지 못한 선지식이라고 하는 것이지요.

원래 어리석어서 깨달은 종사보다 열등한 사람이 있는 것이 아닙니다.

이러한 법문은 자기 정식情識으로 해석해서는 안 됩니다. 이 경지에 도달한 사람이어야 비로소 알게 될 것입니다.

88. 선승과 지계持戒

문● 대승을 수행하는 사람은 반드시 계율의 규칙을 지키지 않아도 된다고 말하는 사람이 있습니다. 그 뜻이 맞는 것입니까?

답● 제불들의 설법은 한없이 많이 있습니다만, 계戒765), 정定766), 혜慧767)라는 삼학三學768)에서 벗어나지 않습니다.

---

765) 삼학의 한 요소로 계율戒律을 말하며 계금戒禁이라고도 하고 신身, 구口, 의意 삼악三惡을 막고 선善을 수행하는 것이다. 다시 말해 심신心身을 조정하는 것이며, 심신에 대해 좋은 습관을 들이는 것을 말한다. 종교적, 도덕적으로 불선不善과 악덕惡德을 피하는 것뿐 아니라, 경제나 법률, 육체의 건강에 있어서도 그 이상에 어긋나는 일을 하지 않음을 뜻한다. 이를 방비지악防非止惡이라 한다. 그릇됨을 막고 악을 고치는 것이 계의 본래 뜻이다. 계의 종류를 살펴보면 악을 그치는 계를 지악계止惡戒, 다른 말로 율의律儀라는 것이 있다. 이 계에는 세속적인 유루계有漏戒와 출세간적인 무루계無漏戒가 있다. 유루계에는 욕계欲界의 계로서 별해탈율의別解脫律儀와 색계色界의 계로서 정려율의靜慮律儀가 있으며, 출세간의 계로서 무루율의無漏律儀가 있다. 별해탈율의에는 재가계在家戒와 출가계出家戒가 있으며, 재가계에는 우바새와 우바이가 항상 지키는 오계와 재일齋日에 특별히 지키는 팔재계八齋戒가 있고, 출가계에는 비구의 250계와 비구니의 348계, 사미와 사미니의 십계, 정학녀正學女의 육법계六法戒가 있다. 또한 계에는 행선行善이라는 뜻도 있으며, 지악계를 지지계止持戒 혹은 율의계라 하는 데 대해 행선의 계는 작지계作持戒라고 한다.
766) 삼학의 한 요소로 선정禪定을 수행함으로써 마음의 산란함을 막고 안정되게 하기 위한 방법을 수행하는 것을 의미한다. 다시 말해 마음을 통일하는 것이며, 계에 의해 몸과 마음이 조정되면 생기는 것으로 본다. 경장經藏에 상당한다. 정을 얻기 위해서는 조신調身, 조식調息, 조심調心, 즉 신체와 호흡과 정신을 조정하는 것이 요구되기도 한다. 불교에서 선정禪定을 수습하는 이유는 마음을 통일하고 명경지수明鏡止水의 마음으로 모든 법의 참다운 상을 관찰하여 바른 지혜를 획득하며, 마음을 공허하게 하여 적절한 판단과 신속 정확한 조처를 취할 수 있게끔 하기 위해서이다.
767) 삼학의 한 요소로 지혜를 수행함으로써 번뇌의 현혹을 타파하고 모든 사물

이 삼학이란 중생의 일심 안에 갖추어져 있는 것입니다. 따라서 만약 일심의 근본에 도달하면 삼학의 묘한 작용은 모두 다 충족됩니다. 예를 들어 여의주如意珠769)를 손에 넣으면 일체의 보물을 여의주 안

의 진실된 모습을 간파하는 것을 말한다. 논장論藏에 상당하며 다시 말해 도리를 명석하게 분별 판단하는 마음의 작용을 말한다. 불교의 최종적인 목적은 깨우침의 지혜를 얻는 것이며, 혜는 가장 넓은 의미에서의 지혜이다. 보통 이 지혜는 유분별지有分別智와 무분별지無分別智 두 가지로 나눈다. 유분별지란 그 지혜가 대상을 의식하고 대상과 대립되는 경우를 가리키며, 무분별지란 그 지혜가 대상을 의식하지 않고 대상과 일체가 되는 경우를 말하고 최고의 깨우침의 지혜를 가리킨다. 이 무분별지는 힘도 마음도 쓰지 않고 무애자재로 자연의 법에 맞는 자연법이自然法爾의 지혜이며, 이것을 대지大智라고 한다. 이 최고의 무분별지를 얻은 부처나 보살은 그에 그치지 않고 그 지혜를 가지고 중생구제의 자비활동을 한다. 이 때는 그 지혜가 대상으로서의 중생을 의식하게 되는 유분별지가 되지만, 최고의 무분별지를 얻은 뒤에 생기는 것이므로, 이전의 유분별지와 구별하여 유분별후득지有分別後得智라고 한다.

768) 불교 수행자가 닦아야 할 기본적인 세 가지 수행방식으로 삼승학三勝學이라고도 한다. 가장 기본적인 불교 교리이며, 일체의 법문法門은 모두 삼학으로 귀결된다. 『열반경』「사자후보살품獅子吼菩薩品」에 상세히 논해지고 있다. 삼학은 계, 정, 혜의 세 가지이며, 증상계학增上戒學, 증상심학增上心學, 증상혜학增上慧學이라고도 한다. 이것은 이상을 추구하는 마음의 구조를 삼분한 것이며, 의사적意思的인 면을 계로 하고, 감각적인 면을 정으로 하며, 지식적인 면을 혜로 한 것이라 본다. 계, 정, 혜의 세 가지가 일체가 되어 수도심修道心을 구성한다. 삼학의 계, 정, 혜의 관계를 간단히 요약하면 계를 지켜 생활을 올바르게 함으로써 정을 돕고, 선정에 있는 마음에 의해 지혜를 발하게 되며, 지혜는 진실을 올바르게 관찰할 수 있게 하고 그럼으로써 진리를 깨닫고 불도가 완성된다고 보는 것이다. 이렇게 삼학은 불즉불리不卽不離의 관계이며 삼학의 수학을 통해 불교가 체현된다고도 할 수 있고, 삼장三藏에 상당한다.

769) 바라는 것을 뜻대로 성취시켜 주는 불가사의한 힘을 지닌 구슬이다. 예를 들어 재보를 얻고자 할 때나 병고에서 벗어나고자 할 때, 혹은 재난을 방지하고자 할 때 기도를 하면 그 소원을 이루어준다고 한다. 『대지도론』에서는 용왕의 뇌에서 나온 구슬이라고 하거나 바다에 사는 마갈어摩竭魚에서 나온 구슬이라고 하지만, 사리舍利에서 비롯된 변형적 상징물로 본다. 또한 전륜왕이 지니고 있다는 칠보七寶의 하나로 밝기와 찬란함으로 밤을 낮으로 바꾸어 놓는 구슬을 말할 경우도 있다. 세간에서는 용의 턱 아래에 있는 영묘한 구슬을 말하고, 이것을 얻으면 무엇이든 뜻하는 대로 만들어 낼 수 있다고 하여 여의주라 이름 붙였다.

에서부터 쏟아져 내리게 하는 것과 같습니다. 그렇다면 곧 일심의 근본을 추구하는 것을 대승의 수행이라 이름 붙입니다. 계율이라고 하여 반드시 특별히 지킬 필요는 없다고 말하는 것은 이러한 의미입니다.

『열반경』에서 말하기를, '대승을 수행하고 마음에 나태함이 없는 것을 지계持戒770)라고 한다'고 했습니다. 그런데도 대승 수행자는 파계破戒771)하더라도 지장이 없다고 하는 것은 악견입니다.

부처가 계시던 때에는 말할 것도 없고, 부처 입멸 후에도 여래의 법을 이어 받아 융성하게 하신 교종과 선종 종사들은 모두 똑같이 계상戒相772)을 갖추고 계십니다.

부처가 계시던 때에는 선종, 교종, 율종律宗의 승려라고 해서 모습이나 복장이 다르지는 않았습니다. 그 모습들은 모두 계율의 예를 갖추었고, 그 마음들은 똑같이 정定, 혜慧를 수행한 것입니다.

말세가 되어 삼학을 겸하여 수행하는 사람이 드물어졌기 때문에, 그 파가 세 종류로 나뉜 것은 근거가 없지 않습니다. 하지만 각각 하나의 학을 근본으로 하여 서로를 비난하는 것은 잘못입니다.

『상법결의경』에서 '말세가 되면 선승, 율승, 교승으로 그 종류가 구별되어 서로 비난하고 나의 불법을 파멸시킬 것이다. 사자 몸 안에 자리잡은 벌레가 결국 사자 고기를 먹게 되는 것과 같다'고 했습니다.

선종, 교종, 율종의 승려들에게 범부의 정욕이 완전히 사라지지 않기 때문에 아집이 일어날 수야 있지만, 불제자라고 자칭한다면 어찌 부처가 남기신 가르침을 위배하겠습니까?

---

770) 계를 받은 사람이 계법을 지키는 것을 의미하며, 계바라밀戒波羅蜜 또는 지계바라밀持戒波羅蜜이라고도 한다.
771) 계를 받은 사람이 그 계율을 어기고 지키지 않는 것을 의미하며 누계漏戒라고도 한다. 지계의 반대 개념이다.
772) 불교의 계를 넷으로 나눈 계사별戒四別 중 하나로 계법에 따라 수행하는 데 있어서의 여러 가지 차별을 이른다. 계상에는 오계五戒, 이백오십계 등이 있다. 참고로 계사별에는 계상 외에 계법戒法, 계체戒體, 계행戒行이 있다.

진단震旦773)의 불법은 후한後漢 명제明帝774) 시대에 처음 전래된 것입니다. 그 후에도 승려의 모습은 모두 부처가 재세하셨을 때와 같았습니다.

　당나라 시대가 되어 백장산 대지선사 때부터 선승은 율원律院775)에 머물지 않고 따로 선원禪院776)을 세워 위의威儀777)법칙도 율원과 달라졌습니다.

　백장선사가 그 취지를 말하기를, "말세에는 둔근鈍根이 되어 계, 정, 혜를 겸학하는 사람은 드물다. 선을 수행하는 사람이 만약 율원에 머무른다면, 계상戒相의 지범개차持犯開遮778), 오편칠취五篇七聚779) 등의 여

---

773) 중국 대륙. 각주 607) 참조.
774) 29~75년. 중국 후한後漢 시대(25~220년)의 제2대 황제로 재위 기간은 57~75년이다. 이름은 유장劉莊, 묘호는 현종顯宗이었으며 시호가 명제이다. 그의 재위 중에 중국에 불교가 유입된 것으로 추정되는데, 명제가 부처의 꿈을 꾼 후 서역에 사신을 보내 불경을 구하게 하고, 서역에서 두 승려를 불러 낙양洛陽에 사원을 세웠다는 전설이 있다. 명제는 중국 변경을 위협하고 있던 흉노족을 평정하고, 반초班超로 하여금 군사력과 회유책을 동원하여 현재의 내륙 아시아에 대한 지배력을 재확립하게 했다. 명제가 죽은 후에 그의 아들인 장제章帝가 황위를 계승했다.
775) 계율의 실천을 종지宗旨로 삼는 율종의 사원, 또는 율종 이외라도 오로지 계율을 학습하는 사원을 말한다.
776) 율원에 대한 선종의 사원을 말하며, 선사禪寺, 또는 선림禪林이라고도 한다.
777) 일반적으로 위엄이 있고 엄숙한 태도나 예법에 맞는 몸가짐을 의미하는데, 불교적으로는 불자가 지켜야 할 규범인 계율, 즉 깨끗하고 착한 습관을 익혀 지키기를 맹세하는 결의와 불교 교단의 규칙을 준수하는 것을 의미한다.
778) 지키고, 범하고, 허용하고, 차단한다는 뜻으로 계율에 관해 쓰는 용어이다. '開遮'는 '開制'라고 하기도 하는데, 보통 금지된 행위가 어떤 조건이 갖추어지면 허용되는 경우 그 행위를 '開'라고 하고, '遮'는 제지하거나 금지한다는 그 반대 뜻이다.
779) 비구와 비구니의 구족계具足戒를 종류별로 말하는 명목으로 편과 취라는 이 문二門이 있다. 편은 이루어진 죄과와 긴요한 의義에 관해 다섯으로 구별하는데 첫째는 바라이죄波羅夷罪, 둘째는 승잔죄僧殘罪, 셋째는 바일제죄波逸提罪, 넷째는 제사니죄提舍尼罪, 다섯째는 돌길라죄突吉羅罪이다. 이상의 오편에 제삼위에 투란차죄偸蘭遮罪를 더하여 육취라고 하고, 또한 앞의 육취 중에 돌길라죄를 악작악설惡作惡說로 나누어 여섯째를 돌길라죄, 일곱째를 악작악설이라고 하여 칠취라고 한다. 팔취, 구취가 논해질 때도 있다. 이 중 바라이죄

는 살생, 도둑질, 음행, 깨달음을 얻었다고 거짓말하는 것 등 범하면 승려의 자격을 잃게 되는 네 가지 중요한 계율을 말한다. 산스크리트어 바라지카(Pārājika)의 음사어이며 승려가 절대 행해서는 안 되는 극중죄를 가리키는 것이며, 불공주不共住, 혹은 불응회죄不應悔罪, 혹은 단두죄斷頭罪라고까지 한역된다. 이 죄를 지으면 즉시 추방되며 아무리 그 죄를 참회해도 두 번 다시 승려가 될 수 없다. 비구가 되기 위해서는 반드시 구족계를 받아야 하는데 그 수계 때 250항목의 하나하나가 그 사람에게 고해지지는 않지만 바라이는 수계 때 새로이 비구가 되는 사람에게 반드시 들려주게 되어 있다. 출가한 지 얼마 되지 않고 율律의 규정 하나하나에 관해 모르는 사이에 무언가 죄를 지어도 바라이 이외의 죄라면 참회로 용서를 받지만 그 바라이만은 정식의 출가자인 비구의 입장에서 도저히 용서받지 못하는 죄이기 때문이다. 승잔죄는 승려가 범해서는 안 되는 무거운 금계禁戒로 산스크리트어 상가바슈사(Saṃghāvaśeṣa)에 기초한 한역어이며 승가바시사僧伽婆尸沙로 음사되며 바라이 다음 가는 승려의 중대한 죄이다. 비구가 승잔을 범해 그것을 감춘 경우는 우선 그 숨긴 날짜만큼 별주別住라고 하여 다른 비구들에게서 떨어져 지내야 한다. 그리고 죄를 지은 것을 숨기지 않은 비구도 육야六夜의 마나타摩那埵라고 하여 엿새간 따로 지내야 한다. 그 동안 승잔을 범한 비구는 비구로서의 자격과 특권이 상실되고 승가에서 이루어지는 제행사에 참가하는 것도 허용되지 않는다. 승잔을 범한 비구는 근신기간이 끝난 다음 최저 스무 명의 비구들 앞에서 그 죄를 고백하고 참회해야 하고, 참가한 비구 전원의 승인을 얻으면 비구로서의 권리가 회복된다. 만약 용서받지 못하면 따로 지내는 생활이 이어진다. 비구에게는 열세 항목, 비구니에게는 열일곱 항목이 있는데, 이를 범하더라도 여러 승려 앞에서 참회하고 일정 기간 동안 승려로서의 권리가 박탈되는 따위의 처벌을 받으면 승단僧團에서 추방되지 않고 남을 수 있다는 데에서 나온 말이라고도 한다. 바일제죄는 산스크리트어 프라야시티카(Prāyaścittika)의 음사어로 단타單墮라고 한역된다. 비구가 행하지 말아야 하는 적절하지 못한 행위에 관한 죄이며 이를 범한 죄는 한 명 이상의 비구에게 그 죄를 고백하고 참회하면 용서받는다. 제사니죄는 바라제제사니波羅提提舍尼라고도 하고 산스크리트어 프라티데샤니야(Pratideśanīya)의 음사어이며 대수참對首懺이라 한역된다. 비구가 음식 보시를 받을 때의 금지사항이며 이를 범한 경우는 한 사람의 장로 비구에 대해 율장律藏에 규정된 말로 참회하면 용서받는다. 한역어로는 회과悔過, 가가可呵가 있다. 돌길라죄는 산스크리트어 두슈쿠르타(Duṣkṛta)의 음사어이며 악사惡事 또는 죄를 의미하는 말이다. 경후輕垢, 월비니越毘尼라는 한역어가 있고 율에 있어서의 죄로서는 가장 경미한 것이나 역시 승려가 하지 말아야 할 행위이다. 구체적으로는 비구가 중학법衆學法에 위반한 행위는 돌길라이며 그 외에도 250계 중에 포함되지 않았으나 금지되는 행위를 하면 돌길라라고 한다. 악작죄惡作罪로 한역되기도 하며 이부정二不定과 백중학百衆學, 칠멸쟁七滅諍을 합한 것으로 나쁘게 만들어지거나 나쁜 짓을 했다는 뜻이며 후회를 말한다. 이를

러 율법을 배운다고 해서 일대사인 불연을 추구하는 것은 잊지 않을 것이다. 이러한 까닭에 따로 선원을 건립한다"라고 하셨습니다.

백장선사의 진의도 선승은 계戒를 이용하지 말라고 한 것이 아닙니다.

그렇기 때문에 『백장청규百丈清規』780) 안에는 선승의 계율을 분명히 지켜야 하는 뜻이 자세히 설명되어 있습니다.

다른 사람에게 고백하여 참회하는 것을 악설惡說이라고 하며 이 역시 돌길라에 포함한다. 투란차죄는 산스크리트어 스튜라트야야Stūlâtyaya의 음사어이다. 원래는 중죄라는 뜻으로 바라이법이나 승잔법의 미수죄를 의미하며 한역어로는 추죄麁罪라고 한다. 미수죄라고 해도 바라이나 승잔을 실행하려다 그 직전에 그만두거나 저지르지 못한 경우의 미수죄가 이 투란차이고, 바라이나 승잔을 실행하려고 생각한 것에서 그친 경우는 돌길라가 된다. 이렇게 같은 미수죄라도 그 내용에 따라 경중의 차가 있다. 또한 비구나 비구니가 250계 중에서 명확히 금지되지 않은 행위라도 상궤를 벗어난 이상한 행위를 하면 투란차라고 한다.

780) 중국 당나라의 승려 백장선사가 처음으로 선종의 의식과 규율을 정한 두 권 짜리 책이다. 정식이름은 『청정대해중규구준승清淨大海衆規矩準繩』이라고 하며 백장선사 회해懷海가 제정한 것으로 그 때까지의 계율을 기본으로 하여 불교교단으로서는 이례적인 자급자족체제를 확립시킨 선종교단에 적합하도록 주로 집단생활을 적정하게 유지하기 위한 규칙을 말하고 있다. 원전은 이미 산일散逸되어 현존하지 않지만 『백장고청규百丈古清規』라고 하여 단편이 재편집되어 현재 전해지고 있다.

89. 선종의 선

문● 선정禪定은 제종에서 모두 설명하고 있습니다. 그런데도 교외별전을 선종의 것이라고 하는 것은 어떠한 이유입니까?

답● 선정을 수행하는 것은 불교만이 아닙니다. 외도의 가르침에서도 이를 수행합니다. 색계, 무색계에 태어나는 것은 모두 선정의 힘입니다. 사선四禪781)과 팔정八定782)이라고 하는 것이 바로 이것입니다.

---

781) 욕계를 떠나 색계에서 도를 닦는 초선, 이선, 삼선, 사선의 네 단계를 통틀어 이르는 말이다. 세속을 벗어난 희락이나 크고 작은 심사尋伺가 순차적으로 소멸해 가며 일체의 정념 작용이 멈추어 사라지는 것을 말한다. 초선은 명상을 하면 미묘한 감각이 나타나고 기분이 좋아지는 단계이다. 기경팔촉奇景八触, 즉 경치나 사물 등 여러 가지가 만화경처럼 나타나고 체내의 기가 발생하여 움직일 때의 감각이 민감해진다. 이선은 혼침昏沈과 산만함을 넘어서 몸의 감각이 더욱 흐려지고 즐거워진다. 삼선은 자신의 즐거운 기분을 냉정히 보고 명상을 그대로 지속하면 미묘하며 기쁜 감각이 생긴다. 이 기쁜 감각은 즐거운 감각이 가장 흐려졌을 때의 기분이다. 사선은 미묘한 기분 감각을 비추고 지키며 명상을 지속하면 대단히 조용한 기분이 나타난다. 이 기분은 비유하자면 번잡한 환경에서 벗어나 산속 깊은 삼림으로 들어갔을 때의 감각과도 같다.
782) 색계의 사선정四禪定과 무색계의 사공정四空定을 말한다. 사선정은 사선과 같으며, 사선보다 더욱 윗단계 선정인 사공정은 삼라만상이 스스로 생긴 것이 아니고 모두 인연에 의하여 생긴다고 보는 네 가지 선정이다. 사공정은 사무색정四無色定, 사공처정四空處定이라고도 하며 공무변처정空無邊處定, 식무변처정識無邊處定, 무소유처정無所有處定, 비상비비상처정非想非非想處定을 이른다. 공무변처정은 조용한 기분도 사라지고 무한히 공空이 된다. 무한한 공과 일체가 되는데, 공이란 만사만물의 근원이며 모체이지만 아직 이 단계에서는 공이 되었다는 의식이 남아 있다. 식무변처정 단계에서는 공이라는 감각이 사라지지만, 미묘한 의식의 흐름만이 남는다. 이 때의 의식이란 불교에서 말하는 제7의식, 즉 미나未那의식을 말한다. 몸 내부에 있는 여러 감각의 근

외도는 이를 수행하는 것을 지극이자 궁극이라고 생각합니다.

선종이라고 해서 제종이 설명하는 선정을 수행하는 것이 아닙니다.

하지만 말세가 되어 제종이 선정의 의의를 말하는 것이야 끊어지지 않았지만 수행하는 사람은 드물어지는 바람에 선종을 믿는 사람만이 좌선이라 하여 이를 수행하는 까닭에, 선종이란 선정을 수행하는 종파라고 다른 종파 사람들도 말하며 선종을 믿는 사람들도 또한 그렇게 생각하는 것이지요.

만약 그렇다면 달마조사가 서쪽에서 온 본의는 의미가 없는 일이 될 것입니다.

『능가경』 안에서 네 종류의 선을 밝히고 있습니다.

첫째는 우부소행선愚夫所行禪으로, 이른바 범부나 외도가 심념心念을 일으키지 않고 분별을 낳지 않는 것을 선정이라고 생각하는 자입니다.

둘째는 관찰상의선觀察相義禪으로, 이른바 소승이나 삼현의 보살이 법문의 의미를 관찰하고 사유하는 단계입니다.

셋째는 반연여실선攀緣如實禪으로, 이른바 지상의 보살이 중도中道 실상의 진리에 안주하여 공용功用783)을 빌지 않는 묘행妙行입니다.

넷째는 여래청정선如來淸淨禪으로, 이른바 여래의 경지에 들어 스스로 깨달은 성지聖智가 나타나는 상입니다. 조사의 문하에서 여래선如來禪784)이라는 것은 이를 가리킵니다.

옛 사람이 선을 배우는 자들을 향하여 "너는 단순히 여래선을 밝혔을 뿐이며 아직 조사선祖師禪785)을 깨닫지는 못했다"고 말한 적이 있습

원이자 모체이다. 무소유처정은 무한한 공간이나 제7의식의 삿됨, 그리고 자기와 외부도 사라지는 단계이다. 마지막 비상비비상처정은 대상이 사라지고 모든 것을 초월한 상태라고 할 수 있다. 이렇게 팔정을 거치면 공과 무의 세계에 들게 된다.
783) 신身, 구口, 의意로 짓는 행위, 말, 생각 등을 이르는 말이다.
784) 여래의 가르침으로 깨닫는 선을 말한다.
785) 조사들이 이룩한 선 사상이라는 뜻으로 글자의 뜻풀이에 매이지 아니하고

니다.

이로써 잘 알아야 합니다. 선종이라고 해도 제종이 논하는 바인 선정과는 같지 않음을 말입니다.

선이란 범어입니다. 더 자세하게는 선나禪那라고 하며, 한어漢語로는 정사유正思惟라고 번역하고 혹은 정려靜慮라고도 합니다.

『원각경』 등에 삼관을 밝히는 중에서 선나라고 말하는 것이 이것입니다. 정, 혜의 이관 외에 따로 이를 내세웁니다.

규봉종밀圭峰宗密선사786)가 이를 절대영심관絶待靈心觀787)이라고 명명했습니다. 규봉의 『선원제전집禪源諸詮集』788)에는 '그저 달마가 전달한

　　　이심전심으로 전하는 선법禪法을 이른다.
786) 780~841년. 중국 당나라 시대의 승려로 속성은 하何씨이며 시호는 정혜定慧이다. 현재의 쓰촨성四川省 궈저우果州 출신이다. 처음에는 유교를 공부했으나 그 후 불교로 전향하여 25세 때 출가하여 도원道圓에게 사사했다. 나중에 『원각경圓覚経』 및 두순杜順이 편찬한 『법계관문法界観門』을 읽고 자기 입장을 확고히 했다. 당시 불교계에서 선종의 일파인 하택종荷澤宗과 화엄종을 중심으로 여러 종류의 잡다한 불교사상과 실천행을 통일하는 교선일치의 특이한 교설을 설파했다. 또한 저서 『원인론原人論』에서는 유교나 도교도 불교 하에 통합하려는 삼교융합의 시도도 했다. 29세에 구족계를 받고 808년이 되어 스승의 지시에 의해 사조인 남인南印에게 사사했으며 그 후 낙양으로 들어가 남인의 제자인 보국사報國寺의 신조神照에게 선을 배웠다. 811년에 청량증관清涼澄觀에게 사사하고 화엄을 연구했다. 그래서 종밀은 화엄종 제5조가 되고 이후 저작과 강연으로 명성을 확립했다. 821년 이후에 종남산終南山 초당사草堂寺에 재주하면서 『원각경대소초圓覺經大疏鈔』 등의 편찬에 몰입했고, 828년 문종文宗의 부름에 의해 장안長安으로 가서 황제가 하사한 법의를 입게 된다. 그 후 배휴裴休(791년~864년)와 교류하게 되었으며 그의 질문에 답변하는 형식으로 『배휴습유문裴休拾遺問』을 저술했다. 종밀의 사상은 당시 불교계를 석권하던 마조선馬祖禪에 대한 강렬한 대항의식으로 관철되어 있다. 홍주종洪州宗의 절대적인 힘 앞에서는 밀리게 되지만, 그 사상이 주목받는 것은 오대의 영명연수永明延壽(904년~975년)가 제창한 교선일치사상, 나아가 삼교일치사상이 큰 조류가 되는 후세의 일이다. 대표적인 저작으로 『선원제전집禪源諸詮集』 등이 있다.
787) 절대絶待는 서로 대립하는 관계를 초월한 것을 말하며 만물의 실상은 유有가 아니고 공空도 아니며 비유非有와 비공非空의 중도中道임을 의미한다.
788) 원래 규봉종밀이 선의 제가諸家들의 문구와 게송偈頌을 편집한 책인데, 산일되었다. 따라서 그 서문인 『선원제전집도서禪源諸詮集都序』를 말하게 되었으

종지만이 진실한 선나에 상응한다. 이러한 연유로 선종이라 이름 지었다'고 합니다.

며 이 부분만이 전해지고 있다. 교선일치를 설하는 불교 역사상 중요한 문헌이라 할 수 있다. 2권이 남아 있는데 권두에 배휴裵休의 서叙가 있다. 『선원제전집』은 일명 『선나리행제전집禪那理行諸詮集』이라고도 하며 전권이 100권 이상이나 되는 대저작이었다고 한다.

90. 법문의 우열優劣과 정사正邪

문● 진실로 대오한 사람은 삿됨과 바름에 현혹되지 않습니다. 그 때문에 천마와 외도가 찾아와 온갖 종류의 법문을 설해도 속는 일은 없을 것입니다. 그러나 아직 올바른 깨달음을 얻지 못한 사람이 어떻게 삿됨과 바름을 분별할 수 있겠습니까? 그런데도 옛날 선달들이 논하는 법문도 일치하지 않고, 또한 오늘날의 선지식이 보이시는 수행의 용심도 역시 제각각입니다. 초보 수행자들은 어떻게 그 삿됨과 바름을 판단하면 좋겠습니까?

답● 말세에는 그릇된 이야기가 많아지면서 올바른 불법을 어지럽히는 경우가 많습니다.

세간의 스모相撲789), 경마, 바둑, 쌍륙双六790) 등은 그 승부 방식을 미

---

789) 도효土俵라는 모래판 위에서 리키시力士가 서로 어우러져 하는 일본식 씨름을 말한다. 옛 일본의 신사神事, 즉 제사행위의 일종이었고 마쓰리祭り이기도 했으며 무예이자 무도武道이기도 하다. 예로부터 축의祝儀, 즉 현상금을 얻기 위한 홍행이 되기도 했다. 스모의 기원은 매우 오래된 것이어서 고분시대의 하니와埴輪나 토기에도 그 모습이 그려져 있다. 『일본서기日本書紀』에 신이 아닌 사람끼리의 씨름으로 가장 오래된 기록이 보이는데 오늘날의 스모와는 규칙과 의식에서 다른 점을 보인다. 8세기에는 여러 지방의 지방관들이 스모 하는 사람들을 왕족이나 귀족들에게 헌상하고 조정에 공진貢進했다고 하며 천황이 직접 관람하게 되었다는 기록도 있다. 헤이안平安 시대(794~1192년)에는 궁정에서 각지의 스모 리키시를 모아 대회를 개최했고 천황이 관람하는 행사가 정기적으로 이루어졌다. 헤이안 후기가 되면서 천황 관람의 스모 행사는 서서히 쇠퇴했는데, 그 대신 민간 스모가 대대적으로 행해지면서 농경제례와 추수감사 행사와 결합되었다. 『몽중문답』이 쓰인 시대를 전후하여 설화나 일기류에 스모 행사에 관련된 기록이 많이 보이는데 점차 서민들 사이의 홍행으로 자리 잡았으며 이후 쇼군將軍 등의 후원과 장려가 이어졌다.

리 정해 두기 때문에 승부를 가르는 데에 혼동스러울 일은 없습니다.

영지를 놓고 다투는 언쟁이나 죄과의 경중과 같은 것도 그 시비는 정말 결단내리기 어려울 경우야 있지만, 윗분이 내리신 판결을 존중하기 때문에 결국 정리되지 않을 일은 없지요.

하지만 불법에는 예전부터 정해둔 승부의 기준이란 없습니다. 각각이 자기가 납득하는 바를 근거로 하여 이쪽의 법문이 낫다고 생각해도 다른 사람은 이를 인정하지 않습니다.

세간의 소송과 같은 일도 아니므로 윗분이 판결을 내려도 그것을 존중할 사람도 없고, 각자가 인용하는 증명이 되는 경문은 불조의 말씀이지만, 경문은 얽매인 견해에 따라 달라지는 것이므로 증명으로 삼기에는 부족합니다. 각자 자기가 믿는 바인 선지식의 인가印可[791]를 가지

---

[790] 주사위 두 개를 던져서 나오는 수대로 말을 옮기는 놀이를 말한다. 고대 이집트 유희에서 기원했다는 설이 있는데 말판을 이용한 쌍륙의 원형은 로마 제국의 놀이라고도 한다. 이것이 실크로드를 통해 중국으로 들어왔으며 한반도와 일본에서도 행해지게 되었다. 일본에서 널리 행해진 말판 쌍륙은 중세 이후에 중국에서 행해지던 놀이를 개량한 것으로 본다. 쌍륙을 일본어로는 '스고로쿠'라고 하는데 이 어원에 관해서는 조선반도의 발음이 전래된 것이라는 설도 있고, 고대 인도에서 탄생한 불교어라는 설도 있다. 『열반경』에 '바라새희波羅塞戱'라는 말이 중국에서 쌍륙双六으로 불리게 되고 이것이 일본에서 불법쌍륙佛法双六, 정토쌍륙浄土双六으로 전해지면서 나중에 그림 쌍륙의 원형을 이루었다고 한다. 먼저 말판 쌍륙은 나라奈良 시대(710~794년)부터 널리 이루어진 유희로 상류계급의 부녀자들이 많이 했으며, 흰 돌과 검은 돌을 말로 삼았고, 주사위의 눈을 합하여 두 돌을 움직이게 했다. 복잡한 계산 사고와 동시에 우연성의 요소가 커서 도박처럼 행해져 폐해가 드러나면서 가마쿠라 막부 시대에는 금지령이 내려지기도 했다. 또한 그림 쌍륙은 말판 쌍륙의 영향을 받은 것인데 가장 오래된 정토쌍륙에는 그림 대신 불교의 용어나 교훈이 적힌 것도 있으며 무로마치室町 시대 후기인 15세기 후반에는 정토쌍륙이 행해졌으므로 『몽중문답』의 시기에 이미 정토종 계통의 승려에 의해 만들어진 유희가 있었음을 알 수 있다.

[791] 스승이 그 방면에 숙달된 제자에게 주는 허가를 말한다. 특히 일본 선종에서는 깨달음을 열었다고 인정된 제자 승려가 스승의 초상을 화가에게 그려달라고 하고, 스승은 그 초상 위에 '게문偈文'이라는 한시의 형태를 취한 설법을 했으므로 이를 일종의 수료증으로 삼았다. 일본에서는 이를 본떠 이후 검술이나 창술 등의 무예나 다도, 군학, 산술 등의 분야에서도 인가를 주었는데

고 증명으로 삼습니다. 그것도 연고가 있는 사람이 증인이므로 믿을 수 없지요.

그런데도 어리석은 사람은 자기의 망상이 믿는 바를 근거로 삼아 어떤 종파든 우선 하나의 법문을 믿어 버리면 다른 종파를 모두 멀리 합니다. 또한 자기의 선지식으로 삼은 한 사람을 믿기 시작하면 다른 사람의 설법은 모두 열등하다고 생각하여 귀에도 담지 않으려 하는 사람도 있습니다. 이야말로 어리석은 사람 중에 어리석은 사람입니다.

혹 제종의 법문도 바뀌고 선지식이 교시하는 내용도 같지 않은데, 스스로 결단을 내리지 못하고 망연히 이러지도 못하고 저러지도 못하는 사람이 있습니다. 이러한 사람은 모두 아직 교외별전의 제목을 믿지 않는 사람들입니다.

가령 깨달음을 열지 못해도 만약 교외별전의 제목을 잘 믿는 사람이라면 언어상에는 진실한 정법이 없는 것임을 알고 있기 때문에, 한 사람의 종사의 말에 굳게 집착하여 그것만을 귀하게 여기는 일은 없어야 합니다. 여러 종사들의 말이 다른 것 때문에 미혹되는 일도 없어야 합니다.

세간의 음식은 그 맛이 한 종류가 아닌데 그 중에 어느 것을 기준으로 할 수 있겠습니까? 사람의 천성은 제각각이므로 단 것을 좋아하는 사람도 있고, 매운 것을 좋아하는 사람도 있습니다. 만약 자기가 좋아하는 맛을 기준으로 하여 다른 맛은 모두 쓸데없다고 한다면 어리석은 사람이겠지요.

불법도 또한 이와 같아서, 중생의 성격과 기호가 같지 않기 때문에 자기 마음으로는 이 법문을 귀하게 여긴다고 한다면 그것도 그럴 수 있을 것입니다. 하지만 만약 자기 생각을 기준으로 하여 그 가르침은

중국이나 한국에는 없는 일본 특유의 인가 형식인 듯하다. 현재 일본에 남아 있는 고문서로서의 인가장 중에는 국보나 문화재로 지정된 것도 있다.

올바르고, 다른 가르침은 모두 진실이 아니라고 고집한다면 그것은 삿된 말입니다.

『법화경』에 이르기를, '유有를 타파하는 불법의 왕이 세상에 나와서 중생의 성격과 기호에 따라 온갖 종류로 설법을 한다'고 했습니다.

잘 이해해야 합니다. 여래의 여러 가지 법문은 중생들의 미망의 성격에 따라 임시로 설한 것입니다.

만약 직접 중생과 부처가 아직 나뉘기 전의 본분을 향해 가는 사람이라면, 여러 종류의 법문을 들었다고 해서 그 우열이나 시비 속에 마음을 쓰겠습니까?

옛 사람이 이르기를, "부처가 일체의 법문을 설하는 것은 일체 중생의 마음을 제도하기 위함이다. 나에게 일체의 마음이 없는데 어떻게 일체의 법을 이용할 수가 있겠는가?"라고 했습니다.

91. 교외별전의 전승傳乘

문• 교종을 믿는 자들 중에 선종을 비난하기를 "불설에도 근거하지 않고 의미를 따지지도 않으며 교외별전이라고 이름 붙이고 가슴 속의 불설을 마음대로 말을 하니, 도저히 신용할 수 없다"고 말합니다. 그렇게 이야기되는 이유가 있습니까?

답• 그렇게 말하는 것은 그저 교종의 액면 글자만을 공부하여 교종의 본의를 모르는 사람입니다.

만약 부처가 교종의 방식을 마련하신 본의를 알았다면 반드시 교외별전을 믿어야 하는 것입니다. 이를 진실로 교종을 믿는 사람이라 하는 것이지요.

『능가경』에서 이르기를, '부처가 처음 녹야원부터 마지막 발제하에 이르기까지 그 중간에 한 마디도 하지 않았다'고 했습니다.

만약 이 경문에 따른다면 석존일대의 교법이라고 하여 실로 유有의 세계에 집착할 수 있겠습니까?

『상법결의경』에 이르기를, '문구대로 의미를 취하는 사람은 삼세 제불들의 원수다'라고 했습니다. 경론 문구에 따라 의미를 논하는 것이 어떻게 부처의 본의에 들어맞겠습니까?

『원각경』에 이르기를, '수다라修多羅792)의 가르침은 달을 가리키는

---

792) 천태종이나 진언종에서 가사 위에 장식으로 늘어뜨리는 붉고 흰 네 개의 끈을 가리키는 말로도 사용되지만, 여기에서는 산문으로 법의法義를 풀이한 경문을 뜻한다.

손가락과 같다'고 했습니다. 손가락으로 달을 가리키는 것은 직접 사람에게 달을 보여주려고 하기 위함입니다. 만일 그 손가락에 눈길을 준 사람이 달은 보지 못하고, 한술 더떠서 그 손가락의 장단을 논하고 대소를 다투는 것은 실로 미망 중의 미망입니다.

옛날 교종의 선덕들은 모두 부처의 본의를 깨닫고 계셨기 때문에 달을 가리키는 손가락에는 얽매이지 않았습니다. 하지만 중근이나 하근이라서 직접 달을 볼 수 없는 자들을 위해 임시로 가리키는 손가락을 사용하신 것이지요.

그러한 까닭에 그 본의를 드러내고자 하여 법상종法相宗793)의 폐전廢詮794), 삼론종三論宗795)의 성묵聖默796), 천태종天台宗797)의 묘지妙旨798),

---

793) 각주 517) 참조.
794) 폐전담지廢詮談旨라고도 하며, 글에 기대지 않고 뜻을 말한다는 뜻이다. 진여眞如의 묘체는 말로써 나타낼 수 없음을 이른다.
795) 각주 512) 참조.
796) 신성한 침묵이라는 뜻으로 세간의 무익한 것에 관해 논하지 않는 것을 말한다.
797) 대승불교의 종파 중 하나로『법화경』을 근본경전으로 하는 천태교학에 기초한다. 천태교학은 중국에서 발상하여 당나라에 갔던 사이초最澄, 즉 덴교伝教 대사(767~822년)에 의해 헤이안平安 시대 초기에 일본에 전래되었다. 일본에서는 천태법화원종天台法華圓宗을 정식명칭으로 했으며, 법화원종이나 천태법화종, 혹은 법화종이라고도 칭했다. 처음에 율종과 천태종을 겸학한 승려 간진화상鑑真和尚이 일본으로 와서 천태종 관련의 서적이 일본에 들어왔으며 이어서 사이초가 805년에 당나라로 건너가 천태산에 올라 천태교학을 받고 이듬해 일본으로 돌아와 전한 것이 일본 천태종의 시작이다. 사이초는 특히 음주에 엄격한 태도를 취했으며 술을 마시는 자는 나의 제자도 불제자도 아니라고 하여 추방해야 한다고 말했다. 이 때 이미 일본에는 법상종이나 화엄종 등의 남도육종南都六宗이 전해졌었는데, 이는 중국에서는 천태종보다 늦게 성립된 종파였다. 사이초는 일본으로 돌아온 후에 히에이잔比叡山 엔랴쿠지延暦寺로 돌아가 엔닌円仁, 엔친円珍 등 수많은 승려들을 배출했다. 사이초는 모든 중생은 성불할 수 있다는 법화일승法華一乘의 입장을 말하여 나라奈良불교와 논쟁이 발생했다. 특히 법상종 도쿠이치德一와의 '삼일권실쟁론三一權実諍論'이 유명하다. 또한 간진화상이 초빙한 소승계를 받는 계단원戒壇院을 독점하는 나라불교에 대하여 소승계단을 설립하고 대승계를 수계한 자를 천태종 승려로 인정하고 보살승으로서 12년간 히에이잔에 머물며 학문수행을 하는 사이초의 혁신적 구상은 기득권익을 가지던 나라불교와의 대립을

화엄종華嚴宗799)의 과분果分800)이라고 하여 제종파에서 모두 언설로도

> 심화했다. 당시 대승계는 속인의 계戒로 인식되어 승려의 계율이라고 여겨지지 않았고. 나라의 학승들이 반론한 것은 당시 조정이 나라불교에 싫증을 느끼고 있었고 법상 등의 구불교의 속박을 단절하여 새로운 헤이안의 불교로서의 신흥불교를 찾고 있었던 사정이 저간에 있다. 논쟁 끝에 사이초 사후에 대승계단의 칙허勅許가 내려지고 명실공히 천태종이 독립된 종파로 확립되었다. 세이와천황淸和天皇 때인 866년 7월에 엔닌円仁에게 지카쿠慈覚, 사이초에게 덴쿄伝敎라는 대사의 칭호가 내려졌다. 원래 중국 천태종의 시조라 일컬어지는 지의智顗가 법화경 교의에 따라 불교 전체를 체계화한 오시팔교五時八敎의 교상판석敎相判釋을 주창한 것도 그 시대는 아직 밀교가 전래되지 않아 이에 포함되지 않았기 때문이며 따라서 중국천태종은 밀교를 도입하거나 포함하지 않았다. 하지만 일본 천태종의 종조인 사이초가 당나라로 건너간 시대에는 당시 최신 불교인 중기 밀교가 중국에 전래되어 있었다. 사이초는 아직 밀교가 섞이지 않은 당시 일본에서 밀교가 불비되었던 점을 우려하여 밀교를 포함한 불교의 모든 것을 체계화하려고 생각하여 순효順曉로부터 밀교의 권정灌頂을 받아 일본에 귀국했다. 하지만 사이초가 귀국하고 1년 후에 구카이空海, 즉 고보 대사弘法大師가 당에서 귀국하자 자신이 당나라에서 순효에게 배운 밀교는 방계라는 것을 알게 되고 구카이에게 예를 다하며 제자가 되어 밀교를 배우고자 했는데, 점차 두 사람의 불교관 차이가 현저해지면서 결별하게 되었다. 이로써 일본 천태교학에서의 완전한 밀교의 편입은 중단된다. 사이초 자신이 『법화경』을 기반으로 한 계율이나 선, 염불, 그리고 밀교의 융합에 의한 종합불교로서의 교의를 확립할 것을 목적으로 한 것은 분명하며 엔닌円仁, 엔친円珍 등의 제자들은 사이초의 의지를 이어받아 밀교를 다시 배웠으며, 사이초의 비원이었던 천태교학을 중심으로 한 종합불교의 확립에 공헌했다. 후에 니치렌日蓮은 이러한 천태종의 밀교화를 비판하며 진언眞言은 망국亡國이라고까지 말했다. 또한 일본의 천태종은 지의智顗의 설을 이어받아 『법화경』을 중심으로 하면서도 선이나 계, 염불, 밀교의 요소도 포함하며 그 융합을 시도한 것이 독특한 특징이라 할 수 있다. 천태종의 수행은 『법화경』의 관심觀心에 무게를 둔 '지관止觀'을 중시한다. 또한 일본 천태종의 수행은 조제목朝題目, 석염불夕念佛이라는 말로 집약되듯 오전에는 『법화경』의 독송을 중심으로 한 행법을 수행하고, 오후에는 아미타불을 본존으로 하는 행법을 수행한다. 이는 염불이라는 새로운 불교 전개의 싹이 되었고, 또한 후대에는 모든 존재에 불성이 깃들어 있다는 천태본각사상을 확립하게 된다. 오랜 시간 일본 불교교육의 중심이었기 때문에 헤이안 말기로부터 가마쿠라 시대에 걸쳐 새로운 종지를 주장하는 학승들을 많이 배출해냈다.
>
> 798) 원래 묘한 뜻, 뛰어난 의미 등을 일컫는데, 천태종에서는 그 교의로 일체를 부족함 없이 모든 곳에 갖추고 있다는 원돈圓頓의 묘지라는 말로 사용한다. 실상을 즉시 깨닫고 성불한다는 의미이다.

미치지 못하고 사려로도 이르지 못하는 법문을 내세우고 있습니다.

밀종에서는 현교의 무언무설無言無說이라고 하는 것을 차정遮情의 법문이라고 하여 멀리 하고, 그 위에 여의언설如義言說을 이야기합니다. 여의언설이라는 것은 유언, 무언의 영역을 초월하여 삼세 동안 항상 변하지 않고 논하는 바인 비밀스럽고 불가사의한 언설입니다. 망집의 언설처럼 이해해서는 안 됩니다.

이러한 까닭에 '지극히 심오하고 비밀스러운 경지에서는 나의 근본에 말은 없다. 그저 중생의 이익을 위해 설한다'라는 경문이 있습니다.

『대일경소』에서 이르기를, '여래가 스스로 증거하는 경지는 관자觀者도 볼 수가 없고 설자說者도 표현할 말이 없다. 말로써 남에게 전수할 수 없다'고 했습니다.

덴쿄伝教 대사801)가 제자인 고보弘法 대사802) 있는 곳에서 『이취석理趣釋』803)을 빌리신 답신으로 이렇게 말했습니다.

---

799) 각주 509) 참조.
800) 인과의 법칙을 행위와 과보에 해당시킨 것을 '인행과덕因行果德'이라고 한다. 보살행이라는 원인에 의해 부처의 공덕이라는 결과로서의 공덕을 얻는 것을 말한다. 화엄종에서 '과분불가설果分不可說'을 말하는데 여래의 과지果地 분제分際는 법성의 묘리이지 말로 제한하는 것이 아니라는 뜻이다.
801) 각주 49) 참조.
802) 각주 132) 참조.
803) 『이취경理趣經』의 주석서를 일컬으며 『이취석경理趣釋經』이라고도 한다. 각주 100) 참조. 『이취경』은 대승불교 초기 경전으로 부처의 진실한 경지에 이르는 길, 즉 이취理趣를 교시하는 경전으로 『반야이취경般若理趣經』이라고도 한다. 750년 경 당나라 불공不空(705~774년)이 역譯한 경전으로 대일 여래가 금강살타金剛薩埵를 위하여 반야의 이취理趣에 의하여 일체법一體法의 자성 청정을 설명한 것이다. 후기 『반야경』의 하나로 『대반야경』547권의 「이취품理趣品」의 발전형태이다. 밀교경전의 하나로 보면 제육전第六全인 『금강정경金剛頂經』의 일부인 『대락최상경大樂最上經』으로도 해설할 수 있다. 『이취경』은 대승불교의 지극한 사상인 '반야=공空'이 발전하여, 공에서 불공不空, 불공진실不空眞實의 경지를 보이기에 이른 것으로 이해해야 한다. 공은 이념상의 경지가 아니라 실처의 모든 것을 자유 무애無礙로 만드는 무집착의 경지를 의미하기에 이르렀다. 모든 종래의 현실 인도의 무대를 떠나 완전히 비밀의

346

"중요한 오지奧旨는 문자로는 전할 수 없다. 그저 그것은 마음으로 마음에 전해질 뿐이다. 문자는 찌꺼기이며 문자는 쓰레기이다."

교종 문언의 본의도 문자나 언어상에 없다는 것을 분명히 말한 것입니다. 교외별전이라고 하는 것이 왜 가슴 속으로 생각하는 설이겠습니까?

덴쿄 대사의 『내증불법상승혈맥보內證佛法相承血脈譜』804)에 이르기를, '「달마대사부법상승사사혈맥達磨大師付法相承師師血脈」 한 수, 「천태법화종상승사사혈맥天台法華宗相承師師血脈」 한 수, 「천태원돈보살계상승사사혈맥天台圓頓菩薩戒相承師師血脈」805) 한 수, 「태장금강량만다라상승사사혈맥胎藏金剛兩曼茶羅相承師師血脈」806) 한 수'라고 했습니다. 덴쿄 대사가 선종을

불국토로 설법의 장을 옮겼다. 철저한 현실긍정의 불공不空, 대락大樂의 세계관 배후에는 강한 자기항복의 길이 제시되어 있다. 『이취경』은 밀교의 극의를 보이는 것으로서 진언종에서는 늘 독송讀誦된다.
804) 사이초最澄가 819년 남도南都의 승려들의 반론에 답하여 천태법화종의 정통성을 밝히기 위해 찬술한 것이다. 천축, 진단, 일본의 삼국 불법의 상승을 드러낸 계보로 이듬해 2월에 쓰인 『현계론顯戒論』과 더불어 사가 상황嵯峨上皇에게 바쳐졌다. 『달마대사부법상승사사혈맥達磨大師付法相承師師血脈』, 『천태법화종상승사사혈맥天台法華宗相承師師血脈』, 『천태원돈보살계상승사사혈맥天台圓頓菩薩戒相承師師血脈』, 『태장금강량만다라상승사사혈맥胎藏金剛兩曼茶羅相承師師血脈』, 『잡만다라상승사사혈맥雜曼茶羅相承師師血脈』의 다섯 종류의 혈맥보에 따라 원밀선계圓蜜禪戒의 사종四種 법문이 모두 천축과 진단을 거쳐 사이초 자신에게 전수되었음을 보이고 있다. 사본은 일본의 중요문화재이다.
805) 천태종에서 대승 궁극의 가르침에 관하여 말한 것이다. 원圓은 원융원만圓融圓滿, 돈頓은 급속히 불과를 얻는 것을 말한다.
806) 태장계만다라는 태장계진언의 본경인 『대일경』에서 설하는 것이다. 대일경 여래를 중심으로 일체의 제불보살 이하를 배당시켰다. 밀교는 법문을 금태양부로 나누고 태장계는 중생이 본래 갖추는 이성에 속하는 법문으로 삼고, 이理와 인因으로 배치하고 금강계는 대일여래의 지덕을 보이며, 제불 시성始成의 과상果相에 속하는 법문으로 하고, 지와 과로 배치한다. 금강계만다라는 『금강정경』이 설하는 바에 따른다. 금강이란 대일여래의 지덕이 견고하여 일체의 번뇌를 깨버리는 뛰어난 작용을 하는 것이라 한다. 태장이란 감추고 덮으며 내포한다는 의미로 인간이 모태로 가지고 있듯 이체理體가 번뇌 안에 가지고 있어서 드러나지는 않으나, 그 모태에 감추어져 있는 사이에 자체子體가 자라나듯이 이체가 일체의 공덕을 갖추고 있으면서 잃지 않는 것을 말한다.

이으신 것이 분명히 밝혀져 있습니다.

사가 천황嵯峨天皇807) 치세 때 일본의 승려 에가쿠慧蕚808)라는 사람이 칙명에 의해 불법을 일본에 널리 전파하고자 하여 중국으로 건너갔습니다. 염관현鹽官縣의 제안국사齊安國師809)를 찾아가 선법을 전수받았지요. 그래서 그의 문하에 있던 승려 의공선사義空禪師810)를 초빙하여 일

---

807) 786~842년. 재위기간은 809년~823년. 헤이안 시대의 천황으로 간무천황桓武天皇의 차남으로 어릴 적부터 태자로서의 기량이 있다고 하여 아버지의 총애를 받았으며 형인 헤이제이천황平城天皇의 황태자가 되어 즉위했다. 사가천황 때부터 헤이안쿄平安京의 시대가 시작되었다고 일컬어진다. 한시문을 좋아하여 시연詩宴을 종종 열었으며 그 시들은 『료운슈凌雲集』, 『분카슈레이슈文華秀麗集』, 『게이코쿠슈経国集』에 수록되었다. 9세기 전반기의 당풍唐風문화 융성의 중심인물이기도 했으며 서도에도 능하여 구카이空海, 다치바나노하야나리橘逸勢와 더불어 삼필三筆이라 일컬어졌다. 823년 이복형제인 준나천황淳和天皇에게 천황직위를 양위한 후에는 레이제이인冷泉院에서 11년간 살았고 이후 사가인嵯峨院(후의 다이카쿠지大覚寺)에서 지냈다. 슬하에 자식이 50명을 헤아렸는데, 그 중 32명에게 미나모토源라는 성씨를 주어 신적臣籍을 내려 이것이 사성賜姓인 미나모토源씨의 시작이 되었다.

808) ?~?. 헤이안 시대의 승려. 사가천황의 황비가 중국의 선종을 경모한다는 내용을 쓴 편지를 부탁받아 수행에 뛰어난 중국 선승을 초빙하고자 중국에 가게 되었다. 항저우杭州의 영지원靈池院에 가서 제안국사齊安國師를 찾아가 황태후의 편지를 건네자 국사가 감격했는데, 그 때 에가쿠는 '일본의 불교에 대한 신응은 순숙純熟하여 교법은 지극히 번성하고 있습니다. 하지만 최상의 선종은 아직 전래되지 않았습니다. 바라건대 국사의 불법의 가르침을 한 수 얻어 일본 종문의 근저로 삼고자 합니다'라고 부탁했고 국사는 제자 의공義空에게 일본으로부터의 요청에 응하도록 했으며, 의공은 에가쿠와 더불어 바다를 건너 다자이후太宰府에 도착했다고 한다. 또한 에가쿠가 중국으로 건너가 오대산五臺山에서 관음상觀音像을 받아 일본으로 귀국하던 중에 배가 보타산普陀山 근처 연화양蓮花洋을 통과하던 때에 앞에 쇠로 된 연화蓮花가 나타나 배가 꼼짝하지 않았는데, 이에 '일본의 중생들이 부처를 보는 것은 무연無緣하니 절을 건립하겠다'라는 기도를 바치고, 이 기도에 쇠로 된 연화가 사라져 배가 다시 움직여 호남동湖音洞으로 이끌었다는 이야기가 있다.

809) ?~842년. 당나라 항저우 염관현의 진국해창원鎭國海昌院의 선승이다. 출가 후에 습공산襲公山의 마조도일馬祖道一을 찾아가 제자가 되었으며 정법을 교시받았다.

810) ?~?. 헤이안 시대에 당나라로부터 도래한 선승으로 중국 항저우 해창원의 제안국사에게 사사했다. 835년 황태후인 다치바나노 가치코橘嘉智子가 중국의 선승을 초빙했을 때 스승의 추천에 의해 일본으로 오게 되었다. 처음에

본으로 건너오게 하시고, 교토 도지東寺811)의 사이인西院 건물에 기거하셨습니다.

고보 대사가 그 경위에 관해 천황에게 고했고, 천황과 황후812)가 의공선사를 만나 대면하셨지요.

는 도지東寺에 머물렀지만 후에 가치코가 창건한 단린지檀林寺로 옮겨 그 개기開基가 되었다. 불도에 관해 묻는 사람들이 많았다고 하나, 선종 자체는 부진했으므로 몇 년 뒤에 당으로 돌아갔다. 나중에 에가쿠가 다시 중국으로 건너갔을 때 그의 사적을 「일본국수전선종기日本國首伝禪宗記」라고 하여 비석에 새겨 일본에 보냈고 교토 라쇼몬羅城門 옆에 세웠다고 한다.

811) 교토에 있는 사찰로 도지진언종東寺眞言宗의 총본산이다. 본존은 약사여래이며 794년 헤이안으로 수도가 천도되었을 때 왕성을 지킨다는 명목으로 라쇼몬羅城門 좌우에 절이 건립되었는데, 그것이 도지와 사이지西寺이다. 796년경부터 사찰 조영이 개시되었는데, 도지가 황족이나 귀족, 서민에 이르기까지 폭넓은 신앙을 결집하게 된 것은 823년 사가천황이 도지를 고보 대사인 구카이에게 하사하여 도지가 진언밀교의 근본도량이 되고 나서라고 할 수 있다. 구카이는 당에서 일본으로 귀국한 후에 진언밀교의 포교에 힘썼는데, 히에이잔 엔랴쿠지의 사이초와 대립하였다. 사가천황은 그 조정을 위해 두 사람의 교학을 공인하였고 구카이에게는 도지를 주게 된 것이다. 그 때까지 모든 관사官寺는 제종겸학諸宗兼學을 취지로 하였기 때문에 구카이 이후에 한 종파에 의한 관사의 독점은 획기적인 일이었다. 이후 일본의 불교는 관사불교에서 종파불교로 크게 변모했다. 구카이는 도지에 오중탑과 강당을 건립하였고 835년 그의 사후 진언종의 신앙과 교학의 중심은 고야산高野山으로 옮겨졌으며 도지는 점점 쇠퇴하였지만, 관사로서의 지위는 높게 유지되었다. 가마쿠라 초기에는 도지 부흥의 움직임이 있었으나 재흥사업은 중단되었다. 13세기 중엽 이후에는 교헨行遍 등의 활약으로 도지는 경제적으로 안정되었으며 남북조 시대와 무로마치 시대에는 거듭되는 전란으로 사찰 내의 건물 등이 소실되기도 했지만 무가와 민중들의 힘으로 거듭 재건되었다.

812) 786~850년. 사가천황의 황후 다치바나노 가치코橘嘉智子를 말한다. 사가천황의 왕자 시절에 비가 되어 즉위 후인 815년에 황후에 책립되었다. 823년 양위 때 황태후가 되었으며 아들 닌묘천황仁明天皇이 즉위한 833년 이후에는 태황태후가 되었다. 용모가 아름답고 온화하며 불교에 대한 신심이 깊었고, 교토 서쪽 외곽의 사가嵯峨 지역에 화려한 단린지檀林寺를 건립했다. 여기에 당나라 선승 의공을 모시고 선서禪書에 관해 강의하게 했기 때문에 단린황후檀林皇后로 일컬어지기도 한다. 일본에서 선이 주창되던 초기에 중요한 역할을 한 여성으로 여겨지며 불구佛具도 많이 제작하여 중국의 사원이나 선승들에게 희사했다고 한다. 그녀의 능묘는 교토 우쿄구右京区의 사가릉嵯峨陵이다.

황후는 전생으로부터의 과보가 열려 교외의 종지를 깨달으셨습니다. 그리고 사가 지역에 단린지檀林寺813)를 건립하셨습니다. 그래서 단린 황후라고 불리신 것입니다. 의공선사를 초청하시어 이 절에 살게 하셨지요.

하지만 선사가 말씀하시기를, "선종이 이 일본 땅에 널리 유포될 것이라 여겨지는 때는 아직 오지 않았습니다. 그래서 중국의 선덕들도 그저 교종의 가르침만을 전달하고, 아직 최상의 종지는 유포하지 않으셨습니다. 저도 또한 일본 땅에 있으면서도 중생에게 이익을 주는 일은 적을 것입니다"라고 하고 삼 년 정도 경과한 후에 중국으로 돌아가 버리셨지요.

그리고 이 사실을 미래에 알리고자 하여 중국에서 석비石碑814)를 일본으로 보내어 도지東寺에 두셨습니다. 중국 개원사開元寺815)의 사문沙門816)인 계원契元817)이 그 글을 기록하였고, 그 첫 제목은 「일본에 처음

---

813) 교토 우쿄구 사가에 있던 절로 834~848년 사이에 다치바나노 가치코 황후에 의해 창건되었으며 개산開山은 당나라 선승 의공이다. 무로마치 시대에 교토의 다섯 니사尼寺 중 하나가 되지만 폐절하였고, 그 터에 아시카가 다카우지 足利尊氏가 덴류지天竜寺를 세웠다. 덴류지의 개산이 바로 무소 소세키夢窓疎石이다. 덴류지는 교토 고잔五山의 제1위이며 1994년에는 교토 문화재의 하나로 세계문화유산에 등록되었다.
814) 「일본국수전선종기日本国首伝禅宗記」를 일컫는다. 아래에서 「일본에 처음 선종을 전하는 기」라고 풀어 썼다.
815) 중국 당나라 현종이 개원開元 26년, 즉 738년에 각 주州에 세우게 한 관립官立 사찰을 말한다. 백성들에게 불교를 포교하기 위하여 세운 것으로 푸젠성福建省 취안저우시泉州市의 개원사와 안후이성安徽省 쉬안청시宣城市의 개원사가 특히 유명한데, 여기에서는 전자를 말한다. 남송 시대에 이르러서는 대장경을 개판開版했다고 한다.
816) 불교에서 출가하여 수도에 전념하는 사람을 뜻하며 팔리어 samaṇa에서 유래하는 음사어로서 '노력하는 사람'이라는 의미로 비구比丘와 비슷하다. 그러나 원래 사문은 고대인도에서 반反베다적, 반反브라만적 출가 수행자를 가리켰다. 그들은 종래의 전통적인 정신원리인 베다 성전이나 사제인 바라문의 권위를 인정하지 않는 비전통적인 사상가였으며, 이런 의미에서 자유사상가라고도 말할 수 있다. 불교의 개조인 고타마 싯다르타도 이런 사문 중의 한

선종을 전하는 기」라 했습니다. 선종이 만약 쓸데없는 것이라면 고보 대사가 어떻게 의공선사를 천황께 추천하셨겠습니까?

　　지카쿠慈覚 대사818)는 산상에 선원을 짓고 선법을 일으키셨습니다. 지쇼智証 대사819)의 『교상동이집敎相同異集』820)에서 말씀하셨습니다.

사람이었다. 불교가 흥기하던 기원전 6~5세기의 인도 사회는 인도에 침입한 아리안족의 정착이 마무리되면서 농업 생산의 증대와 더불어 상공업이 발달하여 도시의 발전을 촉진하고, 이 도시들을 중심으로 하는 많은 국가들이 형성되었다. 이 결과 브라만 계급을 대신하여 왕족 계급이 발흥하고, 상공업자의 경제적 실권이 증대하게 된다. 결국 기존의 계급제도와 종교의 권위가 실추된 시대적 상황에서 등장한 신흥종교가, 혹은 사상가가 사문이다. 사상적으로 보면 이들은 베다 종교의 제식祭式 만능주의에 반대하고, 극단적인 유물론자들도 있지만 대체로 업과 윤회의 사상에 입각하여 고苦의 세계인 윤회로부터 벗어나 해탈을 얻는 것을 목적으로 삼았다. 불교 경전에서 전하는 육사외도六師外道가 당시의 대표적인 사문들이다. 불교에서 비구를 사문이라 칭하는 이유는 사문들의 특징이 출가주의를 지향한 점에 있기 때문일 것이다.

817) ?~?. 상세한 내용 미상.
818) 794~864년. 헤이안 초기 천태종 승려로 제3대 천태좌주인 엔닌円仁을 말한다. 입당팔가入唐八家 중 한 사람이며 시모쓰케下野(현재의 도치기현栃木県) 출신이다. 9세에 출가하여 15세에 히에이잔으로 가 사이초에게 사사했다. 816년 구족계를 받고 823년부터 12년간 산에 머물며 청규清規에 따라 일행삼매一行三昧의 염불행법을 수행했다. 838년 견당사로 입당入唐하여 개원사開元寺로 들어갔다. 그러나 영적순례를 위한 허가를 얻지 못해 귀국하려고 했는데 두 번이나 풍랑을 만나 실패한다. 그 후 허가장을 받고 840년에 오대산五臺山으로 향하던 중에 선을 배우게 되었고, 염불삼매의 법을 익혔으며 지관止觀을 공부하였다. 이후 몇 년간 중국 고승들을 만나 천태와 비법을 전수받았다. 847년에 귀국길에 올라 다자이후大宰府에 도착했다. 854년 엔랴쿠지 제3세 좌주座主가 되었고 866년 지카쿠慈覚대사라는 시호를 받았다. 엔닌은 당나라로부터 천태, 진언, 선, 염불, 실담悉曇을 전하였고 수백권의 서적을 들여왔으며, 귀국 후에는 불사를 수행하고 밀교의 충실을 도모했으며 명실공히 일본 천태종을 대성하였다. 저서에 『금강정경소金剛頂經疏』7권, 『소실지경소蘇悉地經疏』7권, 『현양대계론顯揚大戒論』8권, 『입당구법순례행기入唐求法巡礼行記』4권 등이 있다.
819) 815~891년. 헤이안 초기 천태종 승려로 제5대 천태좌주 엔친円珍을 말한다. 사누키讃岐(지금의 가가와현香川県) 사람으로 구카이空海 질녀의 아들이라고 한다. 15세에 히에이잔으로 가 엔랴쿠지 좌주인 기신義眞에게 천태를 배웠으며 20세 때 보살계를 받았다. 이후 12년간 산에 머물며 수행을 지속하여 엔랴쿠지의 학두學頭가 되었다. 853년 입당하여 개원사로 들어갔다. 천태산天台

'일본에 여덟 종파가 있고 남도南都에 육종이 있다. 구사종俱舍宗821), 성실종成實宗822), 율종律宗, 법상종法相宗, 삼론종三論宗, 화엄종華嚴宗을 말

山 국청사國淸寺로 가서 천태지관을 청강하여 200여권의 천태 주석서를 얻었고, 855년부터는 진언밀교를 배웠다. 특히 장안長安의 청룡사靑龍寺에서 법전法全으로부터 태장胎藏, 금강계金剛界, 소실지蘇悉地의 삼부대법三部大法을 전수 받았고, 858년 상선으로 귀국길에 올라 다수의 불전과 불구를 가지고 다자이후에 도착했다. 귀국 후 859년에 온조지園城寺에 들어갔고 868년에는 안네安慧의 뒤를 이어 엔랴쿠지 좌주가 되었다. 그리고 온조지를 하사받아 이 곳을 천태의 별원으로 삼아 전법관정傳法灌頂의 도량으로 하고 그 교세를 높였다. 이후 엔랴쿠지를 산문山門이라고 하고 이에 대해 온조지를 사문寺門이라고 하여 엔친의 계통이 대대로 통괄직인 벳토別당가 되었다. 후에 엔친의 문도들은 엔랴쿠지와 분리되어 사문파를 형성하였고, 엔친은 그 파의 시조로 숭앙된다. 927년 다이고醍醐천황으로부터 지쇼智証대사라는 시호를 받았다. 엔친은 입당하여 천태, 진언을 비롯하여 구사俱舍, 인명因明, 실담悉曇 등을 공부하고 440여부 1000권의 서적을 가지고 왔는데, 천태종 융성에 노력한 공적이 크며 또한 천태종 밀교의 충실성과 완성에도 힘썼으며 다수의 경궤 도상經軌圖像을 들여온 점에서 주목된다. 저작에는 『대일경지귀大日經指歸』1권, 『강연법화의講演法華儀』2권, 『수결집授決集』2권, 『법화론기法華論記』10권 등이 있다.
820) 『제가교상동이략집諸家敎相同異略集』를 말하는 것이며, 엔친은 이 글에서 선종, 천태종, 진언종을 선사라는 이름 하에 일괄하고 있다.
821) 중국과 일본의 불교 종파 중 하나로 구사종이라는 종파의 이름은 4~5세기의 인도 철학자인 세친世親(Vasubandhu)이 쓴 『아비달마구사론阿毘達磨俱舍論』과 그 주석서에서 유래한다. 이 책은 미래, 과거, 현재를 통해 법法(dharma)은 실체로 존재하며 자아는 공하다, 즉 '人空法有'라고 주장한 고대 인도의 학파인 설일체유부設一切有部(Sarvāstivāda)의 주장을 체계화한 경전이다. 원래 인도나 티벳에서 구사론은 불교교리학의 필수과목으로 연구되고 강의되었던 것인데 신체眞諦에 의해 566년부터 567년에 걸쳐 한역되었고, 또한 당나라의 고승 현장玄奘이 651년부터 654년에 걸쳐 다시 한역한 뒤 중국에도 구사종이 형성되었다. 일본에는 겐코지元興寺 선원이 개조인 도쇼道昭가 661년에 일본으로 귀국할 때 구사론 및 주석을 가지고 온 것으로 보인다. 그러나 구사종이라는 종파가 공적으로 제정된 것은 8세기 중반 나라시대에 도다이지東大寺에서였으며, 이 때 구사종이 대불개안공양을 이유로 남도육종南都六宗의 하나로서 다수의 경론을 강설했다. 나라시대 이후에는 겐코지와 고후쿠지興福寺를 중심으로 하는 법상종의 부속종파로 흡수되었다. 다른 말로는 비담종毘曇宗, 억사종抑舍宗, 구사중俱舍衆, 살바다중薩婆多宗이라고도 한다.
822) 중국에서 성립한 불교 종파 중 하나로, 종파의 이름은 3~4세기에 인도에 살았으며 부파불교와 대승불교에 모두 연관되어 있었던 하리바르만이 지은 『성실론成實論』이라는 책에 의거하여 명명되었다. 412년 구마라집이 이 논서를

한다.

　북쪽 도읍823)에는 두 종파가 있는데 이는 천태종과 진언종이다.

　구사종, 성실종은 모두 소승이다.

　율종은 대소승에 공통되며 그 외의 다섯 종파는 모두 대승이다.

　그 외에 선문종이 있다.

　이는 여덟 종파에 결합된 것이 아니다.

　히에이잔의 대사들도 모두 전수받았다.'

　현교와 밀교의 오의奧儀를 추구하고 계심에 있어 어느 누가 이 네 분 대사들보다 뛰어나겠습니까?

　　　한역한 이후 제자인 승도僧導와 승숭僧嵩이 이에 대한 연구를 활발하게 전개하여 성실종을 열었다. 이들의 노력에 힘입어『성실론』은 남조南朝의 제齊와 양梁에서 가장 널리 연구되며 가장 영향력 있는 논서가 되었다. 당시 불교계의 삼대법사三大法師, 즉 광택사光宅寺의 법운法雲, 개선사開善寺의 지장智藏, 장엄사莊嚴寺의 승민僧旻이 주된 논사였다. 그러나 삼론종의 논사들은 이 논서를 소승에 속하는 것이라고 낮게 평가했으며, 수나라 대에 들어와 길장吉藏의 노력으로 삼론종이 흥성하면서 이에 대한 관심이 쇠퇴했다. 한국에서는 고구려의 혜자慧慈, 혜관慧灌과 백제의 혜총慧聰, 관륵觀勒 등이 성실종과 삼론종에 두루 통달했으며, 백제의 도장道藏은 열여섯권으로 이루어진 소疏를 지었다. 일본의 경우 고구려의 혜관이 삼론종과 함께 성실종을 전했다고 보기도 하며 백제의 도장이 전했다고 보는 견해도 있는데 이후 삼론종의 하위 종파로 남게 되었다. 또한 쇼토쿠 태자聖德太子는 고구려의 혜자, 혜관과 백제의 혜총에게 배우기도 했는데, 기젠凝然의『삼국불법전통연기三国仏法伝通緣起』에는 '쇼토쿠 태자가 삼경소三經疏를 짓고 성실론으로 법상의 문을 이루었으며 광택光宅의 강의에 의해 의문義門을 세웠다. 광택법사는 성실종의 시조이다'라고 기록되어 있어 독립된 종파는 되지 못했지만 일본불교의 형성에 큰 역할을 했다고 본다. 이 종파의 주된 가르침은 자아나 세계를 구성하는 정신적·물질적 요소들은 영원히 존재하거나 변화하지 않는 실체를 가지고 있는 것이 아니므로 참된 존재성을 결여하며, 그 때문에 공空하다는 것이다. 즉 속체俗諦와 진체眞諦를 대립시켜 속체의 존재를 인정하지만 진실계에 서서 본다면 그것은 공임을 설한다. 그러나 이것은 직관적인 깨달음이 아니라 존재에 대한 분석을 통해 도달한 것이기 때문에 대승불교에서 말하는 공과는 다른 것이며, 소승에 속하는 것으로 폄하되었다.

823)　남도南都인 나라奈良에 비해 북쪽으로 천도한 새로운 도읍인 헤이안平安, 지금의 교토를 말한다.

선종이 만약 가슴 속으로만 생각하는 설이라면, 어떠한 이유로 현교와 밀교 외에 또 이 종파를 숭앙하는 일이 있겠습니까?

안넨安然 화상824)의 『교시쟁론教時諍論』825)에 히에이잔比叡山이 다른 산사보다 훌륭한 점을 칭송하며 '우리 산에는 선종, 진언종, 천태종이라는 세 종파를 안치했다. 천축, 진단에도 이러한 일은 아직 없었다'고 했습니다.

쇼토쿠聖德 태자826)는 남악南岳대사827)가 환생하신 분입니다. 남악대사는 달마의 종지를 이어받으셨고, 그 인연으로 쇼토쿠 태자가 불법을 일으키셨을 때 야마토大和828)의 가타오카산片岡山829)에 달마대사가 분명히 나타나셨습니다. 태자가 와카를 읊어 보내셨지요. 그 와카는,

"가타오카산 / 먹을 것에 굶주려 / 누운 나그네 / 가엾기 짝 없구나 / 부모조차 없는가"830)

---

824) 841~915?년. 헤이안 중기의 천태승으로 사이초의 후예이다. 지카쿠慈覺대사 엔닌円仁, 헨조遍昭 승정 등으로부터 현밀의 비법을 전수받고 884년 간교지元慶寺의 좌주가 되었다. 만년에는 히에이잔 고다이인五大院에 재주했으며 아카쿠阿覺대사라고도 일컬어졌다. 『교시쟁론教時諍論』2권, 『교시문답教時問答』4권, 『실단장悉曇藏』8권, 『보통수보살계광석普通授菩薩戒廣釋』3권 등 100여부의 저서를 썼으며 엔닌, 엔친의 뒤를 이어 천태밀교를 체계화하고 진언종 도지東寺의 밀교라는 동밀東密에 대응하는 천태종의 밀교, 즉 태밀台密을 대성했다.
825) 안넨安然의 두 권짜리 저작으로 『교시론教時諍』이라고도 한다. 헤이안 시대 초 일본천태종과 법상, 화엄, 삼론, 진언 등의 제종파들 간에 교시론, 즉 부처 일대의 교법에 관한 분류론인 교판론이 활발히 논해졌는데, 이 책에서는 그러한 논쟁을 종합하였다.
826) 각주 160) 참조.
827) 혜사慧思. 각주 348) 참조.
828) 옛 지역명으로 현재의 나라현奈良県에 해당한다. 야마토大和정권의 발상지로 아스카쿄飛鳥京, 후지와라쿄藤原京, 헤이조쿄平城京 등이 세워졌다. 원래 '倭'라는 한자를 썼는데, 겐메이천황元明天皇 때 '和'라는 글자에 '大'를 붙여 '大和'로 쓰도록 정해졌다. 수도가 있었던 곳이었으므로 일본의 이칭으로도 사용된다.
829) 나라현奈良県 기타카쓰라기군北葛城郡 오지초王寺町로부터 가시바시香芝市에 걸친 낮은 산을 일컫는다.
830) 원래의 와카는「しなてるや片岡山に飯にうへてふせる旅人あはれおやなし」

라고 하니 달마대사의 답가는,

"이카루가斑鳩831)의 / 도미노오가와富雄川832)의 / 물이 끊기면 / 내가 님의 이름을 / 잊을 수도 있겠지" 833)

였습니다.

　이 와카의 응수가 있고나서 얼마 지나지 않아 대사는 입적하셨습니다.
　태자는 몸소 신하들과 똑같이 돌을 나르고 무덤을 쌓아 대사의 관을 거두셨지요. 신하들 일동이 모두 불평하는 것을 듣고 태자는 "그렇다면 이 묘지를 파서 훼손하고 관을 밖으로 내다 버리라"고 말씀하셨습니다.
　신하들이 묘를 다시 파서 관을 열어보니 입멸하신 때에 태자가 보내시어 대사에게 입게 하신 옷만이 남아 있고 유체는 보이지 않았습니다.
　신하들은 모두 기이하다는 생각을 품으면서 원래대로 관을 넣었습니다. 그 묘가 지금도 있습니다834). 게다쓰解脱 상인835)은 그 무덤 위에

　　　로 『일본서기日本書紀』에 실려 있다. 첫 구절 '시나테루야しなてるや'는 의미 미상이나 가타오카산을 관용적으로 이끄는 표현이다.
831) 나라현 북서부 이코마군生駒郡의 지명이다. 옛날 고지새, 즉 '이카루'가 군집했던 곳이라 붙여진 이름이며 호류지法隆寺, 주구지中宮寺, 호린지法輪寺 등이 있는 불교의 중심지였다.
832) 야마토大和 지역의 와카 명소로 이코마군生駒郡 이카루가초斑鳩町, 즉 호류지法隆寺 동쪽을 흐르는 강이다.
833) 원래의 와카는 「いかるがやとみのおがはの絶えばこそ我が大君のみなを忘れめ」로 칙찬勅撰 와카집인 『슈이슈拾遺集』에 실려 있다.
834) 다루마지達磨寺, 즉 달마사는 나라현奈良県 기타카쓰라기군北葛城郡 오지초王寺町에 있는 임제종 남선사파의 사찰이며 산호山号가 가타오카片岡이다. 본존으로는 천수관음, 달마선사, 쇼토쿠 태자를 모신다. 이 절은 스이코 천황推古天皇 때인 613년 겨울 창건되었다고 한다. 위의 쇼토쿠 태자와 달마서사의 이야기는 『일본서기日本書紀』와 『겐코샤쿠쇼元亨釈書』에 보이며 쇼토쿠 태자가 스스로 조각한 달마상을 이 사찰에 모셨다고 한다. 이 달마사 경내에는 1호분, 2호분, 3호분으로 일컬어지는 6세기에 축조된 고분이 세 개 있는데 이 중 3호분 위에 본당이 지어졌다. 이 고분은 헤이안 시대에는 달마대사라고 신앙되었다 한다. 달마사가 사찰로서 형태를 갖춘 것은 가마쿠라 시대 이후라고

탑을 세우고 대사와 태자 두 분의 모습을 안치하셨습니다.

태자가 지으신 『설법명안론說法明眼論』836)에서 이렇게 말합니다.

"남천축의 달마조사가 짐에게 교시하여 말씀하시기를 '빨리 생사의 고통에서 벗어나고자 생각한다면 근본 일승一乘837)을 배워야 한다. 일승의 올바른 의미는 불심이다'라고 하셨다. 또한 남천축의 달마조사께서는 불법을 나누어 두 종류로 보았는데, 교내敎內와 교외敎外가 바로 그것이다."

달마대사는 남천축 향지국香至國838)의 왕자였습니다. 그래서 남천조사南天祖師라고도 부릅니다. 일본의 불법은 쇼토쿠 태자가 처음 유포하신 것입니다. 선종이 만약 무용한 것이라면 왜 이렇게 달마대사를 숭경하겠습니까?

덴쿄伝教 대사는 제종에 관하여 구별을 논하셨는데, 선종에 관하여 한 마디도 우열을 비판하지 않았습니다.

고보弘法 대사도 『십주심론十住心論』839)을 저작하여 현교와 밀교를

하는데, 여기에서 무소가 말하는 묘소는 나라奈良의 다루마지達磨寺이다.
835) 1155~1213년. 헤이안 시대 말기부터 가마쿠라 시대 초기에 걸쳐 활동한 법상종의 승려 조케이貞慶를 말한다. 처음에 고후쿠지興福寺로 들어갔고 후에 가이주센지海住山寺에 주지했다. 계율을 엄수하고 구불교의 개혁을 제창했으며 법상종 중흥의 주역으로 칭해진다. 저서에 『우미발심집愚迷発心集』등이 있으며 가사기笠置상인이라 불리기도 한다.
836) 두 권 짜리 쇼토쿠 태자의 저서로 전해지지만 예전 다른 사람의 저작을 가탁한 것으로 본다.
837) 모든 중생이 부처와 함께 성불한다는 석가모니의 교법으로 일체의 것이 모두 부처가 된다는 법문.
838) 향지香至는 캉치(Kang-zhi)라는 발음을 댄 것이고 남인도 칸치푸람(Kanchipuram)을 의미한다. 칸치푸람은 타밀나드주州에 있는 고도古都로 보리달마의 시대에는 팔라파왕조의 수도가 있었던 곳이다.
839) 고보 대사 구카이空海의 대표적 저술로 830년경 준나천황淳和天皇의 칙령에 부응하여 진언밀교의 체계를 서술한 책으로 정식명칭은 『비밀만다라십주심론秘密曼陀羅十住心論』이다. 10권에 이르며, 인간의 마음을 열 단계로 나누어 각각에 당시의 대표적 사상을 배치함으로써 체계를 구축하였다. 진언밀교가 인간의 마음이 도달할 수 있는 최고의 경지라고 말한다. 그 열 가지 마음은,

구분하고 또한 외도와 이승의 가르침까지도 설명을 덧붙이셨는데, 선종은 비판하지 않으셨습니다. 이는 곧 교외의 종지는 이미 분별과는 상관이 없다는 것을 깨닫고 계셨기 때문입니다.

지쇼智証 대사가 선종은 제종에 결부된 것이 아니라고 말씀하신 것도 이러한 의미입니다.

지카쿠智覚 선사가 이르기를, "교종 안에 선종이 있다는 것을 모르는 것은 교종을 배우는 자라 할 수 없다. 선종 안에 교종이 있다는 것을 모르는 것은 선종을 배우는 자라 할 수 없다"고 했습니다. 교종을 배우는 자가 선종을 비방하는 것은 선종을 모르는 것일 뿐 아니라 교종도 모르기 때문입니다. 선종을 배우는 자가 교종을 비방하는 것은 교종을 모르는 것일 뿐 아니라 선종도 모르기 때문입니다.

천태天台대사[840]가 문자文字의 법사[841], 암증暗證의 선사[842]라고 말씀하는 사람이 바로 이러한 사람들입니다.

혜충慧忠국사가 말씀하시기를, "선종을 배우는 자는 부처의 말을 잘 준수해야 한다. 요의了義의 대승은 모두 자기 마음의 본원을 추구하는 것이다. 불요의不了義한 자들이 서로 다투는 것은 사자 몸속의 벌레와

번뇌에 현혹된 마음인 이생저양심異生羝羊心, 도덕에 눈뜬 유교적 경지인 우동지재심愚童持齋心, 초속을 지향하고 인도철학이나 노장사상이 이르는 경지인 영동무외심嬰童無畏心, 소승불교 중 성문의 경지인 유온무아심唯蘊無我心, 소승불교 중 연각의 경지인 발업인종심拔業因種心, 대승불교 중 법상종 유식唯識의 경지인 타연대승심他緣大乘心, 대승불교 중 삼론종 중관中觀의 경지인 각심불생심覺心不生心, 대승불교 중 천태종의 경지인 일도무위심一道無為心, 대승불교 중 화엄종이 경지인 극무자성심極無自性心, 진언밀교의 경지인 비밀장엄심秘密莊嚴心이다.

840) 지의智顗. 각주 248) 참조.
841) 오로지 교리와 경문 연구에만 빠져서 실천적인 선행禪行을 수행하지 않는 법사로 선승들이 학문승을 비하하여 하는 말이다.
842) 암증暗証이란 불립문자不立文字의 진의를 오해하여 오로지 좌선에 의해서만 깨달음을 얻으려고 하여 경전의 연구를 소홀히 하는 것을 말한다. 따라서 선승을 타종파에서 비하하여 부르는 말이다.

같은 것이다"라고 했습니다.

　율부律部843) 안에는, '불제자도 하루에 잠깐의 틈을 내어 외도의 법문을 배워야 한다. 만약 그 법문을 모르면 문득 그 견해에 빠져버려도 모르는 실수를 한다. 또한 외도의 법문을 모르면 그 견해를 깨버릴 수도 없다'는 말이 보입니다.

　이러한 까닭에 교종을 배우는 자도 선종을 비방하고자 생각한다면 우선 선종의 선지식을 찾아가 그 종지를 깨달아야 합니다. 선을 배우는 사람도 또한 교종을 비방하고 싶으면 우선 여러 교법의 근원을 모조리 이해해야 합니다.

　만약 그렇게 되면 논쟁은 자연히 그칠 것이 틀림없습니다. 서로를 모르고 얼굴을 붉히며 목소리를 거칠게 내어 언쟁을 한다고 한들 어느 세월에 승부를 결정할 수 있겠습니까?

　그 언쟁은 승부가 나지 않을 것이며 불법을 비방한 죄업을 반드시 초래할 것입니다. 이보다 더 무익한 일이 어디 있겠습니까?

---

843) 율律의 서적으로 3대부大部 73첩帖의 책이 있다.

92. 이 문답의 기록에 관하여

문● 평소 뵙던 사이여서 문답한 내용을 별 생각 없이 가나仮名 문자로 기록해 두었습니다. 이를 청서淸書하여 속세 여성들처럼 불도에 뜻이 있는 사람들에게 보이고자 생각합니다만, 지장이 없겠습니까?

답● 선승의 법문은 교종처럼 학습으로 전달한 법문을 가슴 속에 쌓아두고 종이 위에 기록하여 이를 널리 펼쳐 남에게 전수하는 일은 없습니다. 그저 기연에 따라 직접 교시할 뿐이지요. 이를 적면제지覿面提持844)라고 합니다. 부싯돌에 이는 불꽃, 번개의 섬광에 비유하며 그 확인을 추구해서는 안 됩니다.

옛 사람이 이르기를, "언외에 뜻을 깨닫는 것도 이미 제이의第二義845)에 빠진 것이다"라고 했습니다. 하물며 그 말을 기록하여 사람들에게 주고 보게 하는 것은 어떻겠습니까?

이러한 이유로 옛 종사들은 모두 한결같이 언구를 기록하는 것을 금하셨습니다. 하지만 만약 전혀 기록하지 않았다면 권유하고 이끄는 길도 끊겼겠지요. 그래서 어쩔 수 없이 고인의 어록이 세상에 널리 유포되는 것입니다. 하지만 이는 선종의 본의가 아닙니다.

옛 사람은 대부분 내전과 외전들을 널리 공부한 후에 선문으로 드셨습니다. 이 때문에 해석하는 바가 모두 편견에 빠지지 않은 것입니다.

---

844) 눈앞에 내걸어 보임. 각주 475) 참조.
845) 가장 중요하고 근본적인 일을 제일의第一義라고 하는 것에 비해 중요도가 떨어지는 의의나 사항을 말한다.

말세에 선종을 믿는 사람들 중에는 아직 인과의 도리조차 분간하지 못하고, 진과 망의 차이도 모르는 자가 있습니다. 그러한 사람들 중에서도 만약 불도수행의 마음이 어설프지 않고, 일체를 전혀 모르고 전혀 분간하지 않는 경지에 직접 이르기를 하루 종일 추구한다면 어중간하게 작은 지혜가 있는 사람보다 나을 것입니다.

세간을 널리 내다보면 사람들이 하는 좌선수행이 면밀하지 않고, 경론이나 불전의 가르침을 청문하는 일도 없습니다. 혹 좌선 중에 외도나 이승의 견해가 일어나도 이는 좌선 중에 얻은 지혜이므로 불법을 깨달은 것이라 생각하는 사람이 있습니다. 혹 자연스럽게 교종에서 논하는 법문을 받아들이고는 자기가 선승이므로 이해한 내용도 또한 선의 종지라고 생각하는 사람도 있습니다.

내가 평소에 경론을 강의하는 것은 이러한 현재의 폐해를 구하고자 해서입니다. 문언과 의미상에서 아주 세세히 이야기하는 인과나 진망의 법문조차 저처럼 받아들이고 있는 사람이 적습니다. 각자 어긋나는 쪽으로 이해하여 혹은 칭송하고 혹은 비방합니다. 이러한 포폄은 모두 저와 상관없습니다.

하물며 몽중夢中의 문답問答을 기록해 두시는 것이 유익하리라고도 생각하지 않습니다. 하지만 포폄의 말에 의해서라도 순연과 역연을 맺을 기회가 되는 것이니 어찌 거부할 수 있겠습니까?

93. 선문답禪問答

문● 화상께서 진실로 사람들에게 교시하는 법문은 어떠한 것입니까?

답● 신라新羅의 한밤중에 태양의 머리가 밝게 빛나는 것입니다.846)

---

846) 이른바 선의 기어機語이다. 머나먼 신라 땅의 캄캄한 한 밤 중에 태양이 밝게 빛나는 것은 그만큼 불법이 분명하다는 것이며, 또한 일본이냐 신라냐를 따지는 공간 감각과 밤이냐 아침이냐를 따지는 시간 감각적 사유를 초월한 것이라는 의미로 볼 수 있다.

발跋

어느 날 도지지等持寺847)의 고센古先 선사848)가 이 책을 들고 나에게 보이며 말씀하셨다.

"이 책은 사부에左武衛 장군 고산古山 대거사849)께서 오랫동안 무소夢

---

847) 교토시 기타구北区에 있는 임제종 덴류지天竜寺 계통의 절로 교토 십찰十刹 중 하나이다. 1341년 개창되었고, 아시카가 다카우지足利尊氏가 개기開基이며, 개산開山은 무소 소세키夢窓疎石이다. 처음에는 니조二条 다카쿠라高倉에 있었는데, 다카우지가 사망하자 이 절에서 장례를 치르고 그의 법호를 따라 도지인等持院이라고 했다. 이후 아시카가 역대의 묘소廟所가 되었다.
848) 1295~1374년. 가마쿠라 후기에서 남북조시대에 걸친 임제종의 선승으로 당시 고잔五山문학의 일익을 담당한 학승이다. 가마쿠라 엔가쿠지円覚寺에서 출가하여 1318년 원나라로 건너갔다. 항저우杭州 천목산天目山의 중봉명본中峰明本을 찾아가 그의 불법을 이었으며, 금릉金陵 보녕사保寧寺의 고림청무古林清茂에게서도 불교를 배우고 1326년 원나라 승려 세이세쓰清拙와 함께 일본으로 돌아왔다. 무소 소세키의 요청으로 에린지惠林寺의 주지가 되었고 교토 도지지等持寺의 개산이 되었다. 이어서 가마쿠라의 조치지浄智寺, 엔가쿠지, 겐초지建長寺에 재주하였으며 그 사이에 오우奥羽(현재의 후쿠시마현福島県)의 후오데라普応寺 등을 열었다. 시호는 세이소코치正宗広智선사이다.
849) 1306~1352년. 아시카가 다다요시足利直義의 직함과 거사명을 말한다. 다다요시는 남북조시대의 무장으로 아시카가 다카우지尊氏의 이복동생이다. 겐코元弘의 변变 당시에는 다카우지와 함께 활동했고 1333년에는 나리요시成良 친왕親王의 집사로서 관동関東 10국을 관할하였다. 1335년 나카센다이中先代의 난乱 때는 모리요시護良 친왕을 살해하고 도주했으나 다카우지와 합류하여 호조 도키유키北条時行 군대를 물리치고 가마쿠라를 회복했으며 이어 교토로 들어가려 했으나 패배하고 규슈로 도망쳤다. 1336년 다카우지와 함께 무로마치室町 막부를 열었다. 막부 창립 당시에 다카우지는 군사면, 다다요시는 통치면을 담당하는 이두정치를 펼쳤지만 곧 다카우지의 권한은 다다요시에게 위양되어 다다요시가 표면에서 정치를 하게 되었다. 다다요시는 집권정치를 이상으로 삼아 문치정치를 취했으며 막부의 기구를 정비하고 법 질서를 확립하며 불교의 흥륭을 도모하는 등 보수적 구세력 보호정책을 폈다. 그 때문에 신흥세력의 반발을 사게 되었고 그 대표격인 고노 모로나오高師直와 대립하게 되었다. 이후 다다요시파와 모로나오파는 정책 결정, 중앙관직, 각지방 수호직守護職 등의 임면을 둘러싸고 다투게 되었고 1349년 다다요시에 의해 실력행사가 되어 마침내 무로마치 막부 초기의 최대 내란으로까지 발전하게 되었다. 모로나오를 살해한 다다요시는 다카우지와 화해하지만 1351년 다다요시는 교토를 나와 가마쿠라로 다시 들어가 세력을 회복하려고

窓 국사國師850)를 찾아가시던 동안의 문답을 기록한 것입니다. 이것은 재가자와 출가자를 막론하고, 혹은 여자이면서 불도를 뜻한 사람, 혹은 유학有學이거나 무학無學인 자들 모두에게 불교를 방편삼아 인도하려고 한 것입니다. 보기에 편하도록 하기 위해, 일본의 글자인 가나仮名를 가지고 썼으며 이름 하여 『몽중문답夢中問答』이라 하고, 국사를 찾아가 배우는 재가 제자 이요伊與851)의 태수太守 오다카大高852)라는 사람이 출판

했다. 하지만 다카우지에게 패하고 항복하게 되며 이듬해 1352년 가마쿠라에서 사망한다. 다카우지에 의한 독살설이 유력하다.
850) 1275~1351년. 무소 소세키夢窓疎石를 말한다. 남북조시대부터 무로마치 초기에 걸쳐 활약한 임제종 승려이다. 구아空阿에게 밀교를 배우고 18세 때 도다이지東大寺 가이단인戒壇院에서 구족계를 받았다. 중국 소산疎山과 석두石頭에서 노니는 꿈을 꾸고 소세키疎石라고 개명하였다. 1294년 겐닌지建仁寺의 무인엔반無隠円範을 찾아가 선을 배우고 무큐토쿠센無及德詮, 이코도넨葦航道然, 도케이토쿠고桃渓德悟, 지돈쿠쇼痴鈍空性, 일산 일녕一山一寧 등을 찾아간다. 1300년에 스나운간지那須雲巌寺에 머물렀고 이어서 가마쿠라 만주지万寿寺의 고호켄니치高峰顕日를 찾아가 가르침을 받은 후 동북지방에서 은거하다 다시 가마쿠라로 돌아와 고호에게 깨달은 바를 보이고 인가印可를 받았다. 이후 은거와 이주를 거듭하였고 1325년 고다이고後醍醐 천황의 요청에 의해 교토 난젠지南禪寺로 가게 되나 이듬해 자리에서 물러나 다른 사찰들을 연다. 1333년 다시 고다이고천황의 요청에 의해 교토로 가서 린센지臨川寺에 머무는데 이곳이 후에 무소파의 본거지가 된다. 이듬해 무소국사라는 호를 하사받게 된다. 아시카가 다카우지와 다다요시 형제의 비호를 받았고 전몰자들을 위령하기 위해 다카우지와 다다요시에게 권하여 전국에 안국사安国寺 이생탑利生塔을 만들었고, 고다이고천황의 명복을 빌기 위해 덴류지天竜寺 건립을 도모하였고 후에 덴류지는 고잔 제2위에 열석되었다. 1345년 고곤상황光巌上皇, 고묘천황光明天皇 임행 때 고다이고천황 7주기 및 덴류지 낙경불사落慶仏事를 했고 이듬해 퇴석한 후 쇼가쿠正覚국사라는 호를 받았다. 또한 1351년 고곤상황으로부터 신슈心宗국사라는 호를 받았고 사후까지 7명의 천황과 상황에게 국사 칭호를 받아 흔히 '칠조七朝의 제사帝師'로 일컬어졌다. 무소의 선풍은 순수선과는 달리 천태, 진언을 가미한 것으로 일컬어진다. 문인들은 재속에 1만 3천명이 있었다고 일컬어지며 우수한 불제자들을 배출해냈다. 무로마치 시대 고잔 파五山派 중에서 정치적, 문예인 면에서도 일대문파를 이루었다. 또한 많은 사찰의 조원造園에도 탁월한 능력을 발휘하였으며 후대의 일본 선문화에 큰 영향을 미쳤다. 본서 외에도 『서산야화西山夜話』, 『곡향집谷響集』, 『와카집和歌集』 등의 저술이 있다.
851) 현재의 에히메 현愛媛県에 해당하는 옛 지명.

했습니다. 부디 서평을 잘 써서 증명해 주시기 바랍니다."

내가 말했다. "아, 세상에 지인至人853)이 출현하여 지혜와 방편으로 천변만화千變萬化하고 역순종횡逆順縱橫하여 중생을 이끄는 일이 없다면, 세상 사람들은 이를 어떻게 따라야 좋을지 모를 것입니다."

대저 부처는 온갖 지智의 사람이다. 그러나 연고 있는 자들을 잘 제도濟度하는 것은 가능하지만, 연고 없는 자들을 교화하는 일은 어떻게 할 수 있겠는가? 또한 비유로써 일체의 여러 가지를 잘 설하는 것은 가능하지만, 비유로 불법을 다 설하기란 불가능하다. 왜냐하면 심지心智의 길이 끊겨 언어도단이 되고 불가사의한 바에 진리가 있기 때문이다. 하지만 경전의 가르침으로도 다 설명할 수 없는 바를 방편으로 하여 가나 문자를 가지고 조금이나마 중생들을 이끄는 것이다.

부처가 '부처가 방편을 설하는 것은 제외한다'고는 말하지 않았던가. 그저 가나라는 글자를 가지고 중생을 인도하고자 하는 것이다. 하지만 이 방편의 설법은 부처가 세상을 떠난 이후 그 목소리를 잇는 자가 없었다. 이번 저작著作이 부처의 재래再來가 아니라고 한다면 어떻게 말해야 좋겠는가?

---

852) ?~1362년. 오다카 시게나리大高重成를 말한다. 남북조 시대의 무장으로 이요伊予의 태수를 거쳐 와카사若狹(현재의 후쿠이현福井県 남서부)의 태수가 되었다. 통칭 지로次郎로 불리었고 법명은 호치法智 또는 젠유禪勇라고 했다. 무사로서의 위세가 뛰어났고 남북조 전란을 다룬 모노가타리物語『다이헤이키太平記』에서는 다섯 자 여섯 치의 큰 칼을 휘두르며 분전하는 모습이 그려지기도 했다. 아시카가 일족과 밀착도 높은 고참 인물이었고 1333년 아시카가 다카우지가 거병한 이후 다카우지, 다다요시를 따랐다. 로쿠하라六波羅를 공략할 때 공이 컸고 규슈九州로 패퇴했을 때에도 따랐으며 다카우지가 정이대장군에 임명되어 막부를 세울 때도 중역에 임해졌고, 다카우지가 덴류지 공양을 할 때에도 봉공인으로서 모셨다. 다다요시와 다카우지의 측근인 고노 모로나오高師直가 대립하게 되자 시게나리는 다다요시를 지지했고 결과적으로 와카사 태수직을 몰수당했다가 나중에 다카우지에게 귀순하여 다시 임명되었다.
853) 더 없이 덕이 높은 사람, 또는 진인眞人을 의미하며 불교에서는 불조佛祖와 같은 의미로 본다.

유감스럽게도 나는 이 가나 문자를 독송하여 그 진정한 의미를 관觀하거나 그 진정한 의미를 완상할 수 없어서, 구절 마디마디를 손바닥으로 문지르거나 혹은 끊듯이 이해하지 못하는 것을 원통해할 뿐이다. 아직 이 책을 잘 독송하지 못하면서 더구나 무엇을 가지고 이 책의 내용을 알며 이를 칭송하여 부처의 재래라고 말하는 것이냐고 말할지 모른다.

그러나 나는 대답할 수 있다. "하늘이 무언가 말을 하던가?"

사시좌선은 이루어지고 만물은 생겨난다. 이는 하늘의 도는 귀머거리나 장님이라도 모르는 자가 없는 것과 마찬가지다. 그저 그 도의 소이所以를 아는 자가 적은 것이다. 국사의 불도 또한 이러한 것이지 않을까? 나는 이미 안 지 오래되었다. 이 책이 없었다고 해도 이를 모르지 않았을 것이다. 하물며 지금 이 책이 있다. 그저 이 불도의 소이를 잘 알지 못할 뿐이다.

또한 부처라는 것은 각覺이다. 그 도를 잘 지각하기 때문이다. 이미 스스로 잘 각성하고 남도 각성시킨다. 즉 앞에서 말한 이끄는 설이라는 것이 이것이다. 이른바 선각으로 하여금 후각을 깨닫게 하고, 이 도로써 백성들을 깨닫게 하는 것은 그 규揆854) 하나뿐이다.

그리고 이 도는 또한 크나큰 것이다. 횡으로 충분히 널리 걸치며 종으로 삼제三際855)에 다다른다. 세상에 꽉 차 있는 만유萬有 중의 어느 것이 이 도에 의하지 않는 것이 있겠는가? 사람은 본래 갖추어져 있으며 각자 원만히 이루어지는 것이고 만물은 모두 자연이다. 어떻게 유일하게 국사만이 혼자 그러하다고 할 수 있겠는가?

그렇지 않은 자는 유일한 깨달음과 깨닫지 못함 사이에 있을 뿐이다. 거기에 더 무엇이 있어야 하겠는가?

---

854) 법도나 도리를 일컫는 말이다.
855) 삼세三世와 같은 말로 과거, 현재, 미래를 가리킨다.

또한 그대가 아직 깨닫지 못한 것이라면 나는 그대를 가리켜 이렇게 말할 것이다.

"그대는 곧 부처이다. 지금 그대의 불각不覺을 없애고 곧 깨닫게 한다면 어떻게 의심을 하겠는가?" 혹여 의심하는 자는 아직 깨닫지 못하고 아직 이를 알지 못하기 때문이다.

이를 또한 어째서 의심하는 것인가? 이는 믿음에 있는 것이라고 할 지도 모른다. 그리고 또한 이른바 지인至人의 출현에 대해서는 과거로부터 들은 이야기이지만 '지인은 꿈이 없다'856)고 한다. 그럼에도 불구하고 이는 지인의 책인데, 이를 또 『몽중문답』이라고 한 것은 왜냐고 말할 지도 모른다.

그에 답하고자 한다.

"그대는 진실로 예전에 이 말을 듣고 또한 진실로 아직 이를 모르는 것이다."

꿈이 '없다'고 말한 것이 어째서 일반적으로 말하는 '있다'나 '없다'의 '없다'라고 생각하는가? 그런 '없다'가 아니다. 따라서 꿈은 일반적으로 말하는 꿈이 아니다. 그렇기 때문에 그대는 또한 나에게 고할 말이 없을 것이다. 그대를 위해 거듭 말하지 않겠다. 왜냐하면 옛 사람들 속담에 '바보의 면전에서 꿈을 말하지 말아야 한다'는 말이 있으니 말이다.

그것은 사리불舍利佛857)이 수보리須菩提858)에게 "꿈속에서 육바라밀을 설하는 것은 깨달은 때와 같은가 다른가?"라고 물은 것과 마찬가지이다. 수보리가 답하기를 "이 의미는 심오하다. 내가 설할 수 없다. 이 회會859)에 미륵彌勒보살이 계시므로 계신 곳으로 가서 그대가 물어라"고

---

856) 『장자莊子』에 「所謂至人無夢」이라는 말이 있다.
857) 석가의 십대제자 중 하나. 각주 7) 참조.
858) 수부티(Subhūti)의 음역어로 석가 십대제자 가운데 한 사람으로 온갖 법이 공空하다는 이치를 처음 깨달은 사람이다.
859) 팔리어로 상가(Sangha)라는 말에 해당하며 모임, 단체, 조합 등 무언가의 그

했다.

만약 또 여기에서 혹자가 『몽중문답』을 가지고 사리불이 물은 것과 같은 내용을 묻는다면 내가 곧 답할 것이다.

"이 뜻은 심오하다. 내가 설할 수가 없다. 너는 가서 국사에게 절을 하라."

때는 고에이(康永860)로 연호를 바꾼 임오년壬午年 중양重陽861) 후 십일. 중화中華의 사문 본센梵僊862)이 남젠지南禅寺863) 방장方丈864)에서 적다.

룹, 회합을 의미하는 말이다. 석가가 당시 인도에서 출가 상가 그룹이라는 깨달은 사람들의 집단, 일반 사람들의 규범이 되는 모델 집단을 만들었다. 불교의 출가 상가라는 것은 무집착의 세계로 사람을 차별해서는 안 되는 세계이다. 무조건적이고 자비로우며 실천해야 하는 세계이다. 초기 불교의 상가는 진리를 지향하여 불교의 가르침을 실천하려고 하여 모인 그룹이었고 원래 정의로는 출가와 재가라기 보다는 진리를 체험하려고 노력하는 사람들을 말했다. 즉 불교도는 모두 상가의 멤버라고 할 수 있다. 하지만 상가의 자격이 완전히 확정되는 것은 예류과預流果 이상의 깨달음을 연 사람들이다. 그래서 자격을 얻은 사람들과 앞으로 자격을 얻고자 노력하는 사람의 상가가 있다. 또 하나의 상가의 정의는 불교 출가자 그룹으로 이 역시 상가라 부른다. 깨달음을 연 사람들인 상가는 불, 법, 승 중의 승이며 불교도가 귀의하는 대상이다. 귀의한다는 것은 이른바 신앙과는 다르다. 불교에서는 불, 법, 승을 목표로 자신이 노력하는 것이며 석가는 '나와 같아져라'라고 말하고 '자기자신은 좋은 친구'라 했다. 상가는 붓다의 가르침을 실행하고 그 가르침이 진실하다는 것을 세간에 보이며 법을 다음 세대에게 전하는 역할을 한다. 상가가 없어져 버리면 불교도 사라지게 된다.

860) 남북조 시대 중 북조의 고묘光明천황 때의 연호로 1342년부터 1345년까지의 시기이다.
861) 중국에서 전래된 명절로 음력 9월 9일을 말한다.
862) 1292~1348년. 지쿠센 본센竺仙梵僊으로 일컬어지며 가마쿠라 말기 임제종의 승려로 원나라에서 온 사람이다. 속성은 서徐씨이고 법휘法諱가 본센이며 자가 지쿠센이고, 호는 라이라이선자来来禅子였다. 고림청무古林清茂의 불법을 이었으며 1329년 민키소슌明極楚俊과 함께 일본으로 건너왔다. 호조 다카토키北条高時의 명으로 가마쿠라 조묘지浄妙寺에 재주했다. 무로마치 시대에 들어서 아시카가 다카우지와 다다요시의 귀의를 받았으며 가마쿠라의 조치지浄智寺, 미우라三浦의 무료지無量寺, 교토의 난젠지南禅寺, 가마쿠라의 겐초지建長寺에 주지가 되었다. 학식으로는 일산 일녕一山一寧의 다음이라고 칭해지며 많은 제자를 양성했으며 귀족들과 무사들의 귀의를 받았고 고잔 문학 발전

재발再跋

내가 이 책에 발문을 쓰고 삼 년이 지났다. 어느 날 호엔法延865) 수좌

의 기초를 구축했다. 『지쿠센화상어록竺仙和尙語錄』, 『법어法語』, 『원각경주圓覺經註』 등을 편찬했다.
863) 교토시 사쿄구左京区에 있는 임제종 난젠지파 대본사의 사원이다. 본존은 석가여래이며 개조는 가메야마亀山법황法皇이고 개산은 무칸후몬無関普門이다. 일본 최초로 천황의 칙원勅願으로 세워진 선사禪寺이며 일본의 모든 선사 중에 가장 높은 격식을 갖는다. 원래 젠린지禪林寺가 있던 자리에 세워진 사찰인데, 가메야마 상황이 40세에 삭발하고 불문에 들면서 법황이 되었고, 1291년 당시 80세였던 무칸후몬을 개산으로 하여 류안산龍安山 젠린젠지禪林禪寺라 이름 붙였다. 전승에 따르면 그 무렵 젠린지에는 밤마다 요괴와 둔갑물들이 출몰하여 법황과 주변인들을 괴롭혔는데, 무칸후몬이 제자들을 끌고 이 절에 들어와 조용히 좌선을 하기만 했는데 요괴와 둔갑물들이 모두 물러났으므로 법황이 그에게 개산이 되어달라 청했다고 한다. 무칸후몬은 시나노信濃(현재의 나가노현長野県) 출신으로 마흔에 송나라에 유학을 갔다가 1262년 일본으로 돌아왔다. 70세가 될 때까지 자기 절을 갖지 않고 수행에 전념했는데, 스승인 엔니円爾 사후에 1281년 도후쿠지東福寺의 주지가 되었다. 그리고 10년 후인 1291년 난젠지의 개산으로 초빙되었지만 곧 입적한다. 무칸의 사후 2대 주직인 기안 소엔規庵祖円(1261~1313년)이 이끌었다. 그리고 1325년에는 무소 소세키가 이 절의 주지가 되었다. 1334년 고다이고後醍醐천황은 난젠지를 고잔의 제일로 삼았지만, 1385년 아시카가 요시미쓰足利義満는 자기가 건립한 쇼코쿠지相国寺를 고잔의 제일로 삼았으므로 난젠지를 별격으로 하여 고잔의 위에 위치하게 하였으며 교토의 고잔과 가마쿠라의 고잔으로 분할하였다. 무로마치 시대에는 구불교세력인 엔랴쿠지延暦寺나 미이데라三井寺와 대립하여 정치문제로 발전하였다. 이후 여러 차례 화재를 겪으며 주요 가람들의 소실과 재건이 반복되었다.
864) 원래 한 면이 한 장丈(약 3미터)인 정방형의 방을 말하는데, 『유마경』에서 유마거사가 머무른 방에서 전용되어 선사의 주직이나 주지 등이 거처하는 처소를 일컫게 되었다. 그런데 1212년에 성립된 가마쿠라 시대의 가모노 조메이鴨長明가 쓴 『호조키方丈記』에서 보이듯, 방장은 불교적 무상관을 기조로 하여 세상을 바라본 유명한 수필이 쓰이는 등 중세에는 불교 관련 문학이 탄생하는 특별한 공간적 배경이 되기도 했다.
865) ?~1363년. 남북조 시대의 임제종 승려로 다이넨 호엔大年法延이라고 한다. 이요伊予 출신으로 가마쿠라 조치지浄智寺의 본센梵僊에게 사사하여 그의 불법을 이었다. 와카사若狭(지금의 후쿠이현福井県) 수호守護 오타카 시게나리大高重成에게 초빙되어 고조지高成寺를 열었다.

首座866)가 이 책을 들고 나에게 고하여 말했다.

"이 책이 간행되어 오늘날에 이르렀습니다. 그리고 이렇게 쓰신 내용은 과거의 석가와 현재의 국사가 이상동심異相同心867), 수도동치殊途同致868)하여 피차의 표리를 일체화한 것입니다. 이로써 유정有情을 교화하는 것이 아니라면 어떻게 이 책이 존재할 필요가 있겠습니까? 그런데 국사께서는 이요의 태수 오다카가 이 책을 간행한 의도를 알고 있는 것입니까, 아닙니까?"

내가 말했다.

"그저 그분은 부모가 태어나기 이전의 본래의 면목을 깨닫고 여러 해를 경과하셨습니다. 더구나 실로 아직 간행한 의도가 어떠한가 라는 점을 모를 뿐입니다. 하지만 남을 이롭게 하려는 마음이라는 것이 너무 나서는 것은 아니지 않습니까? 이 밖에 무슨 의도가 있겠습니까?"

수좌가 또 말했다.

"그 사람 말에 따르면 '국사가 말씀하신 것처럼 본래의 면목을 깨달았기 때문에 그 깨달음의 진실을 알고 이 책을 간행하려고 했다'는 것입니다. 처음에 국사는 이를 허락하지 않으셨습니다. 하지만 오다카 태수가 말했지요.

'처음부터 이 사본이 없었다면 이런 일은 하지 않았을 것입니다. 하지만 이미 사본이 있습니다. 그리고 사람들이 서로 초록抄錄869)을 하는 바람에 그저 오언마烏焉馬870)가 되어 잘못 해석되고 있습니다. 조금이라도 실수가 있다면 하늘과 땅이 멀리 떨어진 것처럼 큰 차이가 됩니

---

866) 선종禪宗에서 그 절의 수행승 중에서 으뜸인 자를 말한다.
867) 상相은 달리 하되 마음은 같다는 의미.
868) 길을 달리 하되 똑같이 도달한다는 의미.
869) 필요한 부분만을 뽑아서 적는 행동 또는 그 기록을 일컫는다.
870) 필사를 하는 동안 '烏'라는 글자가 '焉'이 되고 '焉'이 또 비슷한 '馬'자가 되어 버리듯이, 여러 번 서사하는 동안 의도와 내용이 바뀌는 것을 말한다.

다. 간행을 거부하신다면 돌고 돌며 퍼지는 사이에 잇따라 오류를 전하게 되고, 결국 오본誤本이 서로 같지 않을 때에는 사람들이 의혹을 품어 귀일歸一871)할 바를 모를 것입니다. 원래 사람들을 교화하여 이익을 주려고 한 것이 어찌 도리어 사람을 잘못하게 만드는 것입니까?

그러나 원래 이 책은 처음부터 사부에左武衛 장군872) 한 사람을 위해 문답한 것이었습니다. 타인을 위해 대답하신 것이 아닙니다.

하지만 비유하여 말하자면, '부처 일대의 가르침을 설하신 때처럼 한 시기에 어느 장소에 있는 사람에 대해 설한다고 하여도, 모두 후세 사람들이나 무수한 중생을 위해서 하신 것이나 마찬가지이다. 만약 불전을 펴내기 위한 모임이 없었더라면 어떻게 지금 불교가 있었겠는가?'와 같은 셈이지요.

이에 국사는 그 이야기를 옳다고 인정하셨고, 그래서 이를 간행하게 되었습니다. 이를 근거로 하여 사람들은 모두 귀일할 바를 알고 대도大道를 안온히 수행하며 또한 헛되이 삿된 길을 가는 일도 없을 것입니다."

나는 말했다.

"그렇습니다. 그런데 또한 어떻게 이 대도가 분명하고 삼세의 제불들이나 여러 대의 종사들이 모두 꿈속의 말임을 알겠습니까?"

호엔은 말했다. "그것을 써서 여기에 기록해 주십시오."

나는 말했다. "그것을 거부할 이유는 없기 때문에 다시 한 문장을 덧붙입니다."

호엔은 다시 나에게 말했다.

"이요의 태수 오다카라는 사람은 가이간海岸(=해안) 거사라고 호를 붙였습니다. 깊이 불문에 들어 마음이 넓기가 바다와 같습니다. 마치

---

871) 다른 사항이 결과적으로 하나로 귀결된다는 것으로 성불이라는 결과로 귀착된다는 의미이다.
872) 아시카가 다다요시足利直義. 각주 848) 참조.

유마거사維摩居士873)같은 풍취가 있어서 중생들을 이롭게 하는 일에 실로 멈추는 일이 없습니다. 올 봄에 와카사若狹874)의 태수로 옮겨갔다고 합니다."

이를 아울러 기록해 둔다.

갑신년甲申年875) 시월 초파일.
난젠지 동당東堂 동헌東軒에 머무르는 본센梵僊이 다시 발문을 적다.

---

873) 유마힐維摩詰. 각주 289) 참조.
874) 옛날 일본의 지방행정 구분이었던 영제국令制国 중 하나로 호쿠리쿠도北陸道에 위치하며 자쿠슈若州라고도 한다. 현재의 후쿠이현福井県 남서부에 해당된다. 가마쿠라 시대에는 집권執権인 호조北条씨들이 수호직守護職을 역임했는데, 가마쿠라 막부와 호조씨 멸망 후에 호조씨를 타도하고 무가의 동량이 된 아시카가씨의 가장 유력한 지족인 시바斯波씨 등 그 때마다 무로마치 막부의 실력자나 그에 관련된 인물들이 교토와 가까운 와카사의 수호직을 얻었다. 무로마치 초기에는 잇시키一色씨가 세습하게 되었고 이후에는 다케다武田씨가 와카사 수호직을 획득했다.
875) 1344년을 말한다.

▶해제 - 무소 소세키夢窓疎石와 『몽중문답夢中問答』-
  1. 무소 소세키의 생애
  2. 무소의 주요 업적과 의의
  3. 『몽중문답夢中問答』의 간행
  4. 『몽중문답』 작품 해설
     (1) '꿈=夢'에 관하여
     (2) 혼란의 중세라는 시대의 반영
     (3) 동시대 다른 사상과의 관련성
     (4) 후대에의 영향

▶참고문헌
▶무소 소세키夢窓疎石 연보
▶찾아보기
  ・인명
  ・사항, 서명 등

무소 소세키夢窓疎石와 『몽중문답夢中問答』

 해제

무소 소세키夢窓疎石와 『몽중문답夢中問答』

1. 무소 소세키의 생애

무소는 가마쿠라鎌倉 시대[1] 말기부터 겐무建武의 중흥中興[2], 남북조南北朝 시대[3], 그리고 무로마치室町 막부[4]의 시작 시기처럼 일본 역사상 가장 어지러웠던 정권 교체기에 살았던 인물이다.

---

1) 가마쿠라 막부가 설치된 무가 정권 시대를 이르는 말로, 미나모토 요리토모源賴朝가 막부를 연 1192년부터 호조 다카토키北条高時가 멸망한 1333년까지의 약 150년간을 이르는 경우가 일반적이다.
2) 1333년 고다이고 천황後醍醐天皇이 가마쿠라 막부를 쓰러뜨리고 교토로 환행還幸하여 천황의 친정을 부활시킨 것을 말한다. 1334년 겐무建武로 개원하여 공가公家의 정치를 기도하나, 아시카가 다카우지足利尊氏의 이반離反에 의해 2년 반만에 붕괴하고 고다이고 천황은 요시노吉野로 옮겨가 남북조 시대가 시작되었다.
3) 1336년 고다이고 천황이 요시노로 옮겨가고 나서 고카메야마 천황後龜山天皇이 교토로 돌아온 때부터 남북조가 합체된 1392년까지의 기간을 요시노의 남조南朝인 다이카쿠지 계통大覺寺統과 아시카가 씨가 옹립한 교토의 북조北朝 지묘인 계통持明院統이 대립하던 시기를 말한다. 이 시기에 남조와 북조 어느 쪽이 정통인가에 관한 논쟁, 즉 남북조 정윤론正閏論이 있는데,『신황정통기神皇正統記』나『대일본사大日本史』와 같은 고전 사서史書에 그 경위가 보이며, 이후 남조를 정통으로 하는 사고방식이 일본에 지배적이었다.
4) 아시카가 씨足利氏가 교토 무로마치室町에 막부를 두고 정권을 유지한 시대를 말한다. 다카우지尊氏가 막부를 연 1336년부터 15대 장군 요시아키義昭가 오다 노부나가織田信長에게 추방된 1573년에 이르는 기간을 말한다. 혹은 남북조 시대가 끝난 1392년부터로 보기도 하며, 1467년부터는 전국戰國 시대라고 부르는 경우도 있다.

무소는 1275년에 이세(伊勢5) 미야케무라三宅村에서 태어났다. 가정 내의 문제가 있어서 몇 년 후 가이(甲斐6)로 옮겨갔고 어린 나이에 히라시오산平塩山에서 수행을 시작하여 18살에 나라奈良에서 구족계具足戒를 받았다. 무소는 20대에 들어 활동상을 조금씩 보이기 시작하는데, 교토京都 겐닌지建仁寺7)에 무인엔판無隠円範8)을 찾아가거나 가마쿠라 엔가쿠지円覚寺9)에 도케이토쿠오桃渓徳悟10)를 찾아간 것을 그 움직임의 시작으로 보인다.

어느 날 꿈에서 중국 선승인 소산疎山과 석두石頭를 만나는 꿈을 꾸고 선종에 귀의할 것을 결의하고 이름을 소세키疎石라고 고쳤다. 그러다 겐초지建長寺11)의 일산 일녕一山一寧12) 하에서 두각을 나타내고 수좌

---

5) 현재의 미에 현三重県 지역을 이르는 옛 지명.
6) 현재의 야마나시 현山梨県 지역을 이르는 옛 지명으로 고슈甲州라고도 한다.
7) 교토 히가시야마 구東山区에 있는 임제종 겐닌지 파建仁寺派의 대본산이다. 1202년 개창했으며 개조는 미나모토노 요리이에源頼家이며 개산은 에이사이栄西이다. 교토 고잔五山의 제3위이며, 천태와 진언, 선을 겸학하였다.
8) 1230~1307년. 가마쿠라 시대의 임제종 승려이다. 란케이도류蘭渓道隆에게 사사했으며 중국 원나라에 유학을 하고 와서 그 불법을 이었다. 교토의 겐닌지, 가마쿠라의 엔가쿠지円覚寺, 겐초지建長寺의 주지를 역임했고, 시호는 가쿠오 선사覚雄禅師라 한다.
9) 가나가와 현神奈川県 가마쿠라의 야마노우치山ノ内에 있는 임제종 엔가쿠지 파円覚寺派의 대본산이다. 1282년 개창했으며 개산은 무학조원無学祖元, 개기開基는 호조 도키무네北条時宗이다. 가마쿠라 고잔五山의 제2위 사찰이다.
10) 1240~1307년. 가마쿠라 시대의 임제종 승려이다. 밀교를 먼저 배우고 나중에 란케이도류에게 사사하여 그 불법을 이었다. 중국 송나라로 건너가 무학조원無学祖元과 함께 일본으로 돌아와서 가마쿠라 겐초지에 들어간 소겐을 보좌했다. 가마쿠라의 엔가쿠지, 무사시武蔵 도젠지東漸寺의 주지를 역임했으며 시호는 고카쿠 선사宏覚禅師이다.
11) 가나가와 현 가마쿠라의 야마노우치에 있는 임제종 겐초지 파建長寺派의 본산이다. 1253년 개창하였고 개기는 호조 도키요리北条時頼 개산은 란케이도류이며 가마쿠라 고잔의 제1위의 사찰이다.
12) 1247~1317년. 중국 저쟝성浙江省 지방 출신의 임제종 승려이다. 원나라의 사신으로 일본에 왔는데 가마쿠라 막부에 의해 첩자로 의심을 받아 유폐를 당한 적도 있는데, 후에는 겐초지, 엔가쿠지, 난젠지南禅寺에 재주하게 된다. 고잔 문학五山文学 융성의 실마리를 마련한 인물로 일컬어진다. 국사의 칭호를

에 오른 것이 20대 중반의 일이다.

청장년 시절의 무소는 한 곳에 머무르는 일이 없었다. 그의 행동 범위는 매우 넓어 행각한 지역을 따져 보더라도 북쪽으로는 엣추越中13)부터 남쪽으로는 도사土佐14), 서쪽으로는 하리마播磨15)로부터 동쪽으로는 히타치常陸16)와 시모쓰케下野17)에 이른다. 훌쩍 오슈奥州18)로 향했고 도중에도 선달을 찾아가 법문을 묻거나 듣거나 했다. 그러다 가마쿠라 막부의 마지막 권력자였던 호조 씨北条氏에게 부름을 받아 일단 가마쿠라로 돌아가 엔가쿠지에 머물게 되었지만, 역시 오래 머무르지 못하고 결국은 이리저리 모아 두었던 서책들을 모두 불살라 버리고 나스那須19)의 고호 겐니치高峰顕日20)를 찾아가 스승으로 모셨으며 함께 참선했다.

무소는 30대로 접어든다. 고향 가이甲斐로 돌아갔는데, 무소에게 깊이 귀의했던 당시 그 지역 영주인 니카이도 사다후지二階堂貞藤가 지은 조고지浄居寺21)에 1306년 주지가 되었다. 조고지는 무소와 연고가 깊은

받아 잇산 국사一山国師라 부르기도 한다.
13) 현재의 동부 지방 이와테 현岩手県을 이르는 옛 지명.
14) 현재의 고치 현高知県을 이르는 옛 지명.
15) 현재의 효고 현兵庫県을 이르는 옛 지명.
16) 현재의 이바라키 현茨城県 북동부에 해당하는 옛 지명.
17) 현재의 도치기 현栃木県을 이르는 옛 지명.
18) 무쓰陸奥 지방이라고도 부른다. 현재의 후쿠시마福島, 미야기宮城, 이와테岩手, 아오모리青森, 아키타秋田 등 동북 지역 다섯 현을 아우르는 옛 지명이다.
19) 현재의 도치기 현栃木県 북동부를 이르는 옛 지명.
20) 1241~1316년. 가마쿠라 시대 후기의 임제종 승려로 고사가 천황後嵯峨天皇의 둘째 황자였다. 시호는 붓코쿠 선사仏国禅師이다. 1256년 엔이円爾를 따라 출가하였으며 도래승 올암보녕兀庵普寧, 무학조원無学祖元에게 사사하였다. 시모쓰케 지역下野国의 나스 운간지雲巌寺의 개산이 되었다. 난포쇼묘南浦紹明와 더불어 천하의 이감로문二甘露門이라 칭해졌다. 가마쿠라 막부의 집권 호조 사다토키北条貞時와 다카토키高時 부자의 귀의를 받았고 가마쿠라의 만주지万寿寺, 조묘지浄妙寺, 조치지浄智寺, 겐초지의 주지를 역임했다. 문하에 무소 소세키와 같은 준재를 배출하였고 관동関東 지방 선림의 주류를 형성한 인물이다.
21) 야마나시 현山梨県 마키노오카牧丘에 있는 사찰. 1305년 마키노쇼牧荘의 영주인 니카이도 사다후지二階堂貞藤가 개창했고, 1306년 무소가 주지를 했다.

사찰인데, 무소의 명성이 높아지면서 1311년 다시 무소가 주지를 역임하는데, 많은 신자와 수행승들이 모여 이를 피하고자 산 중턱에 암자를 짓고 옮겼으나 여전히 많은 사람들이 모여 다시 산을 내려와 1313년 무렵까지 이곳에 재주했다고 한다. 이후 무소는 1330년에 다시 조고지를 방문했다고 하며 이 사찰의 정원도 조영했다고 전해진다.

한편 31세 때 히타치常陸 우스바日庭의 작은 암자에서 홀로 수행을 하던 무소는 심중 깨달은 바 있어서 다음과 같은 게를 지어 남겼다.

"다년간 땅을 파며 파란 하늘을 추구했다.
계속 더해 왔더라 첩첩이 가슴에 막히는 번뇌들을
어느 밤 어둠 속에서 푸른 돌을 던져 날리니
세간이 열리며 허공의 뼈를 쳐서 깨뜨렸다"

多年、地を掘って青天を覓む
添え得たり重々礙膺の物
一夜、暗中にて碌甎を颺げて
等閑に撃砕す虛空の骨

푸른 돌을 던져 날리고 세간이 열려 쳐서 깼다는 부분은 중국 당나라 시대에 향엄지한香嚴智閑[22]이라는 선승의 일화와 관련이 있는데 작은 돌이 대나무를 치는 탁 하는 소리에 대오大悟한 고사에 기초한 것으로, 곧 무소가 깨달음을 연 순간을 말하기도 한다. 이렇게 깨달음을 얻은 무소는 다시 가마쿠라로 돌아가 조치지淨智寺[23]의 붓코쿠에게 이 게를

---

22) ?~898년. 중국의 선승으로 서책으로 얻은 지혜로 인해 박학다식한 인물이었다고 한다. 백장百丈선사에게 출가하였고 위산영우潙山靈祐의 불법을 이었다. 마당 청소를 하다 빗자루에 쓸린 작은 돌이 대나무를 탁 치는 소리에 깨달음을 얻은 것으로 유명하다.
23) 가마쿠라 야마노우치에 있는 임제종 엔가쿠지 파円覺寺派의 사찰. 1283년 호조 무네마사北条宗政의 3주기에 건립된 것으로 개산은 올암 보녕兀庵普寧, 다이큐 쇼넨大休正念 등. 가마쿠라 고잔의 제4위 사찰이다.

보이고 인가를 받았다. 붓코쿠 국사는 무소의 기량을 키운 스승이었고, 무소에게도 붓코쿠 국사는 매우 큰 존재였다. 그리고 다시 조고지淨居寺로 돌아가 일단 한거하다 다시 행각의 여행을 떠났다.

조금씩 무소의 명성을 듣고 찾아오는 사람들을 피하고자 행각을 거듭하며 미노美濃24)로 들어섰는데, 그 때 무소로서는 인생의 가장 큰 부보訃報였다고 할 수 있는 스승 붓코쿠 국사의 입적 소식을 전달받는다. 스승의 부보를 듣고 나서 무소의 방랑은 더욱 그 폭이 넓어졌다. 아와阿波25)에서 요시노가와吉野川26)를 거슬러 올라가 도사土佐로까지 들어가기도 하고 암자에 숨어 지낸다.

호조北条 싯켄執權27) 정부는 그런 무소를 스승 붓코쿠 국사의 후임자로서 막부의 영역인 관동関東 지방으로 불러 맞이하고자 했다. 무소는 그래서 어쩔 수 없이 다시 가마쿠라로 가게 되지만 또 다시 오래 머물지 않고 곧 요코스카横須賀28)로 물러나서 하쿠센안泊船庵이라는 암자를 짓고 5년을 보낸다. 또한 보소房総29)로 건너가 암자 다이코안退耕庵을 지어 지냈는데 암자의 이름에서 무소의 의지가 엿보이는 것처럼 실제 농경만으로 나날을 보냈다. 이러한 암자 생활에서 내적으로 얻은 바가 많았을 것으로 보인다.

---

24) 현재의 기후 현岐阜県 남부에 해당하는 옛 지명.
25) 현재의 도쿠시마 현徳島県에 해당하는 옛 지명.
26) 시코쿠四国 중앙부를 동쪽으로 흘러가는 강. 도쿠시마 현에서 기이 수도紀伊水道로 흘러든다. 194km.
27) 가마쿠라 막부의 직명職名 막부 정치를 통괄하던 최고의 자리로 가마쿠라 3대 장군 미나모토노 사네토모源実朝 때 호조 도키마사北条時政가 취임한 이후 호조 씨가 세습했다. 무로마치 시대에는 관령管領을 말하게 되었다.
28) 가나가와 현神奈川県 남동부의 미우라 반도三浦半島 중부의 지명.
29) 옛 아와安房, 가즈사上総, 시모사下総 지역의 총칭으로 현재의 지바 현千葉県에 해당하는 옛 지명.

이렇게 보낸 것이 무소 인생의 50년으로 이 때까지가 기본 수행을 바탕으로 한 무소의 전반생이라 할 수 있다. 그리고 그 이후 76세에 입적할 때까지 무소의 화려한 후반생이 시작된다. 그 후반생은 일본 역사상으로도 상당한 난세였으며, 무소 생전과 사후에 총 일곱 명의 천황이 정신적 스승으로 국사칭호를 내린 '칠조의 제사七朝の帝師'로서 대활약을 한 시대가 되기 때문이다.

특히 고다이고 천황後醍醐天皇30)의 등장으로 무소는 더욱 바빠지는데, 1325년 51세 때 고다이고 천황의 칙명으로 교토의 난젠지南禅寺31)에 들어간 것으로 교토에서의 활동은 본격화된다. 고다이고 천황 뿐 아니라 가마쿠라 측의 초빙과 여러 사람의 요청으로 이세, 구마노熊野32), 나치那智33) 등지로 이동하였는데 어디를 가든 중승들이 너무도 많이 운집하여 이를 피해 고향으로 돌아가고 다시 어느 사찰에 들어가기를 반복한다. 이 과정에서 가마쿠라 막부는 멸망하게 되고 시대는 본격적인 난세로 돌입하며 많은 혼란을 낳게 되었다.

아무도 시대를 읽을 수 없는 시절에 무소가 있는 곳에 잇따라 새로운 위정자 후보들이 찾아왔다. 겐무의 중흥을 꾀한 고다이고 천황은

---

30) 1288~1339년. 제96대 천황이며 재위기간은 1318~1339년이다. 고우다 천황後宇多天皇의 둘째 황자였고, 천황의 친정, 인재 등용 등의 정치적 개혁에 힘썼고 가마쿠라 막부의 타도를 기획했으나 1324년 쇼추正中의 난, 1331년 겐코元弘의 난으로 실패를 하고 오키隠岐에 유배되는 천황이 된다. 후에 탈출하여 겐무建武의 중흥에 성공했지만, 아시카가 다카우지足利尊氏의 모반에 의해 2년 남짓한 시기에 신정부는 붕괴되고 고무라카미 천황後村上天皇에게 양위한 후 요시노吉野에서 붕어한다.
31) 교토 사쿄 구左京区에 있는 임제종 난젠지 파南禅寺派의 대본산. 1291년 무칸후몬無関普門을 개산으로 하여 가메야마 법황亀山法皇의 이궁離宮을 사찰로 만든 것이다. 아시카가 요시미쓰足利義満 장군 때 고잔五山의 별격 상위에 놓이게 된다.
32) 와카야마 현和歌山県의 일부 지역과 미에 현三重県 일부 지역을 아울러 칭하는 지명.
33) 와카야마 현和歌山県 남동부 일대를 이르는 지명.

물론이고, 그 후에 이러저리 도망쳐 다니게 되는 고다이고 천황의 황자들, 갑자기 거병한 아시카가 다카우지足利尊氏[34]와 그 동생 아시카가 다다요시足利直義[35] 모두 무소에게 세상의 행방을 묻고 처신의 가르침을 구했다. 실로 국사, 나라의 스승으로서의 무소의 입지가 확고했음을 반증하는 이야기이다.

한편으로 무소는 교토를 근거지로 하면서도 여전히 여러 곳의 사찰들, 즈이센지瑞泉寺[36]나 에린지惠林寺[37], 즈이코지瑞光寺[38] 등을 개창하고 다니며 동분서주한다. 이러한 분주한 행적에 관한 무소와 겐노 혼겐元翁本元[39] 사이에 오간 대화가 『서산야화(西山夜話)』에 남아 있다.

"화상(=무소)께서는 선림을 나오고 나서 이십 년 열 곳 이상이나 이주

---

[34] 1305~1358년. 무로마치 막부의 초대 장군으로 재직기간은 1338~1358년. 처음에는 이름의 한자를 '高氏'로 썼으나 고다이고 천황의 휘호인 '尊治'의 한 글자를 하사받아 '尊氏'로 개명하였다. 겐코元弘의 난으로 로쿠하라六波羅를 공략하였으나 나중에 고다이고 천황에게 등을 돌리고 지묘인持明院 계통의 고묘 천황光明天皇을 내세워 북조를 일으켰다. 1338년 정이대장군이 되어 무로마치 막부를 창시하였다.

[35] 1306~1352년. 남북조 시대의 무장이자 다카우지의 동생. 다카우지와 함께 겐무의 중흥에 참가했고 무로마치 막부 초기 보수 정치의 선봉에 선다. 그러나 나중에 형 다카우지와 불화를 일으키고 결국 독살당한다.

[36] 가마쿠라 니카이도二階堂에 있는 임제종 엔가쿠지 파의 사찰. 1327년 개창하였고 개산은 무소 소세키, 개기는 니카이도 도운二階堂道蘊이며 중흥의 개기는 아시카가 모토우지足利基氏이다.

[37] 야마나시 현山梨県 고슈甲州에 있는 임제종 묘신지 파妙心寺派의 사찰. 1330년 개창하였고 개산은 무소 소세키이고 개기는 니카이도 도운이다.

[38] 현재의 효고 현兵庫県에 있는 임제종 사찰로. 오래된 선종 사원의 하나이다. 1312~1317년 사이에 개창된 것으로 보는데 아카마쓰赤松라는 사람이 어머니의 보리를 빌기 위해 무소 소세키를 초빙하여 1331년 창건했다고 한다.

[39] 1282~1332년. 임제종의 승려. 무소 소세키와 함께 고호 겐니치高峰顕日에게 사사했으며 그의 불법을 이었다. 소세키가 교토 난젠지에 들어가자 이를 따라 난젠지의 수좌首座가 되었으나 속세를 싫어하여 히에이잔比叡山에 들어박혀 지내다 가마쿠라 만주지萬寿寺, 난젠지의 주지가 되었다. 시호는 붓토쿠仏徳선사이다.

하셨습니다. 이래가지고는 신심이 피로해져 도심에 지장이 있지 않을까요?"

"저는 대원각大圓覺을 거주지로 삼고 있으니 동분서주하여도 이 대원각이라는 보전을 떠난 적은 한 번도 없습니다."

친밀한 동료의 눈에도 심신이 피로하여 불도를 추구하는 마음에 지장이 있을까 염려될 정도로 비친 무소는 역동적으로 움직였다. 그러나 정작 무소 본인은 원각, 즉 원만한 불교적 깨달음을 추구하는 큰 불심을 근거로 움직인다는 강렬한 소명의식을 띠고 있었음을 알 수 있다. 1333년 59세 때 고다이고 천황의 칙명으로 다시 교토로 가서 린센지臨川寺40)에 머물렀는데, 이곳은 나중에 무소 파의 본거가 되었다. 1334년 난젠지에 다시 머물렀고 또한 1335년에는 고다이고 천황으로부터 무소라는 호로 국사 이름을 특사特賜받았다. 이후 1351년 린센지 산네인三會院에서 시적示寂할 때까지 무소는 교토를 벗어나지 않았다.

난젠지에 다시 머물게 된 후에 곧 고다이고 천황에 의한 겐무의 중흥이 좌절되는 것을 목도하였고, 또한 아시카가足利 씨에 의해 교토 내에 막부가 성립하게 된다. 무소는 새로운 시대를 연 위정자 아시카가 다카우지, 다다요시 형제로부터도 깊이 귀의를 받게 된다. 나라의 선사로서 무소는 아시카가 형제에게 그 간 일본 전국에서 싸움으로 죽게 된 전몰자들을 애도하기 위하여 1340년을 전후하여 전국적으로 안코쿠지安國寺 리쇼토利生塔41)를 짓도록 권하였다.

---

40) 교토 우쿄구右京区에 있는 임제종 덴류지 파天龍寺派의 사원. 이 사찰은 당초 고다이고 천황의 황자인 요요시 친왕世良親王이 겐오 혼겐元翁本元을 개산으로 초빙하여 창건하려고 했으나, 친왕이 건립하기 전에 사망했으므로 아버지 고다이고 천황이 1335년 무소 소세키를 개산으로 건립했다. 소세키는 이 절에서 입적하였으며 아시카가 다카우지는 이 절을 십찰十刹 중 하나로 열거시켰다. 아시카가 요시미쓰足利義滿 시대에 영주 호소카와 씨細川氏의 영향력으로 고잔五山에 한동안 들어가기도 했다.
41) 안코쿠지란 아시카가 다카우지, 다다요시 형제가 무소 소세키의 권유에 따라

또한 1339년 붕어한 고다이고 천황의 명복을 기원하기 위해 덴류지天竜寺42) 건립을 기도했다. 1345년 남조와 대치한 북조의 제1대, 제2대 천황이었던 고곤 상황光嚴上皇43), 고묘 천황光明天皇44)이 행차한 상황에서 고다이고 천황 7주기에 덴류지 완공의 불사를 행했다.

1346년에는 고묘 천황으로부터 쇼카쿠正覺라는 국사의 호를 하사받았으니 남조와 북조 천황 모두에게서 국사로 인정받은 셈이다. 따라서 덴류지의 완공과 더불어 치루어진 고다이고 천황 7주기 행사는, 시대를 가른 남북조 시대의 주인공들이 불교를 통해 화해하고 그 영혼을 위무하는 상징적 자리였다고도 볼 수 있다. 이렇게 만년의 무소는 고다이고 천황과 막부의 화해에 진력하였고, 고다이고 천황이 죽은 후에는 막부 성립 이후 불화하게 된 아시카가 다카우지와 다다요시 형제의 화해에 진력하여 나라의 정신적 스승으로서의 책무를 다하고자 노력하였다.

무소는 1351년 고곤 상황으로부터도 신슈心宗라는 국사의 호를 다시

국가 안온을 기원하고 남조와 북조의 전몰자들을 공양供養하기 위해 건립한 선사로, 임제종에 소속된 사찰들을 말하며, 탑도 건립하여 리쇼토利生塔라 칭했다. 지역마다 새롭게 조영된 곳도 있지만, 기존 사원을 수리하여 안코쿠지로 삼은 지방도 있다. 안코쿠지에 의해 선종, 특히 임제종이 지방으로 파급되었으며 리쇼토에 의한 선종 이외의 종파 통제 등 문화적, 정치적인 의의가 컸다. 그러나 무로마치 막부가 몰락하게 되자 안코쿠지와 리쇼토 역시 쇠퇴한다.

42) 교토 우쿄구 사가嵯峨에 있는 임제종 덴류지 파의 대본산. 1339년 요시노에서 사망한 고다이고 천황의 보리를 빌고 영혼을 위무하기 위해 가메야마 전亀山殿이 있던 자리에 지었다. 개산은 무소 소세키이며 교토 고잔의 제1위의 사찰이다. 1994년 세계문화유산에 등록되었다.

43) 1313~1364년. 남북조 시대에 북조 제1대 천황이었으며 천황 자리에는 1331~1333년까지 재위했고 이후 상황이 된다. 고후시미 천황後伏見天皇의 첫 황자였고, 가마쿠라 막부의 지지에 의해 고다이고 선황의 황태자가 되어 즉위했으나 겐무의 중흥 때 퇴위했고 이후 원정院政을 취하게 되었다.

44) 1321~1380년. 북조 제2대 천황으로 재위 기간은 1336~1348년이다. 고후시미 천황의 황자였고, 아시카가 다카우지가 무로마치 막부 창립과 더불어 옹립했다. 스코 천황崇光天皇에게 양위한 후에 원정을 행했다.

받았고, 같은 해 고다이고 천황 13주기 법요를 집행한 다음 9월 30일에 도래승인 도료 에이요東陵永璵45)에게 뒷일을 부탁하고 린센지 산네인에서 시적하였다.

무소의 유게는 다음과 같다.

"이제 현생에서 전신轉身하려고 한다.
전신의 길은 종횡으로 사라져가고 지정하여 올 수가 있다.
결국은 이렇구나. 내가 전생할 곳을 보라.
'에이'하는 구호소리 함께 가는구나."
轉身一路 橫該竪抹 畢竟如何 彭八剌札

전신轉身이란 몸을 바꾼다는 의미로 불교의 윤회를 드러내는 말이다. '에이'하는 구호소리는 춤을 추기 시작할 때의 구령이라고 하는데, 임종 때에도 내세에 다시 태어날 것을 기약하는 의지가 보이는 게라고 할 수 있다. 또한 이 『몽중문답』의 문자問者였던 아시카가 다다요시는 이듬해 1352년, 참언에 의해 주살되었다.

무소는 사후에도 1358년 고고곤 천황後光嚴天皇46)으로부터 후사이普濟, 1372년에는 고엔유 천황後円融天皇47)으로부터 겐유玄猷, 1450년에는

---

45) 1285~1365년. 원나라에서 온 도래승. 무학조원無学祖元 조카의 아들. 아시카가 다다요시의 초빙에 의해 일본에 오게 되었으며 조동종曹洞宗 승려였지만, 교토의 덴류지, 난젠지, 가마쿠라의 겐초지, 엔가쿠지 등의 주지를 역임했다. 시호는 묘응광국妙応光国 혜해자제慧海慈済 선사라 한다.
46) 1338~1374년. 북조 제4대 천황으로 재위기간은 1352~1371년이며 고곤 천황의 둘째 황자이다. 남북조의 화의和議가 결렬되고 고무라카미 천황後村上天皇의 요시노吉野 행차에 따라 아시카가 다카우지와 아시카가 요시아키라足利義詮에 의해 옹립되어 즉위했다. 남조군의 공세로 미노美濃와 오미近江 등지로 피난을 가기도 했다.
47) 1358~1393년. 북조 제5대 천황으로 재위기간은 1371~1382년이다. 고코곤 천황의 둘째 황자였으며 출가한 후 법명은 고조光浄라 했다. 무로마치 막부 제3대 장군인 아시카가 요시미쓰足利義満에 의해 옹립되어 즉위했으며 양위한 후에는 원정을 폈다. 와카和歌에 능했으며 칙찬가집勅撰歌集인 『신고슈이슈新後拾

고하나조노 천황後花園天皇48)으로부터 붓토佛統, 1471년에는 고쓰치미카도 천황後土御門天皇49)으로부터 다이엔大圓 등 도합 일곱 명의 천황에게서 일곱 번의 국사 칭호를 받았으므로, 세상에 널리 '칠조七朝의 제사帝師'라 칭해지게 되었다.

2. 무소의 주요 업적과 의의

당시의 일본 불교를 살펴보면 중국 대륙으로 유학을 가는 유학승도 많았고, 대륙에서 일본으로 온 도래승 역시 많았다. 그러나 무소는 중국으로 건너간 적이 없었는데, 이것이 무소 소세키의 독특한 선풍禪風에 영향을 주었던 것으로 본다. 즉 순수한 대륙의 선과는 달리 천태와 진언을 가미한 겸수선적인 그의 선풍은 일본 전국에 널리 퍼졌으며, 재속에 무소의 제자가 만 삼천 명이었다고 일컬어질 정도였다. 승가에도 무쿄쿠 시겐無極志玄50), 슌노쿠 묘하春屋妙葩51), 류슈 슈타쿠龍湫周

遺集』를 폈다.
48) 1419~1470년. 제102대 천황으로 재위 기간은 1428~1464년까지이다. 사다후사 친왕貞成親王의 와자로 고고마쓰 상황의 유자猶子로서 즉위하게 되었다. 상황이 되어 오인應仁의 난에 괴로워하는 백성들을 생각하여 아시카가 요시마사足利義政 사치를 하지 말라고 훈계한 시를 보낸 것으로 유명하다.
49) 1442~1500년. 제103대 천황으로 재위 기간은 1464~1500년까지이다. 고하나조노 천황의 첫째 황자. 재위 중에 오인應仁의 난이 일어났다.
50) 1282~1359년. 가마쿠라 후기에서 남북조 시대에 걸친 임제종 승려. 황손이었으며 시호는 부쓰지 선사佛慈禪師라 한다. 13살 때 교토 간조지願成寺에서 출가하여 득도하1였고, 도지東寺 등지에서 수학했다. 무소 소세키의 문하가 되어 난젠지와 린센지에 머물렀으며 1346년 무소의 불법을 이어 덴류지 제2세가 되었다.
51) 1311~1388년. 남북조 시대 임제종의 승려이자 고잔 문학승이다. 무소의 조카이자 제자로 1327부터 8년간 이 책의 발문을 쓴 지쿠센 본센竺仙梵僊에게서 수학했다. 교토로 돌아온 다음 무소를 따르며 고잔 내에 주류파 형성에 진력했던 인물이다. 난젠지 주지를 역임하였고, 다른 한편으로 내전과 외전에 이

澤52), 기도 슈신義堂周信53), 젯카이 주신絶海中津54) 등의 많은 인물들을 배출하였고, 무로마치 시대 고잔五山55) 중의 일대문파인 무소 파夢窓派를 형성했다. 이러한 점에서 무소를 고잔 문학의 아버지라 일컬을 수 있을 것이다.

무소 자신이 한시문과 와카和歌에도 능하여 『몽중문답』과 5권의 『어록語錄』 외에도 『서산야화西山夜話』, 『곡향집谷響集』 『와카집和歌集』 등의 저술이 있고, 후대 사람들이 편찬한 무소의 작품집도 많다. 일본 중세의 불교와 문학을 구현한 주요 인물이다.

또한 무소의 활동 업적 중 가장 유명한 것의 하나가 바로 선사 정원

르는 고잔 판五山版 출판 사업에도 업적을 남겼다.
52) 1308~1388년. 무로마치 초기의 임제종 승려로 무소와 같은 가이甲斐 출신이다. 무소 소세키에게 사사하였고 린센지, 겐닌지, 난젠지, 덴류지에 재주하였으며 그림과 문재가 뛰어났다. 그의 호를 딴 묘타쿠 부동妙沢不動이라는 부동존을 그린 수묵화로 유명하다.
53) 1325~1388년. 남북조 시대의 임제종 승려로 도사土佐 지방 출신이다. 호는 구게 도인空華道人이라 한다. 무소 소세키에게 사사했으며 아시카가 요시미쓰에게 초빙되어 겐닌지, 난젠지 등에 재주하였다. 초기 고잔 문학의 대표자로 일컬어진다.
54) 1336~1405년. 무로마치 전기의 임제종 선승으로 호는 쇼켄 도인蕉堅道人이라 한다. 무소 소세키에게서 수학했고 명나라로 건너갔다가 귀국한 후에는 아시카가 요시미쓰에게 신임을 얻어 도지지等持寺, 쇼코쿠지相国寺 등의 주지가 되었다. 기도 슈신義堂周信과 더불어 고잔 문학의 쌍벽이라 일컬어졌다. 시호는 불지광조 국사佛智広照国師 혹은 정인익성국사浄印翊聖国師라 한다.
55) 고잔五山이란 원래 다섯 곳의 임제종 대사원을 의미하며 막부가 정한 사격寺格의 최상위를 차지하는 것이다. 고잔의 사원 수와 그 서열은 시대에 따라 변동이 있었는데, 1386년에는 거의 정착되었다. 교토에서는 덴류지, 쇼코쿠지, 겐닌지, 도후쿠지東福寺, 만주지万寿寺, 가마쿠라에서는 겐초지建長寺, 엔가쿠지, 주후쿠지寿福寺, 조치지浄智寺, 조묘지浄妙寺로 이를 각각 교토 고잔, 가마쿠라 고잔이라 했으며 이 10개 사찰 위에 난젠지가 별격으로 놓였다. 이 11개 사찰을 고잔 총림五山叢林이라 칭한다. 이러한 고잔 사원들을 활약 장소로 삼은 중세 선림 전체의 문학을 고잔 문학五山文学이라 칭한다. 고잔 문학은 주로 한시문을 표현의 수단으로 하였고 가마쿠라 시대부터 에도江戸 시대 초기에 걸쳐 방대한 양의 작품을 내놓는데, 가장 융성했던 것이 바로 남북조시대부터 무로마치 시대 전기에 걸친 시기이다.

의 조영에 있다는 사실도 빼 놓을 수 없다. 일본 선사의 빼어난 경승으로 꼽히는 사이호지西芳寺, 덴류지天龍寺, 에린지惠林寺 등의 조원에도 탁월한 재능을 발휘하여 후세의 선문화에 끼친 영향은 매우 다대하다.

사이호지西芳寺

덴류지天龍寺

에린지惠林寺

『몽중문답』 내에서도 정원을 꾸미는 것에 대해 자기 생각을 드러내는 부분이 있는데, 여기에서 무소가 선사의 정원을 조영하는 데에 기준으로 삼은 미학을 엿볼 수 있다.

> 예로부터 오늘에 이르기까지 산수山水라고 하여 산을 쌓고 돌을 세우고 나무를 심고 물을 흐르게 하는 정원 꾸미기를 좋아하는 사람들이 많

습니다. 산수의 풍정은 같아도 그 취향은 사람마다 각기 다르지요. 스스로는 그다지 흥취 있게 여기지 않으면서, 그저 남들로부터 멋진 집이라는 말을 듣기 위해 산수를 꾸며 놓는 사람도 있습니다. 때로는 만사에 탐욕을 부리고 집착하여 세상의 진귀한 보물을 모아두는 것을 좋아하는 사람도 있는데, 그 속에 산수도 포함되어 기암괴석이나 귀한 나무만을 골라 모아두곤 하지요. 이러한 사람은 산수의 풍아함을 애호하는 것이 아니라 그저 속진俗塵을 애호하는 사람인 셈입니다. -중략- 세간에서는 이러한 사람을 자연의 산수에 구애되어 샘과 돌에 사로잡힌 풍류인風流人이라고 합니다.

(57단의 일부)

일본에는 가산假山과 연못을 만든 정원이 유명하다. 특히 무소 소세키가 만든 선사의 정원은 교토를 비롯한 전국 곳곳에 남아 있는데, 일본 뿐 아니라 세계 건축학계에서도 비상한 관심의 대상이 된다. 기암괴석이나 귀한 나무 등을 탐욕스럽게 모아 과시하려는 것을 극력 피했으며 특히 선정禪定을 위한 자연스러운 정원으로 조영되어 있다는 점이 특징이며, 이 시기를 즈음하여 선풍의 정원양식을 확산하는 데에 무소의 역할은 지대했다.

이처럼 무소는 일본 최고의 선승禪僧으로서, 천황과 정치 권력자들에 대한 최고의 조언자로서, 그리고 당시 일본의 문학과 정원 조영을 포함하여 선풍禪風 문화의 토대를 구축한 사상가로서 일본의 불교 및 정치사상과 중세문화를 이해하는 데에 가장 핵심적 열쇠가 되는 인물이다.

3. 『몽중문답夢中問答』의 간행

『몽중문답』은 아시카가 다다요시의 질문에 무소가 답한 선 관련 문답집이다. 상, 중, 하 세 권으로 이루어져 있으며 총 93개의 문답과 두 개의 발문을 포함한다. 다다요시는 꽤 경건한 마음으로 불문을 배우려고 했고 예리하게 질문을 이어갔으며, 무소의 대답은 진지하며 그 화제나 비유는 다방면에 걸쳐 있다. 이 문답은 1336년 무로마치 막부가 성립한 이후 지쿠센 본센竺仙梵僊이 발문을 쓴 1342년까지 몇 년에 걸친 것으로 추측된다. 이 때 다다요시는 30대의 장년기, 무소는 60대의 원숙기에 해당한다. 그리고 이 시기는 무소가 다카우지, 다다요시 형제에게 권유하여 전국에 안코쿠지安国寺와 리쇼토利生塔 창건이 기도된 시기이기도 하다.

어쨌든 저자 생존 중에 이러한 가나仮名 문답집이 발간되었다는 것은 일본 선종사상, 출판사상으로도 획기적인 일이라 할 수 있다. '불도를 지향하는 여성이라도 보게 하기 위해서'라는 이유가 92단에도 드러나 있는 것처럼 가나라는 글자를 통해 여성들도 읽기 쉽도록 기획하였다는 점도 그러하다.

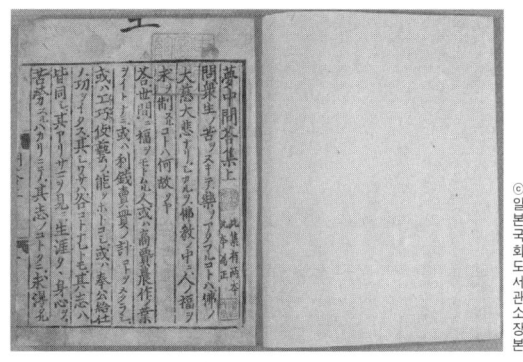

일본국회도서관 소장본

지쿠센 본센이 쓴 발문의 내용을 미루어보면 1342년에 일단 판목이 완성되어 접쇄摺刷했고, 3년 후 다시 본센이 발문을 붙여 인쇄한 것이라 되어 있다. 첫 번째 발문만이 있는 초쇄본도 있었겠지만, 현재는 일본국회도서관日本国会図書館이 소장되어 있는 것이 최선본最善本이다. 이 저본은 인쇄면의 마멸도가 현저한 상태로 보아 무로마치 초기의 것으로 보이는데, 이 책의 수요가 얼마나 컸고 인쇄가 거듭되었는지를 짐작하게 한다. 일본국회도서관 소장본 외에 발문만이 있는 영세본이 덴리 도서관天理図書館에 소장되어 있는데, 이쪽은 국회도서관본보다도 접쇄가 오래된 것으로 보인다.

상, 중, 하권에 각각 '이 문답집에 본이 두 개 있다. 이 본을 정본으로 한다'고 주가 달려 있는데 두 번째 발문의 다음 내용과 함께 생각해본다면, 이본이 있었다기보다는 전사傳寫하는 과정에서 오탈자가 생긴 본이 있었던 것을 가리킨다고 보인다.

> 사람들이 서로 초록抄錄을 하는 바람에 그저 오언마烏焉馬가 되어 잘못 해석되고 있습니다. 조금이라도 실수가 있다면 하늘과 땅이 멀리 떨어진 것처럼 큰 차이가 됩니다. 간행을 거부하신다면 돌고 돌며 퍼지는 사이에 잇따라 오류를 전하게 되고, 결국 오본誤本이 서로 같지 않을 때에는 사람들이 의혹을 품어 귀일歸一할 바를 모를 것입니다.

『몽중문답』 초판이 얼마나 널리 읽혔는지 엿볼 수 있는 단초가 되는 발문의 기사다. 오언마란 필사를 하는 동안 '烏'라는 글자가 '焉'이 되고 '焉'이 또 비슷한 '馬'자가 되어 전혀 엉뚱한 의미로 바뀔 수 있어서 그 때문에 재판이 나오게 된 경위라 파악된다. 무소는 선뜻 선의 취지를 기록으로 남기기를 원하지 않았으나, 이러한 오류로 사람들을 오도하게 될 것을 염려하기도 하였을 것이며, 현대에 비해 출판 상황이 매우 곤란했던 중세 당시에 더 나은 판식 판본을 준비한 열의를 높이 인정하고 재판을 허락했음도 추측할 수 있다. 일본국회도서관 소장본은 본문이 대형 문자로 인쇄되어 있어서 그 점 역시 일본 인쇄문화사의 판식상으로도 매우 드물다고 한다.

4. 『몽중문답』 작품 해설

(1) '꿈=夢'에 관하여

『몽중문답』은 꿈속의 문답이라는 의미이다. 공교롭게도 고다이고 천황이 내린 '무소夢窓'라는 호에도 '꿈'이라는 글자가 들어간다. 작품 해제의 첫 단추로 '꿈'의 의미를 천착해 보아야 할 것이다. 우선 꿈, 즉 몽환과 관련된 내용에 관한 언급은 43단에서 설하고 있다.

> 세속 사람들이 흔히 하는 말 중에 '이 세상은 몽환과 같다'고 하는 것은 무상無常의 의미입니다. 하지만 대승 쪽에서 몽환의 비유를 취하는 것은 그렇지 않습니다.
> 꿈속에 보이는 온갖 물상物像들은 모두 실체가 없는 것이지요. 실체는 없지만 여러 종류의 형상은 그 모습과 똑같이 닮아 있습니다. -중략- 선종의 종사가 몽환의 법문을 설하는 것은, 이 도리를 마음속으로 관하라는 것이 아닙니다. 불법도 세법도 모두 몽환과 같다는 것을 알았다면 일체를 내던지고 즉시 본분의 깨달음을 지향하도록 권하기 위해서입니다.
>
> (43단 일부)

요즘도 흔히 말하는 꿈과 같다는 것은 무상과 헛됨을 세간에서 비유하는 표현이지만, 대승 불교에서는 그와는 조금 달리 모든 것이 실체가 없음에도 불구하고 온갖 형상이 마치 마술처럼 완연히 그 모습을 드러낸다는 뜻으로 사용되었다고 설명한다. 이를 뒷받침하는 듯한 꿈에 관련된 설법도 또 다시 보인다.

> 이렇게 꿈속에서 본 것에 속아 넘어가 본분의 경지를 전혀 모르는 상태로 있는 것입니다. 꿈을 꿈 사람들 중에는 우연히 선지식의 가르침에 의해 본분의 안온한 집이 있다는 것을 믿기는 하지만, 큰 꿈이 아직 깨지 않았기 때문에 여전히 꿈속에서 본 것을 내던져 버리지 못합니다. -중략-
> 이는 곧 꿈을 꾸는 사람이 자기가 보는 바가 모두 꿈이라고 믿기는 하

지만, 큰 꿈이 아직 깨지 않았기 때문에 꿈의 경계에 현혹되어 그 안에서 시비와 득실을 논하는 것이나 마찬가지입니다.

(64단 일부)

꿈은 실제 꿈을 꾸는 사람이 인식하는 한 겹의 꿈이 아니라, '큰 꿈' 이라는 말로 이중 구조임을 드러내고 있다. 꿈속의 꿈, 즉 현실과 너무나 닮아서 구분하기 어려운 꿈은 곧 시비와 득실을 따지는 현실세계가 된다고도 볼 수 있다.

『몽중문답』의 실제적 발문은 본센에 의해 쓰여졌지만, 내용상 이 문답의 답을 성실히 주관해 온 무소가 자신의 선사상을 발문적인 성격으로 쓴 92단의 문답에 이 책의 제목이 연유한 내용이 있다.

하물며 몽중夢中의 문답問答을 기록해 두신 것이 유익하리라고도 생각하지 않습니다. 하지만 포폄의 말에 의해서라도 순연과 역연을 맺을 기회가 되는 것이니 어찌 거부할 수 있겠습니까?

(92단 일부)

바로 이 부분인데, 원래 선법을 기록하는 것은 꺼려지지만 이처럼 꿈속에 주고 받은 문답이라도 읽는 사람에게 불도에 드는 좋은 인연을 제공하는 방편이 될 것이므로 허락한다는 취지이다. 이에 근거하여 이 책의 제목은『몽중문답』으로 정해진 것이며, 참고로 이보다 앞선 13세기의 승려 도겐道元의 저작『쇼호겐조正法眼藏』[56]의 항목 중에「몽중설

---

56) 일본 조동종의 개조인 도겐道元이 1231년부터 시작한 1253년까지 저술한 법어집이다. 87권에 이르며 일본 조동종 선사상의 진수가 녹아 있다. 도겐은 중국 조동종의 계통을 이었지만 곧 도겐만의 독자적인 사상의 심화발전을 이루었다. 가마쿠라 시대 불교관련 서적이 모두 한문으로 기록되던 시대에, 진리를 올바르게 전달하고자 하는 생각으로 일본의 글자인 가나로 저술하였다.『쇼호겐조』는 도겐의 선사상을 표현하기 위해 어록에서 특히 공안으로 사용된 중요한 문답을 추출하여 설명과 주석을 가하는 형태로 서술되었다. 가나의 기술이라는 측면, 문답의 형식을 중시하고 선사상을 논한 점 등 여러 면에서

법夢中說法」이라는 말이 보이는 것도 주목된다.

'꿈'이란 실체가 없는 것이므로 겸손의 의미로 사용한 동시에, 사람을 불연에 이끌 수 있는 훌륭한 방편이므로 완연한 현실을 비추는 거울로서 보고 있다고 할 수 있다.

(2) 혼란의 중세라는 시대의 반영

무소가 활약한 시대는 가마쿠라 말기, 남북조 시대, 무로마치 초기로 이어지므로 정권의 교체와 그로 인한 제권력들의 이합집산, 그리고 무엇보다 수많은 사람들의 죽음이 가로놓인 혼란의 중세 그 자체였다. 『몽중문답』이 법어집이기는 하나 당시의 시대상을 반영하는 내용이 상당수 보인다.

> 최근에는 세상의 혼란으로 인해 관동關東 쪽, 교토 쪽 모두 기도 행사가 대단히 많습니다. 그러나 그 기도 행사들을 보자니 도저히 이런 식으로 어떻게 기도가 성립될까 싶습니다.
> (10단 일부)

가마쿠라 막부가 창설됨으로써 일본의 권력은 교토와 가마쿠라 두 곳으로 분산되었고 가마쿠라를 중심으로 한 관동 지방은 일약 역사의 중심 무대가 되었다. 관동 지역에도 가마쿠라 고잔을 비롯하여 수많은 주요 사찰들이 생겼고, 승려들이 몰렸으며 위의 예문에서 보듯 기도 행사 등의 불사가 많이 열렸을 것은 분명하다. 천황가와 귀족들을 중심으로 한 조정의 각종 행사가 교토의 사찰들에서 이루어졌고, 장군가와 무사들을 중심으로 한 불사는 가마쿠라의 사찰들에서 이루어졌다. 무소의 눈에도 정확히 비친 것처럼 그러한 기도 행사가 세상의 혼란으

『몽중문답』과의 비교고찰이 기대되는 서적이다.

로 인해 너무 많았다는 것이 문제였다.

내란도 많았지만 가마쿠라 막부를 마지막으로 밖에서 강하게 흔들었던 것은 몽골의 침공 소식이었다. 그에 대해 무소는 다음과 같이 말한다.

> 호코지法光寺 선문禪門 시절인 고안弘安 무렵, 몽골이 침공한다는 소문에 천하가 소란스러웠는데, 단나檀那 선문이신 도키무네時宗 공公은 조금도 동요하지 않으셨습니다. 매일 겐초지의 장로와 붓코 선사 및 많은 선종 고승들을 부르시어 선법 강담을 하셨습니다. 그 모습은 실로 드물고 훌륭했다고 붓코 선사의 보설普說에도 적혀 있지요. 그 후에 엔가쿠지円覺寺를 건립하고 자신의 종지인 선종을 흥하게 하시는 일에도 소홀하지 않으셨습니다. 이러한 이유 때문인지 몽골도 일본을 멸하지 못했지요.
>
> (15단 일부)

1274년과 1281년 몽골이 일본 침공을 시도했다. 국가 간에 대대적 전투가 벌어진 것은 아니지만 몽골을 둘러싼 소문과 공포는 온 일본을 두려움에 떨게 했다. 호코지 선문이란 호조 도키무네北条時宗57)를 말하는데 막부의 최대 권력자이자 군사적 책임자로서 그는 몽골로부터 일본을 지키기 위해 방비 마련에 전념하였다. 또한 선종에 깊이 귀의하였기 때문에 선사를 짓고 깊이 신앙했는데 무소는 도키무네의 이러한 노력 때문에 몽골이 일본을 멸하지 못했다고 말한다.

당시 태풍으로 추측되는 풍랑으로 몽골이 일본을 침공하지 못한 것

---

57) 1251~1284년. 호조 도키요리北条時頼의 아들로 법명을 도코道杲라 했다. 1268년 집권執權자리에 올랐는데 이 해에 일본의 복속을 요구하며 몽골의 사자가 일본에 찾아온다. 이를 물리친 막부는 몽골의 침입이 있을 것을 예측하고 국방 강화에 힘쓰게 된다. 1274년 이른바 분에이文永의 역役이라고 하는 몽골군의 침공이 있게 되고 규슈에서 무사들이 이를 물리치지만 다음 침공에 대비하게 되었고 1281년 고안弘安의 역이라고 부르는 2차 침공 역시 격퇴에 성공하고 방비에 전념하게 된다. 1284년 도키무네는 병을 얻어 출가하고 곧 임종한다. 도키무네는 선에 깊이 귀의하여 겐초지의 다이카쿠 선사가 입적한 후에 무학을 불러 사사하고 1282년 무학을 개산으로 하는 엔가쿠지円覺寺를 창건했다.

을, 일본이 신국神國이라 신의 바람, 즉 가미카제神風에 의한 것이라 보는 신도神道적 사고와 빗대어 보면 불력에 의한 호국으로 보는 무소의 견해가 흥미롭다.

또한 법어 중심의 내용임에도 불구하고 문답 당시의 최고 권력자의 한 사람이었던 젊은 무장 다다요시와의 문답 내용에는 현실문제를 둘러싼 팽팽한 긴장감도 내포되어 있다. 최고의 선승을 앞두고 다다요시는 16단에서 다음과 같은 당돌한 화제를 꺼낸다.

> 말세에는 선종, 교종, 율종의 승려 모두 명리로 치닫고 불도수행은 쇠퇴합니다. 이런 승려를 공양할 수는 없습니다. 이런 승려가 있는 곳을 가람伽藍이라고 하여 많은 영지를 기진하고 수리하거나 증축한다며 사람들을 고생시키는 것은 무익한 일이라고 하는 사람들이 있습니다.

다다요시는 무분별한 사원의 수리나 증축 등을 비난하는 어조로 질문하고 무소의 생각을 묻는다. 그에 대해 무소는 비도非道의 승려라도 비난하지 말라고 하며 다음과 같이 답변한다.

> 그러므로 승보가 퇴색한 것을 비난하시기보다는 자기 신심이 옛 사람들에게 미치지 못하기 때문에 불법을 경시하고 홀대하며 승려를 비난하였으며, 그것이 죄업을 초래하는 인연은 될지언정 공덕을 얻는 복전福田이 아님을 한탄하셔야 합니다.
> 만약 현재의 승려가 나한과 보살 같지도 않고 대사大師와 선덕들에도 미치지 못한다고 버리신다면, 그것이 어떻게 승법만 버리는 일이겠습니까?
> (16단 일부)

승려들을 비난하기보다는 승법을 버리고 비난하는 죄를 짓지 말라고 하는 내용이다. 또한 불도 수행과 정치의 관계와 그 균형성에 대해 질문하는 다다요시에 대해, 무소는 다음과 같이 강도 높게 다다요시를 추궁한다.

> 겐코元弘 연간 이후의 죄업과 그 동안의 선근을 비교해 보면 과연 어느 쪽이 많을까요? 그 사이에 적군이 되어 죽음을 당한 사람은 어느 정도입니까? 그들의 죽음 뒤에 남아 방랑 신세가 된 처자식과 수하 권솔眷率들의 마음은 어디로 가야할까요? 적뿐만이 아닙니다. 아군이 되어 함께 싸우다 죽은 자들도 모두 귀하의 죄업이 될 것입니다. 아들이 죽어 아버지만 살아남거나 아버지가 죽고 아들이 살아남은 경우도 있겠지요. 그러한 슬픔이 있는 자들 또한 헤아릴 수 없습니다. -중략-
> 지금도 연거푸 전승을 거두어 경하드릴 일이 있다고 들리는데, 적이 많이 죽어서 귀하의 죄업이 자꾸 쌓인다는 의미입니다.
> 도회와 시골의 신사나 사찰, 역참이나 인가 등이 파손되고 혹은 소실되는 경우는 또 얼마나 많겠습니까?

가마쿠라 막부를 토벌하려던 고다이고 천황이 막부 측에 의해 잡혀 유배를 가는 초유의 사태가 일어났다. 이것이 겐코元弘의 난이며, 위의 인용문에서 이야기하고 있는 겐코 연간 이후의 죄업의 시작이 된 사건이다. 그간 벌어진 무수한 전투로 많은 전사자가 나오고 그 가족들까지도 고통을 받는 현실을 지적하고 있다. 또한 문답을 나누는 당시까지 전란이 이어져 다다요시는 승승장구하고 있던 셈인데, 그것이 다 살생의 죄가 되어 다다요시의 죄업이 되고 있다고 직접적으로 지적하고, 무가가 저지르는 살생과 파괴 행위를 추상처럼 비판하고 있어 설전을 방불케 한다. 마치 다다요시의 최후를 예견이라도 한 듯하여 더욱 무소의 어조는 냉랭하게 느껴진다.

다다요시는 나중에 형 다카우지와 불화하고 대립을 일으켜 결국 죽임을 당하지만, 다다요시를 무소에게 안내해 준 것은 다카우지였다. 다카우지, 다다요시 형제와 무소 세 사람이 합필 서사하고 고야산高野山 금강삼매원金剛三昧院에 봉납한 한 첩의 「대보적경요품大宝積経要品」이라는 것도 있을 정도다. 무소는 나중에 형 다카우지에게는 '인仁'이라는 글자를, 동생 다다요시에게는 '의義'라는 글자를 법호로 주었다. 다다요시는 실전에도 뛰어난 활동을 보이고, 또한 천하를 제패하려는 야욕이 있던 무장이었다. 또한 군략이나 병법에도 뛰어났고 문文적 재능도 겸했으므로, 정치의 요체를 추구하려고 하여 무소를 찾았고 위와 같은 질문도 하게 되었다 볼 수 있다.

(3) 동시대 다른 사상과의 관련성

일본의 중세는 전체적으로 가마쿠라 신불교, 교토와 가마쿠라의 고잔五山 등으로 대표되던 불교의 시대였다. 일본에서 송이나 원나라로 다녀온 유학승들도 많았고, 대륙으로부터의 도래승도 많아 종파의 종지나 움직임은 대륙 불교와 큰 궤를 함께 했다. 그러나 일본에는 일본 불교만의 독특한 전개가 분명 있으며 동시대의 다른 사상들과 함께 살펴볼 필요가 있다.

일본 중세 불교에서 가장 특징적이라 지적할 수 있는 것은 일본 특유의 신불습합神仏習合 사상일 것이다. 말 그대로 일본 신도의 대상인 여러 신들과 부처가 습합되어 있다는 의미이다. 이는 본지수적本地垂迹으로 설명할 수 있는데, 우선 본지란 부처나 보살의 본디 모습을 말하는 것이다. 또한 수적은 부처나 보살이 깨달음을 직접 얻을 수 없는 중생을 구제하기 위하여 화신化身의 모습을 나타내는 일을 말한다.

『몽중문답』 7단에서도 '모든 신들은 불보살이 일본이라는 나라에 모습을 바꾸어 나타나신 것입니다. 어째서 신이 정말로 승려를 싫어하겠습니까?'라는 말이 보이며 본지수적설을 그대로 반영하고 있다. 또한 하치만八幡 대보살이 우사 신사宇佐神社에 일본의 신으로 모습을 드러냈다는 이야기, 무가의 신을 모시는 이와시미즈하치만구岩清水八幡宮라는 신사에서 교교行教라는 스님의 가사袈裟에 삼존의 모습이 드러났다는 이야기 등도 함께 소개하고 있다.

또한 고보弘法 대사가 하치만 신을 뵈었을 때 신은 승려의 모습으로 나타나셨습니다. 대사는 그 모습을 그렸고 또한 하치만 대보살도 직접 대사의 모습을 그리셨지요. 그 두 그림이 교토 다카오高雄의 신고지神護寺에 모셔져 있습니다. 이것이 곧 중생을 인도하여 불법에 귀의시키며 생사의 고난에서 벗어나게 하기 위한 상서로운 모습입니다.

　고보 대사는 구카이空海의 시호이다. 구카이는 견당유학승이었으며 일본에 돌아와서 진언종의 개조가 된 유명한 고승이다. 그 구카이와 하치만 신이 서로의 모습을 그려서 사찰에 남겼다는 일화다. 이렇듯 무소는 신불습합의 여러 예화들을 『몽중문답』에서 담아내고 있는 것이다.

　신도 외에도 중세 일본에는 유교와 도교에 관한 비상한 관심도 역시 존재하고 있었다. 물론 '노자가 허무, 장자가 무위의 도리를 말한 것은 외도에서 말하는 명체에 해당합니다'(66단)라고 한 것처럼 유교와 도교는 불교 외의 도리이므로 외도外道로 취급되었지만, 공자와 맹자, 노자와 장자에 관한 언급, 혹은 유교나 도교에서 추구하는 이상적 개념이나 인물들의 일화가 곳곳에 인용되어 있다.

　이 부분은 『몽중문답』과 거의 동시대의 저작으로 보이는 일본의 유명한 고전 수필 『쓰레즈레구사徒然草』58)와 비교하여 그 공통점과 차이성을 대조한다면 좋을 듯하다. 『쓰레즈레구사』도 겐코兼好라는 법사法師, 즉 승려 신분의 작자가 쓴 것으로 불교에 기반하고 있으므로 제연방하諸緣放下, 즉 모든 얽매인 인연을 벗어던지라고 이야기한다. 『몽중문답』에서도 44단, 45단, 57단에서 제연방하라는 같은 표현을 통해 취지

---

58) 가마쿠라 말기의 수필. 저자는 요시다 겐코吉田兼好이며 1330년대 전반에 성립된 것으로 본다. 수상과 견문, 허구의 이야기와 인용, 일화, 경험담 등을 서단과 243단에 걸쳐 면면히 풀어내고 있으며, 무상관無常觀에 기초하면서도 현실적 인생관, 세상관, 풍류 등을 내포하고 있어 일본 고전 수필의 백미로 일컬어진다.

를 이야기하고 있다. 또한 사람이 임종할 때 어떤 모습을 보이는지가 중요하다는 주장이나, 계도적 이야기의 비유로 술에 취한 사람의 이야기, 혹은 바둑, 쌍륙 등 당시 유행하던 놀이를 예로 사용한다는 점도 공통적이다.

또한 가장 큰 공통점은 두 서적에 모두 '어떤 사람' 혹은 '옛 사람'과 같이 막연한 부정칭 인물들의 언급이나 인용이 무수히 등장한다는 사실이다. 무소나 겐코와 같은 인물들이 기억력의 부정확함을 강조하고자 이렇게 썼을 리 없다. 오히려 '어떤 사람或る人'이나 '옛 사람古人'의 말을 인용한 것이 인용한 말의 권위를 높이는 효과를 주었다고 볼 수 있으며 일본 중세 화한혼효문和漢混淆文으로 쓰인 창작 작품에 보이는 흔한 현상이었다고도 볼 수 있다.

그런데 유교나 도교에 관해서는 폭넓은 관심과 그 고사들을 인용하고 있다는 점에서는 공통되나, 그것을 취급하는 태도에서는 두 작품이 대조를 이룬다. 예를 들어 허유와 같은 인물에 대한 스탠스와 같은 문제이다. 허유는 임금의 자리를 거부하고 그런 권유를 듣게 된 귀가 더러워졌다면 강물에 귀를 씻은 고사로 유명한 인물이다. 명리를 떠난 대표자격으로『쓰레즈레구사』에서는 바람직한 인간상으로 보고 있다. 그러나『몽중문답』에서는 이렇게 바라본다.

> 이 사람들의 모습을 보면 왕위조차 바라지 않는 것이니, 하물며 세상 일반적인 명리는 말할 것도 없겠지요. 실로 이는 대단한 이야기인 것 같지만 그저 세간의 현인이라고 칭할 정도의 영역인 것입니다. 진실한 구도심을 가진 사람이라고는 할 수 없지요.
>
> (40단 일부)

분명하게 불도와 외도를 나누어 외도 영역에서의 최상급 사람으로 현인이라 일컬어져도 불도에 문외한인 자는 진실한 구도심이 없는 인물로 치부된다는 보다 엄격한 불교적 잣대를 대고 있음을 알 수 있다.

일본 중세는 또한 '비장秘藏'이나 '비전秘伝'처럼 비밀리에 전해지는 이야기나 물건 등이 매우 중요시되던 시기였다. 91단처럼 일본에 교외별전인 선종이 전해지게 된 이야기를 면면히 설명하는 과정에서도 선종에서 전승의 중요성이 이러한 맥락에서 읽혀질 수도 있을 것이다.

이처럼 『몽중문답』은 일본 중세의 글쓰기 산물로서의 외면적 특징을 갖는 동시에, 다른 어떠한 사상보다 불교, 그 중에서도 교외별전 선종을 최상위에 두는 내면을 가진 작품이다.

(4) 후대에의 영향

『몽중문답』의 하권에는 정토종에 관한 질의가 다섯 단 정도 관련되어 나오고 있다. 이에 관해 정토종 승려인 조엔澄円이라는 사람이 반박의 글을 저술했는데 그것이 바로 『몽중송풍론夢中松風論』이라는 책이다. 황실과 권력자들에게서 존경을 한 몸에 받는 무소 국사를 공격하는 글이므로 예를 잃지는 않으면서도 내용은 꽤 격한 논조라고 한다. 내용이 지엽적이고 세부에 얽매인 것이라 일일이 분석하지는 않지만 『몽중문답』이 출판되고 즉시 이러한 반박의 저술이 나왔다는 사실 자체에서 그 영향력이 당대에 이미 상당했음을 엿볼 수 있다.

또한 무소는 이에 대해 침묵하지 않고 18개 조항으로 반론을 세워 하나하나 답변하는 형식을 취하여 그것을 『곡향집谷響集』이라는 저술로 간행하였다. 오늘날 일간지 사설란에서 보이는 언론플레이와 닮았지만, 남북조 시대 당시 일본의 출판 상황과 저술물의 독자讀者라는 개념을 조금만 더 생각한다면, 『몽중문답』의 반박에 대한 반박이 이어지고 간행되었다는 사실은 매우 놀라우며 『몽중문답』은 일종의 선풍이었던 것으로 보인다.

『곡향집』은 고잔 판五山版 『몽중문답집』과 동시대 출판으로 보이므로, 무소의 반박글을 즉시 간행했음을 알 수 있다. 무소의 명망을 믿고 따르는 선종 활동의 일단으로 해석된다. 『곡향집』은 다음과 같은 식으로 전개된다.

> 어떤 사람이 물었다. 염불삼매는 대승의 법문이다. 몽중문답에 정토종을 소승의 법문이라고 하여 비난하는 것은 잘못이 아닌가?
> 답하여 말했다. 옛사람이 이르기를, 서부진언書不盡言, 언부진의言不盡意, 즉 글은 말을 다하지 못하고 말은 뜻을 다하지 못한다고 하였다. 어리석은 뜻처럼 어리석은 말을 파악하지 못하는 까닭에 이러한 질책이 나온 것이다. 이 책 안에 염불의 법문을 소승이라고 이름붙이고 비난한 일은 전혀 없다.

정토종을 소승이라고 비방한 『몽중문답』의 내용에 대해, 정토종의 염불삼매는 대승의 법문이라고 그 잘못을 시인하라는 『몽중송풍론』의 내용에 대해, 말 표현을 제대로 파악하지 못해서 이렇게 오해했다고 지적하는 내용이다. 이런 식으로 잇따라 답을 해가며 상당한 분량을 이루는 것이 『곡향집』으로, 제삼자가 보면 답할 필요도 없는 질문에 불과한 것에 대해서도 거듭 친절하게 설명하고 있다. 결론적으로는 선종과 타 종파, 특히 염불종과의 차이는 물론이고 선 자체에 관해서도 더 알기 쉬운 설명을 부가하게 된 셈이다.

『곡향집』은 권말에 이렇게 맺고 있다.

> 이러한 문답은 결국 불법의 창우瘡疣를 낳고 더더욱 논쟁의 단예端倪가 될 것이다. 무익한 일이리라 생각하지만, 몽중문답의 뜻을 잘못 이해한 분에게 보시게 하여 정토종을 소승이라고 불러 비방하는 것이 잘못이라고 말씀하신 것을 진언陳言하면서, 더불어 종문은 말세에는 불상응한다고 말씀하신 것에 관하여 약간 우존을 말씀드렸다. 모든 불경의 설상說相도 일정하지 않다. 여래의 본의도 헤아리기 어렵다. 이 때문에 글처럼 뜻을 취하는 것이 제어되었다. 고래 한 종파를 건립하신 분들은 모두 큰 권현의 보살로 각 부처를 대신하여 법문을 설파하시는 분들이다. 만약 그렇다면

그 말씀에 따르고 뜻을 취하는 것이 어찌 선덕의 본의가 되겠는가. 모든 종파의 학자들이 서로 우열을 논쟁하시는 것은 무익하다. 경론의 글을 인용하고 선덕의 말씀을 증거로 삼아 백년 천년 논하시는 것도 승부를 결정할 수 없을 것이다. 누구를 증자로 의지할 것인가. -중략- 이 때문에 그저 정토종 뿐 아니라 기타 다른 여러 종파도 굳이 비방할 일이 없다. 하지만 다른 종파가 자신의 종파를 비방할 때 그럴 이유가 없는 뜻을 말하는 것은 또한 다른 종파를 비난하는 것과 마찬가지이다. 만약 그 뜻을 이해하고 그 말씀을 뜻하는 것이라면 그것이 내가 바라는 바이다.

이 『곡향집』에 대해서도 조엔이라는 승려는 다시 한 번 반박하였다. 그러나 무소는 그럴 필요성이 없다고 여겨 다시 반박하지 않았다.

사실 『몽중송풍론』 전문과 『곡향집』 전문까지 읽는다면 14세기 당시 일본 불교 내의 각 종파의 입각점과 그 차이, 그에 관한 지식 등을 명쾌하게 납득할 수 있으리라 생각한다. 추후 역자의 과제로 삼고자 한다.

참고문헌(발표년도 역순)

● 사전류

ティビーエスブリタニカ『ブリタニカ国際第百科事典 1~6卷』1993.
橋本芳契『仏教語入門』法蔵館 1983.
國史大辭典編集委員會 編『国史大辞典1~15』吉川弘文館 1979~1997.
今田福中 外『岩波仏教辞典』岩波書店 1989.
金吉祥『佛敎大辭典 上·下』弘法院 1998.
望月信亨『望月仏教大辞典 1~7』世界聖典刊行協會 1974.
岩橋小彌太『神道史叢說』弘文館 1971.
日本古典文學大辭典編輯委員會『日本古典文學大辭典1~6』岩波書店 1983.
日本史大事典編纂委員會『日本史大事典 1~6卷』平凡社 1994.
佐藤和彦 外『日本中世内乱史人名辞典』新人物往来社 2007.
織田得能『織田仏教大辞典』大藏出版株式會社 1983.
고려대장경연구소 지식베이스 http://kb.sutra.re.kr/ritk/service/diction/dicSearch.do

● 단행본

西村恵信『夢窓国師の『夢中問答』をよむ 上』NHK出版 2012.
西村恵信『夢窓国師の『夢中問答』をよむ 下』NHK出版 2012.
요시다 겐코 吉田兼好 저, 김충영·엄인경 공역,『쓰레즈레구사 徒然草』도서출판문, 2010.
小泉八雲(ラフカディオ·ハーン)著 平川祐弘編『怪談·奇談』講談社 2007.
酒井紀美『夢語り·夢解きの中世』朝日新聞社 2001.
中村文峰『夢中問答』春秋社 2000.

川瀬一馬『夢中問答集』講談社 2000.
西村恵信『夢中問答-禅門修業の要領-』NHK出版 1998.
百川敬仁『「物語」としての異界』砂子屋書房 1990.
唐木順三『中世の文学』筑摩書房 1983.
西郷信綱『古代人と夢』平凡社 1983.

● 논문

엄인경,「일본 중세 가나仮名 법어의 문학성-선禪문답집『몽중문답夢中問答』을 중심으로」,『아시아문화연구』제28집, 가천대학교 아시아문화연구소, 2012.

西山美香「初期室町政権の宗教事業と呉越王」『軍記と語り物』43 軍記・語り物研究会 2007.

엄인경,「『쓰레즈레구사徒然草』모두冒頭의 문제-광언기어관狂言綺語観과 관련하여-」,『일본학보』제65집 2권, 한국일본학회, 2005.

西山美香「夢窓外伝-禅林の伝承-」『国文学 解釈と教材の研究』48-11 學燈社 2003.

末木文美士「『夢中問答』にみる夢窓疎石の思想」『東アジア仏教-その成立と展開-』春秋社 2002.

西山美香「室町幕府初期政権の仏事としての『高野山金剛三昧院短冊和歌』奉納-浄化と再生の希求-」『文学』3-2 岩波書店 2001.

西山美香「新出資料 「東山殿西指庵障子和歌」について-足利義政の内なる夢窓疎石-」『中世文学』45 中世文学会 2000.

佐佐木朋子「夢窓疎石-高潔温雅な人格, 山居二十年を解読する-」『国文学解釈と鑑賞』64-10, 1999.

西山美香「『夢中問答集』における「本朝」」『説話文学研究』33 勉誠社 1998.

西山美香「釈迦族滅亡説話が支えたもの-『夢中問答集』と『太平記』「北

野通夜物語」との比較から-」『フェリス女学院大学日文大学院紀要』4, 1996.

丸山嘉信 「「夢中問答集」論」『新国学の諸相』(国学院大学院友学術振興会) おうふう 1996.

조기호,「日本 中世에 있어서 法語文學 研究-法然의『選擇集』를 중심으로-」,『日本語文學』제2집, 1996.

西山美香「夢窓疎石における＜和歌＞と＜わらい＞」『フェリス女学院大学日文大学院紀要』1995.

西山美香 「夢窓疎石における＜和歌＞と＜わらい＞」『フェリス女学院大学日文大学院紀要』1995.

小峰和明「院政期文学の構想」『国文学 解釈と鑑賞』至文堂 1988.

船岡誠 「日本禅宗史における夢窓疎石の位置」『論集日本仏教史』第5卷, 雄山閣 1986.

川瀬一馬「五山文化と夢窓国師」『五山の学芸』勉誠社 1985.

玉懸博之「夢窓疎石と初期室町政権」『文学部研究年報』35号, 東北大学文学部 1985.

姜泰國,「法語の文学生について-道元の正法眼蔵隨聞記を中心に-」,『제주대학교 논문집』제20집(인문편), 1985.

井上宗雄「夢窓国師百首」について『立教大学日本文学』47号 1981.

名波弘彰「夢窓疎石の偈頌と思想-「友社」の原型を中心として-」『日本文学』28, 1979.

古橋恒夫「『徒然草』と『夢中問答』」『日本文学-始源から現代へ-』1978.

三橋健「度会常昌と夢窓疎石との邂逅」『季刊日本思想史』64号, 1976.

佐藤泰正「宗教と文学の二律背反」『国文学解釈と鑑賞』39-8, 至文堂, 1974.

寺田透「『夢中問答』(上)」『図書』11, 岩波書店, 1972.

寺田透「『夢中問答』(下)」『図書』12, 岩波書店, 1972.

永積安明「法語における文学の成立」『文学』37-10, 岩波書店, 1969.

武石彰夫「夢窓疎石と兼好」『大東文化大学文学部紀要』1969.

井手恒英雄「法語文芸・非文芸」『文学』37-10, 岩波書店, 1969.

川瀬一馬「夢窓国師の仮名法語(下)－夢中問答集と谷響集－」『書誌学』3, 日本書誌学会, 1966.

川瀬一馬「夢窓国師の仮名法語(上)－夢中問答集と谷響集－」『書誌学』2, 日本書誌学会, 1965.

植田重雄「夢窓国師の文芸」『早稲田商学』133号 早稲田商学同攻会, 1958.

蔭木英雄「五山文学の和様化－高峰顯日, 規庵祖円, 夢窓疎石について－」『国文学』48(関西大学国文学会), 1950.

伊藤康安「夢窓国師素描」『古典研究』8月号, 雄山閣, 1941.

魚澄惣五郎「夢窓国師と儒学」『古典研究』7月号, 雄山閣, 1941.

池田泰信「夢中問答の禪宗史的考察」『駒澤地歷學會誌1』, 1938.

筑土鈴寛「法語の本質」『国語国文学』4月号, 1927

무소 소세키夢窓疎石 연보

1275년	0세	이세伊勢에서 출생.
1279년	4세	가이甲斐로 이주, 8월 모친을 여읨.
1284년	9세	히라시오 산사平塩山寺에서 구아空阿에게 밀교 외전을 공부, 출가 결심.
1288년	14세	겐토쿠산乾德山에서 수행.
1292년	18세	도다이지東大寺 계단원戒壇院에서 지칸 율사慈觀律師에게 수계受戒함 가이로 돌아감.
1294년	20세	도쿠쇼德照의 충고로 겐닌지建仁寺의 무인엔판無隱円範에게 참선.
1295년	21세	도쇼지東勝寺의 무큐토쿠센無及德詮을 찾아감. 겐초지建長寺의 이코도넨葦航道然을 찾아감.
1296년	22세	엔가쿠지円覚寺의 도케이토쿠고桃渓德悟를 찾아감. 겐초지의 지돈쿠쇼癡鈍空性를 찾아감. 겐닌지建仁寺의 무인엔판無隱円範을 다시 찾아감.
1299년	25세	도래승인 일산일녕一山一寧을 찾아가 2년간 수학.
1300년	26세	나스那須의 붓코쿠 국사仏国国師를 찾아가나 부재. 다리의 병을 얻어 나스那須 운간지雲巖寺에 머묾.
1301년	27세	겐초지建長寺로 일산일녕을 다시 찾아감. 인가를 얻지 못함.
1303년	29세	잇산을 떠나 만주지万寿寺의 붓코쿠 국사를 찾아감.
1304년	30세	히타치常陸 지역에서 좌선.
1305년	31세	히타치 우스바臼庭에서 대오大悟함. 조치지浄智寺의 붓코쿠 국사로부터 인가. 곧 귀향함. 니카이도 씨二階堂氏가 무소를 위해 마키노쇼牧庄에 조고지浄居寺를 엶

1306년	32세	조고지에 주재.
1307년	33세	붓코 국사仏光国師 이후의 법의를 붓코쿠 국사에서 전의伝衣받음.
1308년	34세	잇산을 찾아가 작별하고 히라시오지平塩寺 조타쓰静達 상인을 배알.
1309년	35세	나스 운간지雲巌寺에 가 붓코쿠 국사를 방문. 가이甲斐로 돌아감.
1311년	37세	류잔안龍山庵의 바위 위에서 좌선을 하고 풍향을 바꿈.
1312년	38세	류잔안을 내려가 조고지로 돌아감.
1313년	39세	붓코쿠 국사가 조라쿠지長楽寺에 추천한 것을 알고 몰래 전전.
		고케이잔虎渓山에 도착.
1314년	40세	헤이호지永保寺 관음각観音閣을 세움.
1315년	41세	미노美濃 각지에 은거할 곳을 찾음.
1316년	42세	미노의 기요미즈 교원清水教院에 은거.
		고케이잔으로 돌아감.
1317년	43세	교토로 가서 기타야마北山에 머묾
1318년	44세	호조 다카토키北条高時 모친 갓카이覚海 부인을 피해 도사土佐로 도피.
		규코안吸江庵 지쿠린지竹林寺의 정원을 만듦.
1319년	45세	갓카이 부인의 요청으로 도사에서 가마쿠라鎌倉 쇼에이지勝栄寺로 감.
		요코스카横須賀에 좌선굴座禅窟을 만들고 하쿠센안泊船庵을 지어 5년간 체재.
1320년	46세	겐초지에 린잔도인霊山道隠 화상을 찾아감.
1321년	47세	하쿠센안 배후의 산에 해인탑海印搭을 세움.
1322년	48세	하쿠센안에 재주.
1323년	49세	다이후쿠지大福寺를 거쳐 가즈사上総 다이코안退耕庵 건립.
1324년	50세	다이코안의 금모굴金毛窟에 재주. 다이토쿠지大徳寺 개창.

1325년 51세	고다이고 천황後醍醐天皇로부터 교토로 오라는 칙사가 파견. 교토로 가서 난젠지南禪寺에 머묾.
1326년 52세	이세伊勢에서 젠노지善応寺를 엶. 다시 가마쿠라 난포안南 芳庵으로 감.
1327년 53세	긴뵤잔錦屏山에 즈이센지瑞泉寺 개창.
1328년 54세	즈이센지의 관음당観音堂, 좌선굴인 호코쿠쓰葆光窟를 지음.
1329년 55세	엔가쿠지円覚寺에 머묾. 무역선의 재화를 기진하여 사찰을 부흥함.
1330년 56세	엔가쿠지에서 물러나 즈이센지로 돌아감. 마키노쇼牧庄로 가서 에린지恵林寺를 창건.
1331년 57세	에린지에서 즈이센지로 돌아감
1332년 58세	다시 즈이센지에서 에린지로 감. 하리마播磨의 즈이코지瑞光寺 건립.
1333년 59세	호조 다카토키가 재차 겐초지로 부르나 거절. 가이甲斐에서 가마쿠라 즈이센지로 돌아감. 고다이고 천황은 다카우지에게 명하여 칙사를 보내 7월 린센지臨川寺로 들어감.
1334년 60세	난젠지南禪寺에 다시 재주.
1336년 62세	겐무建武의 중흥中興 실패로 난젠지를 떠나 린센지로 감.
1337년 63세	묘신지妙心寺 개창.
1339년 65세	사이호지西芳寺를 재흥하여 개산이 됨. 천황 붕어 후 가메야마亀山 이궁離宮이 불사仏寺가 되어 개산으로 요청받음.
1340년 66세	호소카와 씨細川氏가 건립한 호다지補陀寺에 개산으로 요청받음.
1341년 67세	레키오지歷応寺를 덴류지天龍寺로 개칭.
1351년 77세	린센지臨川寺에서 시적示寂.

찾아보기

● 인명

가

가섭迦葉 / 17, 202, 289
각철자覺鐵嘴 / 307
게다쓰解脫 상인 / 354
계원契元 / 349
고보弘法 대사 / 51, 345, 348, 350, 355
고센古先 선사 / 361
고조光定 / 30
공왕불空王佛 / 128
광혜선사廣慧禪師 (= 중봉화상)
교범파제憍梵波提 / 202
교쿄行教화상 / 50
규봉종밀圭峰宗密선사 / 336
긴메이 천황欽明天皇 / 48

나

남악南岳대사 / 140, 266, 353
남천조사南天祖師 (= 달마대사)
노동盧同 / 223

노자老子 / 258, 267, 269, 304, 396

다

다이넨 호엔大年法延 / 367, 369
달마達磨대사 / 117, 141, 175, 177, 179, 188, 207, 270, 291, 335, 353, 355
대지大智선사 / 75, 192, 306, 331
대혜大慧선사 / 188, 212, 213, 214, 256, 272, 295
덕산德山선사 / 306
덴쿄伝教 대사 / 30, 345, 346, 355
도수道樹선사 / 116, 117, 120

마

마조馬祖선사 / 193, 306
마하가섭摩訶迦葉 (= 가섭)
모노노베노 모리야物部守屋 / 59, 62, 100
목련目連 / 17, 44
묘에 상인明恵上人 / 224
무업無業국사 / 139

무쟁념왕無諍念王 / 23, 24, 26
문수文殊 / 105

바

발난타跋難陀 / 202
방거사龐居士 / 230
백낙천白樂天 / 222
법안法眼선사 / 307
법연法演화상 / 296
보해寶海바라문 / 23, 26
보현보살普賢菩薩 / 32, 69, 264
부쓰겐仏源 선사 / 83
붓코仏光 선사 / 83, 84, 238
비로자나毘盧遮那 / 255
비바시불毘婆尸佛 / 236, 314

사

사가천황嵯峨天皇 / 347
사갈용녀娑竭龍女 / 235, 313
사리불舍利佛 / 17, 365, 366
사이교西行 / 33
삼조대사三祖大師 / 185, 189, 204
상불경보살常不輕菩薩 / 324
소부巢父 / 167, 168
쇼토쿠 태자聖德太子 / 59, 62, 100, 102, 353, 355
수닷타須達多 / 16, 17, 18

수보리須菩提 / 365

아

아나율阿那律 / 201
아사세阿闍世 / 313, 314
아시카가 다다요시足利直義 / 98, 361, 379
안넨安然 화상 / 353
양梁 무제武帝 / 101, 102
양좌주亮座主 / 192, 193
에가쿠慧萼 / 347
에이사이 선사栄西禅師 / 224
영가永嘉대사 / 259, 298
올암 보녕兀庵普寧 / 83
용수보살龍樹菩薩 / 119, 167
운문雲門대사 / 141
원오圓悟선사 / 96, 143, 213
유리태자瑠璃太子 / 43, 44
유마거사維摩居士 / 111, 174, 370
육우陸羽 / 223
의공선사義空禪師 / 347, 348, 350
임제臨濟선사 / 306

자

장사長沙선사 / 259
장자莊子 / 42, 177, 258, 304
전륜성왕轉輪聖王 / 22, 24

정명淨名거사 (= 유마거사)
정반왕淨飯王 / 101, 220
제안국사齊安國師 / 347
중봉中峰화상 / 177, 212, 214, 215
지광智光 / 66
지쇼智証 대사 / 350, 356
지카쿠智覚 대사 / 350, 356
지쿠센 본센竺仙梵僊 / 366, 370

차, 파

천수보리天須菩提 / 220, 221
풍제천馮濟川 / 255, 256

하

항하恒河 / 202
허공신虛空神 / 202
허유許由 / 167, 168
혜능慧能선사 / 190, 191
혜원慧遠법사 / 198
혜충慧忠국사 / 255, 258, 270, 356
호조 도키무네北条時宗 / 83, 84
호조 도키요리北条時頼 / 81, 84
황벽黃檗선사 / 117, 127
회양懷讓화상 / 190, 191, 192, 193
후경侯景 / 101, 102

● 서명, 사항 등

가

가지加持 / 78, 79, 80, 203
가타오카산片岡山 / 353
개원사開元寺 / 349
건률타乾栗馱 / 250, 253, 254
게偈 / 255
겐닌지建仁寺 / 224, 374
겐초지建長寺 / 81, 84, 86
견성見性 / 271, 272
경전敬田 / 91
계戒 / 328, 333
공대空大 / 275
공부工夫 / 216
공안公案 / 143, 144, 149, 157, 208, 210~215, 308
과분果分 / 344
관무량수경觀無量壽經 / 318
관음觀音 / 25
광과천廣果天 / 40
광언기어狂言綺語 / 228
교상동이집敎相同異集 / 350
교시쟁론敎時諍論 / 353
교외별전敎外別傳 / 139, 208, 271, 288, 290, 291, 293, 334, 340, 342, 346
구사종俱舍宗 / 351, 352
권지權智 / 131

극과極果 / 28
근대根大 / 275, 276
금강유정金剛喩定 / 133
금륜성왕金輪聖王 / 38
금종擒縱 / 155, 158
기관機關 / 295, 306
기세경起世經 / 300
기요미즈데라淸水寺 / 36, 53

나

나일통那一通 / 230, 231
나한과羅漢果 / 221, 229, 237
난행문難行門 / 309
내증內證 / 150, 303
내증불법상승혈맥보
　內證佛法相承血脈譜 / 346
녹야원鹿野苑 / 286, 307, 342
누진통漏盡通 / 230
능가경楞伽經 / 129, 253, 256, 273, 286, 307, 335, 342
능엄주楞嚴咒 / 85, 86, 321
능엄회楞嚴會 / 85

다

다라니陀羅尼 / 19, 20, 37, 47, 84, 86, 96, 105, 143, 197, 207, 208, 217
단견斷見 / 138, 183, 184

단린지檀林寺 / 349
대반야경大般若經 / 103
대비주大悲咒 / 85, 86, 321
대일각황大日覺皇 / 79
대일경大日經 / 54, 57, 169, 184
대일경소大日經疏 / 57, 141, 169, 255, 266, 345
대일여래大日如來 / 78, 244
대지도론大智度論 / 68
대집경大集經 / 201
대집월장경大集月藏經 / 90
덴구天狗 / 104
덴노지天王寺 / 101
도리천忉利天 / 38, 41, 234
도지東寺 / 348, 349
도지지等持寺 / 361
독공獨空 / 226
돈교頓敎 / 226
두타행頭陀行 / 236
등각等覺 / 22, 127

마

마왕魔王 / 24, 104
마하연摩訶衍 / 287
마하지관摩訶止觀 / 103
망지妄智 / 131
멸진정滅盡定 / 200, 269
묘지妙旨 / 343

무루無漏 / 21, 22, 123, 197
무명無明 / 76, 94, 149, 153, 186, 192, 230, 232, 248, 252
무상無相 / 54, 56~58, 247, 288, 300, 319
무색계無色界 / 39~41, 334
무행경無行經 / 168, 170
미륵彌勒 / 88, 192, 365
밀교密敎 / 54, 56, 78, 80, 138, 141, 226, 352, 353, 355

바

반야경般若經 / 200
반야심경般若心經 / 254
반주삼매경般舟三昧經 / 201, 319
발제하跋提河 / 286, 307, 342
방생회放生会 / 51, 52
방참放參 / 85, 86
방행放行 / 155, 157
백장청규百丈淸規 / 333
범망경梵網經 / 62, 92
범천梵天 / 24, 235
법계法界 / 70, 88, 118, 189, 275~278
법보法寶 / 88
법상종法相宗 / 227, 343, 351
법아견法我見 / 153, 161
법안法眼 / 280
법이심法爾心 / 267

벽지불辟支佛 / 237
보리살타菩提薩埵 / 166
보리심菩提心 / 25, 26, 109, 128, 166~170, 251, 318, 319
보살성菩薩性 / 285
보적경寶積經 / 238, 317
복보福報 / 16, 27
복분福分 / 16, 26, 46, 97, 176
복전福田 / 89, 91, 92
부정성不定性 / 285
부정업不定業 / 45
북구로주北俱盧洲 / 37, 41, 178
불과佛果 / 26, 74, 133, 264, 314
불보佛寶 / 88
불안佛眼 / 280, 281
비사문毘沙門 / 38
비상정非想定 / 200, 269
비상천非想天 / 40
비전悲田 / 91
비증悲增 / 71, 72
비화경悲華經 / 22

사

사견邪見 / 36, 109
사대四大 / 117, 145, 146, 190, 248, 253
사리舍利 / 233, 237, 238
사백사병四百四病 / 146

사병四病 / 142
사부대중四部大衆 / 25, 30
사선四禪 / 334
사시좌선四時坐禪 / 217, 364
사안四眼 / 281
사왕천四王天 / 38, 44
사이묘지最明寺 / 81
사익경思益經 / 321
사종만다라四種曼茶羅 / 79, 276
사지四智 / 115
사천왕四天王 / 38
살활殺活 / 155, 158
삼독三毒 / 178, 293
삼론종三論宗 / 226, 343, 351
삼마파제三摩波提 / 184
삼매三昧 / 28, 238
삼먁삼보리三藐三菩提 / 168, 243
삼명三明 / 229
삼밀三密 / 80, 203, 204, 206, 276
삼보三寶 / 18, 26, 30, 66, 67, 81, 88, 89, 100
삼신三身 / 115
삼십칠존三十七尊 / 244
삼악도三惡道 / 111
삼업三業 / 202
삼요三要 / 155
삼학三學 / 328~330
삼현三玄 / 155
삼현三賢 / 27, 125, 133, 135, 229, 230,

268, 335
상견常見 / 138, 183, 184
색계色界 / 39, 40, 334
색법色法 / 214, 267, 277, 278
석론釋論 / 287
선근善根 / 20, 21, 25, 26, 40, 41, 51, 65~69, 71, 72, 94~101, 173, 176, 203, 233, 235, 236, 238
선원제전집禪源諸詮集 / 336
선지식善知識 / 92, 106, 120, 123, 150, 151, 157, 158, 172, 196, 207, 208~210, 212, 213, 219, 246, 272, 325, 327, 338~340, 357
설법명안론說法明眼論 / 355
성교량聖敎量 / 128
성묵聖默 / 343
성문聲聞 / 24, 26, 27, 106, 184, 237, 281, 285
성문성聲聞性 / 284
성실종成實宗 / 351, 352
세지勢至 / 26, 318
송頌 / 238
수능엄경首楞嚴經 / 103, 129, 184, 248, 264, 275
수다라修多羅 / 342
수대水大 / 275
수미산須彌山 / 37, 38, 174
숙명통宿命通 / 230
순생업順生業 / 45

순현업順現業 / 45, 60
순후업順後業 / 45
승보僧寶 / 88, 89
식대識大 / 275, 277
신경통神境通 / 230
신고지神護寺 / 51
신불神佛 / 19~21, 37, 41, 43, 45, 53, 60, 194
신아神我 / 255~258
실법實法 / 211
실지實智 / 131
실지悉地 / 54, 56, 79, 194, 208
심요心要 / 96
심지心地 / 242
십선十善 / 67, 94, 97
십성十聖 / 27, 125, 133, 135, 229, 230, 268
십육상관十六相觀 / 198
십주심론十住心論 / 355
십지十地 / 22, 126
십칠조헌법十七条憲法 / 100

아

아누다라阿耨多羅 / 168, 243
아뢰야阿賴耶 / 251
악도惡道 / 234, 236, 268, 312, 314
애견愛見 / 73, 74, 76, 77, 97, 106
약사여래藥師如來 / 32

양족존兩足尊 / 123
엔가쿠지円覚寺 / 84
여래선如來禪 / 335
여래장如來藏 / 242, 267, 275, 276, 278
여환如幻 / 74, 76, 182, 184, 185, 280
연각緣覺 / 27, 106, 184, 237, 285
연각성緣覺性 / 284
연생심緣生心 / 267
연화대蓮花臺 / 317
연화삼매경蓮花三昧經 / 244
열반회涅槃會 / 314
염마대왕閻魔大王 / 92
예토穢土 / 175, 317, 320
오계五戒 / 67, 94, 97
오다카 시게나리大高重成 / 362, 368, 369
오십이위五十二位 / 133
오안五眼 / 280, 281
오온五蘊 / 117
오위五位 / 155
오탁五濁 / 40
오토코야마男山 / 50, 51
와카和歌 / 33, 34, 155, 172, 206, 353, 354
우사宇佐 신사 / 50
원각圓覺 / 244, 259, 286
원각경圓覺經 / 120, 129, 132, 142, 179, 184, 190, 231, 244, 248, 256, 259, 260, 264, 267~269, 286, 312, 324, 326, 336, 342
유루有漏 / 21, 22, 26, 94, 95, 97, 123, 176, 197, 203, 233
유마경維摩經 / 73, 273
유상有相 / 54~58, 79, 319
유위법有爲法 / 258
유정천有頂天 / 41
육근六根 / 201, 276, 280
육단심肉團心 / 251
육대六大 / 79, 276, 278
육욕천六欲天 / 38
육진六塵 / 190, 248, 277
육통六通 / 229, 230
율부律部 / 357
율종律宗 / 61, 64, 87, 330, 351, 352
음양사陰陽師 / 80, 128, 249
의율타矣栗馱 / 251
이세 신궁伊勢神宮 / 46, 49, 52
이승二乘 / 22, 27, 72, 73, 120, 125, 183, 184, 186, 205, 237, 265, 266, 269, 280, 285, 356, 359
이십오체二十五諦 / 257
이지二智 / 281
이취석理趣釋 / 345
이행문易行門 / 309
인아人我 / 324
인아견人我見 / 153, 161
인천人天 / 24, 94, 234

일심一心 / 25, 204, 206, 253, 257, 260, 272, 329, 330
임병任病 / 142
입정入定 / 33

자

잔자선剗子禪 / 228
적면제지覿面提持 / 210, 358
전심법요伝心法要 / 117
점찰업보경占察業報經 / 266
정定 / 328, 330
정각正覺 / 133, 169, 235, 309, 316, 318
정업定業 / 41~43, 45, 46, 53, 68
정업장경淨業障經 / 109
정토淨土 / 26, 99, 138, 144, 175, 309, 312, 316~321, 323
정토삼부경淨土三部經 / 316
제구식第九識 / 252, 260, 277
제석천帝釋天 / 24, 235
제위경提謂經 / 94
제육천第六天 / 104
제칠식第七識 / 252, 260
제팔식第八識 / 252, 260
종경록宗鏡錄 / 251, 254
중도中道 / 139, 184, 335
지계持戒 / 328, 330
지관止觀 / 266

지대地大 / 275
지증智增 / 71, 72
진瞋 / 178
진언사眞言師 / 80, 81
진여眞如 / 189, 242, 244
진지眞智 / 131

차

차정遮情 / 226, 227, 345
천룡팔부天龍八部 / 235
천마天魔 / 89, 104, 105, 116, 119, 221, 229, 230, 233, 234, 324, 338
천안天眼 / 280, 281
천안통天眼通 / 229
천이통天耳通 / 229
천제성闡提性 / 285
천태종天台宗 / 343, 352, 353
치痴 / 178
칠대七大 / 275~278

타, 파

타심통他心通 / 229
타화자재천他化自在天 / 39
탐貪 / 178
탑파塔婆 / 314
파계破戒 / 109, 330
파주把住 / 155, 157

팔정八定 / 334
폐전廢詮 / 343
풍대風大 / 275
필경공畢竟空 / 226

하

하치만구八幡宮 / 50, 52
함장식含藏識 / 251

현교顯敎 / 56, 57, 138, 141, 345, 352, 353, 355
혜慧 / 328, 330
혜안慧眼 / 280
화대火大 / 275, 277
화두話頭 / 208, 214, 306
화엄종華嚴宗 / 226, 344, 351
히에이잔比叡山 / 352, 353

■ 저자 소개 ■

무소 소세키(夢窓疎石, 1275~1351년)

가마쿠라(鎌倉) 시대 말기부터 남북조(南北朝), 무로마치(室町) 시대 초기에 걸친 일본 중세의 동란기에 큰 활약을 펼친 임제종(臨濟宗) 승려이다. 무소파(夢窓派)를 통솔하고 융성을 보게 되었으며 고다이고(後醍醐) 천황, 아시카가 다카우지(足利尊氏), 다다요시(直義) 형제 등 당시의 황실과 막부의 최고층들은 모두 무소에게 귀의했다. 생전과 사후에 일곱 명의 천황으로부터 국사(國師) 칭호를 받아 '칠조의 제사(七朝の帝師)'로 일컬어졌으며, 일본의 선종 양식 정원 조영으로도 유명하다. 『몽중문답』 외에도 『서산야화(西山夜話)』, 『곡향집(谷響集)』, 『와카집(和歌集)』뿐 아니라 많은 어록을 남겼다.

■ 역자 소개 ■

엄인경(嚴仁卿)

고려대학교 일어일문학과 졸업하고 동(同)대학원에서 일본 중세문학을 전공하여 석사와 박사학위를 취득하였다. 현재 고려대 일본연구센터 연구교수로 재직중이며, 최근에는 고전문학장르와 근대의 관계에 관심을 가지고 연구에 임하고 있다. 『환상과 괴담』, 『일본명작기행』 등의 공저, 『쓰레즈레구사(徒然草)』, 『이즈미 교카의 검은 고양이』 등의 역서가 있으며, 「20세기초 재조일본인의 문학결사와 일본전통 운문작품 연구」(『日本語文學』제55집), 「일본 중세 가나(仮名) 법어의 문학성-선(禪)문답집『몽중문답(夢中問答)』을 중심으로-」(『아시아문화연구』제28집) 등의 논고를 발표하였다.

한국연구재단
학술명저번역총서
[동양편]   603

몽중문답 夢中問答

초판 인쇄 2013년 4월 5일
초판 발행 2013년 4월 19일

저   자 | 무소 소세키夢窓疎石
역   자 | 엄인경
펴 낸 이 | 하운근
펴 낸 곳 | 學古房

주   소 | 서울시 은평구 대조동 213-5 우편번호 122-843
전   화 | (02)353-9907 편집부(02)353-9908
팩   스 | (02)386-8308
홈페이지 | http://hakgobang.co.kr/
전자우편 | hakgobang@naver.com, hakgobang@chol.com
등록번호 | 제311-1994-000001호

ISBN   978-89-6071-302-4 94150
          978-89-6071-287-4 (세트)

값 : 30,000원

■ 이 책은 2010년도 정부재원(교육과학기술부 인문사회연구역량강화사업비)으로 한국연구재단의 지원을 받아 연구되었음(NRF-2010-421-A00025).
  This work was supported by National Research Foundation of Korea Grant funded by the Korean Government(NRF-2010-421-A00025).

이 도서의 국립중앙도서관 출판시도서목록(CIP)은 서지정보유통지원시스템 홈페이지(http://seoji.nl.go.kr)와 국가자료공동목록시스템(http://www.nl.go.kr/kolisnet)에서 이용하실 수 있습니다. (CIP제어번호: CIP2013004049)

■ 파본은 교환해 드립니다.